U0731668

权威·前沿·原创

皮书系列为
"十二五"国家重点图书出版规划项目

中小城市绿皮书

GREEN BOOK OF
SMALL AND MEDIUM-SIZED CITIES

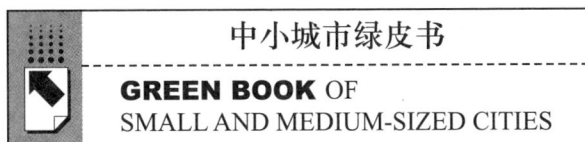

中国中小城市发展报告
（2013）

ANNUAL REPORT ON DEVELOPMENT OF SMALL
AND MEDIUM-SIZED CITIES IN CHINA (2013)

新型城镇化——中小城市的路径
选择与成功实践

中国城市经济学会中小城市经济发展委员会
《中国中小城市发展报告》编纂委员会 　／编

社会科学文献出版社
SOCIAL SCIENCES ACADEMIC PRESS (CHINA)

图书在版编目（CIP）数据

中国中小城市发展报告. 2013：新型城镇化：中小城市的路径
选择与成功实践/中国城市经济学会中小城市经济发展委员会，
《中国中小城市发展报告》编纂委员会编. —北京：社会科学
文献出版社，2013.10
（中小城市绿皮书）
ISBN 978 - 7 - 5097 - 5150 - 3

Ⅰ.①中… Ⅱ.①中… ②中… Ⅲ.①中小城市 - 经济发展 -
研究 - 中国 ②中小城市 - 社会发展 - 研究 - 中国 Ⅳ.①F299.2

中国版本图书馆 CIP 数据核字（2013）第 238674 号

中小城市绿皮书

中国中小城市发展报告（2013）
——新型城镇化——中小城市的路径选择与成功实践

编　　者／中国城市经济学会中小城市经济发展委员会
　　　　　《中国中小城市发展报告》编纂委员会

出 版 人／谢寿光
出 版 者／社会科学文献出版社
地　　址／北京市西城区北三环中路甲 29 号院 3 号楼华龙大厦
邮政编码／100029

责任部门／皮书出版中心（010）59367127　　　　责任编辑／陈　颖
电子信箱／pishubu@ ssap. cn　　　　　　　　　责任校对／杜绪林
项目统筹／邓泳红　陈　颖　　　　　　　　　　责任印制／岳　阳
经　　销／社会科学文献出版社市场营销中心（010）59367081　59367089
读者服务／读者服务中心（010）59367028

印　　装／三河市东方印刷有限公司
开　　本／787mm×1092mm　1/16　　　　　　　印　　张／23.25
版　　次／2013 年 10 月第 1 版　　　　　　　　字　　数／440 千字
印　　次／2013 年 10 月第 1 次印刷
书　　号／ISBN 978 - 7 - 5097 - 5150 - 3
定　　价／98.00 元

《中国中小城市发展报告》
高级顾问

《中国中小城市发展报告》
编纂委员会

主 编

牛凤瑞　中国社会科学院城市发展与环境研究所原所长

白津夫　中央政策研究室经济局副局长

杨中川　中城会中小城市经济发展委员会常务副主任兼秘书长
　　　　东北亚开发研究院城市发展研究所所长

首席经济学家

牛文元　国务院参事、中国科学院研究员

副主编

李学锋　中国社会科学院城市发展与环境研究所副研究员

编委会成员

杨朝飞　环境保护部原总工程师

陈文玲　中国国际经济交流中心总经济师、国务院研究室综合
　　　　司司长

杨泽军　中央财经领导小组办公室财经司司长

李兵弟　住房和城乡建设部村镇司原司长

王韩民　水利部办公厅常务副主任

费洪平　国家发展和改革委局长

李京峰　中共中央组织部政策研究室副主任

吴太平　国土资源部调控与监测司副司长

宋洪远　农业部农村经济研究中心主任

摘　要

《中国中小城市发展报告》（以下简称《中小城市绿皮书》）是中国城市经济学会中小城市经济发展委员会主编的中小城市发展年度报告。本年度，《中小城市绿皮书》以党的"十八大"关于坚持走中国特色新型工业化、信息化、城镇化、农业现代化道路，促进"四化"同步发展的部署为指引，以"新型城镇化：中小城市的实践探索和质量评价"为主题，由总报告、中国中小城市科学发展评价和典型案例三部分组成。

总报告结合国家发展战略和当前城镇化发展趋势，回顾总结了我国城镇化发展的基本历程和经验教训，剖析了中小城市近年来城镇化发展的基本现状和存在的主要问题，阐明了中小城市在新型城镇化中的地位和作用、面临的主要挑战和加快推进中小城市新型城镇化的思路、对策，对当前及未来一个时期中小城市探索中国特色的新型城镇化道路，加快转变发展方式，推动新型工业化、信息化、城镇化、农业现代化同步发展，全面提升经济社会发展水平等重大问题，进行了理论研究和实践探讨。

总报告指出，中小城市是推动国民经济发展的有生力量，是城市与乡村联系的重要环节和城乡统筹发展的战略支点，是展示城市文明、防范现代城市病、建设和谐城市的最佳实践区。未来20年内，中小城市将成为提升城镇化质量、推进城镇化快速进行的主要战场。总报告认为，体制机制创新不够，经济结构不合理，资源利用方式粗放，生产要素聚集困难，城镇体系不合理、城市之间恶性竞争严重，在城镇化过程中各方利益冲突严重、社会不稳定因素增加等，是中小城市新型城镇化面临的主要障碍和问题。

总报告强调，加快中小城市新型城镇化，就必须创新城镇化的相关体制机制，深化户籍制度改革，恢复撤县设市工作，加大对中小城市建设发展的财税支持力度，推动优质公共资源在不同城市、不同区域之间的均衡配置，改革行政管理体制；就必须促进农业现代化与城镇化相互协调，坚持工业反哺农业、城市带动农村，进一步加大支农力度，创新农业科技体系，健全农业社会化服务体系，推进农业产业化与规模化经营；就必须坚持工业化与城镇化良性互动，根据工业化进程和经济发展水平，合理确定城镇化目标，在城镇化建设中坚持产业先行，建立产业园区城区化模式；就必须推进信息化与城镇化相互融合，充分利用信息技术发展的机遇，优化城市布局，加快发展信息产业，建设智慧城市，利用城市信息资源提升城市生活品质；就必须坚持城镇化速度与质量并重，统筹推进工业化、信息化、城镇化、农业现代化，做到城市设计有机化、紧凑化，科学预测城镇化速度，合理规划城市基础设施和公共服务，强化城市管理，建立并完善城镇化质量评价和考核体系；就必须加快城乡统筹发展，完善城乡发展一体化的体制机制，大力发展县域经济，实施多元化的农地征用补偿政策，让农民充分分享到城镇化带来的成果收益，继续推进社会主义新农村建设和新型农村社区发展；就必须对接大城市、特大城市和城市群，积极实施中小城市融入战略，大力培育主导产业，提升专业化程度，走城市功能综合化发展的路子。

中国中小城市科学发展评价部分收录了《2013年中国中小城市科学发展评价指标体系研究》，公布了2013年全国综合实力百强县市、全国十佳"两型"中小城市、全国最具投资潜力百强县市、全国最具区域带动力百强县市以及全国百强区等名单。

典型案例部分选登了全国部分百强中小城市推进新型城镇化和一些国内部分知名企业参与城镇化运营的典型经验和成功案例，分别介绍了这些城市和企业推进产城融合、建设两型城市、加快城乡统筹、推进农村城镇化和农民市民化、建设特色城市和智慧城市等实践做法。

《中小城市绿皮书》在全国率先构建了中小城市新型城镇化评价指标体系和评价方法，从集约智能、低碳绿色、协调发展等方面对全国中小城市新型城镇化发展水平进行测评，公布了全国新型城镇化质量500强县市名单和613个市辖区新型城镇化质量排序。

序　言
以人为本　突出特色　推动
中小城市新型城镇化良性健康较快发展

郑新立

　　城镇化是农业社会走向工业社会的客观规律和必由之路，是人类社会现代文明的重要标志。随着改革开放的逐步深入，如何积极稳妥推进城镇化，也愈加成为我国经济社会发展的重要课题。党的十六大报告第一次明确提出"走中国特色的城镇化道路"。"十七大"报告丰富了"走中国特色的城镇化道路"的重要内涵。"十八大"报告则提出，坚持走中国特色新型工业化、信息化、城镇化、农业现代化道路，促进"四化"同步发展。

　　城镇化是当前中国最大的内需和发展潜力所在，是中国未来较长一段时期实现持续平稳发展的最大动力。推进城镇化转型发展，走新型城镇化道路，是今后我国城镇化进程的主基调，也是全面建成小康社会、实现中华民族伟大复兴中国梦的重大战略。

　　我国中小城市数量众多，幅员辽阔。截至 2012 年底，中小城市直接影响和辐射的区域，行政区面积达 881 万平方公里，占国土面积的 91.7%；总人口达10.18 亿，占全国总人口的 75.2%。中小城市及其影响和辐射的区域，经济总量达 29.52 万亿元，占全国经济总量的 56.8%；地方财政收入达 26495.2 亿元，占全国地方财政收入的 43.38%。

　　作为新型城镇化的重要主体，中小城市的发展理所当然地成为各方关注的焦点。习近平总书记指出："当前城镇化的重点应放在使中小城市、小城镇得到良性的、健康的、较快的发展上。"可见，如何创新体制机制，激发中小城市活力；如何科学规划，合理布局，提高中小城市的综合承载力；如何转型升级，走集约、低碳、智能、绿色的新型城镇化道路，全面提升中小城市新型城镇化的质量和效益，是推动我国新型城镇化发展的一项重大而又迫切的任务。

　　中国 2012 年城镇化率达到 52.57%，与世界平均水平大体相当，城镇化发展成效显著。根据预测，2020 年中国城镇化率将达到 60.34%，届时全国将有 8.37

亿人生活在城镇中，比 2010 年新增城镇人口 1.67 亿。但要清醒地看到，随着全球经济再平衡和产业格局再调整，以及越来越多的发展中国家进入工业化、城镇化快速发展阶段，全球市场争夺、资源供求矛盾和减排压力加剧。另外，国内农业富余劳动力减少和人口老龄化程度提高、资源环境瓶颈制约日益加剧、户籍人口与外来人口公共服务差距造成的城市内部二元结构矛盾日益凸显，大量农业转移人口难以融入城市社会，市民化进程滞后；土地城镇化快于人口城镇化，城镇空间分布与资源环境承载能力不匹配，城镇规模结构不合理；"城市病"问题日益突出，城市服务管理体制机制不健全、水平不高，等等，都阻碍了城镇化的健康发展。未来十年或十二年内，中国能不能跨越中等收入陷阱，能不能更好地吸纳新增城镇人口，让城乡居民公平共享改革发展成果，其中一个关键点就是看县域经济、中小城市能不能更好、更快地发展。在县域范围内，中小城市城市化率达到 50% 左右，就会对全国城市化率的合理提升给予有力的支持。

中小城市推进新型城镇化应特别注重以下几个方面：一是新型城镇化应以人为本，走集约、低碳、智能、绿色道路。二是要遵循大中小城市、小城镇与农村协调发展的原则，重点发展中小城市、小城镇，走就地城镇化道路，这对于加快新型城镇化进程非常重要。三是注重城镇特色产业经济的培育，加快二、三产业的转型升级，逐步形成大中小城市、小城镇和农村分工合理、特色突出、功能互补的产业发展格局。要依托中小城市资源优势，围绕主导产业形成专业化分工，提高产品、产业在国内和国际市场的占有率和竞争力。四是同步推进城镇化与农业现代化。农业现代化可以释放大量的劳动力，加快农业劳动力向二、三产业转移，而二、三产业的集聚就形成了城镇。所以，农业现代化、城镇化是紧密联系的两个命题，要坚持同步推进，改变目前农业现代化严重滞后于城市化的局面。五是要加大从县城到各个镇村的交通、通信、水电、污水和垃圾处理等公共基础设施建设力度，大力促进公共服务均等化，同时在县域范围内形成半小时生活圈，使城乡联系更加紧密，农村变得更加宜居幸福。六是在县域范围内探索建立以"六个一体化"为基本要求的城乡一体化发展新制度，打通城乡之间的生产要素配置等种种障碍。

《中国中小城市发展报告（2013）》以"新型城镇化——中小城市的路径选择与成功实践"为主题，坚持理论与实践相结合，系统阐述了中小城市推进新型城镇化总体思路、具体措施，指出"中小城市推进新型城镇化，要以科学发展观为总揽，以人口城镇化为核心，以制度创新为保障，贯彻生态文明理念，构建合理科学的城市格局，全面提升城镇化质量，走集约智能、低碳绿色、城乡一体、四化协同的城镇化道路"。就如何坚持以人为本，以制度为保障，贯彻生态文明理念，构建合理的城市格局，全面提升城镇化质量进行了深入的剖析并给出了具体建议。《绿皮书》进一步深化中小城市科学发展评价体系的研究，发布了 2013 年全国综合实力百强县市、全国十佳"两型"中小城市、全国最具投资潜力百强县市、全国最具区域带动力百强县市以及全国百强区等名单。尤其是在全国率先构建了中小城市新型城镇化评价指标体系，从集约智能、低碳绿色、协调发展等方面对全国中小城市新型城镇化发展水平进行测评，这对于加快推进中小城市新型城镇化进程、提高中小城市新型城镇化的质量和水平具有重要的引导意义和实践参考价值。

面对全国 2000 多个区位不同、资源禀赋和经济发展水平各异的中小城市，如何总结它们推进新型城镇化的经验、探索这类城市推进新型城镇化的规律，对于引领中小城市城镇化科学转型、健康发展显得尤为重要。对此，《中小城市绿皮书》课题组与有关县市和知名企业密切配合，开展了大量调查研究，推出了"全国百强中小城市的新型城镇化典型系列案例"，课题组总结了中小城市推进新型城镇化的六条基本经验，以期为全国各地区、不同类型的中小城市推进新型城镇化提供指导和借鉴。

第一，农业现代化与城镇化相互协调。一是坚持工业反哺农业、城市反哺农村的发展思路，彻底改变传统的农村土地、资本、劳动力等生产要素单向流动的发展模式，带动城市资金、技术、信息、人才等现代生产要素向农业农村领域延伸。二是推进农业产业化与规模化经营，因地制宜制定土地政策，完善农村土地流转制度，实现土地资源的优化配置。三是转变传统农业生产与经营的理念和模式，推动农业企业化发展，实现农业与市场经济接轨。四是加快小城镇建设，鼓励农民落户小城镇，为农业产业化和规模化发展腾出更多的空间。

第二，工业化与城镇化良性互动。一是根据工业化进程和经济发展水平，合理确定城镇化目标。既要强调产业发展是城市发展的物质基础，防止城市建设盲目扩张；又要认识到城市发展为产业发展提供发展空间，防止片面强调产业发展，忽视城市基础设施和公共服务体系建设。二是小城镇建设产业先行。在小城镇规划和建设中，要突出产业聚集与人口聚集的良性互动。通过产业的集聚促进人口的集聚，通过完善城镇功能为产业集群发展创造条件。三是产业园区城区化，新城建设综合化。通过产业集群式发展，推动产业园区由功能分区向空间融合转变，充分发挥产业园区在产业发展空间拓展、城市空间优化方面的作用。高品位、高规格配置新城基础设施和公共服务，避免新城功能单一化。

第三，信息化与城镇化相互融合。一是充分利用信息技术发展的机遇，优化城市布局。二是加快发展信息产业。三是加速应用普及云计算、物联网、移动互联网等信息化技术，建设智慧城市，发展智能交通、数字化城管、医疗信息化、社保信息化、电子政务、电子商务，提升城市生活品质。

第四，城镇化速度与质量并重。一是坚持工业化、信息化、城镇化、农业现代化同步发展。进一步发挥工业化、信息化、城镇化对农业现代化的引领带动作用，严格控制城市占地规模，坚持走出一条不以牺牲农业和粮食、生态和环境为代价的城镇化与农业现代化协调发展的路子。二是依据经济发展水平和发展阶段，科学预测城镇化速度，合理规划城市基础设施和公共服务，确保城市能向包括新市民在内的全体市民提供均等化的公共服务。三是加强城市管理服务。关注民生和社会问题，减少城镇化的推进成本尤其是资源环境代价，促进城乡共享融合和一体化进程。建立并完善城镇化质量评价和考核体系。

第五，中小城市与大城市、特大城市协调发展。一是做好大中小城市和小城镇协调发展规划，优化生产力布局，引导一些产业从大中城市向中小城市转移，真正形成以大城市为龙头，以中小城市、小城镇为支撑，以农村新型社区为基础的城镇化格局。二是为农民进入中小城市和小城镇创造良好的政策环境。三是为中小城市和小城镇发展提供财政税收支持。严格依据人口规模，而不是城市等级配置基础设施和公共服务，推动城市之间基础设施和公共服务的均等化。四是推动优质公共资源在不同城市、不同区域之间的均衡配置，缓解大城市、特大城市的人口压力。

第六，城乡统筹发展。一是加快完善城乡一体化发展的体制机制，着力在城乡规划、基础设施、公共服务等方面推进一体化进程，促进城乡要素平等交换和公共资源均衡配置，形成以工促农、以城带乡、工农互惠、城乡一体的新型工农、城乡关系。二是大力发展县域经济。立足于县域实际，发展特色经济，加快培育支撑县域经济发展的支柱产业，形成县域内的产业聚集，以县城为中心带动城镇发展。三是尊重农民意愿，实施多元化的农地征用补偿政策，让农民充分分享到城镇化带来的成果收益。四是继续推进新农村建设和新型农村社区发展，关心留守老人和留守儿童，改善农村生产生活条件。五是推进城乡基本公共服务均等化。不断提高新型农村合作医疗和农村养老保障水平，改善农村医疗条件，缩小城乡基本公共服务差距。

《中小城市绿皮书》目前已编辑出版四部，并正式被列入中国社会科学院精品创新工程。《中小城市绿皮书》作为中小城市领域唯一的一部集宏观性、前瞻性、权威性、连续性、实用性等为一体的研究报告，对中小城市发展所作的深入系统研究的成果，具有独特的理论和应用价值。我真诚地希望《中小城市绿皮书》以入选中国社会科学院精品创新工程为新的起点，在社会各界的继续关注和大力支持下，努力打造和提升中小城市领域的学术品牌，更好地服务于中小城市经济社会发展，为政府决策和学术研究发挥更大的参考价值。

目录

皮书数据库阅读**使用指南**

CONTENTS

Ɠ I   General Report

Ɠ II   Development Evaluation of Small–And Medium–Sized Cities in China

Ɠ III   Typical Cases

总 报 告

General Report

G.1
新型城镇化：中小城市的
实践探索和质量评价

白津夫　李学锋　高春亮　谢洪波　李　萌[*]

中国城镇化已经进入转型发展的关键阶段，走中国特色社会主义新型城镇化道路，已经成为各方共识。中小城市是城市与乡村联系的重要环节，是城乡统筹发展的战略支点，是展示城市文明、防范现代城市病、建设和谐城市的最佳实践区，是新型城镇化的主要战场。中小城市的城镇化质量，关系中国特色社会主义新型城镇化效率，关系全面建设小康社会和现代化建设全局。对中小城市城镇化质量进行科学评价，是指引中小城市提升城镇化质量、走科学发展道路的必然要求。

一　走中国特色新型城镇化道路

1978～2012 年，中国的城镇化率从 17.9% 提高到 52.6%，年均提高 1.02 个百分点，这种速度在全世界都是罕见的。城镇化的快速推进，对当代中国产生了

---

* 白津夫，中央政策研究室经济局副局长；李学锋，中国社会科学院城市发展与环境研究所副研究员；高春亮，中国社会科学院城市发展与环境研究所博士后；谢洪波，清华大学公共管理学院博士后，副教授；李萌，中国社会科学院城市发展与环境研究所副研究员。

深远影响。然而，传统的粗放式城镇化已经不可持续，城镇化转型迫在眉睫。推进中国特色社会主义新型城镇化，必须全面提升城镇化质量，走集约智能、低碳绿色、城乡一体、四化协同的城镇化道路。

（一）中国城镇化已经进入转型发展的关键阶段

改革开放之前，中国的城镇化进程呈现波浪状推进的特点。新中国成立初期，城镇化稳步推进。但此后，由于受到"大跃进"、严重自然灾害、"文化大革命"、"上山下乡"等因素影响，城镇化出现了重大波折。1956～1960年，城镇化大冒进，年均提高1.25个百分点，大大超出了国民经济的承受能力。与此形成鲜明对比的是，1966～1977年，城镇化出现严重停滞和衰退，城镇化率不但没有提升，反而下降了0.16个百分点①。

改革开放以来直到1995年，中国城镇化呈现稳步推进的特点。在这一时期，随着改革开放的不断深入和工业化的快速推进，中国的城镇化水平也在稳步提升，由1977年的17.55%提高到1995年的29.04%，18年内城镇化率提高了11.49个百分点，平均每年提高0.64个百分点。

自1996年以来，中国的城镇化进入了加速推进时期，16年间城镇化率平均每年提高1.39个百分点，远高于1950～1977年平均每年提高0.25个百分点和1978～1995年平均每年提高0.64个百分点的速度。

城市化率超过50%的临界点，表明中国已经结束了以乡村型社会为主体的时代，开始进入以城市型社会为主体的新的城市时代。城镇化的快速推进，对当代中国产生了深远影响。城市化为工业化提供了空间，改变了中国的人口和产业布局，推动了生产力发展和社会财富积累。如今，中国有超过7.1亿的人口生活在城市，先进制造业和现代服务业在城市聚集，城市已经成为支撑中国经济快速发展的核心力量。

然而，传统上中国城镇化走的是一条粗放外延式的城镇化道路。一方面，城镇化推进呈现高速度、低质量的特点，农民市民化程度低，城镇化速度与质量不匹配；另一方面，高消耗、高排放、高扩张特征明显，资源配置效率低，城镇化推进的资源环境代价大。高消耗、高排放与快速城镇化相伴相生，各种政绩工程、形象工程大行其道，浪费了财力、物力，挤压了民生资金投入，造成城乡分割，城镇"千城一面"，使得城镇体系不合理、城市空间低效开发、大城市无序蔓延、城市社会和资源环境等问题日益突出。具体来说，中国城镇化面临的挑战如下。

---

① Source: the United Nations World Urbanization Prospects.

——城镇化推进的资源环境代价大，发展模式不可持续。2001～2010 年，中国城镇人口年均增长 3.78%，但全国煤炭、石油、天然气年均增长 8.17%、6.69%、16.14%，分别是前者的 2.16 倍、1.77 倍、4.27 倍。中国城镇化水平每提高 1 个百分点，需要消耗 87.58 万吨标准煤，相当于 21.44 万吨标准煤的石油、相当于 8.08 万吨标准煤的天然气，城市建成区 1285 平方米、城市建设用地 1283 平方米。全国城市地区消耗水资源由 1978 年的 78.7 亿立方米急剧增长到 2010 年的 507.9 亿立方米，年均耗水增加 13.4 亿立方米。目前全国近 400 个城市缺水，其中超过 200 个城市严重缺水。大部分缺水城市过度开采地下水，造成了地面加速沉降（魏后凯等，2012）。按 2012 年 2 月新修订的《环境空气质量标准》，中国有 2/3 的城市空气质量不达标。2010 年全国 182 个城市 4110 个地下水水质监测结果显示，水质为较差级和极差级的监测点分别占 40.4% 和 16.8%，合计 57.2%。此外，目前全国城市生活垃圾累积堆存量达 70 多亿吨，占地 80 多万亩，并且正以年均 4.8% 的速度持续增长。

——土地依赖严重。城镇化盲目追求土地要素的简单投入，土地城镇化明显快于人口城镇化。2001～2010 年，全国城市建成区面积和建设用地面积分别年均增长 5.97% 和 6.04%，而城镇人口年均增长仅有 3.78%。城镇化过度依赖土地财政，"十一五"时期全国城市土地出让转让收入每年大幅提升，占城市维护建设市政财政资金收入的比重从 2006 年的 27.6%，增长到 2010 年的 51.8%，这表明地方政府对土地收入的依赖度越来越大。根据《全国主体功能区规划》，我国适宜工业化、城镇化开发建设的国土面积有 180 余万平方公里，扣除必须保护的耕地和已有建设用地，今后可用于工业化、城镇化开发及其他方面建设的面积为 28 万平方公里左右，约占中国陆地总面积的 3%。近五年来，由国务院和省级政府批准的每年新增建设用地均不低于 4000 平方公里，2009 年更是达到 5877 平方公里的历年最高水平（汪光焘等，2012）。

——城镇化的不完全性特征十分明显。根据国家统计局发布的《2012 年国民经济和社会发展统计公报》，2012 年全国农民工总量为 2.63 亿人，约占城镇人口的 1/3，其中外出农民工 1.63 亿人、占总数的 62.2%，本地农民工近 1 亿人、约占总数的 37.8%。这些外出农民工主要在城镇地区工作和居住。从统计上看，这些常住在城镇的外来农民工虽然被统计为城镇人口，但他们在劳动就业、工资福利、子女就学、社会保障、保障性住房购买等方面仍难以享受城镇居民同等待遇。劳动强度大、工作环境差、生活条件艰苦、工资待遇低、上学看病难、社会保障缺失，是多数农民工的现实写照。更重要的是，这些农民工在城市买不起房，消费能力欠缺，文化素质较低，在农村还有宅基地，要使他们和谐地融入城市，让农民工真正变为市民，今后还有很长的路要走。从本地农民市民化看，近年来各城市郊区就地转化的农转非居民以及城镇扩区后存在的大量农民，其市民化程度也很低。根据2010年第六次人口普查数据，在全国市镇总人口中，农业户口人口所占比重高达46.5%，其中市为36.1%，镇为62.3%。这表明，目前中国官方公布的城镇化率只是一种统计上的名义城镇化率，这种城镇化具有不完全性。2010年，全国市镇非农业户口人口仅占全国总人口的27.0%。

——城镇化进程中的不协调性日益凸显。不同规模城市间发展不协调，特大、超大城市规模过度膨胀，中小城市数量和规模下降，人均占有资源有限，公共服务能力低，基础设施落后，甚至出现萎缩状态。从2000年到2010年，50万人以上大城市数量和人口比重都在不断增加，而中等城市人口比重以及小城市数量和人口比重都在不断下降。城乡之间发展不协调，城乡收入差距近年来呈不断扩大的态势，2012年全国城乡居民收入之比高达3.10∶1。农民纯收入中包括了40%左右的实物收入，剩下部分还有20%左右要购买农具、化肥、农药、种子等生产资料。如果扣除这两部分，从与可支配收入对等的角度来比较，城镇居民实际可支配收入将是农村居民的6.5倍左右。人口与产业分布不协调，大城市和城市群在大规模集聚产业的同时，并没有相应地大规模集聚人口，而一些中小城市、小城镇产业发展和集聚却缺乏支持，造成产业发展吸纳就业的能力不高，对城镇化发展支撑能力低下。2010年，中国287个地级及以上城市市辖区集中了全国51.2%的投资和56.3%的生产总值，却只容纳29%的人口，人口份额与生产总值份额之比达1∶1.94；长江三角洲、珠江三角洲和京津冀三大城市群人口占全国的16.57%，但地区生产总值占全国的33.78%，二者之比达1∶2.04（魏后凯，2011）。

粗放型城镇化道路面临的严峻挑战表明，中国已经进入一个重要的战略转型期。推动城镇化转型，走新型城镇化道路，已经成为当务之急。党的"十六大"报告明确指出，要"走中国特色的城镇化道路"。"十七大"报告进一步将"中国特色城镇化道路"作为"中国特色社会主义道路"的五个基本内容之一。"十八大"报告提出，"坚持走中国特色新型工业化、信息化、城镇化、农业现代化道路，推动信息化和工业化深度融合、工业化和城镇化良性互动、城镇化和农业现代化相互协调，促进工业化、信息化、城镇化、农业现代化同步发展"。

（二）新型城镇化的内涵和思路

推进中国特色社会主义新型城镇化，必须坚持以人为本、生态优先、创新驱动、适度渐进的原则，全面提升城镇化质量，走集约智能、低碳绿色、城乡一体、四化协同的城镇化道路。

1. 中国特色新型城镇化的内涵

2012 年 12 月，中央经济工作会议提出，要构建科学合理的城市格局，大中小城市和小城镇、城市群要科学布局，与区域经济发展和产业布局紧密衔接，与资源环境承载能力相适应；要把有序推进农业转移人口市民化作为重要任务抓实抓好；要把生态文明理念和原则全面融入城镇化全过程，走集约、智能、绿色、低碳的新型城镇化道路。2013 年 1 月，李克强总理指出，推进新型城镇化，核心是人的城镇化，关键是提高城镇化质量，目的是造福百姓和富裕农民，要着力提高内在承载力，不能人为"造城"，要实现产业发展和城镇建设融合，让农民工逐步融入城镇。

从目前社会各界对城镇化的提法和观点来看，对中国特色社会主义新型城镇化的内涵还缺乏共识。课题组依据"十八大"报告和中央经济工作会议的原则要求，认为中国特色新型城镇化，就是立足基本国情，针对传统城镇化存在的问题，以科学发展观为指导，坚持以人为本、生态优先、创新驱动、适度渐进的原则，走四化同步、城乡融合、城镇体系合理的城镇化道路，逐步形成资源节约、环境友好、经济高效、社会和谐、生态繁荣的城镇化格局，推动经济社会健康发展。

2. 推进中国特色社会主义新型城镇化的总体思路

推进中国特色社会主义新型城镇化的总体思路是：高举中国特色社会主义伟大旗帜，以邓小平理论和"三个代表"重要思想为指导，以科学发展观为总揽，以人口城镇化为核心，以制度创新为保障，贯彻生态文明理念，构建合理科学的城市格局，全面提升城镇化质量，走集约智能、低碳绿色、城乡一体、四化协同的城镇化道路。

以人口城镇化为核心，就是要把有序推进农村人口向城市转移以及农业转移人口市民化作为核心任务抓实抓好。着力改变近年来中国城市土地扩张与人口增长严重不匹配、土地城镇化远快于人口城镇化的状况，消除农民进城的制度藩篱，引导地方发展重点由偏重经济增长向人口聚集和居民生活改善等城市综合能力提高转变，进一步增强城市尤其是中小城市对农村人口的吸引力。着力改变常住人口城镇化与户籍人口城镇化脱节的状况，通过制度创新和财政支持，加快推进农业转移人口市民化，解决进城务工人员最为迫切的子女教育、养老与医疗保险、基本住房保障等问题。

以制度创新为保障，就是要加快推进户籍制度、财税制度、就业制度、公共服务和社会保障制度、农村产权制度等改革，释放城镇化红利。推进户籍制度改革，要按照因地制宜、分步推进、存量优先、带动增量的原则，以农业转移人口为重点，兼顾异地就业城镇人口，统筹推进。推进财税制度改革，打破地方财政严重依赖卖地筹资的格局，调整中央和地方之间的财政分配关系，改革土地出让制度，推广房产税，代替土地出让金收入；建立城镇多元化投资机制，鼓励企业和个人投资或参与投资建设城镇基础设施和公用设施，加快城镇基础设施和公用设施建设。推进就业制度改革，切实保障进城务工人员权益，实行"同工同酬"，让"农民工""临时工"等带有歧视的称谓逐步退出历史舞台；建立城乡统一的劳动力市场，发展壮大进城务工人员劳务组织，扶持面向进城务工人员的培训项目，提高进城务工人员素质，推进农村剩余劳动力有序转移。推进公共服务和社会保障制度改革，按照人口在城镇集聚的规模测算不同城镇公共资源配置标准，实现大中小城镇公共资源配置均等化；尽快出台统一的基本公共服务均等化政策，推动城市不同群体之间、城乡之间基本公共服务制度的对接、融合。推进农村产权制度改革，对农村居民转为城市居民的，允许其在一定时期内继续保留承包地、宅基地及农房的收益权或使用权，确保农村和土地的"稳定器"和"蓄水池"的战略地位；鼓励进城农民将土地承包经营权、宅基地采取转包、租赁、互换、转让等方式进行流转，土地实施规模经营入股集体分红，以土地承包权转让收取租金等方式增加进城农民财产性收入，作为进入城镇的启动资金和城乡待遇差别的补偿（中国人口与发展研究中心课题组，2012）。

贯彻生态文明理念，就是要实现从高消耗、高排放、高污染的线性发展模式向低碳、绿色的循环发展模式转变，城市空间布局从粗放无序转向集约、有序、均衡转变。加大环境治理和生态修复力度，逐步提高产业发展的污染物排放标准，提升生活垃圾无害化处理率和处理水平，改善城市环境质量，优化环境系统，使环境系统能够持续地为经济增长提供强有力的支撑，通过优化环境来促进和支持经济增长与城市发展。构筑绿色经济体系，依靠科技进步和制度创新，调整、改造、提升传统产业，发展绿色产业，提高生态经济在国民经济中的比重，走资源节约和环境友好的经济发展道路。重视城市规划对城市建设和发展的导向作用，考虑资源环境的承载能力，通过布局优化，保护城市生态空间，推动人口、经济与资源、环境协调发展。倡导绿色、低碳生活方式，普及环保知识，倡导居民使用绿色产品、参与绿色志愿服务，引导民众树立绿色增长、共建共享的理念，使绿色消费、绿色出行、绿色居住成为人们的自觉行动，让人们在充分享受绿色发展所带来的便利和舒适的同时，履行好应尽的可持续发展的责任。

构建合理的城市格局，就是要科学布局大中小城市和小城镇、城市群，使之与区域经济发展和产业布局紧密衔接，与资源环境承载能力相适应。充分重视城市群在城镇化过程中的主导作用，在将长三角、珠三角、京津冀三大城市群打造成世界级城市群的同时，继续着力培育山东半岛、辽东半岛、成渝、哈长等国家级城市群。坚持大中小城市和小城镇协调发展，充分发挥各自优势，构建一个结构完整、功能完善、运行协调的城镇体系。大、中、小城镇结构要合理配置，控制超大、特大城市的数量，增强其区域中心的作用；适当增加中等城市的数量、构建城镇联系的桥梁，着重提升城镇质量，增强城镇功能；优先发展区位优势明显、基础条件较好的中小城市，有重点地发展小城镇，把有条件的东部地区中心镇、中西部地区县城和重要边境口岸逐步发展成为中小城市。

全面提升城镇化质量，就是要坚持速度与质量并重，把城镇化快速推进与质量提升有机结合起来，促使城镇化从单纯追求速度型向着力提升质量型转变。推动工业化和城镇化良性互动、城镇化和农业现代化相互协调，促进工业化、信息化、城镇化、农业现代化同步发展。塑造城市特色，提升城市品质，强化城市管理，关注民生和社会问题，降低城市资源消耗，加强城市生态环境建设，减少城镇化的推进成本尤其是资源环境代价；促进城乡共享融合和一体化进程，使城镇和农村协同发展，实施城镇化和新农村建设双轮驱动，让进城流动人口在城镇享有平等的发展机会、能够融入城镇，让留在农村的人口共享改革发展成果、可以安居乐业，做到进城和留乡各得其所。

（三）推进新型城镇化的战略重点

走中国特色社会主义新型城镇化道路，就必须摒弃传统的粗放式城镇化的弊端，着重在农业转移人口市民化、城市基础设施建设和公共服务、生态修复和环境保护、城市特色和城市品质、城市管理等五个方面取得突破。

1. 有序推进农业转移人口市民化

2012 年，中国农民工总量达到 26261 万人，这意味着 1/3 以上的城市常住人口是农民工身份。农民工工作流动性大，整体文化素质较低，工作技能缺乏，收入低，居住环境差，竞争力较弱①，缺乏归属感，缺乏有效社会交往②。长期以

---

① 国家统计局发布的《2012 年全国农民工监测调查报告》表明，2012 年，在农民工中，文盲占 1.5%，小学文化程度占 14.3%，初中文化程度占 60.5%，高中文化程度占 13.3%，中专及以上文化程度占 10.4%；外出农民工人均月收入水平为 2290 元，远低于私营单位和非私营单位就业人员的平均工资。

② 刘建娥（2007）的调查表明，"没有与本地居民交往""从来没有得到邻里的帮助""偶尔获得邻里的帮助"是影响农民工融入的重要因素，农民工的社会关系主要是基于老乡、工友的非正式网络关系。郎晓波等人（2012）的调查表明，49.7% 的农民工的交往对象仍以老乡为主，其次是家人和其他工友，占 38.8% 和 30.5%，只有 14.2% 的人与本地居民或社区邻居交往。并且，他们与城市居民的社会交往呈现表层性特征，只涉及利益关系。

来，农民工为工业化、城市化作出了历史性巨大贡献，却难以公平分享改革发展成果。农民工在城镇居住呈长期化趋势，自身的市民化诉求很强烈。同时，农民工长期融不进城市社会，也累积大量社会矛盾和风险。因此，加快农民工市民化进程，既是提升城镇化质量、维护公平正义、构建社会主义和谐社会的要求，也是释放城镇化红利的需要，直接关系现代化建设的大局。

农民工市民化可以分为三个层面（谢扬，2012）：一是农民工个人融入企业，即企业内不再区分农民工和非农民工，核心的问题是农民工应进入城市的医疗、养老保险体系，与城市职工享有同等待遇。二是农民工子女融入学校，让他们接受与城市人一样的教育，在起跑线上享受平等权，尽量降低"留守儿童"的比例。三是农民工家庭融入城市的社区，这既涉及农民工家庭稳定的居住场所问题，也涉及文化和心理层面的归属感。

当前，有序推进农业转移人口市民化的途径主要包括如下方面：

一是综合推进户籍制度改革，消除农民工市民化的制度障碍。在全国范围内，取消农业、非农业的户口性质，变"二元化"的城乡户籍管理制度为"一元化"，取消城乡区别，逐步实现城乡人口管理的一体化和科学化。在小城镇和小城市，应一步到位放开户籍限制，并全面梳理与户籍相关的制度安排，确保"新市民"与其他城市居民一样，享受同样的公共服务。在中等城市，有序放开落户限制，对符合"合法稳定职业"和"合法稳定住所"这两个条件的农业转移人口，应尽快安排落户。在大城市，逐步放宽落户条件，降低入户门槛。对极少数暂不具备全面放开户籍的特大城市和超大城市，应逐步剥离与户籍挂钩的公共服务，如教育、医疗、社会保障等，不再新增对外来人口的歧视性政策，合理设定落户条件，并明确户籍改革方向，制定切实可行的户籍改革时间表。

二是逐步提高社保统筹层次，加快推进社保在全国范围内的接续和转移。农民工就业不稳定、流动性强，担心缴费中断难以享受社会保障，参保积极性不高[1]。当前，农民工在城市中实际享有的社会保障水平，与他们企盼在城市稳定生活的诉求之间还有很大差距。为此，应当逐步取消城乡社会保障制度和保障水平的差别，实施城乡一体化的社会保障制度，并通过社保统筹层次的逐步提高，确保农民工公平参与城市社会保障体系。应将农民工纳入现有的城镇社会保障体系当中，使他们与城镇职工一样，签订劳动合同，执行最低工资标准，参与医疗

---

[1] 国家统计局发布的《2012年全国农民工监测调查报告》表明，2012年，外出受雇农民工与雇主或单位签订劳动合同的仅占43.9%，雇主或单位为农民工缴纳养老保险、工伤保险、医疗保险、失业保险和生育保险的比例仅分别为14.3%、24.0%、16.9%、8.4%和6.1%。

保险制度、养老保险制度、失业和生育保险制度。加大劳动监察力度，对拒绝签订劳动协议、逃避社会保障缴费义务的用人单位，限期整改并严加惩处。加快建立全国统一的社保信息平台，推进社保在全国范围内的接续和转移，避免农民工因流动而丧失社会保障的权益。

三是更新城市规划和城市发展理念，推动城市走包容性发展道路。在编制城市规划和制定城市发展战略的过程中，应以全部常住人口为出发点，而不是仅仅考虑本市户籍人口的需求。因此，必须在基础设施建设和设计过程中，充分考虑农民工市民化的需求，并适当为未来发展过程中新增的流动人口预留空间；建立惠及包括农民工在内的外来人口住房保障体系，帮助农民工实现安居的梦想；对农民工开放优质的教育资源，并为他们公平分享优质医疗资源创造条件；大力宣传农民工对城市发展的贡献，尊重他们的各种诉求；努力搭建农民工与市民沟通的平台和渠道，通过沟通减少隔阂，增进文化认同；等等。

2. 强化城市基础设施建设和公共服务供给

快速城市化过程中，中国城市基础设施和公共服务存在诸多问题：基础设施与城市发展不相协调，规划缺乏前瞻性，对运营持续性考虑不充分，对使用阶段需求估计不够，导致设施承载能力不足和短缺；重经济基础设施，轻社会基础设施和环境基础设施，公共娱乐休闲等社会基础设施，污水、垃圾处理等环境基础设施建设长期滞后；贪大求快，重建设轻管理，重"面子"轻"里子"，外表光鲜，实用性却很差，质量低下，"桥脆脆""上街看海"成为真实写照；基础设施建设资金来源渠道单一，部分城市甚至只能靠土地批租收入支撑，基础设施建设的可持续性面临严重问题；公共服务效率低下，公共服务水平难以满足城市居民的需要，且对流动人口的歧视广泛存在；基础设施和公共服务在城市之间、城区之间配置不均，特大城市、大城市基础设施和公共服务投入多，小城镇、经济落后的城市（区）投入则严重不足。

基础设施和公共服务与人民群众生活息息相关，也关系城镇的可持续发展。正视中国城市基础设施建设和公共服务中存在的问题，着力改进基础设施建设，提高公共服务品质，是提升中国城镇化质量、推动城镇化健康发展的必然要求。

强化城市基础设施和公共服务，应从以下几个方面入手。

一是大力推动基础设施和公共服务均等化。依据城市常住人口而不是城市等级配置基础设施和公共服务，加大对中小城市和小城镇基础设施与公共服务的财政支持力度，推动基础设施和公共服务在不同城区之间、城市与城市之间的均等化。此外，基础设施和公共服务应为全体市民提供均等化服务，图书馆、博物馆、体育馆等公共设施，医疗、教育等公共服务应实行对所有市民实施无差别的收费政策并提供同质服务。

二是提升城市基础设施和公共服务规划水平，增强前瞻性。把各类基础设施专项规划纳入城市总体规划中，基础设施专项规划"宜细不宜粗"。基础设施管理专业部门与总体规划编制部门应进行有效沟通和无缝对接，要充分发挥专业职能部门的业务优势和基础性，在各类基础设施规划编制过程中，加强城市规划部门和基础设施管理部门的合作，由职能专业部门提出初步方案，经城市规划部门总体平衡，形成具有更好引导和实施性的规划成果（张志耀，2012）。加强城市规划和管理理论的研究和实践，关注国内外不断涌现的新技术，对未来的城市发展趋势能给出科学的判断和预见，做好科学预判和空间预留。

三是理顺城市基础设施建设管理体制，建管结合，确保基础设施可持续运营。基础设施建设应严格依据规划进行，杜绝形象工程、面子工程。基础设施建成之后，应加强对养护和运行的管理，注重基础设施和公共服务运行阶段的投入，并建立完善基础设施和公共服务考核激励机制，确保基础设施的可持续性和实用性。

四是创新城市基础设施建设投融资体制。土地批租收入难以长期维持高增长。因此，依据基础设施的不同类别，创新投融资体制，是拓展资金来源渠道、加快城市基础设施建设的必然选择。公益性城市基础设施为社会提供必需的服务，其根本目的在于社会效益。由于对这类基础设施的投资是微利甚至无利，因此私人资本不会投资经营，其投资主体只能是政府，而政府的融资渠道可以是银行贷款、发行债券、利用外国政府资金等形式。准经营性基础设施，可采取政府补贴与市场补偿的复合机制，财政补助不足部分资金，如公共交通、公园等，这类公用设施的投资主体主要是政府、企业（公司）和个人三者的结合，融资渠道可以多样化。对于能够赢利的，可以归结为竞争性、经营性的城市基础设施，可以按照商业化、市场化方式运作，如供电、供水、供热、供气和通信行业。在项目融资上，政府可以因地制宜选择 BOT（Build—Operate—Transfer）（建设—经营—转让模式）、PPP（Public—Private—Partnership）（公共部门与民营企业合作模式）、ABS（Asset—Backed—Securitization）（资产证券化模式）以及特许经营等模式。

3. 加大生态修复和环境保护力度

快速城市化过程中，能源消耗、建设用地都在加速增长，污染物排放逐年增加，大气、水和土地污染日益严重。亚洲开发银行的报告指出，中国最大的 500 个城市中，只有不到 1% 达到了世界卫生组织推荐的空气质量标准；世界上污染最严重的 10 个城市之中，有 7 个在中国（张庆丰、罗伯特·克鲁克斯，2012）。

城市的环境状况和生态系统，直接关系城市居民的身体健康和生命安全，关系城市区域的生态安全。加大生态修复力度和环境保护力度，才能为城市可持续发展提供基本保障，推动城镇化转型发展。

加大生态修复和环境保护力度的主要途径包括如下几个方面。

一是在城市规划和建设中树立生态优先理念。综合考虑资源环境承载能力，合理确定城市人口规模和开发强度，集约利用建设用地，建设紧凑型城市。确定城市建设的生态用地比重，逐渐提高城市建设中人均公共绿地的面积标准，划定规划建设红线。通过地表软化、屋顶绿化、下沉式绿地等生态工程措施以及建筑新材料、新技术的运用，实现对生态占用的补偿，减少建筑能耗。大力发展绿色产业和循环经济，减少能源消耗和污染物排放。

二是制定更为严格的生态环境保护标准。对工业企业"三废"排放，制定更为严格的标准。修订并废止1996年版的《国家环境空气质量标准》，把PM 2.5纳入空气质量评价指标体系中，实时发布PM 2.5监测数据，并把这一数据作为空气环境状况考核的核心指标之一。健全城市空气质量分级管理制度，针对不同城市的污染特点，实施有针对性的分类指导措施；探索建立区域大气污染物排放限值、区域空气质量评价体系、区域空气质量考核指标体系。结合中国实际，参照发达国家经验和相关国际标准，进一步修订水环境质量标准、土壤环境质量标准。

三是实施多种污染物综合控制，改善重点区域和城市空气质量。全面加强工业烟粉尘控制，积极推进道路烟尘与建筑扬尘控制。以大气汞、铅、二噁英和苯并芘为有毒废气优先控制因子，完善有毒废气的环境管理体系。建立"统一规划、统一监测、统一监管、统一评估、统一协调"的区域联防联控管理机制，探索区域联合执法检查等措施和途径。

四是综合推进工业行业污水减排，全面提升污水处理水平。严格执行行业排放标准、清洁生产标准，以造纸、印染、化工、制革、农副产品加工、食品加工和饮料制造等重污染行业为重点，继续加大污染深度治理和工艺技术改造，提高行业污染治理技术水平。进一步提升污水处理能力，提高城市污水再生水利用能力。

五是健全土壤环境管理制度措施，加强重金属污染综合治理。强化土壤污染防治法立法，健全完善土壤主要污染物的监测技术规范。加强监测、评估，强化土壤污染的环境监管。在土壤污染调查的基础上，对重要敏感区和浓度高值区进行加密监测、跟踪监测，对土壤污染进行环境风险评价。采取综合手段，探索开展土壤污染修复，按照全国土壤污染等级和危害程度，制定分区、分类中长期修复计划，建立优先修复污染土壤清单。

4. 提升城市特色和城市品质

城镇化快速扩张过程中，城市建设贪大图快，大广场、大马路、水泥森林"千城一面"，自然景观、人文特色都在大拆大建中被人为破坏，城不分大小，地不分南北，城市越来越相似，城市特色在千篇一律的扩张中丧失殆尽。

城市建设是一个连续相继的过程，从某种意义上说，城市之间的较量，不能单纯依靠经济总量、增长速度，更重要的是依靠城市的综合环境和文化特色。城市竞争中，功能完善仅仅是城市"机器"正常运行的基础保障，要实现社会经济转型期城市的跨越性可持续发展，文化竞争力、环境竞争力等城市特色竞争力才是构成城市核心竞争力的基石。走中国特色新型城镇化道路，客观上要求城市走特色化的发展道路，提升城市品质和城市魅力。经济快速增长之后，在用地紧缩、能源紧张背景下的新一轮城市发展竞争中，必须把特色城市建设纳入重要日程。

提升城市特色和城市品质的主要途径包括如下几个方面。

一是将城市特色建设纳入规划管理体系。在以"功能"为导向的城市规划编制技术背景下，总体规划阶段城市空间特色规划的相关内容散布在历史文化保护、风景旅游、园林绿化、道路交通规划篇章之中；控制性详细规划阶段城市空间特色规划的相关内容则散布在土地使用控制、建筑建造控制、道路交通控制、绿地控制、文物保护要求等篇章之中。在以"特色"为重要任务的城市规划中，可以增加专门章节规划"城市特色"。特色规划应结合城市的历史传统和自然资源条件，打造独具特色的空间格局，明确城市地标，并对城市建筑风格、街道特色、色彩搭配等作出明确规定。

二是保护自然和历史资源，塑造城市特色。充分利用自然资源优势，构造城市的环境特色。城市的自然条件等资源是城市环境特色形成的前提和基础，构成城市空间的建筑可以抄袭，但一定地域的自然景观则是难以模仿的，它具有永恒的魅力。优秀的历史文化遗产是城市现代化建设的重要内容。认真挖掘、整理、保护好这些历史人文资源，使城市文化得以延续，才可以巩固城市的根基，让城市的魅力长久留存。大量拆毁旧建筑，尤其是在城市历史文化保护区内的开发，严重破坏了城市的传统风貌特色。盲目地跟风，摒弃自己的文化特色，不管自己的条件和历史去照搬别人的东西，就会降低城市品位。

三是利用现代科技成果和理念，大胆创新特色。大胆运用现代的设计理念，有意识地利用现代科学技术的成果和建筑材料，创造适合现代人生活需要与审美理想的新的城市特色，使城市既拥有丰富的历史文化内涵又充满现代生活气息。在特色创新过程中，要坚决反对各种形式的抄袭。

5. 改善城市管理

人口大规模涌入城市，对城市的管理能力提出了挑战。传统的城市管理，管理主体和管理手段单一，管理效率偏低。城市管理能力与城市发展速度不相匹配时，环境污染、生态失衡、交通拥挤、贫困失业、社会不安定等各种形式的"城市病"就会愈发凸显。

改善城市管理，提高管理水平，是缓解各种形式的"城市病"、提升城市运行效率的实际需要，也是改善城市人居环境、提升城镇化质量的必然要求。

当前，改善城市管理应遵循以下途径。

一是确立以政府为主导，公共事业组织、第三部门组织、营利性企业、社会公众等多元主体参与的多中心合作管理模式。我国长期受计划经济体制的影响，城市政府职能过分膨胀，组织架构比较庞大，政府包揽了许多不应该直接承担的责任，使得社会发育很不充分，同时也给城市政府带来了很大的压力（易志斌，马晓明，2009）。随着城镇化的快速推进，相对于日益繁重的城市管理任务而言，城市政府自身拥有的资源十分有限，城市管理的公共事务由政府所独立包揽的现状已不适应，必须确立以政府为主导的多中心的城市管理模式。

二是优化城市管理相关政府部门组织架构，理顺管理机制。推动城市政府管理的组织结构从传统的树形分支结构向网络化结构转换，向下层和基层、向专家和民众分权和授权。从行政、财政、税收等体制上进行改革，确立规范的管理体制，理顺城市各级政府的层次体系，实现各级政府事权财权的统一。完善城市政府政务公开制度，加快城市公用事业的市场化改革，加强城市居民委员会和城市郊区村民委员会管理的社区建设，为公众参与城市管理创造条件。

三是强化企业公共责任，增进公民参与，发展非政府组织。公众自下而上地参与、政府自上而下地管理，由此形成合力，是现代城市管理的基本特征。企业的社会公共责任主要包括企业应该遵守的行为准则及保护人类的健康、安全和环境等，应通过法律、规章、政策以及舆论监督敦促企业承担公共责任。增强公众参与城市管理的意识，健全公众参与管理制度，创造有效的公众参与途径，完善社区自治制度和人民代表大会制度，普遍建立市民听证制度，等等。非政府组织是公众参与的重要渠道，应努力为非政府组织发育和成长创造政策和法律环境，敦促非政府组织加强自身建设，增强解决实际问题的能力，提升其影响力和话语权。

四是建立公共服务导向的城市管理决策、执行和监督体制。以服务型政府建设为指导，从传统"部门利益型"政府转变为"现代公共服务型"政府，重构市、区、街道的城市管理职能，强化市政公用部门的公共服务功能和职责，加强以街道社区为基础的城市运行属地管理，以街道和社区作为完善公共服务的平台。通过增加服务来提高管理，增加管理来减少执法，由注重结果变为注重问题原因，从源头上解决影响城市管理中人的行为问题（张慧娟，2013）。

五是运用现代信息技术，实施精细化管理，提升管理效率。创建城市管理监督和指挥中心，及时发现和识别各类城市问题，并通过信息驱动和改造城市管理流程，整合各部门的公共服务资源，从而提高城市管理水平，提升城市人居环境，更好地满足市民需求。

二 中小城市新型城镇化之路

中小城市覆盖范围广，涉及人口多，是城镇化转型的关键所在。与大城市、特大城市、巨型城市相比，中小城市人口压力相对较小，未来 20 年内，中小城市将成为提升城市化质量、推进城市化快速进行的主要战场。尽管中小城市面临诸多挑战，但只要创新体制机制，推动农业现代化、工业化、信息化和城镇化同步发展，统筹城乡发展，全面提升城镇化质量、走新型城镇化道路就不会是一句空话。

（一）中小城市在新型城镇化中的地位

依据中国城市人口规模和人口分布现状，较为合理的城市规模等级划分标准是：市区常住人口 50 万以下的为小城市，50 万～100 万的为中等城市，100 万~300 万的为大城市，300 万~1000 万的为特大城市，1000 万以上的为巨型城市①。中小城市包括中等城市和小城市，依据上述标准，实际上就是市区常住人口在 100 万以下的城市。需要注意的是，此处所指的中小城市，不是建制市的概念，不仅包含常住人口 100 万以下的建制市市区，也包括未成为建制市的县及县级以上行政区划的中心城镇。

截至 2012 年底，中国有建制市 657 个，其中直辖市 4 个，地级城市 285 个，县级建制市 368 个。4 个直辖市常住人口均超过千万，属于巨型城市。285 个地

---

① 1989 年出台的《中华人民共和国城市规划法》规定，中等城市是指市区和近郊区非农业人口 20 万以上、不满 50 万的城市，小城市是指市区和近郊区非农业人口不满 20 万的城市。20 多年来，中国城市飞速发展，原有的标准已经不能适应新的形势，主要体现在两个方面：一是城乡人口流动频繁，农业人口、非农人口之间的界限模糊化，以非农人口规模为标准划分大中小城市不合时宜。一般来说，将市区常住人口数量作为衡量城市大小的标准更为合理。二是城市人口规模迅速膨胀，许多县级城市（包括县级建制市和规模较大的县的中心城镇）的市区常住人口已经达到或超过 20 万、50 万的临界值，按照原有标准衡量，有的已经迈进大城市的行列。《中国中小城市发展报告（2010）》依据中国城市人口规模和分布状况，提出了上述标准。

级城市中，163 个城市属于中小城市，占比 57.2% 。368 个县级建制市中，除了极个别发达城市的市区人口接近或略超过百万之外，多数建制市市区人口在数万至数十万之间。由于县级建制市市区人口缺乏统一权威的统计数据，为便于分析和研究问题，可以将全部县级建制市归属为中小城市。

除建制市之外，全国有 48 个地级区划、1624 个县级行政区划并非建制市，但这些地区（州、盟）、县（自治旗县、旗）的中心城镇，也已经聚集了相当规模的人口，在基础设施、公共服务等方面与建制市的市区较为接近，中心城镇居民享受着城市化的生活方式。因此，这些中心城镇，也可以归属为中小城市。

广义上说，中国的中小城市还应该包括部分远离中心城区的市辖区。考虑到部分县级行政区划，尽管已经调整为市辖区，但由于远离中心城区，在经济社会发展中仍然相对独立，因此，可以将远离中心城市的市辖区也纳入中小城市的范围。如何判断哪些市辖区远离市中心？本研究采取的甄别方法是：市辖区内含有乡镇时，视为相对独立发展的市辖区。截至 2012 年底，全国共有市辖区 860 个，其中含乡镇的市辖区为 661 个。考虑到直辖市的辖区行政级别较高，与地级城市的市辖区不具有可比性，可以剔除北京、上海、天津、重庆四大直辖市的含乡镇市辖区 48 个。因此，可以纳入广义的中小城市范畴的市辖区为 613 个。

表 1　中国大陆中小城市的构成及其数量（狭义）（截至 2012 年底）

单位：个

类别	地级建制市	非建制市的地级行政区划的中心城镇	县级建制市	非建制市的县级行政区划的中心城镇	合计
数量	163	48	368	1624	2203

表 2　中国大陆中小城市的构成及其数量（广义）（截至 2012 年底）

单位：个

类别	地级建制市	非建制市的地级行政区划的中心城镇	县级建制市	非建制市的县级行政区划的中心城镇	相对独立发展的市辖区	合计
数量	163	48	368	1624	613	2816

截至 2012 年底，狭义上看，中小城市直接影响和辐射的区域，行政区面积达 881 万平方公里，占国土面积的 91.7% ；总人口达 10.18 亿，占全国总人口的 75.2% 。2012 年，中小城市及其影响和辐射的区域，经济总量达 29.52 万亿元，占全国经济总量的 56.8% ；地方财政收入达 26495.2 亿元，占全国地方财政收入的 43.38% 。

广义上看（包括含乡镇的市辖区），中小城市直接影响和辐射的区域，行政区面积达 934 万平方公里，占国土面积 97.3%；总人口达 11.56 亿，占全国总人口的 85.4%。2012 年，中小城市及其影响和辐射的区域，经济总量达 43.92 万亿元，占全国经济总量的 84.5%；地方财政收入达 42521.8 亿元，占全国地方财政收入的 69.62%。

中小城市是推动国民经济发展的有生力量。中小城市往往作为配套基地和服务基地发挥作用，一个大城市，需要数个甚至数十个中小城市为之服务。近年来，众多中小城市抓住超大城市产业转移的机遇，因地制宜加快发展，许多中小城市的发展速度已经超过了全国平均水平，还涌现出昆山市、双流县、邹平县、长沙县、海城市、迁安市、慈溪市等一批明星城市。

中小城市是城市与乡村联系的重要环节，是城乡统筹发展的战略支点。中小城市的发展水平和辐射带动能力，直接决定和制约着乡村的发展能力和发展速度。从这个意义上说，要统筹城乡发展，就必须重视中小城市的发展，并在增强中小城市实力的基础上，通过交通、通信等基础设施建设和社保、医疗等公共服务均等化，提高城乡融合程度，推动一体化发展。

中小城市是展示城市文明、防范现代"城市病"、建设和谐城市的最佳实践区。城市是现代物质文明和精神文明的重要载体，城市文明往往是一个国家或地区发展水平的表征。充足而又多样化的物质世界、便捷舒适的生活、多元文化的交融汇合，构成了一幅绚丽多彩的城市画卷。但大城市、特大城市的存在和膨胀，却不断挑战着城市规划者和建设者智慧的极限，基础设施的供给往往滞后于城市人口的快速增长，往往容易引发一系列矛盾，出现环境污染、交通拥堵、治安恶化等一系列问题。与此相对应，中小城市可以为居民提供相对较为丰富的物质供给和较为完善的基础设施，中小城市的居民也可以感受便捷舒适、丰富多彩的物质和文化生活。同时，由于城市规模相对较小，中小城市发展过程中的社会问题和环境问题往往相对简单，现代城市规划和城市管理的技术、方法可以较为从容地应对。从这个意义上说，中小城市是建设现代化和谐城市的最佳实践区。

中小城市是新型城镇化的主要战场。改革开放 30 多年以来，中国城镇化进程明显加速，几乎是世界城市化同期进程速度的两倍，但是与世界发达国家相比，中国城镇化程度总体上仍然比较落后。2000～2012 年，我国城镇化率由 36.2% 提高至 52.6%。其中，中小城市及其直接影响和辐射的区域的城市化率远低于全国平均水平，仅为 35.1%。与大城市、特大城市、巨型城市相比，中小城市人口压力相对较小，在户籍制度改革、公共服务提供等方面可以做到游刃有余。未来 20 年内，中小城市将成为提升城市化质量、推进城市化加速进行的主要战场。

（二）中小城市的人口吸纳能力预测

根据预测，2020 年中国城镇化率将达到 60.34%，届时全国将有 8.37 亿人生活在城镇中①，比 2010 年新增城镇人口 1.67 亿。这些新增城镇人口究竟依靠哪些城市和镇来吸纳，是主要依靠大城市或者小城镇吸纳，还是依靠大中小城市和小城镇共同吸纳，这对中国未来城镇体系演变和城镇化格局形成将有着十分重要的影响。综合前面分析和国家城镇化制度安排，我们可以考虑三种不同情景。

表3 中国不同规模等级城市人口吸纳能力

城市人口规模	2008 年				2011 年				新增城市人口	
	数量（个）	市区人口（万人）	市区暂住人口（万人）	合计（万人）	数量（个）	市区人口（万人）	市区暂住人口（万人）	合计（万人）	数量（万人）	比重（%）
1000 万人以上	2	3327.56	—	3327.56	2	4088.16	—	4088.16	760.60	19.8
500 万~1000 万人	5	3412.88	465.48	3878.36	5	3057	853.06	3910.06	31.70	0.8
100 万~500 万人	50	9864.84	1587.44	11452.28	56	10847.52	2672.39	13519.91	2067.63	53.7
50 万~100 万人	86	6038.98	481.82	6520.8	89	6330.83	627.92	6958.75	437.95	11.4
20 万~50 万人	238	7274.03	626.01	7900.04	250	7713.09	928.5	8641.59	741.55	19.3
20 万人以下	274	3593.81	366.43	3960.24	255	3382.95	388.91	3771.86	-188.38	-4.9
合计	655	33512.1	3527.18	37039.28	657	35419.55	5470.78	40890.33	3851.05	100

资料来源：根据《中国城市建设统计年鉴》（2008，2011）计算。

一是延续现有城镇化格局不变。假定国家现有城镇化制度不变，即户籍制度及与之相关的社会保障、资源配置等各项制度延续现有格局，中国未来城镇化仍将延续现有模式进行；国民经济仍保持较稳定的快速增长，由于大城市具有较强的规模经济和范围经济，在现有制度不变的情况下，有可能导致空间上经济和人口进一步集聚，形成人口集聚和经济集聚的累积效应，这将形成大城市继续膨胀，小城镇吸纳能力相对稳定，而中小城市吸纳能力缓慢下降的"U"形曲线格局（见图1）。

---

① 按照联合国预测，2020 年中国总人口为 138779 万人（United Nations，2012）。

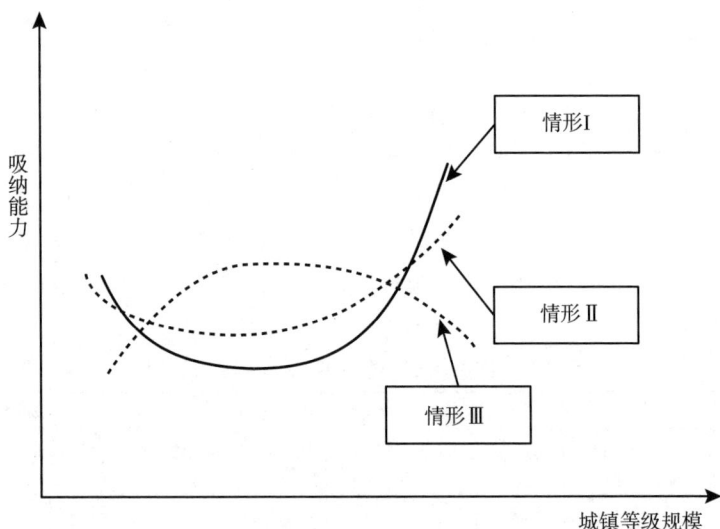

图1　到2020年中国城镇吸纳能力的三种可能情形

一端是占比相对稳定的镇，按照现行发展速度，预计未来镇仍将集聚较大规模的城镇人口。假定未来新增城镇人口的47%仍为镇所吸纳，那么到2020年镇的人口占城镇总人口的比重将达到41.1%。尽管建制镇规模小、职能单一，但它承担了大量基本公共服务供给功能，因此今后仍将是吸纳城镇人口的重要载体，即便是发达国家也不例外。例如，2010年，美国城市化率达到80.7%，相比1990年的75.3%，提高了5.4个百分点。城市人口由1990年的1.88亿增加到2010年的2.54亿，增加了6600万人。同期，美国所列的居民点数量也由1990年的19262个增加到2010年的19540个，几乎不同规模等级城市数量都在增长，其中100万人口以上的城市由8个增加到9个，50万~100万人口的城市由15个增加到24个，而1万~2.5万人的居民点从1290个增加到1542个，那些1万人以下的居民点仍然众多，尽管数量有所减少，但仍有16570个①，因此，镇的吸纳能力可能会出现相对的动态平衡。

"U"形曲线的另一端，则是100万以上人口的大城市，按照现行发展速度，它们将吸纳新增城镇人口的39%或者新增城市人口的74%，新增城镇人口的14%为其他等级规模城市所吸纳。考虑到中国仍处于快速城镇化阶段以及城镇间

---

① 根据美国经济调查局数据统计整理，数据见 http://www.census.gov/population/，Table 20. Large Metropolitan Statistical Areas—Population。

存在的巨大差异，在不加限制的情况下，500 万以上人口城市尽管面临承载力不足的限制，但仍具有较强的吸纳能力。而且，随着 100 万～500 万的城市吸纳人口不断增加，它们有望进入 500 万以上城市之列。到 2020 年，成都、重庆、广州、深圳、天津和武汉这 6 个城市的人口很可能会超过 1000 万。有研究指出，人口超过 1000 万的大都市仍将继续快速增长，到 2025 年，它们的人口将占中国城市人口的 13%（麦肯锡，2008）。总体上看，在这种情形下，快速城镇化必然带来城镇等级体系的不平衡扩张，即大城市吸纳能力更强，而中小城市吸纳能力较弱，建制镇因具有为农村居民提供公共服务的天然便利性，其吸纳新增城镇人口的比重将保持相对稳定。

第二种情形是国家城镇化制度安排倾向于鼓励中小城市发展，走相对均衡的城镇化道路。北京等大城市发展面临诸多难题，这可能是促成城镇化战略调整的重要原因。首先是拥挤成本。有研究发布了 50 个城市上班时间，北京市上班平均花费的时间最长，为 52 分钟；其次为广州 48 分钟、上海 47 分钟、深圳 46 分钟（牛文元，2010）。城市拥挤成本不仅反映在通勤时间上，也反映在获得教育、医疗服务等各种资源的排队中。其次是综合承载能力受限。有研究指出，不同城市承载能力问题各异，特大城市短板主要在于土地、交通和人口密度；超大城市的交通、环境、资源、人口密度等更多因素成为发展中的短板；一般大城市，经济实力方面比较薄弱，制约了社会其他方面的提升（罗凤金等，2012）。

出于对大城市拥堵、综合承载能力等多方面考虑，国家将改变城镇化制度安排：一是放开中小城市户籍；二是产业布局、公共服务设施等资源配置向中小城市倾斜。由于中小城市综合承载能力保障程度更高，随着调整资源配置、鼓励中小城市专业化发展，中小城市吸纳能力将得到加强，这时大城市的规模经济和范围经济将被中小城市的良好生活环境所削减，由此将改变现有的城镇化格局。尽管总体上不同规模等级城镇吸纳能力仍表现为"U"形，但中间部分较为平坦，而不如第一种情形那样陡峭。一端仍然为较为稳定的镇，它们仍将吸纳新增城镇人口的 47% 左右。但镇的发展将会出现分异，一些规模较大的镇吸纳能力会有所提升，而规模较小的镇则会下降。另一端的 100 万以上城市吸纳人口则因资源承载能力以及更富有活力的中小城市发展的影响，集中城镇人口比重仍将提高，但吸纳新增城镇人口的能力则有所降低。受承载能力有限、人口流动政策收紧以及高生活成本的影响，北京、上海等超千万的大都市以及深圳、广州等准千万级城市吸纳新增城镇人口比重将出现较大幅度下降，100 万～500 万城市吸纳新增城镇人口比重下降幅度较小，而 50 万～100 万的大城市以及中小城市吸纳新增城镇人口比重将较大幅度提升。总体上看，在这种情形下，100 万以上的大城市将吸纳新增城镇人口的30%左右，50万~100万、20万~50万以及20万以下城市将吸纳新增城镇人口的23%左右。

第三种情景不仅包括了对大城市拥挤成本的考虑，还兼顾考虑小城镇规模经济和设市工作的恢复，在综合权衡两者的基础上，国家鼓励中小城市发展。在今后一段时期内，许多已经具备城市框架的镇特别是中国百强乃至千强镇均有升级为城市的潜力。2009年，珠三角的虎门、长安、龙华等镇常住人口规模已超过50万，长三角的盛泽、周庄、维亭等镇常住人口也已经超过30万，中国百强镇与20万以下的小城市常住人口规模相当，一旦升格为建制市，资源配置能力增强，短时期内人口规模将会快速增长。因此，如果国家恢复建制市设置工作，积极扶持中小城市发展，那么中小城市吸纳能力将显著增强，尤其是一大批有条件的镇升格为建制市，将带动50万以下的中小城市吸纳新增城镇人口比重快速提升；50万~100万的大城市吸纳新增城镇人口比重也将会增加；而超过100万的特大城市因受到承载能力和拥挤成本的影响，其人口吸纳能力将出现下降。在这种情形下，中国城镇体系将发生较大变化：一方面，小城镇数量增长缓慢，其吸纳能力也逐步下降，或者成为相对独立的市，或者成为城市的一个街道或者区；另一方面，100万以上的特大城市因进城门槛高、承载力受限和国家政策的变化，其吸纳新增城镇人口比重将出现较大幅度下降。特别是，国家大型产业项目、基础设施项目以及教育、文化、医疗、卫生等公共服务资源向中小城市倾斜，流动人口选择特大城市的机会成本将大幅度增加；相反，中小城市因产业支撑能力和公共服务水平的提升，其吸纳能力将会得到较大程度的提高。由此有可能形成小城镇吸纳新增城镇人口的30%、50万~100万的大城市和中小城市吸纳40%（包括建制镇升级）、100万以上的特大城市吸纳30%的倒"U"形格局（见图2）。

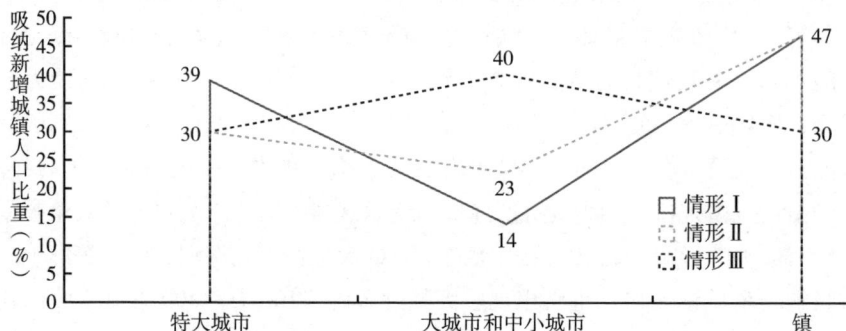

图2　2011~2020年中国城镇吸纳人口情况比较

总体上看，在当前中国城镇化快速推进的情况下，不同规模的城镇吸纳能力可能出现多种不同的情形，这主要取决于两个方面：一是国家城镇化制度的相关安排；二是资源配置格局与区域增长方式变化。如果现行制度安排不变，中国城镇化两极化的不均衡发展格局将得到延续，形成图1和图2中的情形Ⅰ。建制镇吸纳新增城镇人口的47%，100万以上的特大城市吸纳39%，其余14%为100万以下的城市所吸纳。当城镇化制度安排倾向于鼓励发展中小城市，同时改变资源配置方式，提高中小城市发展潜力，将形成较为均衡的城镇化格局（如图1和图2中的情形Ⅱ所示），建制镇仍然吸纳新增城镇人口的47%，100万以上的特大城市吸纳30%，其余23%为100万以下的城市所吸纳。如果国家积极推进中小城市发展，并尽快恢复建制市设置工作，将那些有条件的建制镇升格为建制市，则有可能形成图1和图2中的情形Ⅲ。在这种情形下，中小城市吸纳能力将大幅度增强，特大城市的吸纳能力将趋于下降，而建制镇吸纳人口份额将出现向中小城市转移。其结果，在新增城镇人口吸纳比重中，100万以上的特大城市占30%，100万以下的城市占40%，镇占30%。

（三）中小城市新型城镇化面临的主要挑战

中小城市新型城镇化面临的主要挑战包括体制机制障碍、经济结构不合理、资源利用方式粗放、生产要素聚集困难，以及城镇化过程中的社会不稳定因素和城市之间的恶性竞争等。

1. 体制机制障碍明显

公共资源配置不均，优质公共资源在中小城市难觅踪影。由于中国经济社会发展的特点，行政权力对资源配置具有重要影响。城市等级越高，医疗、教育等公共资源越丰富，质量也越高。即使是机场、高速公路等大型交通基础设施，在布局和走向上，也优先考虑高等级城市。一般来说，中小城市行政等级较低，在资源配置中居不利地位。优质资源匮乏，是中小城市发展乏力、人气不足的重要原因。

户籍制度改革滞后。2011年2月下发的《国务院办公厅关于积极稳妥推进户籍管理制度改革的通知》提出，"在县级市市区、县人民政府驻地镇和其他建制镇有合法稳定职业并有合法稳定住所（含租赁）的人员，本人及其共同居住生活的配偶、未婚子女、父母，可以在当地申请登记常住户口"，为中小城市稳步推进户籍制度改革提供了指引。但由于政策仅限于县级市和小城镇，而大多数农民工又在大中城市就业，因而政策成效极为有限。事实上，由于《通知》规定的落户条件过于严苛，要求既有"合法稳定职业"，又有"合法稳定住所"，无形中反而提高了落户门槛。"合法稳定住所"这一条件通常要求落户申请人提供房屋所有权证明或房屋租赁合同。在广大中小城市，农民工进城后，那些长期住在企业提供的集体宿舍和矿区工棚的工人无法落户，即使部分农民工进城之后可以租赁房屋居住，但也很难提供租赁证明（既无租房协议，也无房租纳税证明），加之很多农民工进城务工过程中维权意识薄弱，劳动协议签署比例不高，社会保障的参保率偏低，因此农民工落户权利难以得到保障，从而剥夺了他们的合法权益①（楚德江，2013）。进一步看，由于担心背负沉重的社会包袱（如社保、教育），地方政府对农民工落户的态度也较为矛盾。一方面，城市建设和发展需要大量劳动力，农民工进入城市在一定程度上拉动了城市消费。但另一方面，农民工及其家庭成员进入城市，也带来了较大的公共服务压力，对社保、教育、医疗等公共服务提出了更高要求。因此，地方政府对此的普遍态度是：欢迎进城（或务工，或买房），谨慎落户（籍）。

行政管理体制和干部管理体制僵化。当前，权力部门化、部门权力利益化现象日趋严重，"执法权"实质上演变为"罚款权"，成为争夺部门利益的重要手段。一方面，从上到下"一条编"的部门越来越多，可以说一直"编"到了乡镇，"有权有钱"的部门基本上都"一条编"了。另一方面，一些困难企事业单位，原来效益好的时候由上级收编管理，现在困难多了又不断地被下放到市县，加剧了中小城市发展的困局。加之干部管理体制不科学，基层干部任期短、换届快、缺乏连续性和稳定性，造成了部分地方领导和部门的短期行为，朝令夕改、形象工程、政绩工程屡见不鲜，造成了城镇化进程中的土地资源浪费、地方债恶性膨胀等问题。

法治建设任务艰巨。由于人口规模不大，许多中小城市"人情社会"特征明显，行政执法和市场交易的规范性明显不足。部门规章强化自身利益、弱化责任和义务，行政执法中的多头管理和多层管理难以避免，很多企业经常要与数十家职能部门"打交道"，企业为了应付政府关系耗费了大量人力物力，部分企业甚至还承担了大量接待和观光的任务，大大影响了经济运行效率。

社区组织不健全。随着国家社会管理体制改革的不断推进，我国的社会结构发生了重大变化。政府原来承担的部分职能开始向社会转移，部分管理权限下放至社区，整个社会日趋朝着"小政府、大社会"的格局靠拢。中小城市与社会对社区社会组织的需求在现实与期望上还存在较大的差距，社会组织资金匮乏，

---

① 国家统计局发布的《2012年全国农民工监测调查报告》表明，独立租赁住房的占13.5%，自购住房的仅占0.6%。

组织规模小、类型单一，建设模式不明确、管理人员素质不高等问题普遍存在。

2. 经济结构不合理问题突出

产业结构不尽合理。加工工业与基础产业的比例失调，三次产业之间关联度小。第三产业多分布在一些传统流通领域，如商业、餐饮、运输等，而一些为社会化大生产服务的现代教育、医疗、通信、金融保险、科技开发、信息咨询等才刚刚起步，没有很好地形成为工农业服务的产前、产中、产后服务体系，信息不灵、交通不便等状况没有从根本上改善，制约着经济的发展。

产业专业化程度普遍较低。一方面，中小城市地域广阔，资源富集，但大多数中小城市深加工能力明显不足，产业间缺乏内在的联结机制，不能有效转化为优势行业和优势产业。由于缺乏合理的规划，目前为数不少的中小城市经济主要还以依托资源优势的传统产业为主，相邻县市之间甚至是市内的产业结构呈趋同态势，雷同的产业结构明显减弱了经济区域内分工和协作的规模效益，通过大规模市域经济合作发展产业集群在多数地区还缺乏现实的基础和必要的条件。另一方面，不少县市建设带有较大的盲目性，存在"小、散、低"的问题，即建设规模过小、产业布局分散、土地利用效率低。

农业产业化程度普遍偏低。农业与其他部门相比，比较利益明显偏低，从而导致现有的农业资源大量流失，不仅严重削弱了农业的基础地位，而且对现行农村基本经济制度的巩固带来威胁，这是当前农业经济发展过程中面对的不可回避的重大现实问题。农产品的优质率低，农产品加工增值率低，农业生产的集约化程度低。在全国有一定影响力的农业龙头企业数量偏少，农业产业化经营的总体规模偏小，存在着许多亟待解决的问题。

工业集中度低、规模实力不足、竞争力弱。一方面，大多数中小城市尤其是西部地区的中小城市，因工业集聚规模小而缺少主导产业支撑，进而导致中小城市就业机会不足，对农村剩余劳动力的吸纳能力相对较低。另一方面，企业个体规模相对较小，而数量相对较多，在同一个地方的大多数企业产品相似或相近，或是产业集群中的龙头企业与其他中小企业协作关系不紧密，关联度较低，没有形成一条分工明确的完整产业链条，因而不仅加大了企业间的交易费用，而且没有发挥优势产业的辐射带动作用，从而阻碍了市域县域经济产业集群合作发展。

中小城市经济发展外向度偏低。大多数中小城市，尤其是中西部地区的中小城市，由于产业集中度不高，产业竞争力有限，加之区位、外贸体制等因素制约，自营出口的规模都非常有限，外贸依存度比较低。在吸引外资方面，由于中小城市园区规模一般比较小，产业配套无法与大城市、特大城市相提并论，因此对外资的吸引力非常有限，外资对中小城市经济发展的贡献也比较小。

3. 资源利用方式粗放

由于城市建设过于贪大求快，中小城市普遍面临建设用地增长过快、土地利用率偏低的局面。从人均建成区面积、单位用地经济产出等角度比较，中小城市的用地效率都低于全国平均水平，更明显低于大城市和特大城市。部分中小城市政府为了加快土地批租，不顾经济社会发展需要和生态环境保护，盲目圈地，造成了规划建设用地甚至建成区土地的大量闲置。总体上说，中小城市的土地利用仍属于粗放利用的状态。

大拆大建造成城镇"千城一面"，以及对生态环境、历史文化、民族传统的破坏。一些中小城市建设缺乏长远的、整体的规则，违法用地、违规建筑屡禁不止，旧城超强度开发，环境恶化；新区盲目扩大，土地资源浪费严重；人文景观保护不够，风景名胜区建设失控，资源遭到破坏，城市面貌雷同；随意调整城市规划，在城市规划上过多地考虑工商业发展，对城市自身功能及居民生活考虑不够，产业发展用地和生活用地配比不合理；盲目扩大城市规模，擅自设立开发区、招商城，破坏了整体布局和环境，致使出现交通拥挤、环境污染、城市布局不合理等问题。

由于缺乏持续创新能力，经济发展长期依托传统资源开发。一方面，不可再生资源从开发的第一天起就已经注定了其必然枯竭的命运，对矿藏资源开发的过度依赖必然削弱中小城市的可持续发展能力。另一方面，矿藏资源开发对当地的生态环境产生严重负面影响。矿山开采不当造成的地下采空，矿坑积水，诱发了开裂、崩塌、滑坡、地震等地质灾害，造成人员伤亡和经济损失。另外，采矿业引发的环境污染和生态破坏也与日俱增，大片地区地下水位下降，水质恶化，酸雨成灾。冶炼过程中，重金属污染水体，渗入土壤，直接危害当地生态安全和人的身心健康。"血铅超标""镉大米"从不同侧面反映了这种危害。

由于资源的粗放利用，加上城市规划无序、环保投入不力和环境保护基础设施建设滞后，相当一部分中小城市的环境状况令人担忧。传统的煤烟型污染在北方中小城市依然严重，尤其是山西、新疆、甘肃、陕西、宁夏、内蒙古、河北等省份。其中，格尔木、石嘴山、金昌、咸阳、阳泉等中小城市煤烟型污染严重。南方中小城市的酸雨污染减势不明显。2010 年，全国酸雨（pH 年均值低于 5.6）面积约 120 万平方公里，约占国土面积的 12.6%，与 2009 年基本持平，较 2005 年下降 1.3 个百分点，总体略有减小。垃圾围城问题由来已久，一直没得到有效解决。首先，我国大量中小城市生活垃圾最主要的处理方式仍然是填埋，约占全国垃圾处理量的 70% 以上；其次是高温堆肥，约占 20% 以上，采用焚烧法处理城市生活垃圾的数量还很少。堆积如山的垃圾如一颗巨型"炸弹"，潜伏在城市地下。据统计，中国有 2/3 的城市处于垃圾包围之中，1/4 已经无垃圾填埋堆放场地。全国城市垃圾堆存累计侵占土地超过 5 亿平方米，每年的经济损失高达300 亿元。如果不解决好这个问题，处于快速发展中的广大中小城市的进一步发展将变得步履维艰。

4. 生产要素聚集困难，城市发展后劲不足

一方面，中小城市由于基础设施落后，环境卫生较差，各种配套服务不完善，不能为优秀人才提供理想的工作和生活环境，难以吸引人才。特别是在市管县体制下，由于城镇和城乡差距的拉大，中心城市事实上起到了吸纳小城镇和乡村地区人才与资金的作用，导致各种高素质人才和专门人才不断向中心城市集中，中小城市常常因人才短缺而在发展过程中缺少科技依托，科技创新难度加大。另一方面，农村务农的农民往往因循守旧，思想僵化，市场观念淡薄，缺乏竞争意识。外来人才的缺乏和农民自身的僵化，使得中小城市各行业的人才和技术短缺现象十分严重，生产技术的配套能力亟待提高。

金融体制改革滞后，金融业对中小城市发展的支持力度仍然有限。金融业具有明显的"马太效应"，大城市、特大城市往往是金融企业扎堆、资金相对比较充裕的场所，而中小城市则恰恰相反。大部分市县都反映信贷投入不足，金融对中小城市经济发展的支持力度不但没有增加，反而有减小的趋势。国有商业银行采取"垒大放小"的经营策略，收缩县级金融机构及其相关业务，对中小城市的信贷总量大幅减少，充当中小城市经济发展主力军的中小企业普遍存在贷款难、资金投入不足的问题。中小城市普遍存在"存差"（即存款余额大于贷款余额），发展资金本来就严重不足，"失血"则进一步加剧了这一矛盾。

村镇银行先天不足，发展速度难以满足中小城市和村镇资金需求。2006 年底，中国银监会出台《关于调整放宽农村地区银行业金融机构准入政策、更好支持社会主义新农村建设的若干意见》，放宽农村地区银行业金融机构准入政策，首批选择在四川、青海、甘肃、内蒙古、吉林、湖北六省（区）开展新型农村金融机构试点。2007 年 3 月 1 日，国内第一家"村镇银行"在四川仪陇县成立。2007 年 10 月 24 日，中国银监会将试点范围扩大到全国 31 个省份。截至2011 年末，全国共组建 726 家村镇银行。但村镇银行注册资本金较低，股本结构欠合理，加之法人治理结构不完善，导致其抗风险能力较弱，存款客户特别是一些大额资金不敢进入，影响了负债业务发展。此外，由于资金来源不足，存款结构不够均衡，营业网点较少，现代化支付手段匮乏，在一定程度上淡化了对农户和中小企业的吸引力，制约其市场的开拓。与国有商业银行、邮储银行、农信社相比，社会各界对其的认可程度大打折扣，有的甚至将其误视为"山寨

银行"。

民间借贷在一部分中小城市盛行，民间投资却面临诸多障碍。由于缺乏正规有效的资金借贷渠道，在相当一部分中小城市，民间借贷日益盛行。与此相对应，实业领域的民间投资却信心不足，发展非常有限，主要原因包括：一是投资引导体系缺乏，难以将分散的资金有效地引向投资；二是服务体系不健全，缺乏为民间投资提供市场信息、管理咨询、技术服务等方面的中介机构；三是基层管理体制上的混乱，乱收费、乱罚款、乱摊派现象不同程度存在，加重了负担，影响了投资者的积极性。

5. 各方利益冲突增加，社会和谐面临挑战

城镇化快速推进伴随着经济社会和利益结构的急剧变迁。由于城镇化利益相关各方参与方式不同、利益分享程度差别较大，因此相关冲突在所难免。当利益冲突以较为激进的方式表现出来时，就会影响社会和谐安定。拆迁问题、失地农民问题是最为典型的问题。

在城市快速发展的过程中，大拆大建是一个难以避免的现象。中国城市拆迁制度始于 20 世纪 90 年代。1991 年 6 月 1 日，国务院发布我国第一部系统规范城市房屋拆迁行为的行政法规《城市房屋拆迁管理条例》。2001 年 6 月 7 日，国务院常务会议通过了修改后的《城市房屋拆迁管理条例》，并于当年 7 月 1 日起实施。修改后条例的运作模式依然是建设单位向政府申请拆迁许可，获批后实施拆迁，发生纠纷由政府裁决；被拆迁人拒绝拆迁的，对其实行强制拆迁。这一模式存在两个缺陷：一是没有区分公益拆迁和商业拆迁；二是在拆迁问题上，地方政府既是拆迁许可者，又是争议裁决者，无形中充当了强拆的支持者。以上两个缺陷，客观上导致了拆迁过程中各种矛盾的产生和激化。自 1991 年《城市房屋拆迁管理条例》颁布，尤其是 1994 年我国出台《城市房地产管理法》，拉开房地产市场化序幕以来，开发商逐渐成为中国城乡建设的主力军，拆迁过程中的利益冲突日益尖锐。2003 年的"嘉禾拆迁事件"中，"谁影响嘉禾发展一阵子，我就影响他一辈子"的横幅让人深思。在嘉禾珠泉商贸城项目实施过程中，县委、县政府滥用行政权力强制推进房屋拆迁，对 11 户被拆迁人下达强制拆迁执行书，160 多名公职人员受牵连，11 名公职人员被降职或被调离原工作岗位到边远乡镇工作，3 位拆迁户因"暴力抗法"和"妨害公务"罪名被逮捕，此事件闹得民怨沸腾。

在城镇化过程中，农业用地转化为非农业用地是不可避免的，任何一个国家都要经历这样的过程。截至目前，全国累计失地农民达 4000 万～5000 万人。目前我国的农民失地问题突出表现在三个方面：一是土地农转非速度太快，土地征

占规模过大，增长速度过快，失地农民越来越多；二是对失地农民补偿太低，不足以解决他们的长远生计；三是失地农民的社会保障、再就业困难，相当一部分失地农民"被上楼"后并没有享受到真正的市民待遇，沦为"四无"（"种田无地、就业无岗、保障无份、创业无钱"）农民。在中小城市，这一问题更为严重。多数失地农民生产生活比较困难，大量失地农民并未完全离开原居住地。一方面，他们从劳动者身份看还是农民，但享受不了国家的惠农补贴；另一方面，他们虽然解决了城镇户口，但文化水平不高，劳动技能不强。近年来，各地政府虽然在失地农民社会保障方面也做了一些探索，但因保障度低、救助面小、补助额少，无法从根本上改变失地农民生活保障低质化的困难局面。

6. 城镇体系不合理，中小城市面临恶性竞争

大城市集聚了政治、经济、科技、文化等方面的资源，产业规模大，现代化程度高，吸纳就业人口量大，吸引着各地各方面的人才和劳动力资源蜂拥而来，也在交通、环境、治安等方面出现了"城市病"的典型症状。同时，众多小城市和小城镇缺乏产业支撑，基础设施落后，公共服务缺乏，人气明显不足。当中国最好的医院和医生、最好的基础教育都集中在北京、上海等特大城市时，人口的疏散和中小城市的普遍发展，乃至走新型城镇化道路，就会成为一句空话。

中小城市与特大城市、大城市之间存在巨大的发展鸿沟，城市之间发展水平差距较大。以华北地区为例，北京周边与其行政接壤的中小城市有河北省的丰宁满族自治县、赤城县、怀来县、涿鹿县、涞水县、涿州市、固安县、安次区、广阳区、香河县、大厂县、三河市、兴隆县、承德县、滦平县，天津的武清区、宝坻区和蓟县共18个县市区。这些中小城市综合经济实力较弱，经济总量偏小，大多处于工业化初中期阶段，在京津冀都市圈内发展滞后。2010年保定的人均国内生产总值仅相当于北京的1/4，张家口的职工平均工资仅为北京的1/10。有"北京南大门"之称的保定市，其下辖的涞水县与北京房山区相连，这个县的义合庄村，2009年人均收入只有1200元，而与之接壤的房山区土堤村却达到了8000多元。亚洲开发银行调研发现，在河北省环绕京津的区域有24个贫困县、200多万贫困人口，集中连片，与西部地区最贫困的"三西地区"相比，处在同一发展水平，有的指标甚至更低，亚洲开发银行为此提出了"环京津贫困带"的概念。

中小城市对大城市、特大城市尚未建立良好的合作机制。北京周边的中小城市是北京重要的农副产品供应基地。近年来，一些周边中小城市加强与北京的市场对接，通过双方要素流动，改造、提升传统产业，取得了一些成效。例如，滦平、承德与北京合作建立种猪基地，滦平县与中国农大合作10万头种猪场项目、无抗猪项目，承德县与北京鲲鹏集团合作万头种猪场项目。又如香河，凭借其独特的区位优势和北京巨大的消费市场，利用其原有的家具生产传统，把家具产业作为该县的重点发展产业，成为全国第二、北方最大的家具生产销售集散地。但总体上说，由于经济发展水平差距过大，周边中小城市对北京现代产业的配套能力和转移产业的承接能力都非常有限，市场机制没能充分发挥作用，产业协调发展受到体制障碍和行政壁垒影响较为严重，甚至在一定程度上存在恶性竞争。有序的竞争是推动城市发展、提升都市区整体实力的有效途径。但当城市在竞争中采取超市场手段甚至非法手段时，城市之间的竞争就演变为恶性竞争。恶性竞争会导致资产流失和福利损失，导致区域的长远发展受损。城市政府在很大程度上将土地折让、税收优惠作为投资争夺的主要手段，投资争夺实际上演变成为地价和税收优惠的比拼。更有甚者，有的城市为了吸引更多投资，甚至不惜牺牲生态环境。显然，恶性投资争夺战不但导致国有资产（土地、税收）流失，而且造成居民福利损失。

大中小城市在资源环境协作方面摩擦不断。由于地域上的接近和水系上的关联，一个城市的排污行为往往会对其他城市造成影响。同样的道理，治理污染、维护区域生态安全，也必须集合所有城市的努力。完善环境保护法律体系、维护环保法规的权威性，是解决区域环境问题的必然要求。然而，对地域上较为接近的大中小城市来说，如果城市之间在地方性环境保护法规、环保执法方面不能做到高度协调，如果城市之间不能在"生态转移支付"和资源补偿机制方面形成合理机制，如果城市之间在污染治理方面总是推卸责任，生态环境安全就难以摆脱尴尬境地。典型的问题是水资源问题。京津冀地处华北平原，属严重缺水地区。由于缺乏良好的跨省协调机制，城市之间水资源调配的效率和公平性饱受质疑。

（四）加快中小城市新型城镇化的思路和对策

加快中小城市新型城镇化，就必须创新体制机制，推动农业现代化、工业化、信息化和城镇化同步发展，统筹城乡发展，并积极参与和推动区域一体化进程，对接融入大城市、特大城市和城市群。

1. 创新城镇化相关体制机制

明确户籍改革的思路，标本兼治，弱化户籍制度对中小城市新型城市化的制约。截至目前，我国14个省（区、市）探索建立了城乡统一的户口登记制度，18个省（区、市）根据《国务院办公厅关于积极稳妥推进户籍管理制度改革的通知》出台了具体实施意见，初步为农业人口落户城镇开辟了通道。2010~2012

年，全国农业人口落户城镇的数量为 2505 万人，平均每年达 835 万人。为此，应按照"统一户籍、普惠权利、区别对待、逐步推进"的思路，加快推进户籍制度及其相关配套改革，为积极稳妥推进城镇化扫清制度障碍（盛广耀，2013）。短期内，为加快中小城市农民工的市民化进程，降低中小城市落户门槛，可以将落户条件改为"具有合法稳定职业，或有合法稳定住所"，有条件的地区应一步到位实行城乡一体的登记入户制度。

尽快恢复撤县设市工作。自 1997 年冻结"县改市"的审批以来，除个别情况外，我国建制市的设置工作基本上处于停滞状态。设市工作长期停滞与我国城镇化的客观需要不相适应，不利于提高城镇化质量和构建科学合理的城市格局。为优化行政层级和行政区划设置，探索符合中国实际的行政管理体制，促进城镇化健康发展，当前应尽快恢复建制市的设置工作，适当增加建制市数量，逐步把有条件的县设立为县级市，并扩大经济强镇的管理权限，按照城乡统筹和现代城市理念进行规划建设，使之成为吸纳农业转移人口和推进新型城镇化的重要载体。在我国政区体系尚不完善、行政区划调整方案尚不成熟的现阶段，宜制定较为严格的县级市、市辖区设立标准，包括人口密度、人口聚集规模、城镇人口比重、经济规模、财政实力、产业结构、城建水平等。除提高镇区人口标准外，要将公共服务设施、环境治理、公共绿地等城建水平指标纳入设市评价审核范围，以引导县城按照现代城市理念进行规划建设和管理。如以镇区人口 10 万人以上为标准，截止到 2011 年底，全国共有 95 个县可作为"撤县设市"的候选对象，其中条件成熟的可逐步增设为县级市（盛广耀，2013）。

加大对中小城市建设发展的财税支持力度。严格依据人口规模，而不是城市等级配置基础设施和公共服务，推动城市之间基础设施和公共服务的均等化。中央加大对中小城市和小城镇基础设施建设的财政支持力度，确保中小城市和小城镇的居民也可以享受到与大城市、特大城市均等化的基础设施和公共服务。中央财政考虑设立中小城市建设专项基金，对中小城市发展给予专项支持。学习广东等省的先进经验和做法，省财政对市县财政按照确保既得利益、促进收入增长、实行奖励先进与鞭策后进的原则，建立"确定基数，超增分成，挂钩奖罚，鼓励先进"的分税政策，确保各市县的既得利益，以往的转移支付基数不减、调资专项补助不减、省配套增设预算周转金力度不减。而在此基础之上，省对市县实行超增分成，且转移支付力度应进一步加大。

推动优质公共资源在不同城市、不同区域之间的均衡配置，缓解大城市、特大城市的人口压力。以教育和医疗资源为例，如果北京集中了全国大多数最优质的老师和学校、最好的医生和医院，那么，北京对大多数中国人都具有极大的吸引力，北京的人口压力就会越来越大。因此，必须以优质公共资源均衡配置引导人口分流，有效减轻大城市、特大城市的人口压力。

改革行政管理体制和干部任用管理体制，提升社区组织在中小城市建设和谐社会构建中的作用。通过转变政府职能、规范政府及其职能部门的行政行为和执法行为，增强政府工作的透明度，减少政府相关部门对经济活动的干扰，维护企业自主经营权利不受任何人、任何部门干扰，为中小城市经济社会发展创造良好的体制和法制环境。改革干部任用管理体制，改变传统政绩观，完善干部考核体系。推广广东省、湖南省高配县委书记、县长的经验，就地提拔市县领导，改变政府行为短期化、功利化局面。加强中小城市社区建设，发挥其在维护社会和谐、加强居民自律等方面的作用。在条件成熟的地区，可以试点选举制度改革，使城市领导不但对上级负责，更对城市居民负责。

2. 农业现代化与城镇化相互协调

农业现代化是"四化"同步发展的重点和难点，应着力推进农业现代化和城镇化协调发展。充分发挥城镇化，尤其是中小城市城镇化对农业现代化的重要引擎作用，有效带动农村富余劳动力转移就业，为发展农业适度规模经营，推动农业专业化、标准化、规模化、集约化生产创造有利条件（尹成杰，2012）。充分发挥农业现代化对新型城镇化的支撑作用，为农业人口转移、小城镇发展以及城乡协调发展创造条件。

推动农业现代化与城镇化协调发展，就必须做到如下方面。

一是坚持工业反哺农业、城市反哺农村的发展思路，彻底改变传统的农村土地、资本、劳动力等生产要素单向流动的发展模式，带动城市资金、技术、信息、人才等现代生产要素向农业农村领域延伸。

二是要加大支农力度。进一步完善农业投入法律法规体系，落实《农业法》和一系列政策文件对农业投入的要求，实现国家财政对农业总投入的增长幅度高于国家财政经常收入的增长幅度，建立财政支农资金稳步增长机制。建立健全财政支农资金整合的协调工作机制和资金使用绩效评价制度，切实加强财政支农资金整合力度，逐步实现由财政部门统一拨付财政支农资金，使支农资金用到实处；对财政支农项目，特别是农业基础设施和农村公益事业项目，应相对集中管理，强化统筹安排，避免多头审批、重复投资和分散投资，尽力归并支出事项和纳入一个部门管理，减少划拨的中间环节，降低管理成本，提高资金的使用效率。此外，还要建立健全财政支农的导向机制，引导社会资金投资农业。

三是要加强农业科技创新体系建设。加强农业基础研究，重点加强农业基础理论、重要过程和重要作用机理等方面的研究，优先发展农业生物技术和信息技术；加强农业应用研究，重点加强以基因技术为代表的农业生物技术研发应用，加快新品种培育、新型农药和新型肥料开发等方面的研究。加强适合我国国情的农业关键技术攻关，攻克耕地保护与节约利用技术，农业节水灌溉技术，动植物重大病虫灾害控制技术，农产品储运保鲜、精深加工、污染减排技术和农业生态环境保护技术等关键性技术，着力解决制约现代农业发展的关键性、战略性技术难题。加大农业科技成果转化力度，加快新技术、新品种、新材料、新工艺、新产品等科技成果的应用，提高农业科技成果转化率。健全公益性农业技术推广体系，加强基层农技推广体系的改革与建设，建立健全县、乡、村三级服务网络，围绕品种使用、施肥施药、种养管理、土地养护、农业机械、节能减排等领域，普及常规技术和操作方法，为农业生产提供有力的技术支撑。

四是要健全农业社会化服务体系。走有中国特色农业现代化道路，解决我国小农户分散经营的问题，离不开农业社会化服务体系的建设。加快健全乡镇或区域性农业技术推广、动植物疫病防控、农产品质量监管等服务机构，统筹安排各项资金，积极吸纳社会资本，建立健全农技推广经费保障机制。加强乡镇和村级防疫员队伍建设，健全村级防疫网络。逐步建立包括农业环境检测、生产过程监控在内的体系健全、功能完善，具有较强监测能力的农畜产品质量监督监测网络。积极培育多元化的农业社会化服务组织，重点培育一批供销合作社、农民专业合作社、专业服务公司、专业技术协会、农民经纪人、龙头企业等，通过资金投入、政策扶持等措施，鼓励这些主体为农户开展农资供应、农技咨询、产品流通、市场销售等方面的服务。完善农村人才的引进和开发利用机制，改善人才的开发利用环境，通过完善激励措施吸引更多的人才参与农业社会化服务。

五是要推进农业产业化与规模化经营，因地制宜制定土地政策，完善农村土地流转制度，在现有家庭承包经营土地的基础上实现土地资源的优化配置。调整农业内部生产结构与空间布局，形成若干个具有较强特色的农业专业化生产地域。培育现代农业企业，推动农业企业化发展，改变传统农业生产与经营理念和模式，实现农业与市场经济接轨。

六是要将中小城市加快发展与农业现代化有机结合起来。加快中小城市和小城镇建设，鼓励农民落户中小城市和小城镇，通过城镇化使更多的农村人口向城镇地区转移，为农业产业化和规模化发展腾出更多的空间。

3. 工业化与城镇化良性互动

工业化为城镇化提供物质基础，城镇化为工业化提供发展空间。脱离产业发展谈城镇发展，城镇发展缺乏必要物质基础，城镇化难以持续推进；脱离城镇发展谈产业发展，人民群众虽然有充分的就业机会，可以获取一定的收入，但由于基础设施、公共服务、生态环境的协调性较差，生活水平难以获得实质性提高。应通过工业化和城镇化的良性互动，在产业升级中推动城市发展，实现产业发展与城市发展的有机融合，确保城镇化可持续发展。

工业化与城镇化良性互动，推动产城融合发展，是中小城市发展的必然要求。一般来说，中小城市用地制约较少，发展空间广阔，不存在严重的交通、环境等"城市病"，城镇化的成本相对较低。因此，不少学者和官员都主张将中小城市，尤其是小城镇作为城镇化的主战场。中小城市的建设用地规划控制方面相对宽松，户籍政策较为宽松，对外来人口子女入学也持相对宽容态度。近年来，中小城市和小城镇建设在资金和政策方面更得到了国家的大力支持，在全国范围内规划建设了不少环境优美、配套设施相对完善的示范城镇。但即便如此，中小城市、小城镇受产业发展和经济实力制约，就业机会相对较少，人口吸纳能力非常有限，农村人口进城仍然更愿意选择大中城市。更有甚者，部分中小城市虽然实体经济发展较慢，居民收入增长缓慢，却大兴土木、大搞城市经营，通过土地财政提升地方财力，推动房价节节攀升。殊不知，房价高企在短期内虽然推动了地方财力的增长，却进一步提高了进城门槛，影响了城镇的人口吸纳能力。在不少中小城市，"圈地运动"盛行，不考虑自身经济社会发展状况，盲目扩张建成区，屡屡上演"空城计"，部分城区甚至被戏称为"鬼城"。在房价飙升的背景下，炒地炒楼成为企业重要的赚钱之道，资本从各个行业涌入这一领域。地方政府依赖土地财政，开发商投机动机强烈，导致房地产项目过度开发，出现了局部严重的供大于求。尽管有很多楼盘都卖出去了，但房子的持有者并不是为了居住，而是等房价上涨时卖出，宁可房子闲着。在有城无产的情况下，指望人口迁入也不太实际，空有房子而就业欠缺并不能真正吸引新移民，于是在高楼大厦的丛林之中，罕见几个人影，有些地方，马路清洁工甚至比行人还多。相反，走产城融合的发展道路，以产业支撑中小城市、小城镇的城镇化进程，既能为中小城市、小城镇的城市建设提供持续的财力支撑，又能为新进入的城镇人口提供更多就业机会。

推动工业化与城镇化良性互动，就必须做到以下方面。

一是根据工业化进程和经济发展水平，合理确定城镇化目标。既要强调产业发展是城市发展的物质基础，防止城市建设盲目扩张；又要认识到城市发展为产业发展提供发展空间，防止片面强调产业发展，忽视城市基础设施和公共服务体系建设。

二是中小城市和小城镇建设产业先行。在中小城市和小城镇规划与建设中，要突出产业聚集与人口聚集的良性互动。在小城镇周边，规划建设小规模的产业园区，着力发展园区经济。工业化带动和促进城镇化，通过产业的集聚促进人口的集聚，为城镇化提供基础支持，同时以城镇服务功能的完善为产业集群发展、人口集中创造条件。考虑独特的技术水平、人才供给和产业基础，中小城市产业发展应着重突出劳动密集型产业，突出产业在就业人口吸纳、居民收入增长等方面的功能。中小城市产业发展要突出地域特色，根据各自的产业基础、区位优势、资源优势，坚持特色化发展、链条化发展，在延长产业链、增加附加值方面多做文章。

三是产业园区城区化。通过集群式发展，推动产业园区由功能分区向空间融合转变，逐步改变产业园区远离城市、孤立发展的局面，充分发挥产业园区在产业发展空间拓展、城市空间优化方面的作用。园区远离城市，产业园区缺乏必要生活配套，必然造成职住分离，增加了空间交通成本，无论对城市用地，还是对市民福利，都将造成净损失。因此，应将园区空间和用地纳入城市规划，从全市角度统筹空间发展，推动产业园区城区化。通过对生活基础设施和社会服务体系的完善，使园区不仅能用人，还能留人，不但适合工作，还适宜生活。

4. 信息化与城镇化相互融合

城镇化的快速发展为信息化带来广阔发展空间，城镇化是信息化的重要载体和依托。信息化是城镇化的"提升机"和"倍增器"，利用信息化技术服务城镇建设，能够优化资源配置，提升城镇运行效率。

推动信息化与城镇化相互融合，就必须做到如下方面。

一是充分利用信息技术发展的机遇，优化城市布局。信息技术可以打破时间和空间的限制，实现生产生活要素有机、高效的组合。城市之间通过信息高速公路建设，可以做到"形散而神不散"，为城镇布局的优化完善乃至城镇经济的可持续发展，提供强有力的支撑。依托信息技术平台，市民上班也可以足不出户，实现真正意义上的"职住一体"，为有机城市、紧凑城市规划和建设提供技术支撑。中小城市应充分利用信息技术带来的机遇，深化与大城市、特大城市的分工合作，在市场层面、技术层面，乃至产业链层面实现全方位融入。生态环境较好的中小城市，可以吸引大企业研发基地来此布局；区位优良、配套较好的中小城市，则应当努力发展成为重要的配件生产基地。

二是加快发展信息产业。城镇公共基础设施，包括交通信号灯、污水处理、铁路运输、电力供应和公共安全等系统，将越来越依赖网络等信息技术，这将产生大量信息基础设施建设需求（朱世伟等，2013），因此应抓住城镇化带来的发展机遇，加快信息技术产业发展。

三是加快建设智慧城市。加速应用普及云计算、物联网、移动互联网、大数据等信息化技术，建设智慧城市，用数字化手段统一处理城市问题，发展智能交通、数字化城管、医疗信息化、社保信息化、电子政务、电子商务，最大限度地整合、利用城市信息资源，提升城市生活品质。

5. 城镇化速度与城镇化质量并重

与工业化进程和经济发展水平相适应，未来相当长一段时期内，城镇化仍然会保持比较快的增长速度。城镇化速度越快，每年新进入城镇的人口越多，城镇基础设施、公共服务面临的压力越大，越应该注重城镇化质量的提高。要坚持速度与质量并重，把城镇化快速推进与质量提升有机结合起来，促使城镇化从单纯追求速度型向着力提升质量型转变。

城镇化速度与城镇化质量并重，就必须做到如下方面。

一是坚持工业化、信息化、城镇化、农业现代化同步发展。进一步发挥工业化、信息化、城镇化对农业现代化的引领带动作用，严格控制城市占地规模，坚持走出一条不以牺牲农业和粮食、生态和环境为代价的城镇化与农业现代化协调发展的路子。

二是城市设计有机化、紧凑化。功能分区逐渐弱化是当代城市规划的一个重要趋势。城市布局由单纯地强调分割走向混沌和综合，这就是所谓的"有机思想"。有机思想追求环境的连续性，用多元的含义把城市各部门、各单元组合起来，并试图借助含混、折中、复杂性、矛盾性，集中反映一个开放性的城市综合体系。从当代城市建设和发展的趋势来看，多数欧洲国家的城市都非常重视对有限城市空间的有效利用，实行紧凑型的城市设计。即使在国土辽阔的美国，紧凑型的城市设计也日渐受到青睐。美国效法欧洲，2/3的州选择"精明增长"。波特兰市率先"精明增长"，结果人口增长一半，土地面积仅增长2%，成为美国最具吸引力的城市之一。在中国，人多地少矛盾日益突出、土地资源日趋紧张的国情，决定了紧凑型的城市设计是多数城市的必然选择。中小城市也应当从城市发展实际出发，走有机化、紧凑化的发展道路。

三是依据经济发展水平和发展阶段，以及政策机制调整，科学预测城镇化速度，合理规划城市基础设施和公共服务，确保城市能向包括新市民在内的全体市民提供均等化的公共服务。要不断提升公共服务的统筹层次，在国家层面实现普惠性公共服务的制度化、法制化；统筹考虑人口流动因素，将包括农业转移人口在内的所有公民统一纳入各类社会发展专项规划中，制定全面、系统的政策措施；不断完善政府财政对公共服务的转移支付，公共服务经费以居住登记人口而不是户籍人口数量为基础预算支出，实现服务规模与财政补贴的统一，即做到"费随人走"；强化政府的属地管理责任，实现无差别服务，不能以各种借口、通过设置门槛来消极应对政府应承担的职责，并要将公共服务的均等化作为地方政绩考核的重要内容。

四是着力提高城镇化质量。强化城市管理，提升城市品质，关注民生和社会问题，减少城镇化的推进成本尤其是资源环境代价，促进城乡共享融合和一体化进程。综合考虑城镇经济发展水平、产业结构、基础设施、科技文化、生活水平、生活方式、环境质量、社会保障、城镇管理等因素，建立并完善城镇化质量评价和考核体系。

6. 城乡统筹发展

城镇化和城镇的发展，不能以乡村的凋敝为代价。没有农村的发展和"三农问题"的解决，城镇化和城镇的发展就缺乏有效支撑。没有城市的积极参与和支持，农村发展和"三农问题"的解决就难以顺利实现。要按照创新城乡发展思路，打破城乡分割体制，大力统筹城乡发展。

推进城乡统筹发展，就必须做到如下方面。

一是加快完善城乡发展一体化的体制机制，着力在城乡规划、基础设施、公共服务等方面推进一体化，促进城乡要素平等交换和公共资源均衡配置，形成以工促农、以城带乡、工农互惠、城乡一体的新型工农、城乡关系。

二是大力发展县域经济。立足于县域实际，充分考虑地方产业特点，放大特色优势，发展特色经济，加快培育支撑县域经济发展的支柱产业，形成县域内的产业聚集，以县城为中心带动城镇发展（尹成杰，2012）。

三是尊重农民意愿，实施多元化的农地征用补偿政策，让农民充分享受到城镇化带来的成果收益。中国实行的是城乡二元的土地管理制度。城市的土地所有权归国家所有，由国家或城市进行统一的规划和管理。因此，在城镇化进程中对城市土地的使用方向和用途，国家居主体地位，问题较少，也易于解决（刘国新，2009）；而在农村，目前实行的是家庭联产承包责任制，土地所有权归集体所有，使用权和经营权归农民所有，这种所有权与使用权的分离以及农村集体建设用地不能入市交易的规定，在城镇化进程中引发了一系列问题：由于农村建设用地不能直接入市交易，需要通过政府征地才能变为建设用地，因而容易引发社会矛盾；现行的征地补偿标准较低，助推了城镇蔓延，导致城镇土地的低效利用；所有权与使用权的分离导致农村土地流转和退出制度不完善，制约了农民工市民化进程。为此，需要破解土地制度障碍，建立开放的农村土地流转平台，实行按市价标准补偿、收益共享的土地征用政策，对现有闲置和低效利用的城镇土地实行清理置换，构建城乡一体化的土地制度，促进土地集约高效利用。对已进城落户的农民，允许其在一定时期内保留宅基地和土地承包权，消除农民进城的后顾之忧。

四是继续推进社会主义新农村建设和新型农村社区发展，关心留守老人和留守儿童，改善农村生产生活条件。推进城乡基本公共服务均等化，不断提高新型农村合作医疗和农村养老保障水平，改善农村医疗条件，缩小城乡基本公共服务差距。

7. 对接融入大城市、特大城市和城市群

必须着力改变"大城市无序膨胀，小城市和小城镇留不住人"的局面，走大中小城市和小城镇协调发展的道路。推动大中小城市和小城镇协调发展，必须做好大中小城市和小城镇协调发展规划，优化生产力布局，引导一些产业从大中城市向中小城市转移，真正形成以大城市为龙头，以中小城市、小城镇为支撑，以农村新型社区为基础的城镇化格局。

中小城市对接融入大城市、特大城市和城市群的思路包括如下几个方面。

一是积极实施融入战略，甘当配角。大城市和特大城市是区域发展的发动机，中小城市应当充分借势发展，通过产业配套、市场互动、资源共享的方式，融入大城市、特大城市和城市群的发展。应在对区域环境承载力科学评价的基础上，制定产业准入门槛。在符合产业准入政策的基础上，鼓励中小城市在现有发展基础上，自主探索符合自身实际的发展路径，不对城市产业发展方向做过多的约束。鼓励不同城市在同一产业细分行业上的分工合作，以及在不同生产环节的合作。核心地带以产业集群为支撑，但在相对边缘化的地区，则应通过大力发展县域经济，努力缩小与核心地区的差距。以中小城市和县为单位，找出各自特色和优势，以经济发展规划为基础，建立产业发展扶持基金。

二是培育主导产业，提升专业化程度。不搞简单的重复建设，通过差异化发展的思路，使中小城市与大城市、特大城市之间，以及中小城市之间实行错位发展。因势利导，改造提升传统优势产业，通过技术改造、协作配套、延长链条、产业升级，把传统优势产业做强做优，促进产业升级。加快培育战略性新兴产业，以项目支撑、承接转移、链式发展、园区集聚为抓手，逐步加大战略性新兴产业占全部工业的比重，增强自主创新能力和科技成果转化能力，提升产业整体技术水平。

三是走综合化发展的路子，避免成为单一功能卫星城。融入城市群，对接核心城市，并非要成为单一的"卧城"或"产业新城"。世界各国城镇化经验均表明，单一功能卫星城市自身的可持续发展存在严重问题，对区域发展也会产生很多负面影响。20世纪90年代以来，世界各国建设的卫星城都强调功能的综合化，典型模式是：相对独立，基础设施和公共服务自成体系，强调职住平衡；与

中心城区之间存在一定距离，二者之间一般建有大型绿化隔离带，并通过轨道交通或其他大容量、快速公共交通相连。因此，中小城市建设应注重自身功能的完整性，同时通过轨道交通和信息高速公路与核心城市紧密联系。

三　中小城市新型城镇化的新鲜经验

近年来，中小城市已经在积极探索新型城镇化的路子，并在土地制度改革、城乡统筹、农业现代化与城镇化协调、工业化与城镇化融合以及低碳绿色城市建设等方面取得了一定成就，积累了可供借鉴的经验。

（一）浙江义乌：着力推进土地制度改革

2008 年，浙江省正式批准将义乌列为两个省级统筹城乡发展综合配套改革试点的先行地区之一。2011 年 3 月，国务院批复《浙江省义乌市国际贸易综合改革试点总体方案》（国函〔2011〕22 号），这是继国家设立 9 个综合配套改革试验区之后、经国务院批准设立的又一个综合改革试点，是浙江省第一个国家级综合改革试点，也是全国首个由国务院批准的县级市综合改革试点。

为了突破用地制约，缓解城镇化和经济发展过程中用地紧张的局面，2012 年国土资源部转发并批复了《义乌市国际贸易综合改革试点土地管理制度改革专项方案》，其目的是把义乌建设成为科学发展先行区、改革创新试验区、耕地保护示范区、节约集约模范区，有力推动义乌国际贸易综合改革试点，并为深化土地管理制度改革提供政策储备，为全国土地管理制度改革提供经验。

《义乌市国际贸易综合改革试点土地管理制度改革专项方案》指明了义乌土地改革的前进方向。

一是要建立土地利用总体规划定期评估和动态调整制度以及新的土地利用计划管理方式。土地规划中会优先保障与国际贸易相关的重大平台和项目建设，在下达土地利用年度计划指标时给予支持，重点支持现代商贸流通业和金融、电子商务等现代服务业，以及国家扶持的战略新兴产业发展用地，限制向一般性传统产业项目供地，禁止向"三高两低"项目和不符合产业政策项目供地，探索对贸易改革涉及的产业用地供地方式和供地年限进行差别化管理。

二是完善耕地保护机制，按照数量、质量和生态三方面管控的要求，落实最严格的耕地保护制度，建设集中连片高标准基本农田，实行永久性保护。对于保护耕地的农村集体经济组织和农户，义乌要探索建立财政补贴为主的耕地保护基金。

三是探索节地新技术、新方法和新模式，完善节约集约用地评价和考核机制、激励和约束机制、监管和责任机制，实现"十二五"单位国内生产总值建设用地下降30%以上。在依法合规的前提下，支持、鼓励民间资本投资主体以市场交易、合资合作等方式盘活利用存量国有建设用地。通过强化土地税费等经济手段激励低效用地再开发，推动产业结构调整。在推进"地下义乌"建设中，鼓励开发农用地地下空间。

四是在尊重农民意愿的前提下，义乌允许村自治组织对新申请宅基地的住户开展宅基地有偿使用试点，探索出农村宅基地自愿退出激励机制。按照"同地同权同价"原则，开展农村集体建设用地流转试点，鼓励和引导农村集体经济组织按照"风险共担、利益共享"的原则，以土地使用权入股、联营等方式与其他单位和个人共同开办企业。

五是及时化解国土资源执法中的各类社会矛盾，有效制止和查处违法违规用地行为，探索建立国土资源巡回法庭和土地公安。

《义乌市国际贸易综合改革试点土地管理制度改革专项方案》的创新主要体现在土地规划定期评估和适时修改、耕地保护补偿、计划指标灵活使用、节约集约用地机制等方面。依据这一方案，义乌国土部门先行先试，探索跨省区域合作、地下空间开发利用、集体建设用地流转机制、差别化供地政策等，开展土地"大收储"试点，形成"征、储、供"一条龙高效服务机制。

（二）江苏昆山：不断提升城乡一体化发展水平

《昆山市城市总体规划（2002~2020）》就已经提出要在基础设施建设、产业布局、生态环境综合整治等方面实施城乡一体化发展策略。《昆山市城市总体规划（2009~2030）》进一步提出"以城乡规划一体化统筹城乡空间布局，强化中心城市建设，突出古镇特色，优化村庄布点，使城市文明与乡村文明相得益彰、和谐互补"，并从空间布局、产业发展、资源配置、交通和基础设施建设、公共服务、就业、社会保障、管理体制等8个方面明确了城乡统筹发展的思路和目标。

十多年来，昆山统筹城乡发展的基本思路是：以产业一体化为统领，以基础设施一体化为保障，以公共服务一体化为主体内容，全方位推进城乡一体化建设。以产业一体化为统领，以园区为龙头，强化区镇间的配套协作，形成以从中心城区到自然村落五个层级为依托的发展格局。基础设施建设是改善城乡居民生产生活环境的前提，是统筹城乡发展的保障，以市域交通与环保基础设施为重点，统一布局，统一建设，形成"无缝对接"，不断改善城乡环境。基本公共服务直接关系群众生活，昆山在低保、基本养老、基本医疗、征地补偿等实现"应保尽保"的基础上，推进各项社会保障城乡并轨，缩小城乡福利差异。从2004年率先实施农村基本医疗保险，在全国首开农民刷卡看病之先河，到2008年在全国率先统一城乡低保标准，积极探索社会保障城乡并轨。除基本公共服务之外，昆山还大力实施惠民项目，如取消了大病医保报销上限、向城乡低保户送干股、全市学生免费坐公交、为全市居民赠送"民生保险"、构建江湖并举饮水格局等。

时至今日，昆山城乡一体化发展的格局已经基本形成。农村经济发展方式发生根本改变，传统农业向现代都市农业加快转型，2012年全市农业亩均效益达到2850元，农业现代化水平位居全省县级市之首。以农为主的经济发展方式向以工为主、一二三产业协调发展的经济发展方式转变，形成了区镇协调共建、园区优势互补、基础设施共享的产业布局。农村社会形态发生根本改变，城镇化建设推进迅速，城镇人口快速集聚，全市投资450亿元建设了97个新型社区，农民集中居住率达到73%，城镇形态基本形成。农民富裕程度大幅提升，农民人均纯收入从2005年的9218元增长到2012年的23630元，农民收入由一产收入为主向工资性收入（占40.55%）和经营性收入（占32.74%）为主转变，城乡居民收入比从2005年的1.97：1缩小到1.71：1，远低于全国平均水平。在城乡环境整治方面，根据传承历史文化、农耕文化和保持江南水乡特色的需要，确定了保留120个自然村庄。同时，结合农村环境综合整治，完善了污水处理、绿化、道路等公共设施。

（三）四川双流：农业现代化与城镇化相互协调

2011年，双流在四川省率先建成全面小康示范县，实现度达92%，城乡一体化示范县达标率为83.3%，城乡居民收入比缩小到2.29：1；2010年、2011年、2012年连续入选"中国全面小康十大示范县（市）"，2013年跻身中国中小城市科学发展前十强。近年来，双流成为大力推进农业现代化，构建以工促农、以城带乡长效机制的典范。

双流推进农业现代化与城镇化协调发展的经验包括如下几个方面。

一是以农村信息化推动农业现代化。加快农村信息服务网络体系建设，加大财政投入，重点建设了"双流三农网""三农热线""农信通"等三大信息服务平台，增强了为广大农民、种养业大户、农村专合组织、农业企业提供多形式多功能、内容丰富的农村信息综合服务能力。全县村村安装了"农信通"信息机，有效解决了农村信息"最后一公里"的难题。以"三大"信息平台为中心，在乡镇、村发展了 25 个信息服务站和 183 个信息服务点，形成了覆盖县域农村的三级信息化服务网络体系。组建了一支由政治素质好、熟悉"三农"工作、具备一定信息技术知识和能力的 300 多人组成的专兼职信息员队伍，信息来源基本涵盖本地农业农村各领域，在采集各地、各类农业农村信息工作中发挥了重要作用。2008 年，双流"农业科技 110 示范工程"获得省政府颁发的科技进步一等奖，2010 年被中国电子商务协会、中国互联网协会评为八个中国农村信息化先进县之一。

二是着力推进产业发展高端化。以"三产联动"为特征、以集体化集约化为方向的都市现代农业，借鉴现代工业的生产理念和经营方式组织农业生产，大力提升农业机械化、设施化水平，积极培育农村新型集体经济组织、家庭农场、现代农庄三个市场经营主体，打造现代农业示范园区，加快发展农产品精深加工，延伸农业产业链，不断提升农业产业化水平。截至 2012 年，双流县农业综合机械化水平达 63%，农产品加工率达 47.8%，建成以集体化集约化为特征的现代农业园区 10 个，培育农村"三大市场经营主体"319 个，农业产业化带动面达 93.6%。建成优质水果和生态蔬菜基地 58 万亩，创建国家地理标志保护产品 4 个，获得农产品有机和绿色认证 131 个。瞄准都市人群休闲消费需求，大力发展集生态观光、休闲体验于一体的现代农业和乡村旅游业，变传统农业为现代服务业，实现一三产业互动融合发展，建成 3A 级以上旅游景区 4 个。

三是着力建立集约发展机制。用"三个集中"（工业向发展区集中、农民向城镇新型社区集中、土地向适度规模经营集中）推动新型工业化、新型城镇化和农业现代化，促进资源集约利用、产业集群发展、人口集中分布，推动了发展方式由粗放型向集约型转变。截至 2012 年，双流县工业集中度达 71%、城镇化率达 62%、农用地规模经营比重达 47.5%。

四是着力创新生产要素市场配置机制及相关配套改革。以市场为取向，以"还权赋能"为核心，扎实推进农村产权制度改革，全面完成农村集体土地和房屋确权颁证，扎实开展土地综合整治，健全耕地保护机制，优化土地资源配置，逐步建立各类农村产权依法有序顺畅流转和交易机制，促进了生产要素在城乡之间合理流动。双流县累计实现农村产权流转 8362 宗，抵押 407 宗，融资 2.06 亿元。创新农村金融服务机制，探索建立涉农银行、农业担保、农业保险和民间借贷相结合的农村金融服务体系，引导金融资本更好地服务"三农"。双流县成立村镇银行、现代农业投资公司、农业担保公司各 1 家，小额贷款公司 2 家。结合农村产权制度改革，着力构建统筹城乡保障机制，创新建立耕地保护基金，积极推动城乡户籍制度改革，配套完善城乡统一的就业、社保、教育、卫生、住房、保障等公共服务和社会管理配套制度，保证了统筹城乡综合配套改革有序推进。

五是推动城乡形态田园化。构建以生态田园为本底的现代城乡形态，初步实现"城乡一体""生态田园""产城融合"发展理念，统筹考虑人口规模、资源负荷、环境承载、产业发展因素，系统编制完善县域发展总体规划、土地利用总体规划、产业布局规划和村镇建设规划。打破城乡规划分割传统模式，主动融入天府新区西部综合交通枢纽建设，配合抓好双流国际机场二跑道、成德绵城际铁路、天府新区"三纵一横一湖一轨一江"等重点项目建设，同步推进城乡一体的道路、能源、水利、通信等基础设施建设，基本形成城乡道路联网、电力供应同网、供水供气并网的基础设施体系。截至 2012 年，县域公路总里程达 2347 公里，行政村公路通达率和硬化率均达 100%，自来水村通率、光纤村通率分别达93.3% 和 100%，建成农村新型社区 213 个、1156.3 万平方米，建设新农村示范点 45 个和地平村、南新村等一批新农村综合体。

（四）湖南长沙：工业化与城镇化深度融合

2010 年，长沙县工业总产值达到 1168.8 亿元，是"十五"期末的 3.4 倍，首次挺进"千亿县"之列；全县财政总收入完成 120.6 亿元，成为湖南首个过百亿元县。2012 年，实现工业总产值 1654.3 亿元，财政收入超过 150 亿元，城镇化率 52.4%；在中国中小城市科学发展评比中跃居第 8 位，均稳居中部地区之首。长沙的成就，很大程度上归功于工业化与城镇化深度融合的发展战略。

长沙县推动工业化与城镇化深度融合的经验主要包括如下几个方面。

一是着力培育主导产业。近年来，长沙县着力打造"中国工程机械之都"，工程机械产业已占全省 3/5、全国 1/7 的市场份额，全力建设"中国汽车工业第六大板块"，成为全国最完整汽车车系制造区域之一。随着"三一重工""山河智能""中联重科"三大本土工程机械巨头和广汽集团、北汽福田、广汽菲亚特、陕汽集团、众泰汽车等一大批国内汽车行业骨干企业的纷纷入驻，与之配套的 200 多家企业也不请自来，在长沙经开区及南部乡镇 30 多平方公里的土地上，以三一、中联、山河智能为龙头的工程机械产业集群和以广汽菲亚特、北汽福田为首的汽车产业集群，逐步成长为长沙县的支柱产业和主导产业，无论是规模、总量，还是质量、效益，都已成为全省同行业的排头兵。2012 年，全县工程机械产业和汽车及零部件产业实现工业总产值 1109.4 亿元，占全县规模工业总产值的 73.6%。

二是大力发展园区经济。根据长沙县各区域的资源特色和产业基础，实施城乡产业互动、梯度布局。着力将以星沙为中心的中部新型城镇化地区打造成工程机械、汽车制造等主导产业发展核心区，将星沙周边的㮾梨、干杉、安沙等重点城镇打造成延伸主导产业，承载配套加工和服务的重要空间，将北部乡镇打造成工业反哺农业、城市支持农村发展的现代农业示范区。发挥"一区带多园、园区带全县"的产业集群效应，将县域内 7 个专业园区以及星沙产业配套（基地）逐步纳入经开区治理范畴，实行统一规划、统一建设、统一产业布局、统一招商政策、统一环境治理、统一治理服务，进一步形成以经开区为核心、"七园"为补充的"资源共享、产业互补、分工协作"的治理模式，提升产业竞争力。

三是重视科技创新。2012 年末，全县拥有各类独立的研究开发机构 57 家，其中省级技术企业（研究）中心 18 家，国家级企业技术中心 3 家。全年专利申请量为 2547 项，比上年增长 33.4%，其中专利授权量和发明专利授权量分别为 1614 件和 219 件。全县共有高新技术企业 115 家，实现高新技术产业产值和增加值 1225 亿元、386 亿元。2013 年初出台的《关于加速推进新型工业化　促进工业经济发展的若干意见》提出，将重点吸纳具有自主知识产权、附加值较高以及本区域缺失的关键零部件配套企业落户重点园区，完善产业链条，提高主导产业的市场竞争力。对新引进的符合产业发展需要、固定资产投资每亩 200 万元以上和产出每亩 300 万元以上的优质项目，优先优惠提供用地。

四是强力提升城市功能，优化城市环境。深入实施产城融合，加快推动工业园区新一轮城市功能和形态开发，率先实现由产城分离向产城融合转型、由单一园区经济向综合多元城市经济转型。按照国际先进理念，积极推进松雅湖、空港城、黄兴现代市场群、星沙中央商务区等重大功能区建设，加快发展临空经济、现代物流、服务外包、文化创意、电子商务等现代服务业，大力引进国内外企业集团总部和区域总部、研发中心、营运中心。2012 年全年空气质量优良率达 90.6%，城市生活垃圾无害化处理率 100%，城市生活污水集中处理率为 100%。全县森林覆盖率达 48.1%。

五是坚持工业反哺农业、城市反哺农村。用工业的发展思路去发展农业，农副产品深加工业不断做大做强，2012 年全县共有农产品加工企业 251 家，国家、省、市农业龙头企业 71 家，其中规模农产品加工企业实现产值 104.2 亿元。在惠农政策的带动下，各类农民合作组织如雨后春笋般涌现出来，2012 年全县农民专业合作组织达 912 个。2012 年农民人均纯收入达 15948 元，远远超过全国平均水平，城乡居民收入比为 1.6∶1，远低于全国平均水平。

（五）江苏常熟：大力推进低碳绿色城市建设

2012 年，常熟单位 GDP 能耗下降 4.53%，林木覆盖率达 18.4%，城市建成区绿化覆盖率达 45.1%。实施蓝天工程，形成 PM2.5 监测能力，空气质量优良天数比例达 98.9%。环境质量综合指数 97.27，集中式饮用水源地水质达标率 100%。在低碳环保城市建设方面走在了全国中小城市的前列。

近年来，常熟推进低碳环保城市建设的经验主要包括如下几个方面。

一是优化产业结构，提升产业素质。制定高新技术产业园低碳产业发展规划，确定了低碳化发展的战略方向：即通过新能源、新技术、新材料三大主要产业的发展，将常熟市高新技术产业园建设成为以低碳为名片、以低碳产业为核心的低碳产业园区。此外，常熟还根据自身优势，顺应发展趋势，大力发展低碳农业，在 6800 亩的水稻示范应用区，多年采用秸秆还田、减少化肥农药量使用、测土配方施肥等一系列低碳环保措施，实现亩均增收 388 元，有 1300 亩通过了无公害大米认证，5000 亩通过了绿色大米认证，500 亩通过了有机大米认证。而且通过"公司 + 合作社 + 农户"的模式，辐射带动了周边 2400 亩农田，使水稻低碳生产技术得到了广泛推广。

二是大力发展低碳绿色交通。截至 2012 年，常熟市投用公共自行车 1 万辆，投资已超 2000 万，建有站点 355 个，各站点平均间隔 300～500 米。累计发放借车卡超过 12 万张，日均借还车辆 7 万次，每天有 3.5 万市民使用公共自行车。同时，常熟市新能源公交车数量达到 240 辆，占城市公交车数量的 62%，营运线路 17 条，新能源公交车正逐渐成为城市公交的运营主力。按照每辆新能源公交车每天运行 200 公里、每年运营 300 天计算，与使用柴油的公交车相比，240 辆新能源公交车一年可节省燃料费 900 多万元，在实现能源节约利用的同时提升了城市空气环境质量。

三是大力建设低碳社区。常熟市按照住宅建设"节能、节水、节地、治污"八字方针，对新建住宅项目，按照要求实行环境影响评价，优先采用清洁能源和新型环保建材。在老社区，常熟市积极开展中水回用示范区建设，实现社区污水资源化、减量化和再利用，大大降低了社区对城市供水系统的需求。长期以来，常熟市在全市各社区进行低碳宣传，引导社区居民交换闲置物品，许多社区百姓加入这一绿色行动，回收废旧电池，使用节能电器，很多社区居民身体力行参与环保行动。作为科技部首批新农村建设科技示范村，蒋巷村建设的"汇碳林""有机农业固碳方"，运用的住宅区生态绿化、水环境修复、太阳能利用、生活污水与生活垃圾无害化处理、规模养殖场粪便资源化利用等技术，降低了能耗，实现了资源循环利用，促进了绿化美化，从而大大改善了乡村人居环境。

四是着力打造海虞绿色低碳示范重点镇。2011 年 9 月，海虞镇被建设部、财政部确定为全国 7 个试点示范绿色低碳重点小城镇之一。截至目前，海虞已经成功实施一系列绿色低碳项目，主要包括：推广可再生能源和新能源，示范小区海福新城小区每幢居民楼楼顶都安装了太阳能热水器，869 户居民家家户户都能用到集中供应的热水；发展节能与绿色建筑，通过在建筑墙体、屋面、楼地面采用新型保温材料和门窗保温以及太阳能的利用，实现建筑节能减排，截至 2012 年已建成应用新型节能保温工艺住宅 47 万平方米；推进环境污染防治，海虞镇新材料产业园设计了生态湿地处理中心项目，湿地建成后，可将污水净化后再作为供给水源提供给产业园内工厂，作为原水来源之一，实现水资源的回用，有助于实现工业园区水资源综合利用，有效保护长江及望虞河水环境，改善太湖流域的水环境质量，保护饮用水水源地水质安全；建设污水管网，实施雨污分流，在东泾村、邓市村、徐桥村、里泾村等 4 个自然村实施了农村生活污水雨污分流改造工程，还实施了海棠路污水主干网建设工程、王市路污水主干网建设工程、学前路污水主干网建设工程、城乡生活污水收集管网小区污水收水工程、周行物流园雨污分流改造工程等，区域内人民生活环境和生态环境都大幅度改观。

四　中小城市新型城镇化质量评价

构建新型城镇化质量评价指标体系，科学评价中小城市的城镇化质量，是引导中小城市借鉴先进经验、提升城镇化质量的必然要求，也是反思和检讨城镇化相关体制机制、强化中小城市新型城镇化支撑体系的必然要求。

（一）新型城镇化质量评价的理论分析

如何判定一个城市城镇化质量的高低？这是新型城镇化道路面临的一个重大理论问题。回答这一问题，应从两个方面入手：一是多高的城镇化率是合适的，二是哪些指标与城镇化质量相关。

1. 适度的城镇化率

显然，城镇化率既不是越低越好，也不是越高越好。适度的城镇化率应当与经济社会发展相适应。城镇化应与工业化协调推进，城镇化的进程同时也是产业结构演进的过程。也就是说，城镇化率的提高应当与产业结构演进相互促进，二者之间应当保持合理的比例关系。

课题组分析了 1978 年以来中国城镇化率提升与产业结构演进的关系。结果表明，30 多年来中国城镇化率呈现加速提升的态势。与此同时，二三产业增加值比重在 1984 年之前出现了一定程度的波动，此后也出现了快速上升，直至 2007 年以后稳定在 89% ~90% 的水平。

表4 中国城镇化率提升与产业结构变迁（1978～2012年）

单位：%

年份	城镇化率	第一产业增加值比重	第二产业增加值比重	#工业增加值比重	第三产业增加值比重	二三产业增加值比重	城镇化率/二三产业比重＊100
1978	17.9	28.2	47.9	44.1	23.9	71.81	24.95
1979	20.0	31.3	47.1	43.6	21.6	68.73	29.08
1980	19.4	30.2	48.2	43.9	21.6	69.83	27.77
1981	20.2	31.9	46.1	41.9	22.0	68.12	29.60
1982	21.1	33.4	44.8	40.6	21.8	66.61	31.72
1983	21.6	33.2	44.4	39.8	22.4	66.82	32.36
1984	23.0	32.1	43.1	38.7	24.8	67.87	33.90
1985	23.7	28.4	42.9	38.3	28.7	71.56	33.13
1986	24.5	27.1	43.7	38.6	29.1	72.86	33.65
1987	25.3	26.8	43.6	38.0	29.6	73.19	34.60
1988	25.8	25.7	43.8	38.4	30.5	74.30	34.74
1989	26.2	25.1	42.8	38.2	32.1	74.89	35.00
1990	26.4	27.1	41.3	36.7	31.5	72.88	36.24
1991	26.4	24.5	41.8	37.1	33.7	75.47	34.94
1992	27.6	21.8	43.5	38.2	34.8	78.21	35.33
1993	28.1	19.7	46.6	40.2	33.7	80.29	35.05
1994	28.6	19.9	46.6	40.4	33.6	80.14	35.71
1995	29.0	20.0	47.2	41.0	32.9	80.04	36.28
1996	29.4	19.7	47.5	41.4	32.8	80.31	36.57
1997	29.9	18.3	47.5	41.7	34.2	81.71	36.62
1998	30.4	17.6	46.2	40.3	36.2	82.44	36.87
1999	30.9	16.5	45.8	40.0	37.8	83.53	36.98
2000	36.2	15.1	45.9	40.4	39.0	84.94	42.64
2001	37.7	14.4	45.2	39.7	40.5	85.61	43.99
2002	39.1	13.7	44.8	39.4	41.5	86.26	45.32
2003	40.5	12.8	46.0	40.5	41.2	87.20	46.48
2004	41.8	13.4	46.2	40.8	40.4	86.61	48.22
2005	43.0	12.1	47.4	41.8	40.5	87.88	48.92
2006	43.9	11.1	47.9	42.2	40.9	88.89	49.39
2007	44.9	10.8	47.3	41.6	41.9	89.23	50.36
2008	45.7	10.7	47.4	41.5	41.8	89.27	51.17
2009	46.6	10.3	46.2	39.7	43.4	89.67	51.96
2010	49.7	10.1	46.7	40.0	43.2	89.90	55.26
2011	51.3	10.0	46.6	39.9	43.4	89.96	56.99
2012	52.6	10.1	45.3	38.5	44.6	89.90	58.48

数据来源：《中国统计年鉴（2012）》《中华人民共和国2012年国民经济和社会发展统计公报》。

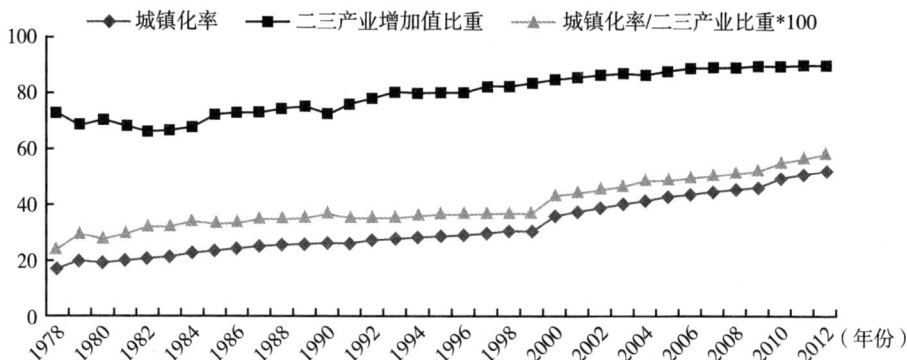

图3 中国城镇化率提升与产业结构演进（1978～2012）

数据来源：《中国统计年鉴（2012）》《中华人民共和国2012年国民经济和社会发展统计公报》。

1978～2012年，中国的城镇化率从17.9%上升至52.6%，二三产业增加值比重由71.81%上升至89.90%。从城镇化率与二三产业增加值比重的对比关系上看，与中国的城镇化和工业化进程一道，二者的比值也稳步上升。在二三产业增加值比重接近90%后，城镇化率仍然以较快速度提升，可以理解为过去30年城镇化速度偏慢，未能与快速的工业化进程相适应。也就是说，最近几年以来，城镇化的持续快速发展，实际上是在补过去30年的课。

如何评价城镇化率过高，过低，还是适宜呢？课题组认为，可以通过城镇化率与二三产业增加值比重的比值进行反映。由于缺乏客观的"最佳比值"，我们可以用全国平均水平作为标杆，偏离标杆值越远（过高或过低），城镇化率就越是虚高或滞后。

2. 测度指标选择

除了判断合理的城镇化水平之外，还有一些经济社会发展指标与城镇化质量直接相关，如用地效率指标、信息化指标、能耗指标、环境质量指标、居民收入指标等。此处，我们以用地效率指标加以说明。

2011年，全国城镇建设用地面积增加2102.2平方公里，城镇人口增加2101万人，新增城镇人口与新增城镇建设用地之比约为10000人/平方公里，以此为标准，如果中小城市的新增城镇人口与新增城镇建设用地之比低于此标准，城镇化质量则较低，反之则城镇化质量较高。在实际计算中，我们可以认定，新增城镇人口与新增城镇建设用地之比越高的城市，用地效率越高，城镇化质量也越高，反之亦然。

此外，信息化、能耗、环境质量、居民收入等指标也可以依据这一思路分析。需要注意的是，要区分不同指标对城镇化质量影响的不同方式，区分正向指标和逆向指标。

表 5   2010～2011 年中国分省城市用地变动情况

地　区	城区面积增长 （平方公里）	建成区面积增长 （平方公里）	城市建设用地面积增长 （平方公里）	征用土地面积增长 （平方公里）	城市人口密度增长 （人／平方公里）
北　京	0.0	1231.3	1425.9	3.9	45.0
天　津	98.3	23.9	23.9	0.1	-116.0
河　北	105.3	64.9	53.4	5.6	8.0
山　西	52.4	92.2	31.3	9.2	87.0
内蒙古	2459.7	38.7	56.1	13.8	-217.0
辽　宁	1166.0	56.0	77.9	57.5	-102.0
吉　林	-2658.6	33.6	32.0	16.3	922.0
黑龙江	63.7	40.7	-15.4	19.4	-93.0
上　海	0.0	0.0	0.0	0.0	72.0
江　苏	809.4	222.7	127.9	-12.6	-14.0
浙　江	227.9	92.1	17.5	-18.5	-32.0
安　徽	531.8	106.4	25.1	8.2	-204.0
福　建	119.6	71.0	57.9	27.9	16.0
江　西	171.4	86.1	20.1	36.5	-259.0
山　东	526.0	185.1	154.3	42.9	0.0
河　南	112.3	83.7	72.1	-26.0	-54.0
湖　北	-8.0	110.5	73.8	-5.6	40.0
湖　南	480.6	87.0	16.3	35.7	-84.0
广　东	-172.9	211.2	-602.4	-22.4	209.0
广　西	132.3	73.9	22.9	20.4	71.0
海　南	17.1	16.7	7.2	14.6	-100.0
重　庆	0.8	164.7	89.8	6.5	-30.0
四　川	226.1	158.4	135.2	-14.0	39.0
贵　州	15.4	44.3	47.2	1.3	236.0
云　南	154.7	52.8	54.6	-24.1	16.0
西　藏	166.0	4.8	-42.3	0.2	-60.0
陕　西	-57.2	50.5	1.6	-7.7	315.0
甘　肃	10.2	22.8	21.0	9.8	31.0
青　海	0.0	8.2	8.2	0.8	167.0
宁　夏	13.8	27.5	28.6	2.2	54.0
新　疆	162.1	83.6	80.6	-2.0	-414.0
全　国	4926.3	3545.2	2102.2	200.2	19.0

数据来源：根据 2011 年、2012 年《中国统计年鉴》整理。

（二）评价指标体系和评价方法

1. 指标体系

课题组从新型城镇化的本质内涵和基本思路出发，结合中小城市发展实际，拟从集约智能、低碳绿色和协调发展三个方面构建中小城市新型城镇化质量评价体系。

集约智能，主要用城市建设用地效率及城镇互联网比重两个指标衡量；低碳绿色，主要用单位 GDP 能耗、水环境功能区水质达标率以及二级以上空气质量达标率三个指标衡量；协调发展主要从城乡统筹，以及城镇化与工业化相协调两个角度考查，使用了城乡收入比、城镇化水平与二三产业比重之比两个指标。

表6　新型城镇化质量评价指标体系

集约智能	新增城镇人口与新增城镇建设用地之比	正向指标
	城镇互联网用户比重	正向指标
低碳绿色	单位 GDP 能耗	逆向指标
	水环境功能区水质达标率	正向指标
	二级以上空气质量达标率	正向指标
协调发展	城乡收入比	逆向指标
	城镇化水平与二三产业比重之比	适中

2. 计量方法

（1）赋予权重。

考虑到指标体系涉及的具体指标较多，本研究采取德尔菲法分两层赋予权重。第一层次：依据各因子对节约型城市、投资潜力和科学发展水平的影响程度赋予权重（总和为1）；第二层次：对影响因子的内部各指标按重要性程度赋予权重（每一因子内指标权重之和仍为1）。由此计算每一指标在投资潜力中的权重为：因子所占权重×指标在因子中所占权重。对于逆向指标，设最低值得分为1，其他城市在该项上的得分为：1 − 该项指标最低值/该城市该项指标实际值。

（2）选取标准并计算单项指标得分。

对正向指标，所有单项指标均以该指标最高数值得分为"100"，其他城市依据比例得分递减。如劳均 GDP，A 市最高，数值为 20000 元，B 市为 18000元，则 A、B 两市得分分别为 100 和 90。

对逆向指标，所有单项指标均以该指标最低数值得分为"100"，其他城市依据比例得分递减。如城乡收入比，H 市最低，数值为 1.6，G 为 3.2，则 H 市的得分为 100，G 市的得分为：1. 6/3. 2 * 100 = 50。

对适中指标，如城镇化水平与二三产业比重之比，以当年全国平均水平得分为"1"，全部城市依据偏离幅度得分递减。如全国平均水平为 0.52，W 市为 0.64，则其得分为：1 - | 0. 64 - 0. 52 | /0. 52 = 0. 77。

（3）指数和得分的具体计算。

单个城市的新型城镇化质量指数计算公式为：

$$Si = \sum_{j \leq 4}^{i=4} \lambda_i \lambda_{ij} q_{ij}$$

中小城市总体的新型城镇化质量指数为：

$$S = \sum_{i=1}^{n} \frac{Si}{n}$$

上式中，S 为中小城市总体新型城镇化质量指数（简称中小城市城镇化质量指数），S_i 为单个城市的城镇化质量指数，λ_i、λ_{ij} 分别为因子和指标的权重，q_{ij} 为该城市单项指标上的实际得分。

（三）评价对象、数据来源和评价结果

1. 评价对象

依据上述指标体系和计量方法，课题组对中小城市的城镇化质量进行了评价。考虑行政级别对城市发展产生重要影响，不同级别的城市、行政区划不具可比性，本研究的评价对象剔除了地级以上城市以及未成为建制市的地级行政区划，评价对象为 1992 个市县（含 368 个县级建制市和 1624 个非建制市的县级行政区）。

此外，考虑到部分县级行政区划，尽管已经调整为市辖区，但由于远离中心城区，在经济社会发展中仍然相对独立，因此，本研究将远离中心城市的市辖区也纳入评价范围。如何判断哪些市辖区远离市中心？本研究采取的甄别方法是：市辖区内含有乡镇的，视为相对独立发展的市辖区。同时，本研究在对市辖区进行评价时，剔除了北京、上海、天津、重庆四大直辖市的市辖区。本研究对 613 个市辖区进行单独评价。

2. 数据来源

数据来源包括：2012 年各省区市统计年鉴；2012 年各县市区统计资料；2012 年各县市区统计公报；各县市区统计部门提供的其他数据。

需要特别说明的是，考虑数据的可得性，对 1992 个市县的城镇化质量进行

评价时，使用的是 2011 年的数据；而对 613 个市辖区的评价，使用的是 2012 年的数据。

3. 评价结果

2013 年度，中小城市的总体城镇化质量指数为 43.2。这表明，中小城市的总体城镇化质量还比较低。在集约智能方面，中小城市在两项指标上都远逊于大城市和特大城市；在低碳绿色方面，能耗偏高、水质不达标等问题还比较突出，而空气质量则相对较好；在和谐协调方面，城乡收入比略低于全国平均水平，城镇化率与二三产业增加值比重之比也低于全国平均水平。

新型城镇化质量 500 强县市以及市辖区新型城镇化质量评价排序如表 7 和表 8 所示。

表 7 新型城镇化质量 500 强县市

1	江苏昆山市	25	山东龙口市	49	安徽宁国市
2	浙江义乌市	26	浙江奉化市	50	浙江安吉县
3	浙江绍兴县	27	福建石狮市	51	浙江东阳市
4	湖南长沙县	28	浙江宁海县	52	浙江临安市
5	江苏张家港市	29	山东荣成市	53	浙江永康市
6	江苏江阴市	30	浙江嵊州市	54	江苏丹阳市
7	浙江慈溪市	31	浙江温岭市	55	辽宁瓦房店市
8	江苏太仓市	32	浙江象山县	56	山东平度市
9	四川双流县	33	浙江德清县	57	浙江桐庐县
10	辽宁海城市	34	江苏扬中市	58	山东邹平县
11	浙江诸暨市	35	江苏宜兴市	59	山东诸城市
12	浙江玉环县	36	浙江长兴县	60	辽宁大石桥市
13	江苏常熟市	37	浙江富阳市	61	浙江临海市
14	浙江乐清市	38	山东招远市	62	江苏溧阳市
15	河北迁安市	39	浙江新昌县	63	辽宁长海县
16	浙江海宁市	40	山东莱州市	64	江苏海门市
17	浙江瑞安市	41	山东胶州市	65	黑龙江绥芬河市
18	浙江平湖市	42	广东增城市	66	辽宁庄河市
19	浙江余姚市	43	四川郫县	67	辽宁普兰店市
20	浙江上虞市	44	福建晋江市	68	江苏靖江市
21	浙江海盐县	45	山东即墨市	69	北京密云县
22	浙江桐乡市	46	山东章丘市	70	江苏句容市
23	浙江嘉善县	47	江苏金坛市	71	福建长乐市
24	新疆库尔勒市	48	浙江岱山县	72	山东青州市

73	山东寿光市	110	辽宁铁岭县	147	广东高要市
74	辽宁辽中县	111	辽宁盘山县	148	安徽芜湖县
75	浙江嵊泗县	112	山东兖州市	149	广西田林县
76	山东乳山市	113	山东济阳县	150	河南武陟县
77	北京延庆县	114	山东肥城市	151	湖南醴陵市
78	湖南浏阳市	115	辽宁凤城市	152	辽宁灯塔市
79	河南新郑市	116	江苏海安县	153	天津蓟县
80	浙江平阳县	117	江苏泰兴市	154	浙江龙游县
81	河北三河市	118	辽宁台安县	155	湖南宁乡县
82	陕西府谷县	119	浙江苍南县	156	广西凌云县
83	辽宁调兵山市	120	江西共青城市	157	河南新密市
84	山东桓台县	121	河北霸州市	158	河北晋州市
85	浙江永嘉县	122	广西德保县	159	广东从化市
86	安徽当涂县	123	河北香河县	160	浙江缙云县
87	福建福清市	124	山东长岛县	161	河北涿州市
88	浙江建德市	125	内蒙古霍林郭勒市	162	山东广饶县
89	上海崇明县	126	陕西神木县	163	江苏东台市
90	福建南安市	127	黑龙江东宁县	164	辽宁辽阳县
91	广东潮安县	128	山西河津市	165	黑龙江肇东市
92	山东海阳市	129	安徽繁昌县	166	内蒙古阿尔山市
93	辽宁东港市	130	山东昌邑市	167	山东邹城市
94	江苏如皋市	131	河南义马市	168	辽宁法库县
95	江苏启东市	132	浙江青田县	169	浙江仙居县
96	河南荥阳市	133	江苏如东县	170	山东莱西市
97	辽宁大洼县	134	山东安丘市	171	河北正定县
98	福建惠安县	135	浙江江山市	172	山东平阴县
99	浙江浦江县	136	辽宁凌海市	173	山东临朐县
100	天津宁河县	137	河南巩义市	174	山东滕州市
101	辽宁新民市	138	天津静海县	175	内蒙古库伦旗
102	山东新泰市	139	云南安宁市	176	四川蒲江县
103	江苏仪征市	140	河北雄县	177	广东吴川市
104	湖南韶山市	141	山东莱阳市	178	山东栖霞市
105	陕西靖边县	142	浙江洞头县	179	山东高密市
106	河北鹿泉市	143	山西灵石县	180	内蒙古二连浩特市
107	辽宁开原市	144	浙江三门县	181	河北武安市
108	福建闽侯县	145	广西乐业县	182	浙江龙泉市
109	浙江天台县	146	河北藁城市	183	山东沂源县

184	河北文安县	221	广东鹤山市	258	山西沁源县
185	江苏大丰市	222	河南林州市	259	广东佛冈县
186	浙江遂昌县	223	黑龙江海林市	260	广东普宁市
187	山西孝义市	224	河南偃师市	261	四川什邡市
188	安徽广德县	225	甘肃肃北蒙古族自治县	262	山西古交市
189	内蒙古乌审旗	226	山西清徐县	263	辽宁抚顺县
190	辽宁本溪县	227	辽宁康平县	264	山东五莲县
191	黑龙江穆棱市	228	河北新乐市	265	辽宁北镇市
192	浙江常山县	229	山西山阴县	266	湖南资兴市
193	广东博罗县	230	陕西高陵县	267	宁夏灵武市
194	辽宁盖州市	231	河南沁阳市	268	广东连平县
195	山东昌乐县	232	安徽南陵县	269	四川邛崃市
196	河南登封市	233	浙江云和县	270	安徽桐城市
197	四川西昌市	234	河北邯郸县	271	山东嘉祥县
198	辽宁宽甸县	235	安徽铜陵县	272	河南孟州市
199	四川峨眉山市	236	河北辛集市	273	安徽肥西县
200	山西襄垣县	237	浙江兰溪市	274	河北高阳县
201	山东微山县	238	辽宁岫岩县	275	广东恩平市
202	陕西黄陵县	239	河北栾城县	276	山西盂县
203	江西南丰县	240	广东惠东县	277	陕西岐山县
204	广东翁源县	241	陕西韩城市	278	河南中牟县
205	山西长治县	242	山东乐陵市	279	河南禹州市
206	山东垦利县	243	山东无棣县	280	河北沙河市
207	江苏兴化市	244	江苏高邮市	281	广西东兴市
208	广东四会市	245	江苏建湖县	282	陕西吴起县
209	湖南冷水江市	246	四川广汉市	283	山东陵县
210	陕西凤县	247	山东汶上县	284	福建龙海市
211	山东禹城市	248	陕西凤翔县	285	福建安溪县
212	山西怀仁县	249	黑龙江安达市	286	广东开平市
213	安徽天长市	250	四川大邑县	287	山东临邑县
214	四川新津县	251	陕西兴平市	288	山东冠县
215	内蒙古和林格尔县	252	河北磁县	289	山西泽州县
216	重庆璧山县	253	浙江武义县	290	湖南汨罗市
217	湖南攸县	254	福建永安市	291	浙江淳安县
218	河北黄骅市	255	山西介休市	292	内蒙古磴口县
219	陕西定边县	256	四川绵竹市	293	福建沙县
220	陕西安塞县	257	河南新乡县	294	广东乳源县

295	黑龙江尚志市	332	河北容城县	369	山西柳林县
296	山西侯马市	333	河南安阳县	370	广东电白县
297	重庆铜梁县	334	山东莒南县	371	新疆哈密市
298	江苏邳州市	335	山东庆云县	372	广东连南县
299	山东武城县	336	陕西彬县	373	广东乐昌市
300	云南个旧市	337	河南新安县	374	江苏盱眙县
301	广东东源县	338	甘肃玉门市	375	四川彭州市
302	江西上栗县	339	云南通海县	376	重庆荣昌县
303	江苏洪泽县	340	云南富民县	377	广东龙川县
304	辽宁桓仁县	341	江西分宜县	378	江苏射阳县
305	山东博兴县	342	广东海丰县	379	广东揭西县
306	福建福安市	343	山西屯留县	380	安徽祁门县
307	江西横峰县	344	广西临桂县	381	河南灵宝市
308	黑龙江宁安市	345	陕西洛川县	382	四川夹江县
309	江苏金湖县	346	内蒙古伊金霍洛旗	383	安徽含山县
310	山东夏津县	347	广西那坡县	384	内蒙古阿荣旗
311	河南长葛市	348	辽宁黑山县	385	青海刚察县
312	陕西子长县	349	吉林大安市	386	山西潞城市
313	福建长泰县	350	吉林桦甸市	387	湖南永兴县
314	广东台山市	351	吉林柳河县	388	浙江松阳县
315	江苏宝应县	352	吉林洮南市	389	广东饶平县
316	山西高平市	353	吉林长白朝鲜族自治县	390	四川米易县
317	湖北宜都市	354	山东高青县	391	陕西横山县
318	浙江文成县	355	辽宁清原县	392	广东龙门县
319	广东德庆县	356	广东陆河县	393	河南渑池县
320	福建永春县	357	内蒙古满洲里市	394	陕西户县
321	福建德化县	358	河北河间市	395	河北清河县
322	福建邵武市	359	河南博爱县	396	江苏赣榆县
323	福建福鼎市	360	山东莘县	397	陕西眉县
324	江西东乡县	361	湖北大冶市	398	安徽和县
325	江苏沛县	362	山东平原县	399	广东化州市
326	福建永定县	363	青海天峻县	400	浙江泰顺县
327	安徽肥东县	364	四川都江堰市	401	江西德兴市
328	山西霍州市	365	新疆石河子市	402	辽宁昌图县
329	河南温县	366	江西樟树市	403	浙江开化县
330	山西寿阳县	367	陕西扶风县	404	黑龙江鸡东县
331	广西阳朔县	368	河北怀来县	405	云南大理市

406	福建罗源县	438	广东梅县	470	四川隆昌县
407	广东仁化县	439	吉林德惠市	471	湖南湘乡市
408	黑龙江依兰县	440	吉林珲春市	472	河北徐水县
409	吉林东辽县	441	吉林龙井市	473	安徽休宁县
410	吉林集安市	442	吉林通化县	474	四川崇州市
411	吉林农安县	443	吉林长岭县	475	河北元氏县
412	吉林图们市	444	黑龙江宾县	476	河北大城县
413	四川华蓥市	445	江西丰城市	477	江苏滨海县
414	山东沾化县	446	辽宁兴城市	478	安徽黟县
415	山东商河县	447	山西阳城县	479	福建平潭县
416	山西平定县	448	广东南雄市	480	河北高碑店市
417	云南澄江县	449	山西太谷县	481	河南辉县市
418	福建武夷山市	450	广东兴宁市	482	福建漳平市
419	安徽来安县	451	江苏阜宁县	483	广东陆丰市
420	内蒙古牙克石市	452	山东莒县	484	广东和平县
421	湖南桂阳县	453	广东蕉岭县	485	山东曲阜市
422	湖南耒阳市	454	山东蒙阴县	486	河北安新县
423	山东临沭县	455	广东高州市	487	江西进贤县
424	广东阳东县	456	湖南株洲县	488	吉林敦化市
425	河北无极县	457	山东费县	489	吉林蛟河市
426	江西安义县	458	河北赵县	490	吉林磐石市
427	广东平远县	459	福建大田县	491	吉林汪清县
428	广东大埔县	460	浙江庆元县	492	河南淇县
429	广东惠来县	461	吉林东丰县	493	广西北流县
430	安徽歙县	462	吉林辉南县	494	湖南岳阳县
431	黑龙江漠河县	463	吉林梅河口市	495	河北安平县
432	浙江景宁县	464	吉林通榆县	496	河北井陉县
433	河南修武县	465	吉林镇赉县	497	江西南城县
434	青海玛沁县	466	安徽怀宁县	498	陕西三原县
435	广东英德市	467	广东新丰县	499	江苏新沂市
436	湖南华容县	468	四川荥经县	500	山西古县
437	江西湖口县	469	辽宁新宾县		

表8 新型城镇化质量市辖区排序

1	广东广州市番禺区	38	江苏苏州市相城区
2	广东佛山市顺德区	39	浙江嘉兴市南湖区
3	广东广州市白云区	40	河南郑州市二七区
4	浙江温州市鹿城区	41	湖南湘潭市岳塘区
5	广东佛山市南海区	42	江苏无锡市锡山区
6	湖南长沙市开福区	43	江苏无锡市惠山区
7	福建福州市鼓楼区	44	浙江宁波市镇海区
8	浙江杭州市萧山区	45	江苏扬州市广陵区
9	浙江杭州市西湖区	46	浙江湖州市吴兴区
10	广东佛山市禅城区	47	内蒙古包头市昆都仑区
11	浙江宁波市鄞州区	48	浙江舟山市定海区
12	黑龙江哈尔滨市南岗区	49	浙江温州市瓯海区
13	江苏苏州市吴江区	50	山东济南市槐荫区
14	江苏常州市武进区	51	广东惠州市惠城区
15	江苏苏州市吴中区	52	江苏常州市新北区
16	浙江杭州市余杭区	53	吉林长春市朝阳区
17	广东珠海市香洲区	54	辽宁阜新市细河区
18	黑龙江哈尔滨市道里区	55	广东广州市南沙区
19	山东淄博市张店区	56	安徽合肥市庐阳区
20	江苏无锡市滨湖区	57	浙江台州市椒江区
21	浙江台州市路桥区	58	江苏镇江市京口区
22	福建福州市晋安区	59	江苏南京市六合区
23	河南郑州市管城回族区	60	湖南株洲市芦淞区
24	广东广州市萝岗区	61	河南郑州市惠济区
25	江苏苏州市虎丘区	62	福建福州市仓山区
26	浙江宁波市江北区	63	山东济南市历城区
27	广东江门市新会区	64	内蒙古呼伦贝尔市海拉尔区
28	浙江宁波市北仑区	65	江苏南通市通州区
29	广东广州市花都区	66	山西太原市迎泽区
30	湖北武汉市洪山区	67	浙江舟山市普陀区
31	湖南湘潭市雨湖区	68	广东江门市蓬江区
32	浙江绍兴市越城区	69	浙江湖州市南浔区
33	内蒙古包头市青山区	70	浙江杭州市江干区
34	内蒙古呼和浩特市新城区	71	江苏淮安市淮阴区
35	山东临沂市兰山区	72	江苏南京市浦口区
36	山西太原市小店区	73	黑龙江鸡西市鸡冠区
37	内蒙古鄂尔多斯市东胜区	74	湖南长沙市岳麓区

75	浙江嘉兴市秀洲区	112	浙江金华市婺城区
76	辽宁盘锦市双台子区	113	安徽合肥市包河区
77	江苏扬州市邗江区	114	湖南郴州市北湖区
78	广东韶关市曲江区	115	贵州贵阳市云岩区
79	内蒙古呼和浩特市玉泉区	116	江苏盐城市盐都区
80	福建厦门市海沧区	117	辽宁葫芦岛市南票区
81	江苏泰州市海陵区	118	湖北武汉市黄陂区
82	山东淄博市临淄区	119	湖南常德市武陵区
83	内蒙古包头市东河区	120	黑龙江齐齐哈尔市铁锋区
84	河南郑州市中原区	121	黑龙江七台河市桃山区
85	江苏扬州市江都区	122	安徽马鞍山市花山区
86	福建厦门市集美区	123	广西柳州市柳南区
87	浙江台州市黄岩区	124	内蒙古包头市九原区
88	山西太原市柏林区	125	青海西宁市城东区
89	内蒙古呼和浩特市赛罕区	126	黑龙江七台河市新兴区
90	江西南昌市西湖区	127	黑龙江佳木斯市郊区
91	山东东营市东营区	128	黑龙江牡丹江市西安区
92	黑龙江哈尔滨市道外区	129	山东烟台市牟平区
93	湖南长沙市望城区	130	山东淄博市博山区
94	福建福州市马尾区	131	河北石家庄市裕华区
95	辽宁鞍山千山区	132	湖北武汉市新洲区
96	山东淄博市淄川区	133	江苏淮安市清河区
97	湖南株洲市天元区	134	内蒙古呼和浩特市回民区
98	黑龙江双鸭山市宝山区	135	贵州贵阳市南明区
99	江苏连云港市新浦区	136	广西柳州市鱼峰区
100	福建龙岩市新罗区	137	青海西宁市城西区
101	湖南株洲市石峰区	138	辽宁鞍山市铁东区
102	山东济南市天桥区	139	江苏徐州市铜山区
103	安徽合肥市蜀山区	140	黑龙江大庆市让胡路区
104	山东威海市环翠区	141	浙江金华市金东区
105	广东佛山市三水区	142	四川成都市温江区
106	湖南株洲市荷塘区	143	湖南岳阳市岳阳楼区
107	山东烟台市福山区	144	江苏镇江市丹徒区
108	吉林吉林市昌邑区	145	黑龙江哈尔滨市阿城区
109	辽宁营口市鲅鱼圈区	146	江苏泰州市姜堰区
110	山东青岛市黄岛区	147	江苏连云港市连云区
111	广东惠州市惠阳区	148	辽宁辽阳市宏伟区

149	河北唐山市路北区		186	山东东营市河口区
150	山东淄博市周村区		187	广东河源市源城区
151	山东泰安市泰山区		188	四川绵阳市涪城区
152	辽宁抚顺市顺城区		189	陕西西安市阎良区
153	辽宁鞍山市立山区		190	广东潮州市湘桥区
154	山西太原市杏花岭区		191	山东日照市东港区
155	广东清远市清城区		192	辽宁辽阳市太子河区
156	内蒙古赤峰市红山区		193	内蒙古巴彦淖尔市临河区
157	河北保定市新市区		194	福建莆田市城厢区
158	广东珠海市斗门区		195	吉林长春市二道区
159	河南郑州市上街区		196	福建厦门市同安区
160	内蒙古通辽市科尔沁区		197	江西萍乡市安源区
161	四川成都市新都区		198	湖南邵阳市双清区
162	江西南昌市青云谱区		199	内蒙古赤峰市元宝山区
163	新疆乌鲁木齐市米东区		200	福建泉州市泉港区
164	青海西宁市城北区		201	山东济南市长清区
165	内蒙古乌海市海勃湾区		202	黑龙江哈尔滨市香坊区
166	湖北襄阳市襄州区		203	辽宁铁岭市银州区
167	浙江衢州市柯城区		204	辽宁铁岭市清河区
168	四川成都市龙泉驿区		205	福建莆田市荔城区
169	广东汕头市龙湖区		206	广东云浮市云城区
170	河南周口市川汇区		207	吉林通化市东昌区
171	辽宁丹东市振兴区		208	湖北荆州市沙市区
172	江苏盐城市亭湖区		209	江西南昌市青山湖区
173	山东莱芜市莱城区		210	新疆克拉玛依克拉玛依区
174	安徽合肥市瑶海区		211	江苏泰州市高港区
175	新疆克拉玛依市乌尔禾区		212	四川南充市顺庆区
176	江苏淮安市清浦区		213	湖北武汉市蔡甸区
177	广东梅州市梅江区		214	辽宁葫芦岛市龙港区
178	黑龙江鸡西市城子河区		215	四川攀枝花市东区
179	辽宁营口市老边区		216	黑龙江齐齐哈尔市富拉尔基区
180	广西南宁市兴宁区		217	辽宁丹东市元宝区
181	黑龙江双鸭山市四方台区		218	湖南衡阳市珠晖区
182	黑龙江哈尔滨市平房区		219	湖北襄阳市樊城区
183	辽宁抚顺市东洲区		220	山东滨州市滨城区
184	安徽马鞍山市雨山区		221	广东韶关市浈江区
185	浙江丽水市莲都区		222	安徽马鞍山市博望区

续表

223	黑龙江大庆市龙凤区	260	广东茂名市茂南区
224	广东揭阳市揭东区	261	福建漳州市龙文区
225	山东济宁市市中区	262	广西玉林市玉州区
226	福建漳州市芗城区	263	黑龙江鹤岗市兴安区
227	山东济宁市任城区	264	江西抚州市临川区
228	内蒙古乌海市海南区	265	山东德州市德城区
229	黑龙江大庆市大同区	266	山西临汾市尧都区
230	福建莆田市涵江区	267	山东泰安市岱岳区
231	海南海口市龙华区	268	宁夏银川市兴庆区
232	湖南邵阳市大祥区	269	山东日照市岚山区
233	湖南衡阳市雁峰区	270	四川德阳市旌阳区
234	广东肇庆市鼎湖区	271	湖北荆州市荆州区
235	山西长治市郊区	272	河北沧州市新华区
236	山东莱芜市钢城区	273	河南平顶山市新华区
237	辽宁辽阳市弓长岭区	274	河南安阳市文峰区
238	陕西宝鸡市渭滨区	275	湖北鄂州市华容区
239	河北廊坊市广阳区	276	广东珠海市金湾区
240	甘肃兰州市红古区	277	湖南衡阳市蒸湘区
241	黑龙江双鸭山市尖山区	278	吉林长春市南关区
242	安徽宣城市宣州区	279	山东枣庄市市中区
243	湖北宜昌市西陵区	280	黑龙江哈尔滨市呼兰区
244	河南新乡市牧野区	281	广东韶关市武江区
245	江苏徐州市贾汪区	282	吉林吉林市丰满区
246	辽宁葫芦岛市连山区	283	福建厦门市翔安区
247	河北唐山市丰润区	284	甘肃兰州市西固区
248	山西晋中市榆次区	285	河北秦皇岛市山海关区
249	黑龙江牡丹江市爱民区	286	江西九江市庐山区
250	河北唐山市曹妃甸区	287	广西北海市海城区
251	广东佛山市高明区	288	辽宁朝阳市龙城区
252	甘肃兰州市七里河区	289	河北唐山市古冶区
253	辽宁阜新市新邱区	290	辽宁锦州市太和区
254	湖南郴州市苏仙区	291	安徽淮南市田家庵区
255	江苏淮安市淮安区	292	安徽黄山市屯溪区
256	辽宁丹东市振安区	293	广西南宁市西乡塘区
257	河北邯郸市邯山区	294	福建南平市延平区
258	辽宁辽阳市文圣区	295	陕西宝鸡市金台区
259	河北唐山市路南区	296	广西柳州市柳北区

续表

297	陕西咸阳市杨陵区		334	福建泉州市洛江区
298	江苏宿迁市宿城区		335	四川达州市通川区
299	河北唐山市开平区		336	吉林辽源市龙山区
300	山西晋城市城区		337	广东阳江市江城区
301	湖北随州市曾都区		338	四川内江市市中区
302	广西南宁市青秀区		339	河北秦皇岛市海港区
303	湖北宜昌市伍家岗区		340	江西上饶市信州区
304	山东聊城市东昌府区		341	山东临沂市罗庄区
305	辽宁锦州市古塔区		342	贵州贵阳市白云区
306	四川宜宾市翠屏区		343	安徽蚌埠市蚌山区
307	湖北襄阳市襄城区		344	四川泸州市江阳区
308	湖南衡阳市石鼓区		345	辽宁朝阳市双塔区
309	河北石家庄市新华区		346	江苏宿迁市宿豫区
310	吉林松原市宁江区		347	江苏连云港市海州区
311	安徽安庆市迎江区		348	河南焦作市山阳区
312	湖北荆门市东宝区		349	辽宁抚顺市新抚区
313	广东茂名市茂港区		350	江西萍乡市湘东区
314	河南南阳市卧龙区		351	陕西榆林市榆阳区
315	山东枣庄市台儿庄区		352	贵州贵阳市观山湖区
316	河南安阳市殷都区		353	安徽铜陵市狮子山区
317	内蒙古乌兰察布市集宁区		354	辽宁鞍山市铁西区
318	四川成都市青白江区		355	江西鹰潭市月湖区
319	黑龙江鸡西市滴道区		356	吉林长春市绿园区
320	黑龙江齐齐哈尔市昂昂溪区		357	福建莆田市秀屿区
321	河北石家庄市井陉矿区		358	湖南益阳市赫山区
322	辽宁阜新市海州区		359	福建三明市三元区
323	福建三明市梅列区		360	海南海口市秀英区
324	陕西咸阳市秦都区		361	河北邯郸市丛台区
325	湖北宜昌市夷陵区		362	西藏拉萨市城关区
326	河南新乡市红旗区		363	陕西咸阳市渭城区
327	河南漯河市郾城区		364	内蒙古赤峰市松山区
328	安徽铜陵市郊区		365	安徽芜湖市鸠江区
329	湖南衡阳市南岳区		366	湖南永州市冷水滩区
330	河南平顶山市湛河区		367	河南信阳市浉河区
331	河北秦皇岛市北戴河区		368	四川乐山市市中区
332	吉林吉林市船营区		369	山东菏泽市牡丹区
333	吉林吉林市龙潭区		370	黑龙江绥化市北林区

371	河南漯河市源汇区	408	四川绵阳市游仙区
372	广东揭阳市榕城区	409	吉林辽源市西安区
373	山东枣庄市薛城区	410	广东汕尾市城区
374	黑龙江哈尔滨市松北区	411	甘肃酒泉市肃州区
375	四川自贡市自流井区	412	湖南邵阳市北塔区
376	湖南益阳市资阳区	413	湖南常德市鼎城区
377	江西新余市渝水区	414	四川雅安市名山区
378	河南漯河市召陵区	415	河南鹤壁市山城区
379	云南玉溪市红塔区	416	广西桂林市七星区
380	广东汕头市潮南区	417	安徽淮北市相山区
381	山西太原市尖草坪区	418	山东枣庄市峄城区
382	河南安阳市龙安区	419	吉林长春市宽城区
383	辽宁阜新市清河门区	420	山西朔州市朔城区
384	黑龙江伊春市南岔区	421	安徽六安市金安区
385	新疆乌鲁木齐市新市区	422	海南海口市美兰区
386	湖北荆门市掇刀区	423	云南曲靖市麒麟区
387	贵州遵义市红花岗区	424	吉林四平市铁东区
388	吉林白山市浑江区	425	吉林长春市双阳区
389	安徽淮南市八公山区	426	辽宁抚顺市望花区
390	湖北孝感市孝南区	427	黑龙江大庆市红岗区
391	河北石家庄市桥东区	428	山西大同市南郊区
392	黑龙江鸡西市恒山区	429	广西南宁市江南区
393	黑龙江齐齐哈尔市梅里斯达斡尔族区	430	黑龙江七台河市茄子河区
394	河北张家口市桥东区	431	福建宁德市蕉城区
395	吉林通化市二道江区	432	河北保定市北市区
396	湖南永州市零陵区	433	河北沧州市运河区
397	山东临沂市河东区	434	山西阳泉市郊区
398	安徽安庆市大观区	435	四川攀枝花市仁和区
399	湖北鄂州市鄂城区	436	江西赣州市章贡区
400	广东湛江市麻章区	437	广东清远市清新区
401	广西梧州市蝶山区	438	四川眉山市东坡区
402	黑龙江双鸭山市岭东区	439	湖南岳阳市云溪区
403	河北邯郸市复兴区	440	湖北十堰市张湾区
404	吉林四平市铁西区	441	河南濮阳市华龙区
405	四川攀枝花市西区	442	河南新乡市卫滨区
406	四川泸州市龙马潭区	443	湖北黄冈市黄州区
407	河北廊坊市安次区	444	黑龙江黑河市爱辉区

续表

445	河南开封市禹王台区	482	河南新乡市凤泉区
446	贵州贵阳市乌当区	483	四川雅安市雨城区
447	河南开封市金明区	484	四川泸州市纳溪区
448	陕西汉中市汉台区	485	河南商丘市梁园区
449	甘肃金昌市金川区	486	四川乐山市五通桥区
450	河北衡水市桃城区	487	贵州贵阳市花溪区
451	黑龙江佳木斯市东风区	488	安徽淮北市杜集区
452	江西景德镇市昌江区	489	广西钦州市钦南区
453	黑龙江牡丹江市阳明区	490	广东汕头市潮阳区
454	贵州遵义市汇川区	491	湖南怀化市鹤城区
455	安徽安庆市宜秀区	492	青海西宁市城中区
456	甘肃武威市凉州区	493	安徽亳州市谯城区
457	宁夏吴忠市利通区	494	四川遂宁市船山区
458	湖北咸宁市咸安区	495	河南鹤壁市鹤山区
459	安徽淮南市谢家集区	496	宁夏石嘴山市惠农区
460	河北邢台市桥东区	497	山东枣庄市山亭区
461	陕西宝鸡市陈仓区	498	山西太原市晋源区
462	安徽池州市贵池区	499	河南开封市龙亭区
463	江西吉安市吉州区	500	广西贵港市覃塘区
464	河南三门峡市湖滨区	501	浙江衢州市衢江区
465	四川资阳市雁江区	502	四川自贡市贡井区
466	湖南娄底市娄星区	503	广西梧州市长洲区
467	安徽黄山市徽州区	504	安徽黄山市黄山区
468	河南洛阳市瀍河回族区	505	河北张家口市宣化区
469	广西贵港市港北区	506	湖北黄石市西塞山区
470	甘肃张掖市甘州区	507	内蒙古包头市石拐区
471	河南开封市顺河回族区	508	云南丽江市古城区
472	河南南阳市宛城区	509	河北邢台市桥西区
473	河北唐山市丰南区	510	广西桂林市叠彩区
474	广西桂林市象山区	511	河北石家庄市长安区
475	河南洛阳市洛龙区	512	海南海口市琼山区
476	广西北海市铁山港区	513	宁夏银川市金凤区
477	河南信阳市平桥区	514	广西梧州市万秀区
478	河南鹤壁市淇滨区	515	陕西铜川市王益区
479	吉林白山市江源区	516	甘肃白银市白银区
480	山西运城市盐湖区	517	陕西延安市宝塔区
481	安徽滁州市南谯区	518	贵州六盘水市钟山区

续表

519	湖北鄂州市梁子湖区	556	四川南充市高坪区
520	安徽芜湖市三山区	557	广西北海市银海区
521	四川宜宾市南溪区	558	安徽蚌埠市禹会区
522	河南商丘市睢阳区	559	山西朔州市平鲁区
523	广东汕头市澄海区	560	湖南岳阳市君山区
524	湖北十堰市茅箭区	561	安徽淮南市潘集区
525	四川广安市广安区	562	江西吉安市青原区
526	陕西渭南市临渭区	563	江西南昌市湾里区
527	河北承德市双桥区	564	陕西安康市汉滨区
528	新疆乌鲁木齐市达坂城区	565	安徽淮北市烈山区
529	陕西铜川市耀州区	566	广西钦州市钦北区
530	四川内江市东兴区	567	山西忻州市忻府区
531	广西贵港市港南区	568	陕西铜川市印台区
532	江西宜春市袁州区	569	宁夏石嘴山市大武口区
533	广西防城港市防城区	570	广西百色市右江区
534	广西防城港市港口区	571	河南驻马店市驿城区
535	安徽阜阳市颍州区	572	广西崇左市江州区
536	安徽淮南市大通区	573	安徽六安市裕安区
537	四川自贡市沿滩区	574	广西南宁市邕宁区
538	四川乐山市沙湾区	575	贵州安顺市西秀区
539	四川自贡市大安区	576	贵州铜仁市碧江区
540	安徽阜阳市颍泉区	577	湖南张家界市武陵源区
541	广东湛江市坡头区	578	广西贺州市八步区
542	内蒙古乌海市乌达区	579	广西桂林市雁山区
543	四川遂宁市安居区	580	云南普洱市思茅区
544	辽宁阜新市太平区	581	河北承德市双滦区
545	河北邯郸市峰峰矿区	582	四川南充市嘉陵区
546	四川广元市利州区	583	四川巴中市巴州区
547	安徽宿州市埇桥区	584	四川广元市元坝区
548	广西来宾市兴宾区	585	贵州毕节市七星关区
549	湖北宜昌市点军区	586	河北保定市南市区
550	安徽蚌埠市龙子湖区	587	甘肃庆阳市西峰区
551	广西南宁市良庆区	588	甘肃平凉市崆峒区
552	安徽蚌埠市淮上区	589	宁夏银川市西夏区
553	吉林白城市洮北区	590	云南昆明市东川区
554	河北张家口市桥西区	591	陕西商洛市商州区
555	宁夏中卫市沙坡头区	592	云南临沧市临翔区

续表

593	四川乐山市金口河区	604	宁夏固原市原州区
594	黑龙江鹤岗市东山区	605	甘肃天水市秦州区
595	广西河池市金城江区	606	山西吕梁市离石区
596	云南保山市隆阳区	607	河北张家口市下花园区
597	湖南张家界市永定区	608	甘肃白银市平川区
598	山西大同市新荣区	609	宁夏吴忠市红寺堡区
599	河北承德市鹰手营子矿区	610	甘肃天水市麦积区
600	四川广元市朝天区	611	贵州铜仁市万山区
601	安徽阜阳市颍东区	612	甘肃定西市安定区
602	云南昭通市昭阳区	613	甘肃陇南市武都区
603	贵州六盘水市六枝特区		

参考文献

中国人口与发展研究中心课题组：《中国人口城镇化战略研究》，《人口研究》2012 年第 3 期。

谢扬：《农民工融入城市》，《城市规划》2012 年第 3 期。

张志耀：《高速城市化进程中基础设施建设的发展策略》，《青岛科技大学学报（社会科学版）》2012 年第 28 卷第 4 期。

张庆丰、罗伯特·克鲁克斯：《迈向环境可持续的未来：中华人民共和国国家环境分析》，中国财政经济出版社，2012。

张慧娟：《以公共服务推进城市管理新模式》，《经营管理者》2013 年第 16 期。

尹成杰：《大力推动城镇化与农业现代化相互协调》，《农民日报》2012 年 11 月 14 日。

朱世伟等：《山东省推进信息化与城镇化融合发展的对策研究》，《科技信息》2013 年第 12 期。

楚德江：《农民工市民化的现实困境与政策选择》，《西北师大学报（社会科学版）》2013 年第 50 卷第 3 期。

国家人口和计划生育委员会流动人口服务管理司：《中国流动人口发展报告 2012》，中国人口出版社，2012。

盛广耀：《新型城镇化理论初探》，《学习与实践》2013 年第 2 期。

汪光焘等：《中国城市状况报告（2012/2013）》，外文出版社，2012。

魏后凯等：《推进农业转移人口市民化的总体战略》，载潘家华、魏后凯：《中国城市发展报告 No.6》，社会科学文献出版社，2013。

魏后凯：《论中国城市转型战略》，《城市与区域规划研究》2011 年第 4 卷第 1 期。

中国中小城市
科学发展评价

Development Evaluation of Small-And
Medium-Sized Cities in China

Gr.2
2013 年中国中小城市科学
发展评价指标体系研究

中国中小城市科学发展评价体系研究课题组

中小城市是我国行政区划体系中重要的战略结点，中小城市加快科学发展，对于推进城乡一体化进程、改善需求结构、构建和谐社会，对于加快社会主义现代化建设、全面建成小康社会意义重大。中小城市科学发展评价以科学发展观为指导，通过建立一套体现科学发展观要求的、具有可操作性的综合评价体系来反映科学发展观的内涵和要求，回答了"什么是科学发展""怎样科学发展"的问题，指引中小城市在新型城镇化过程中发挥更大作用。

一 中小城市的范围及其地位

依据中国城市人口规模和人口分布现状，较为合理的城市规模等级划分标准是：市区常住人口 50 万以下的为小城市，50 万～100 万的为中等城市，100万～300 万的为大城市，300 万～1000 万的为特大城市，1000 万以上的为巨型城市。中小城市包括中等城市和小城市，依据上述标准，实际上就是市区常住人口在 100 万以下的城市。需要注意的是，此处所指的中小城市，不是建制市的概念，不仅包含常住人口 100 万以下的建制市市区，也包括未成为建制市的县及县级以上行政区划的中心城镇。

截至 2012 年底，中国有建制市 657 个，其中直辖市 4 个，地级城市 285 个，县级建制市 368 个。4 个直辖市常住人口均超过千万，属于巨型城市。285 个地级城市中，163 个城市属于中小城市，占比 57.2%。368 个县级建制市中，除了极个别发达城市的市区人口接近或略超过百万之外，多数建制市市区人口在数万至数十万之间。由于县级建制市市区人口缺乏统一权威的统计数据，为便于分析和研究问题，可以将全部县级建制市归属为中小城市。

除建制市之外，全国有 48 个地级区划、1624 个县级行政区划并非建制市，但这些地区（州、盟）、县（自治旗县、旗）的中心城镇，也已经聚集了相当规模的人口，在基础设施、公共服务等方面与建制市的市区较为接近，中心城镇居民享受着城市化的生活方式。因此，这些中心城镇，也可以归属于中小城市。

广义上说，中国的中小城市还应该包括部分远离中心城区的市辖区。考虑到部分县级行政区划，尽管已经调整为市辖区，但由于远离中心城区，在经济社会发展中仍然相对独立，因此，可以将远离中心城市的市辖区也纳入评价范围。如何判断哪些市辖区远离市中心？本研究采取的甄别方法是：市辖区内含有乡镇时，视为相对独立发展的市辖区。截至 2012 年底，全国共有市辖区 860 个，其中含乡镇的市辖区为 661 个。考虑到直辖市的辖区，行政级别较高，与地级城市的市辖区不具有可比性，因此可以剔除北京、上海、天津、重庆四大直辖市的含乡镇市辖区 48 个。因此，可以纳入广义的中小城市范畴的市辖区为 613 个。

表 1　中国大陆中小城市的构成及其数量（狭义）（截至 2012 年底）

单位：个

类别	地级建制市	非建制市的地级行政区划的中心城镇	县级建制市	非建制市的县级行政区划的中心城镇	合计
数量	163	48	368	1624	2203

表 2　中国大陆中小城市的构成及其数量（广义）（截至 2012 年底）

单位：个

类别	地级建制市	非建制市的地级行政区划的中心城镇	县级建制市	非建制市的县级行政区划的中心城镇	相对独立发展的市辖区	合计
数量	163	48	368	1624	613	2816

截至 2012 年底，狭义上看，中小城市直接影响和辐射的区域，行政区面积达 881 万平方公里，占国土面积 91.7%；总人口达 10.18 亿，占全国总人口的 75.2%。2012 年，中小城市及其影响和辐射的区域，经济总量达 29.52 万亿元，占全国经济总量的 56.8%；地方财政收入达 26495.2 亿元，占全国地方财政收入的 43.38%。

广义上看（包括含乡镇的市辖区），中小城市直接影响和辐射的区域，行政区面积达 934 万平方公里，占国土面积 97.3%；总人口达 11.56 亿，占全国总人口的 85.4%。2012 年，中小城市及其影响和辐射的区域，经济总量达 43.92 万亿元，占全国经济总量的 84.5%；地方财政收入达 42521.8 亿元，占全国地方财政收入的 69.62%。

二 评价目的、评价对象及数据来源

为了贯彻科学发展观，加快和谐社会建设，客观评价中小城市科学发展水平，中城会中小城市经济发展委员会联合中国社会科学院城市发展与环境研究所、东北亚开发研究院城市发展研究所等单位组成课题组，自 2005 年开始构建体现中小城市科学发展的评价指标体系。

（一）评价目的

要把科学发展观落到实处，只有理念和宣传远远不够，要根本上扭转地方政府片面追求 GDP 的政绩观，必须通过建立一套体现科学发展观要求的、具有可操作性的综合评价体系来反映科学发展观的内涵和要求，指引中小城市努力实践科学发展的道路。

中小城市科学发展评价以科学发展观为指导，回答了"什么是科学发展""怎样科学发展"的问题，对中小城市科学发展水平进行评价，其目的如下。

第一，引导中小城市树立科学的政绩观。坚定以人为本的科学发展理念，增强资源节约和环境保护意识，大力保障和改善民生，不断提高自主创新能力，加快统筹城乡发展，积极探索科学发展新路径，坚持不懈地走全面、协调、可持续发展之路。

第二，为决策部门提供参考。本评价以客观数据为基础，对中小城市的发展状态和发展水平进行动态监测，力图客观公正，评价结果可以供有关决策部门参考。

第三，树立科学发展典型。本评价每年进行一次，通过数据对比和案例分析，发现当年的科学发展典型，供其他地区学习和借鉴。

第四，为中小城市加快资源节约型、环境友好型城市建设，挖掘城市投资潜力、提升城市整体实力，提高区域带动能力提供科学依据。各中小城市通过参与测评活动，对照评价指标体系，通过与不同城市之间的比较，能够发现自身不足，对于明确城市发展方向和制定城市发展战略有很强的导向作用。

（二）评价对象

本研究的评价对象原则上界定为中小城市。但考虑到中国特殊的经济政治体制和行政区划，评价对象作如下调整。

第一，考虑到现行中国统计体系，基本上是以行政区划为基本统计单元，缺乏真正意义上的城市统计。因此，研究过程中，本文的评价对象在中小城市的基础上扩展至以该城市为核心的行政区域。

第二，考虑行政级别对城市发展产生重要影响，不同级别的城市、行政区划不具可比性，本研究的评价对象剔除了地级以上城市以及未成为建制市的地级行政区划。

第三，考虑到部分县级行政区划，尽管已经调整为市辖区，但由于远离中心城区，在经济社会发展中仍然相对独立，因此，本研究将远离中心城市的市辖区也纳入评价范围。如何判断哪些市辖区远离市中心？本研究采取的甄别方法是：市辖区内含有乡镇的，视为相对独立发展的市辖区。同时，本研究在对市辖区进行评价时，剔除了北京、上海、天津、重庆四大直辖市的市辖区。

综上所述，本研究的评价对象界定为：县级市、县以及空间相对独立的市辖区。对县级市、县、自治县，课题组以国家统计局公布的县市 500 强和各省发展态势较好的部分县市作为发放基本情况调查问卷的范围，以回收问卷的县市作为评价样本。考虑相对独立发展的市辖区的特点，本评价体系对 613 个市辖区进行全样本评价。

（三）数据来源

数据来源包括：2013 年各省区市统计年鉴；2012 年各县市区统计资料；2012 年各县市区统计公报；各县市区统计部门提供的其他数据。

三　评价体系及测评结果

依据科学发展观的要求，本研究构建了中小城市科学发展指数。同时，为了反映中小城市在两型社会建设、区域带动力等方面的成就，以及中小城市的投资潜力，本研究还依次建立了节约型城市指数、投资潜力指数和区域带动力指数。

此外，相对独立的市辖区，一方面具备中小城市的某些特征，另一方面在空间上与市区距离较近，与一般的中小城市存在一定差异，因此，本研究对这些市辖区单独归类，从综合实力和发展潜力两个方面对其发展状况进行了评价。

（一）科学发展指数

中小城市的科学发展指数，就是反映中小城市贯彻和落实科学发展观水平的总体指数。它包括单个城市的科学发展指数和中小城市的总体科学发展指数两个方面。

城市科学发展水平，包括在经济、社会、民生、环境、基础设施、科技、文教等各个领域的综合发展状况和发展能力。本研究力图从科学发展观的内涵出发，依据"全面、协调、可持续"的要求，审视中小城市发展状态。经济发展水平和发展能力是决定城市发展水平的首要因素，但随着经济实力的增强，社会、环境等其他因素权重上升，也应当在城市发展水平评价中占有越来越重要的地位。一个城市的发展水平如何，不但要看它的总量规模有多大，更重要的是要看人民群众是否分享了经济发展的成果、要看人民群众的生活水平和精神状态在多大程度上得到了改善和提高，以及为此支付了哪些成本。评价一届政府的"政绩"，不仅体现在 GDP 的总量有多大、增速有多快，更体现在经济、社会、环境各方面能否协调发展，人民群众是否得到实惠，人民群众是否满意。

本评价指标体系立足践行科学发展观，从经济发展、社会进步、环境友好和政府效率四个方面进行评价。

具体来说，科学发展水平评价指标体系包含以下四个方面。

（1）经济指标：科学发展观仍然强调以经济建设为中心，经济发展是其他各项事业的物质基础。本部分包含"经济发展水平指数"和"经济发展质量指数"。"经济发展水平指数"主要反映地方经济发展水平和发展速度的快慢，用人均 GDP、人均 GDP 增速、人均财政预算收入等三个指标衡量。"经济发展质量指数"主要反映经济发展所付出的代价大小，用万元 GDP 能耗、万元 GDP 水耗、亿元 GDP 生产安全事故死亡人数等三个指标衡量。

（2）社会指标：科学发展观，要求在推动经济加快发展的同时，更加注重社会发展。本部分包含"人文发展指数""居民生活水平指数"。"人文发展指数"是衡量社会进步的长期指针，"居民生活水平指数"则是当前社会发展状态的反映。"人文发展指数"主要反映人们的生活质量以及人口素质状况，用婴儿死亡率、人均预期寿命、劳动人口平均受教育年限、每百万人口拥有公共文化体育设施面积等 4 个指标衡量。"居民生活水平指数",从就业水平、收入水平、支出结构等 3 个方面衡量。"就业乃民生之本",可以用城镇登记失业率、城镇常住人口就业率两个指标衡量。收入水平包括绝对水平和相对水平,可以用城镇居民人均可支配收入、农村居民人均纯收入、农村居民人均纯收入与城镇居民人均可支配收入之比、居民人均收入指数与人均 GDP 指数之比等指标衡量。支出结构,反映人们的消费能力和消费水平,用恩格尔系数来衡量。

(3)环境指标:科学发展观要求在经济发展和社会进步的同时,关注发展所付出的环境代价。本部分包含"环境质量指数"和"环境驱动指数"。"环境质量指数"反映环境质量的好坏,可以用森林覆盖率、城镇人均公共绿地面积、城市环境空气质量优良率、建成区环境噪声达标区覆盖率、集中式饮用水源水质达标率、水环境功能区水质达标率等指标衡量。"环境驱动指数"反映环境质量变化的驱动因素,可以用生活污水排放达标率、生活垃圾无害化处理率、工业"三废"排放达标率、环保投入占 GDP 比重等指标来衡量。

(4)政府效率指标:在关注城市发展状态的同时,课题组认为,还应当对政府效率进行考察。城市运行效率以及公众对城市运行效率的满意度,不但关系城市形象和城市竞争力,也关系城市的长远发展。本部分包含"政府行为规范化指数""行政审批效率指数""政治文明程度指数"。"政府行为规范化指数"反映政府行为的规范化程度,可以用非税收入占财政收入的比重等指标衡量。"行政审批效率指数"衡量政府的办事效率,可以用审批事项的数量、审批性备案事项在全部备案事项中所占比重等指标衡量。"政治文明程度指数"反映政治开明程度,可以用人大代表建议和政协委员提案办结率等指标衡量。

表 3　中国中小城市科学发展评价指标体系

一级指标	二级指标
经济发展	经济发展水平指数 经济发展质量指数
社会进步	人文发展指数 居民生活水平指数
环境友好	环境质量指数 环境驱动指数
政府效率	政府行为规范化指数 行政审批效率指数 政治文明程度指数

表4　2013年度中国中小城市综合实力百强县市（科学发展百强县市）

排序	城市	排序	城市	排序	城市	排序	城市	排序	城市
1	江苏昆山市	21	福建石狮市	41	山东新泰市	61	辽宁开原市	81	山东荏平县
2	江苏江阴市	22	浙江乐清市	42	浙江德清县	62	河南荥阳市	82	江西广丰县
3	江苏张家港市	23	江苏丹阳市	43	浙江温岭市	63	江苏句容市	83	内蒙古霍林郭勒市
4	江苏太仓市	24	浙江富阳市	44	江苏启东市	64	吉林前郭县	84	陕西吴起县
5	浙江慈溪市	25	浙江瑞安市	45	浙江长兴县	65	辽宁东港市	85	安徽肥东县
6	江苏宜兴市	26	江苏扬中市	46	四川郫县	66	浙江永康市	86	江苏赣榆县
7	福建晋江市	27	浙江海宁市	47	河南义马市	67	江苏兴化市	87	江苏沛县
8	湖南长沙县	28	山东寿光市	48	山东肥城市	68	吉林延吉市	88	云南安宁市
9	四川双流县	29	山东滕州市	49	河南新郑市	69	山东蓬莱市	89	山东昌邑市
10	辽宁海城市	30	浙江玉环县	50	辽宁大石桥市	70	广东高要市	90	山东桓台县
11	浙江义乌市	31	福建福清市	51	河北任丘市	71	山西高平市	91	山东乳山市
12	浙江余姚市	32	辽宁庄河市	52	福建龙海市	72	江苏高邮市	92	山东青州市
13	广东增城市	33	江苏海安县	53	江苏大丰市	73	陕西府谷县	93	辽宁辽中县
14	山东龙口市	34	福建南安市	54	山西孝义市	74	安徽宁国市	94	陕西靖边县
15	内蒙古准格尔旗	35	山东莱西市	55	河南禹州市	75	福建安溪县	95	广西平果县
16	山东荣成市	36	福建惠安县	56	江苏邳州市	76	江苏仪征市	96	湖南醴陵市
17	山东邹平县	37	山东莱州市	57	黑龙江安达市	77	安徽肥西县	97	宁夏灵武市
18	浙江诸暨市	38	黑龙江肇东市	58	新疆库尔勒市	78	浙江平阳县	98	青海格尔木市
19	河北迁安市	39	山东招远市	59	内蒙古托克托县	79	江西贵溪市	99	贵州盘县
20	辽宁瓦房店市	40	江苏如皋市	60	江西南昌县	80	安徽当涂县	100	湖北大冶市

2013年，中国中小城市科学发展指数为68.9，与2012年相比提高了0.8个点。受宏观环境影响，经济增长、财政收入等经济指标出现波动，但民生事业和生态环境指标继续趋好，推动科学发展指数提升。

分区域情况看，东部地区仍然表现最好。东部地区中小城市科学发展指数达到了75.3，领先于东北地区、中部地区和西部地区（分别为65.0、68.1、64.0）。值得注意的是，中部地区科学发展水平指数提高最快（提高了1.2个点），东部地区科学发展水平指数提高较慢（仅提高了0.5个点）。

在科学发展测评前100强城市中，东部地区占据了59席，中部、西部和东北分别占16、14和11席。一方面，江苏、山东和浙江三省在这份名单中的表现最为抢眼，三个省占据了百强的将近半壁江山，其中，江苏省在百强中占据18

席，山东省占据 16 席，浙江省占据 14 席。这表明，江苏、山东和浙江在中小城市和县域经济发展方面走在了全国前列。另一方面，中小城市科学发展测评前 100 个城市分布较广，江苏、浙江、广东、山东、安徽、河南、广西、四川、新疆、内蒙古等 23 个省区市均有县市入选。江苏省昆山市连续九年稳居中国中小城市科学发展测评第一名，湖南省长沙县、四川省双流县、辽宁省海城市继续稳居中部地区第一名、西部地区第一名和东北地区第一名。2013 年的前 10 强更加注重树立中西部及东北地区典型城市，通过典型城市示范和带动进一步缩小区域差距，推动欠发达地区中小城市更好更快发展。安徽省宁国市、云南省安宁市、广西平果县、宁夏灵武市、青海省格尔木市、贵州省盘县、湖北省大冶市等县市入围全国百强县，不仅改变了这些省份没有全国百强县的历史，更为重要的是通过这些县市的示范和带动作用，形成了"学、比、赶、超"的良好氛围，极大地推动了本省中小城市和县域经济又好又快发展。

（二）节约指数（两型社会发展指数）

节约指数，就是反映中小城市在资源节约和环境友好方面建设成就的指数。它包括单个城市的节约型城市指数和中小城市节约型城市建设的总体水平指数两个方面。

未来十年，是我国全面建设小康社会的关键时期，也是完成工业化和城市化快速发展阶段，人口继续增长、资源约束突出、环境压力加大是必须面对的现实挑战。中小城市的资源消耗状况和环境保护水平，直接关系"资源节约型、环境友好型社会"建设全局。

节约型城市应当满足以下基本条件：一是在经济和社会发展的各个方面合理利用各种资源；二是提高资源利用效率，以尽可能少的资源消耗获得最大经济效益和社会效益；三是生态环境得到有效保护，环境状况不断好转。节约型城市建设应当从经济发展方式转变、产业结构和消费结构调整、节约型社会的体制机制建设和思想观念建设等方面入手。本研究通过对中小城市在资源消耗、生态环境水平等方面的量化考察，分析影响节约型城市建设的主要因素，为国家制定相关政策提供依据。

节约型城市评价指标体系包含如下三方面指标。

（1）资源节约：由于城市之间产业（品）结构和消费结构及其对资源消耗影响的直接评价是困难的，依据市（县）统计数据可获取性，使用单位 GDP 的能源消耗和水资源消耗、新能源占比以及资源回用状况来衡量中小城市的资源节约水平。

（2）要素产出：一定的要素投入产出水平越高，表明生产要素集约利用水平也比较高。考虑到城市之间的可比性，此处主要衡量资本投入、土地投入、劳动力投入的产出水平等指标。

（3）环境友好：节约型城市应是有利于降低废弃物排放的生产和消费方式，推进人类对自然的开发和利用控制在生态环境可自我更新的范围之内。此处采用城市环境空气质量优良率、建成区环境噪声达标区覆盖率、生活垃圾无害化处理率、水环境功能区水质达标率、集中式饮用水源水质达标率、森林覆盖率、生活垃圾无害化处理率、环保投入占 GDP 比重等几个指标来衡量城市环境质量。

表 5　中国"两型"中小城市评价指标体系

一级指标	二级指标	单位
资源节约	万元 GDP 耗能 新能源使用比重 万元 GDP 耗水量 工业"三废"综合利用率	吨标准煤 % 立方米 %
要素产出	GDP 增长速度/新增投资额增长速度 二、三产业增加值/建成区面积 劳均 GDP	 万元/平方公里 万元/人
环境友好	森林覆盖率 城镇人均公共绿地面积 城市环境空气质量优良率 建成区环境噪声达标区覆盖率 集中式饮用水源水质达标率 水环境功能区水质达标率 生活垃圾无害化处理率	% 平方米 % % % % %

表 6　2013 年度中国十佳"两型"中小城市

排序	城　市	排序	城　市	排序	城　市
1	江苏昆山市	5	安徽宁国市	9	福建晋江市
2	湖南长沙县	6	浙江慈溪市	10	新疆库尔勒市
3	四川双流县	7	江西南昌县		
4	辽宁海城市	8	山东邹平县		

2013 年，中国中小城市两型指数为 59.0，相比 2012 年提升了 0.8 个点。对比 2012 年，资源节约和环境友好水平均有了显著提升，推动两型指数呈现加速提升的态势。

分区域来看，东部地区中小城市的两型指数已经达到了 62.5，对比 2012 年提高了 0.7 个点，中部、西部和东北地区则分别为 57.8、56.8 和 55.3，对比 2012 年分别提高了 1.0、0.8 和 0.5 个点。东部地区在指数及指数增长速度方面，都走在全国前列。在十佳"两型"中小城市中，东部地区占据了 4 席，中部占 3 席，西部占 2 席，东北地区占 1 席。

（三）投资潜力指数

投资潜力指数，主要用于表征城市吸纳投资的潜力，主要是指单个城市的投资潜力指数。在中小城市发展的实践中，资金匮乏通常是最为重要的制约因素。在社会主义市场经济条件下，由于资本的本性和投资主体的多元化，资本形成和积累的关键在于营造良好的投资环境。因此，中小城市竞争的实质，不仅仅在于现实的经济实力的比拼，更在于投资潜力的较量。如何通过整合城市各种资源，营造良好的城市投资环境，已经成为中小城市发展过程中一个至关重要的课题。

投资潜力评价侧重于对蕴涵在区域这一综合体中的投资环境的营造和投资机会的发掘，努力引导区域发展方向，并对投资者决策提出建议。

投资潜力评价指标体系包含四方面指数。

（1）规模：城市能否提供充裕的经济活动空间、必要的市场及其配套条件，通常会对投资者的选择产生重要影响。较大的城市规模，往往意味着更多的投资机会，更频繁的投资活动。因此，规模应当作为衡量投资潜力的一个重要因子来看待。人口、经济总量和建成区面积是规模的重要指标。

（2）基础条件：城市投资机会能否转化为对投资者的现实吸引力，城市投资潜力能否转化为真正的投资价值，很大程度上取决于城市基础设施、基础条件的完善程度和发展水平。主要包括生态环境状况、劳动力素质、城乡信息化水平以及交通便捷程度等指标。

（3）创新能力：创新能力是投资潜力的重要体现。专利和商标数、上市公司数量、驰名商标和中国名牌数是创新能力的重要体现。

（4）政府效率：一个充满活力的城市，一定有一个阳光透明、精干高效的城市政府与之相适应。此处主要用政府行为规范化指数（非税收入占财政收入的比重）、政府行为效率指数（财政供养公职人员与常住人口之比）、行政审批效率（审批事项的数量、审批性备案事项在全部备案事项中所占比重）等三个指标来衡量。

表7　中国中小城市投资潜力评价指标体系

一级指标	二级指标	单位
规　　模	年末总人口 城市生产总值	万人 万元
基础条件	生态环境质量指数 劳动力素质指数 城乡信息化水平指数 交通便捷程度	
创新能力	万人累计发明专利授权数 万人累计注册商标数 上市公司个数 中国名牌和中国驰名商标数	个/万人 个/万人 个 个
政府效率	非税收入占财政收入的比重 政府行为效率指数 行政审批效率指数	% 人/万人 %

表8　2013年度中国最具投资潜力中小城市百强县市

排序	城市	排序	城市	排序	城市	排序	城市	排序	城市
1	江苏昆山市	21	江西广丰县	41	安徽当涂县	61	湖北天门市	81	江苏丰县
2	山东邹平县	22	黑龙江安达市	42	辽宁庄河市	62	吉林前郭县	82	广东四会市
3	浙江慈溪市	23	福建南安市	43	陕西凤翔县	63	河北正定县	83	四川大英县
4	四川双流县	24	四川新津县	44	浙江平阳县	64	河北遵化市	84	湖南醴陵市
5	福建晋江市	25	河南禹州市	45	江苏新沂市	65	安徽繁昌县	85	内蒙古乌审旗
6	山东莱西市	26	福建龙海市	46	广东高要市	66	山西柳林县	86	宁夏平罗县
7	湖南长沙县	27	山东滕州市	47	宁夏灵武市	67	湖北大冶市	87	黑龙江依兰县
8	江苏射阳县	28	江苏扬中市	48	内蒙古托克托县	68	吉林磐石市	88	安徽天长市
9	辽宁海城市	29	江苏东海县	49	安徽怀宁县	69	江苏灌云县	89	贵州盘县
10	河北迁安市	30	江苏邳州市	50	河南灵宝市	70	陕西靖边县	90	山西阳高县
11	山西高平市	31	浙江瑞安市	51	内蒙古霍林郭勒市	71	江苏句容市	91	湖北宜城市
12	江苏海安县	32	湖北汉川市	52	辽宁开原市	72	宁夏贺兰县	92	贵州仁怀市
13	黑龙江肇东市	33	江苏赣榆县	53	湖南吉首市	73	新疆阿克苏市	93	江苏金湖县
14	浙江玉环县	34	河南武陟县	54	江苏高邮市	74	陕西横山县	94	广西北流市
15	安徽宁国市	35	湖北仙桃市	55	辽宁新民市	75	山东昌邑市	95	山西沁源县
16	江西南昌县	36	河南孟州市	56	江苏永康市	76	安徽肥东县	96	湖南耒阳市
17	浙江龙游县	37	河北涉县	57	河南汝州市	77	陕西岐山县	97	辽宁建平县
18	山东肥城市	38	福建安溪县	58	广西临桂县	78	安徽肥西县	98	江苏睢宁县
19	福建惠安县	39	河南荥阳市	59	陕西府谷县	79	辽宁辽中县	99	青海格尔木市
20	四川郫县	40	湖南花垣县	60	山东荏平县	80	吉林榆树市	100	重庆秀山县

2013 年中国中小城市投资潜力指数为 80.1，与 2012 年相比进一步提高。由于大城市用地成本和人力成本高企，加之交通拥堵、环境污染日益严重，中小城市对投资者的吸引力进一步提升。分区域看，东部地区投资潜力指数为 82.8，基本与 2012 年持平，虽然仍然在四大区域中居领先地位，但优势进一步减小，这主要是由于其成本优势丧失，并遭遇了较为普遍的"用工荒"。东部地区的优势，主要体现在规模经济和创新能力两个方面，其他方面的领先优势已经不够明显。中部、西部和东北地区的中小城市，投资潜力指数分别由 80.0、74.4 和 77.6 上升至 80.5、74.8 和 77.9。中部地区延续了近年来加速改善投资环境的态势，在基础条件和政府效率方面提升最为显著。

在投资潜力前 100 个城市中，东部占 37 席，中部、西部和东北分别占 29 席、22 席和 12 席。四川省双流县、湖南省长沙县、辽宁省海城市凭借其良好的区位条件和雄厚的产业基础，在投资潜力排名中跻身全国前十，成为中西部及东北地区最受投资者青睐的投资场所。

（四）区域带动力指数

区域带动力指数主要反映中小城市在带动周边区域发展、促进城乡一体化方面的贡献，主要是指单个城市的区域带动力指数。对中小城市的带动能力进行评价，意在引导各级政府摆脱纯粹的"本位主义"意识，不仅要关注城市本身的发展，也要关注城市发展的各种"外溢"效应。

对中小城市贯彻和落实科学发展观进行评价，不仅要着眼于城市（县域）内部的发展状况，也要着眼于城市对周边地区（城市、区、县）的带动作用大小。然而，县级城市的区域带动力分析是一个相对复杂的问题，很难通过某一模型对全国范围内的中小城市区域带动力进行直观计算，甚至很难通过一个统一的指标体系进行比较。

课题组采取的评价方法是：第一步，确定中小城市区域带动力的比较对象和比较范围。县级城市数量众多，很难在全国范围内进行比较。因此，中小城市区域带动力仅在省一级行政辖区内进行比较。第二步，选取了对区域带动力具有代表意义的典型指标进行比较。

2013 年，结合中国国情，考虑量化比较的要求，在吸纳专家意见的基础上，课题组从两个方面对部分中小城市的区域带动能力进行了评价和分析。

1. 经济发展带动力

在目前发展阶段，城市对周边地区的带动作用，首先应该体现在经济发展方面。在经济发展带动作用大小方面，我们可以得出以下几个结论。

一是，经济总量越大，经济发展水平越高，带动能力越强。我们可以使用GDP衡量城市经济总量，GDP越大，带动能力越强；用人均GDP衡量城市经济发展水平，人均GDP越高，发展水平越高，带动能力也越强；用本地人均GDP与本省人均GDP之比来衡量城市的相对发展水平，该比值越高，区域带动力也越强；用全年税收总额来衡量该地区税收贡献，税收越多，对区域的财力贡献越大，带动力越强。

二是，市场需求能力越强，带动力越强。当今时代，已经进入了"买方经济"阶段。由于传统产品的批量生产及其极强的可复制性，生产方的主导地位已经逐渐被削弱，需求方在市场上的话语权越来越强。因此，市场需求能力越强的城市，往往意味着为其他城市和地区提供了较为广阔的销售市场，其他城市和地区对该城市的依赖性也较强。因此，市场需求能力已经成为城市区域带动力的重要指标。在本研究中，课题组采用了"社会商品零售总额"这一指标来衡量市场需求能力的强弱。

2. 基础设施和公共服务辐射力

城市影响和辐射周边区域的第二种方式是，通过基础设施建设和公共服务的提升，吸引周边区域人流和物流的聚集。

关于基础设施建设，主要考察城市的大型交通基础设施（如机场、港口或高速公路等）、大型交易市场（各种大型专业市场、批发市场等）对聚集人流、物流的作用。对拥有上述大型基础设施的城市，可以通过客货运量、交易金额等指标进行衡量。

关于公共服务，主要考察医疗服务、教育服务等公共服务的质量。关于医疗服务，可以采取门诊和住院患者中非本地户籍人口比重（全年外地患者在本地就诊、就医占本地全部门诊和住院患者的比重，该比重越高说明本地医疗服务越发达，能为周边区域提供较高质量的医疗服务）这一指标进行衡量。关于教育服务，可以采用"在校学生中非本地户籍人口比重"（本地中、小学校在读学生中外来人口数与全体在校生人数之比，该比重越高说明本地教育越发达，能为周边区域提供较高质量的教育服务）这一指标进行衡量。

3. 文化影响力

此外，城市的区域带动能力还应该考虑城市文化的影响力（包括历史传统文化，如文物古迹、世界自然文化遗产、国家级非物质文化遗产的数量和品位；制度文化以及非正式制度文化，如区域行政管理体制改革的效果及其影响、非正式的风俗习惯及其影响等）、城市品牌驱动力等因素。

表 9 中国中小城市区域带动力评价指标体系

一级指标	二级指标	单位
经济发展带动力	GDP	万元
	人均 GDP	万元
	本地人均 GDP 与全省人均 GDP 之比	
	社会商品零售总额	亿元
	全年税收总额	亿元
基础设施和公共服务辐射力	年度货物周转量	万吨公里
	门诊和住院患者中非本地户籍人口比重	%
	在校学生中非本地户籍人口比重	%
文化影响力	世界文化和自然遗产个数	个
	国家级文物保护单位个数	个
	国家级非物质文化遗产个数	个
	5A 级景区个数	个

表 10 2013 年度中国最具区域带动力中小城市百强县市

河北省	迁安市、任丘市、遵化市
山西省	孝义市、高平市、柳林县、沁源县
内蒙古	准格尔旗、托克托县、霍林郭勒市
辽宁省	海城市、瓦房店市、庄河市、大石桥市、开原市、东港市
吉林省	延吉市、前郭县、磐石市
黑龙江省	肇东市、绥芬河市、安达市
江苏省	昆山市、江阴市、宜兴市、张家港市、赣榆县、沛县、邳州市、丹阳市、启东市
浙江省	慈溪市、余姚市、乐清市、瑞安市、海宁市、富阳市、诸暨市、义乌市、德清县、永康市、长兴县
安徽省	宁国市、当涂县、肥东县、繁昌县、肥西县
福建省	晋江市、南安市、惠安县、龙海市、福清市、安溪县
江西省	南昌县、广丰县、贵溪市
山东省	龙口市、邹平县、莱西市、肥城市、新泰市、莱州市、滕州市、茌平县、寿光市
河南省	禹州市、义马市、荥阳市、新郑市、孟州市、灵宝市
湖北省	大冶市、仙桃市、天门市
湖南省	长沙县、醴陵市、花垣县
广东省	增城市、高要市、四会市
广 西	平果县、北流市、临桂县、扶绥县
重庆市	秀山县
四川省	双流县、郫县
贵州省	仁怀市、盘县
云南省	安宁市
陕西省	府谷县、吴起县、靖边县
青海省	格尔木市
宁 夏	灵武市、贺兰县、青铜峡市
新 疆	库尔勒市、阿克苏市、昌吉市

（五）市辖区综合实力和投资潜力评价

如前所述，考虑到相对独立发展的市辖区具备中小城市的特征，本部分将对这部分市辖区的综合实力和投资潜力进行评价。

截至 2012 年底，中国共有市辖区 860 个。从行政区划角度分析，这些市辖区均属于县级行政区划。这些市辖区中，199 个区已经成为完全城市化的"纯城区"（即区内没有乡镇，只有街道），其他 661 个市辖区均为含乡镇的区。市辖区在空间上是否相对独立，无法一一统计。因此，课题组采用是否包含乡镇作为判断标准，即仅对包含乡镇的市辖区进行评价。同时，考虑到直辖市的特殊性，课题组将直辖市的市辖区也剔除在外。除去直辖市含乡镇的 48 个市辖区后，本研究的评价对象包含 613 个含乡镇的市辖区。

截至 2012 年底，613 个含乡镇的市辖区行政区域面积 53 万平方公里，总人口 13824.6 万人，2012 年实现地区生产总值 14.4 万亿元。也就是说，这 613 个市辖区以 5.6% 的国土面积，承载了全国 10.2% 的人口，创造了 27.7% 的国内生产总值。2012 年，613 个市辖区的人均地区生产总值为 49821.2 元，高出全国平均水平 29.9%；城镇居民人均可支配收入为 22736.4 元，相当于全国平均水平的 92.6%；农村居民人均纯收入为 10465.8 元，高于全国平均水平 32.2%。

考虑数据的可得性（数据全部采集自各省区市统计年鉴、市辖区 2012 年统计公报），课题组选择了经济发展和民生改善两个方面的 4 个指标评价市辖区的综合实力：人均 GDP、地方财政总收入、城镇居民可支配收入、农民人均纯收入（表 11）；从规模效应和市场需求两个方面 5 个指标评价市辖区的投资潜力：常住人口数、地区生产总值、全社会固定资产投资额、社会消费品零售总额、居民人均消费支出（表 12）。课题组依据上述指标，计算了 613 个市辖区的综合得分，排名前 100 位的市辖区见表 13 和表 14。

表 11　市辖区综合实力评价指标体系

一级指标	二级指标	单位
经济发展	人均 GDP 地方财政总收入	万元 万元
民生改善	城镇居民可支配收入 农民人均纯收入	元 元

表 12　市辖区投资潜力评价指标体系

一级指标	二级指标	单位
规模效应	地区生产总值	万元
	年末常住人口	万人
	全社会固定资产投资	万元
市场需求	社会消费品零售总额	万元
	居民人均消费支出	元

表 13　2013 年度中国市辖区综合实力百强（简称全国百强区）

排名	城　市	排名	城　市	排名	城　市
1	广东佛山市顺德区	35	内蒙古包头市青山区	69	湖南长沙市岳麓区
2	浙江宁波市鄞州区	36	江苏徐州市铜山区	70	浙江台州市黄岩区
3	江苏常州市武进区	37	山东淄博市张店区	71	浙江舟山市定海区
4	广东佛山市南海区	38	广东佛山市高明区	72	山东东营市东营区
5	浙江杭州市萧山区	39	湖南长沙市开福区	73	江苏镇江市丹徒区
6	江苏苏州市吴江区	40	四川成都市龙泉驿区	74	山东威海市环翠区
7	广东广州市萝岗区	41	浙江温州市鹿城区	75	浙江嘉兴市南湖区
8	江苏苏州市吴中区	42	江苏扬州市江都区	76	山东日照市岚山区
9	浙江杭州市余杭区	43	四川成都市新都区	77	江苏泰州市姜堰区
10	江苏苏州市虎丘区	44	福建福州市鼓楼区	78	内蒙古包头市东河区
11	广东广州市番禺区	45	四川成都市温江区	79	湖南长沙市望城区
12	江苏无锡市惠山区	46	湖北武汉市洪山区	80	黑龙江哈尔滨市道里区
13	浙江宁波市北仑区	47	浙江台州市路桥区	81	广东惠州市惠城区
14	浙江杭州市西湖区	48	内蒙古呼和浩特市赛罕区	82	浙江嘉兴市秀洲区
15	内蒙古鄂尔多斯市东胜区	49	福建厦门市集美区	83	江苏镇江市京口区
16	江苏无锡市滨湖区	50	内蒙古呼和浩特市新城区	84	广东惠州市惠阳区
17	广东广州市白云区	51	山东济南市历城区	85	江苏泰州市高港区
18	浙江宁波市镇海区	52	黑龙江哈尔滨市南岗区	86	山东烟台市福山区
19	江苏常州市新北区	53	广东珠海市香洲区	87	江苏盐城市盐都区
20	福建厦门市海沧区	54	湖北武汉市蔡甸区	88	河南郑州市二七区
21	江苏无锡市锡山区	55	山东临沂市兰山区	89	湖南株洲市天元区
22	广东佛山市禅城区	56	辽宁营口市老边区	90	河北唐山市曹妃甸区
23	广东广州市花都区	57	浙江舟山市普陀区	91	四川成都市青白江区
24	广东广州市南沙区	58	福建龙岩市新罗区	92	山东泰安市泰山区
25	江苏南京市浦口区	59	江苏扬州市广陵区	93	山东烟台市牟平区
26	广东佛山市三水区	60	河北唐山市丰润区	94	山西太原市小店区
27	江苏南京市六合区	61	江苏泰州市海陵区	95	浙江湖州市吴兴区
28	浙江宁波市江北区	62	广东江门市新会区	96	福建莆田市荔城区
29	山东青岛市黄岛区	63	安徽合肥市包河区	97	陕西榆林市榆阳区
30	内蒙古包头市昆都仑区	64	浙江台州市椒江区	98	四川德阳市旌阳区
31	江苏扬州市邗江区	65	江苏苏州市相城区	99	山东济南市槐荫区
32	辽宁营口市鲅鱼圈区	66	浙江温州市瓯海区	100	四川绵阳市涪城区
33	江苏南通市通州区	67	福建福州市马尾区		
34	浙江杭州市江干区	68	山东淄博市临淄区		

表 14　2013 年度最具投资潜力中小城市百强区

排名	城 市	排名	城 市	排名	城 市
1	江苏常州市武进区	35	浙江杭州市江干区	69	湖北武汉市黄陂区
2	广东佛山市顺德区	36	广东云浮市云城区	70	江苏苏州市相城区
3	广东佛山市南海区	37	江苏徐州市铜山区	71	江西南昌市青山湖区
4	广东广州市番禺区	38	江苏南通市通州区	72	陕西咸阳市秦都区
5	浙江杭州市萧山区	39	浙江杭州市西湖区	73	山东济南市槐荫区
6	江苏苏州市吴江区	40	江苏苏州市虎丘区	74	河南郑州市二七区
7	广东广州市白云区	41	广东佛山市三水区	75	湖北武汉市新洲区
8	黑龙江哈尔滨市南岗区	42	江苏扬州市江都区	76	山东淄博市淄川区
9	广东佛山市禅城区	43	江苏无锡市锡山区	77	新疆乌鲁木齐市新市区
10	山东临沂市兰山区	44	河北唐山市曹妃甸区	78	山东日照市岚山区
11	广东广州市萝岗区	45	江苏无锡市滨湖区	79	陕西榆林市榆阳区
12	内蒙古鄂尔多斯市东胜区	46	山东济南市历城区	80	广西南宁市西乡塘区
13	安徽合肥市包河区	47	吉林长春市朝阳区	81	辽宁营口市鲅鱼圈区
14	内蒙古包头市昆都仑区	48	内蒙古通辽市科尔沁区	82	山西大同市南郊区
15	江苏南京市六合区	49	浙江宁波市北仑区	83	内蒙古呼和浩特市赛罕区
16	浙江宁波市鄞州区	50	四川成都市龙泉驿区	84	江苏扬州市广陵区
17	黑龙江哈尔滨市道里区	51	广东广州市花都区	85	湖南长沙市望城区
18	浙江杭州市余杭区	52	福建龙岩市新罗区	86	陕西咸阳市渭城区
19	福建厦门市海沧区	53	山西太原市小店区	87	湖北襄阳市襄州区
20	浙江温州市鹿城区	54	山东东营市东营区	88	吉林吉林市龙潭区
21	江苏南京市浦口区	55	江苏无锡市惠山区	89	广西玉林市玉州区
22	广西南宁市青秀区	56	贵州贵阳市云岩区	90	江苏镇江市京口区
23	湖南长沙市开福区	57	山东淄博市临淄区	91	广东佛山市高明区
24	湖北武汉市洪山区	58	安徽合肥市蜀山区	92	山东日照市东港区
25	山东青岛市黄岛区	59	内蒙古呼和浩特市新城区	93	浙江舟山市定海区
26	江苏常州市新北区	60	福建福州市晋安区	94	广西南宁市兴宁区
27	内蒙古包头市青山区	61	黑龙江哈尔滨市香坊区	95	贵州贵阳市观山湖区
28	广东珠海市香洲区	62	山东泰安市泰山区	96	广东江门市新会区
29	福建福州市鼓楼区	63	贵州贵阳市南明区	97	安徽合肥市瑶海区
30	江苏苏州市吴中区	64	黑龙江哈尔滨市道外区	98	江苏泰州市海陵区
31	湖南长沙市岳麓区	65	福建福州市仓山区	99	江西南昌市西湖区
32	广东惠州市惠城区	66	四川绵阳市涪城区	100	河南郑州市管城回族区
33	山东淄博市张店区	67	四川成都市新都区		
34	安徽合肥市庐阳区	68	江苏扬州市邗江区		

四　研究思路、计量方法和模型

　　中小城市科学发展评价，必须结合县市区经济社会发展的实际情况，考虑数据的可得性，在评价体系的科学性和评价工作的可行性之间寻求均衡。

（一）研究思路

如上所述，本课题主要从城市科学发展水平、节约型城市建设、城市投资潜力和区域带动力四个方面对中小城市进行评价。但是，城市节约程度的"高""低"不可能从数量上直接计算，投资潜力的"大""小"直观判断困难，科学发展水平的"高""低"更是一个包括经济社会等各个方面的综合性概念。在评价中小城市科学发展的过程中，至少面临以下几方面的问题：一是指标体系的建立和数据获取的困难。不论是科学发展水平的衡量、投资潜力的评判，还是节约型城市的评价，都同时涉及客观性指标和主观性指标。客观性指标面临的问题是，市（县）级统计指标体系设置滞后、连续性较差，可用指标和数据与满足理论研究需要有很大差距；主观性指标面临的问题则是调查难度大、评判标准不一、可比性差。二是不存在社会公认的"大小""高低"的评价标准。即使在指标体系建立以后，科学发展的评价仍然是困难的。这主要是因为，人们很难就"大小""高低"的标准达成一致。三是外生变量的影响程度难以把握。中小城市节约程度、投资潜力、科学发展水平的评价与国别潜力、实力评价的一个重大区别就在于：由于宏观因素对城市的影响以及城市之间、城市和区域之间的高度融合和交互影响，部分在国别评价中颇为重要的指标在城市评价中会成为外生变量（城市自身不可控因素），如体制因素、政策性因素等。

为解决上述问题，本研究采取了以下方法。

一是用客观指标表征和引导主观评价。本研究力图利用客观数据，通过数量化的方法得出结论。例如，投资机会多寡本身可以通过一些表征性指标表现出来，如人们一般都会同意以下一些判断："经济发展速度越快的地区投资机会越多""外部投资增长速度越快的地区投资机会越多""民营经济增长越快的地区投资机会越多"等。因此，通过"经济发展速度""实际利用外资增长速度""民营经济增长速度"等指标表征投资机会的多寡。同样，用"单位 GDP 耗能""单位 GDP 耗水"等来表征城市的资源消耗水平。

二是在比较中得出结论。本研究所有指标都采用相对数值和平均数值进行衡量，所有结论都在对比基础上得出。"大小""高低"主观标准虽然不易取得共识，但在同类城市的对比分析中总有"高""矮"之分。这一方法不但解决了"大小""高低"标准难以主观判定问题，也将外生变量影响"熨平"了不少。

（二）计量方法

1. 赋予权重

考虑到指标体系涉及的具体指标较多，本研究采取德尔菲法分两层赋予权重。第一层次：依据各因子对节约型城市、投资潜力和科学发展水平的影响程度赋予权重（总和为1）；第二层次：对影响因子的内部各指标按重要性程度赋予权重（每一因子内指标权重之和仍为1）。由此计算每一指标在投资潜力中的权重为：因子所占权重×指标在因子中所占权重。对于逆向指标，设最低值得分为1，其他城市在该项上的得分为：1－该项指标最低值／该城市该项指标实际值。

2. 选取标准并计算单项指标得分

本研究确定，所有单项指标均以该指标最高数值得分为"1"，其他城市依据比例得分递减。如劳均 GDP，A 市最高，数值为 20000 元，B 市为 18000 元，则 A、B 两市得分分别为 1 和 0.9。

（三）指数和得分的具体计算

1. 中小城市科学发展指数

单个城市的科学发展指数计算公式为：

$$Si = \sum_{j \leqslant 4}^{i=4} \lambda_i \lambda_{ij} q_{ij}$$

中小城市总体科学发展指数为：

$$S = \sum_{i=1}^{n} \frac{Si}{n}$$

上式中，S 为中小城市总体科学发展指数（简称中小城市科学发展指数），S_i 为单个城市的科学发展指数，λ_i、λ_{ij} 分别为因子和指标的权重，q_{ij} 为该城市单项指标上的实际得分。

2. 节约型城市指数

单个城市的节约型城市指数计算公式为：

$$Qi = \sum_{j \leqslant 4}^{i=4} \lambda_i \lambda_{ij} q_{ij}$$

中小城市总体节约型城市指数为：

$$Q = \sum_{i=1}^{n} \frac{Si}{n}$$

上式中，Q 为中小城市总体节约型城市建设指数（简称中小城市节约指数），Q_i 为单个城市的节约指数，λ_i、λ_{ij} 分别为因子和指标的权重，q_{ij} 为该城市单项指标上的实际得分。

3. 投资潜力指数

城市的投资潜力指数为：

$$Pi = \sum_{j \leqslant 4}^{i=4} \lambda_i \lambda_{ij} q_{ij}$$

上式中，P_i 为单个城市的投资潜力指数，λ_i、λ_{ij} 分别为因子和指标的权重，q_{ij} 为该城市单项指标上的实际得分。

4. 区域带动力指数

城市的区域带动力指数为：

$$Hi = \sum_{j \leqslant 4}^{i=4} \lambda_i \lambda_{ij} q_{ij}$$

上式中，H_i 为单个城市的区域带动力指数，λ_i、λ_{ij} 分别为因子和指标的权重，q_{ij} 为该城市单项指标上的实际得分。

5. 市辖区综合实力和投资潜力

市辖区综合实力计算公式为：

$$R = \sum_{j=2}^{i=2} \lambda_i \lambda_{ij} q_{ij}$$

上式中，R 为市辖区综合实力，λ_i、λ_{ij} 分别为因子和指标的权重，q_{ij} 为该市辖区单项指标上的实际得分。

市辖区投资潜力的计算公式为：

$$W = \sum_{j \leqslant 3}^{i=2} \lambda_i \lambda_{ij} q_{ij}$$

上式中，W 为市辖区投资潜力，λ_i、λ_{ij} 分别为因子和指标的权重，q_{ij} 为该市辖区单项指标上的实际得分。

建立体现科学发展观的评价指标体系是一项长期的探索性研究课题。一方面，受制于现存统计制度和统计技术，中小城市统计数据的采集存在诸多技术和实践上的困难。另一方面，随着经济社会的发展，对科学发展、可持续发展的理解也在不断深化。因此，课题组将按照科学性、系统性、全面性、可操作性统一的原则，不断完善科学发展和可持续发展的评价指标体系。

典型案例

Typical Cases

G . 3

推进两型发展　建设幸福长沙

——长沙县以"两型社会"建设引领新型城镇化发展纪实

湖南长沙县

　　长沙县地处湖南省会长沙市近郊，位于长株潭"两型社会"综合配套改革试验区核心地带，是全国18个改革开放典型地区之一，是长沙市2020年城市总体规划"一主两次"中两个城市次中心之一、长沙市商业体系规划"一主两副"中两个商业副中心之一，县域总面积近2000平方公里，下辖18个镇、5个街道，常住人口近100万人。2012年，全县实现地区生产总值880.1亿元，完成工业总产值1654.3亿元、财政总收入150.4亿元、社会消费品零售总额219.6亿元、固定资产投资488.3亿元，城乡居民人均可支配收入分别达到27398元、17070元；在全国县域经济基本竞争力和中国中小城市综合实力百强评比中，分别跃居第15位和13位；连续四年蝉联中国十佳"两型"中小城市、全国最具区域带动力中小城市百强，并荣获了全国最具幸福感（县级）城市终身荣誉。

　　自2007年国务院批准长株潭城市群和武汉城市圈为全国资源节约型和环境友好型社会建设综合配套改革试验区以来，长沙县在省委、省政府和市委、市政府的正确领导下，及时提出了幸福与经济共同增长、乡村与城市共同繁荣、生态宜居与发展建设共同推进的"三个共同"发展理念，并在这一理念的指导下，紧紧围绕"争当排头兵，领跑中西部，进军前十强"目标，创造性地贯彻执行省市关于"两型社会"建设的总体要求，着力在统筹城乡中加快转变经济发展方式，有力地促进了全县经济社会的又好又快发展，在"两型社会"建设中形成了自己独特的"两型"发展模式，走出了一条产业转型、绿色增长、生态宜居、统筹城乡发展的新型城镇化之路。目前，全县城镇建成区面积已经达到99.5平方公里，城镇化率达到53.82%。

一 加快产业转型，推进绿色低碳发展，着力夯实新型城镇化的发展基础

城镇化的本质在于产业、要素、人口在空间的高度集聚，其中产业的集聚是人口与要素集聚的前提和基础，也是城镇化发展的前提和基础。近年来，长沙县抢抓"两型社会"建设的历史机遇，围绕"转变方式、调优结构、城乡一体、普惠民生"的总体要求，以绿色低碳发展为方向，以结构调整为主线，以创新发展为动力，以项目建设为抓手，不断提高产业发展的质量和效益，抢占"又好又快、科学跨越"的制高点，走出了一条新型工业化与新型城镇化良性互动以及新型城镇化与农业现代化融合发展之路。

（一）突出传统优势产业改造升级，强力推进新型工业化

近年来，长沙县以两型社会建设为动力，建立健全工业经济发展的体制机制，实施产业分类发展，推进工业管理、城市管理、政府机构、行政审批、财税和投融资等体制机制改革，先后出台《关于鼓励和促进工业发展的若干规定》《进一步促进工业经济又好又快发展的若干规定》《建立工业产业发展长效机制的若干意见》等政策文件，率先在全省出台并实施重大事项决策程序规定，初步构建了重大事项"公众参与、专家论证、风险评估、合法性审查、集体决策"的决策机制，努力实现工业发展的"四个转变"：在指导思想上实现了从建设"工业大县"向建设"工业强县"转变；在发展战略上实现从"大抓工业"向"抓大工业"转变；在项目引进上实现从"招商引资"向"招商选资"转变；在发展方向上实现从"速度扩张型"向"质量提升型"转变。

1. 实施园区兴工，推动传统优势产业改造升级、做大做强

长沙县区位优越、交通便利，具备发展工业经济、建设工业园区的良好条件。20世纪90年代初，长沙县开始兴办工业园区，并在长期发展中形成了工程机械、汽车及零部件两大传统优势支柱产业。近年来，长沙县为了支持这两大传统优势产业改造升级、做大做强，着力打造"世界工程机械之都"和"中国汽

车产业第六大板块"，先后制定出台了《关于支持工业园区发展的若干意见》《关于加快工程机械、汽车制造等主导产业发展的若干意见》等政策，并积极兑现鼓励企业做大做强、技术升级、品牌战略和园区发展等各项奖励政策，大力推行工业企业进园区和园区托管体制改革，启动实施了"千亿企业""千亿产业"和"千亿园区"发展战略，国家级长沙经济技术开发区和星沙、江背、暮云、黄花、㮾梨、干杉、安沙、金井等8个产业基地得到快速发展，已经形成了分工完备、特色鲜明、科技含量高、生产要素相对聚集的园区建设体系，工业集约节约发展水平不断提高。目前，全县共有工业企业2100家，其中规模以上企业316家，年产值亿元以上企业121家，过10亿元企业14家；长沙经济技术开发区规划面积达到100平方公里，年工业总产值突破1400亿元，年上缴税收突破80亿元，近12年来工业总产值、税收收入年均增长分别达到36.17%、35.73%，单位面积经济密度接近沿海地区国家级经济技术开发区水平，先后获评"国家新型工业化产业示范基地""中国最具投资潜力十强开发区"。在工程机械产业建设方面，成功引进了山河智能、中联重科、铁建重工、中铁轨道等一批重大项目，同时积极支持本土企业三一重工向海外扩张，先后在印度、美国、德国、巴西等地建立了研发中心和制造基地。2011年，三一集团顺利跻身世界500强、全球工程机械行业前10强，成为中国工程机械行业首家进入世界500强的企业。2012年，全县工程机械产业产值约占全省的3/5，产品占到全国同行业市场总量的23%、占到全球市场份额的7.2%，即将成为首个千亿产业集群。在汽车及零部件产业建设方面，先后引进上海大众、广汽三菱、广汽菲亚特、住友轮胎等一批世界500强企业和陕汽环通、众泰汽车等一批重大项目，全县汽车产业整车产能超过100万辆，成为全国最完整汽车车系制造区域之一。随着上海大众等一批千亿企业的引进、投产、达产，全县汽车及零部件产业将成为继工程机械产业之后的又一大千亿产业集群，成为中国汽车产业第六大板块。

2. 实施自主创新，加快发展高新技术产业和战略性新兴产业

为了进一步提升以核心技术、核心标准和自主知识产权为要素的产业核心竞争力，长沙县坚持把高新技术产业作为县域经济的主要增长点和核心增长极来打造，每年由县财政安排3000多万元专项资金支持高新技术产业发展，经济增长实现了由主要依靠物质资源消耗向依靠科技创新转变。目前，全县共拥有高新技术企业115家，国家级企业技术中心5家，省级企业技术中心16家，市级企业技术中心45家，其中三一重工、山河智能、远大空调、中联重科、泰格林纸等企业技术中心被评为国家级技术中心，磐吉奥公司实验室被评为国家级实验室。一批重点企业的研发创新能力不断增强。三一重工专利累计申请量达1600多件，获得专利授权 800 多项，其高压力、超长度混凝土泵送技术已位列世界最前沿，并引领了整个中国工程机械行业的发展。2012 年，全县高新技术产业增加值达到 384 亿元，占到全县 GDP 总额的 45.8%。积极推进企业技术创新和品牌创建，全县规模企业中，有 12 家获得中国驰名商标，60 家获得湖南省著名商标，40 家获得湖南省名牌称号。加快推进产学研结合，全县上百家企业与 60 多家科研院所建立了战略合作伙伴关系。长沙县与清华大学汽车工程系联合成立了星沙汽车产业研究基地，建立了以政府为引导、企业为主体、高校为支撑的汽车产业技术合作平台。大力培育战略性新兴产业，制定了战略性新兴产业发展规划，积极培育电子信息、新材料、文化创意、临空型产业等战略性新兴产业，促进工业产业多元化、集群化、高端化发展。在电子信息产业方面，依托维胜科技、长城信息、蓝思科技等企业，抓住"三网"融合的机遇，集中力量重点突破，积极承接产业转移，振兴电子信息产品制造业，着力培育光电产业，打造电子元器件、电子信息材料、嵌入式软件、光伏四大电子信息产业，重点发展超高亮度 LED、"三网"融合增值服务、信息服务外包、新型电池等产业。在新材料产业方面，支持众鑫科技、力元新材、瑞翔新材等企业的"新型储能电池及其材料研发与产业化""新能源汽车电池用磷酸铁锂正极材料产业化"等项目建设。重点开发电动汽车用大功率动力电池关键材料、高档环保涂料、建筑节能材料等产品，延伸新材料产业链，推动新材料产业集聚，建设中部最具竞争优势的新材料产业基地。在文化创意产业方面，发挥湖湘文化特色，构建以动漫影视、湘绣文化、旅游文化和印刷科技产业为主导，相关产业联动发展、结构优化的文化创意产业体系，打造具有集聚效应的文化创意产业园区，提升长沙县创意产业的核心竞争力。在临空型产业方面，以黄花机场为核心，突出空港城"知识型现代服务业生态城"的发展定位，构筑空港经济区，开展保税物流吸引电子信息、创新金融、楼宇经济和总部经济等临空型产业在保税港周边集聚，并将相关产业园纳入保税范畴，构建和完善航空物流产业链，将长沙东部地区的人流、物流、信息流整合起来，使其成为长沙县对外交流的形象窗口和长沙东部地区的经济枢纽。

3. 实施节能减排，积极发展环保型产业和循环经济

作为湖南省新型工业化的领军者，长沙县更加注重发展资源节约型和环境友好型经济，合理有效地开发、利用资源，努力实现经济效益、社会效益和环境效益的和谐统一。县财政每年安排工业节能资金 300 万元，推动工业节能减排。以经开区创建"国家生态工业示范园"为契机，坚持实行严格的项目准入制度和严厉的监管处罚制度，严格落实环保"第一审批权"和"一票否决权"；以水泥、造纸、冶炼、制革等高排放、高污染企业为重点，制定实施节能减排实施方案，大力淘汰落后产能；围绕用能设备的更新改造、高效节能技术及产品的推广应用，组织实施重点节能工程；围绕企业生产经营的各个环节，从细微处着手，采取措施杜绝跑冒滴漏现象，减少水资源浪费；严格执行高耗能产品限额标准，实施耗能设备能耗定额管理制度，对于新建、改建和扩建项目，按节能设计规划和用能标准建设，根据产业政策淘汰落后的高耗能、高污染工艺、设备和产品，安排节能研发专项资金并逐步增加，制订并实施完成年度节能技改计划。近年来，先后关闭和搬迁60多家高污染、高能耗企业，对近百家新引进项目实施环保"一票否决"，共有174家工业企业投资近7亿元进行节能技术改造并申报国家、省、市、县各级节能专项资金，有99家企业单位享受国家、省、市级节能专项资金支持1852.5万元（其中县级节能专项资金500万元）。上述企业的节能项目年节约标煤达14.2万吨，减少废水排放15万余吨。磐吉奥（湖南）工业有限公司投入400多万元用于地源源热泵及配套系统、碳氢清洗设备改造等方面的节能技术改造，取得了显著的经济效益，每年直接或间接节约用电75万千瓦时，节水2000吨，节约原煤1500吨、润滑油365吨。

（二）突出国家现代农业示范区建设，积极发展现代生态农业

在推进新型城镇化进程中，长沙县坚持以城市化的理念建设农村、以工业化的理念发展农业，以国家现代农业示范区建设为平台，从自身实际出发，充分发挥比较优势，大力推进农业的产业化、专业化、品牌化，加快发展资源节约型、环境友好型农业，初步走出了一条生态型和城郊型农业现代化的路子。目前，全县共有农产品加工企业252家，规模以上（产值2000万以上）企业58家，其中产值过5亿元、过3亿元和过2亿元的企业各5家，过亿元的企业17家；共有"湘丰""金井"等6个品牌获中国驰名商标，"金山粮油"等12个企业的产品获得省名牌产品，"昌盛蜂蜜""国进金针菇""惠农腐乳"荣获中部（湖南）国际农博会金奖。2012年，全县农产品加工业产值达到126亿元。

1. 以科学的规划促进农业高起点发展

坚持"城郊型现代农业"的基本定位，按照"南工北农、一县两区"的发展思路，本着"幸福与经济共同增长，乡村与城市共同繁荣，生态宜居与发展建设共同推进"的发展理念，先后编制了《长沙县国家现代农业示范区十二五发展规划》《长沙县农业（种植业）十二五发展规划》《长沙县关于加快蔬菜产业发展的意见》，出台了《关于加快现代农业发展促进城乡一体化建设的若干意见》，进一步明确了长沙县农业建设的思路和重点，努力使全县现代农业规划建设水平走在了全省乃至全国前列。目前，长沙县已初步形成了"一个核心、两

大走廊、三条主轴、六大园区、七大产业、八大片区、九大工程、百个农庄"的现代农业发展格局，其中"一个核心"是指长沙县国家现代农业示范区核心示范园区；"两大走廊"是指百里茶业走廊和百里苗木走廊；"三条主轴"是指省道 S207 线、黄兴大道、国道 107 线三条纵贯县域南北的现代农业示范带；"六大园区"是指双江镇生态农业产业园、金井镇现代农业产业园、春华镇现代农业产业园、高桥镇现代农业科技园、㮾梨街道现代农业加工园、黄兴镇现代农业物流园；"七大产业"是指粮食、蔬菜、茶叶、瓜果、花卉苗木、生态养殖、生态休闲旅游观光；"八大片区"是指开慧镇万亩超级稻、果园镇万亩优质稻、路口镇万亩优质稻、S207 线万亩蔬菜、金井镇万亩有机茶、白沙乡万亩小水果、青山铺镇万亩葡萄、百里花卉苗木走廊生态休闲；"九大工程"是指㮾梨"水乡古镇"、金井"茶香小镇"、开慧"板仓小镇"、浔龙河生态小镇、"三一·春华生态新城"、农科院（高桥）现代农业技术创新基地、麻林温泉度假村、惠农村"两型"新农村建设、开慧"骄阳天下"；"百个农庄"是指 100 个现代农庄。

2. 以龙头企业和基地建设带动提高农业产业化水平

实行农业产业化经营，培育壮大农业优势产业集群，提高农业综合生产能力和农民收入水平，是现代农业发展的必然方向。长沙县紧紧抓住龙头企业和基地建设这两个农业产业化的关键，坚持以建立"自愿平等、利益共享、风险共担"的经营机制为目标，支持龙头企业建设原料基地，逐步实现统一区域品种、统一收获技术、统一收购标准，不断延伸产业链，进一步增强了龙头企业的辐射带动能力。目前，全县共培育和发展国家级农业产业化龙头企业 1 家、省级龙头企业 15 家、市级龙头企业 44 家，初步建成了 10 万亩百里茶廊产业基地、10 万亩百里绿色蔬菜产业基地、10 万亩百里花木基地、1 万亩特色小水果示范基地、34 万亩超级稻和优质稻产业基地，其中绿色蔬菜产业基地还被列为省会城市"菜篮子"供应核心基地之一。

3. 以现代农庄建设促进资源要素流向农业

推进农业现代化，关键的一条是如何破解农业的资金、人才、技术、管理等要素制约。要解决这个问题，一方面需要从根本上提升农业的产业形态，提高农业的投资回报率；另一方面需要从根本上再造农业的组织形式，为城市资本、人才、技术、管理等先进生产要素进入农业农村奠定组织基础。正是在这种背景下，长沙县在实践中探索出了现代农庄这样一种新的组织形式和新的产业形态。现代农庄是长沙县在推进农业产业化进程中所倡导的全新业态，是长沙县农业农村经济创新发展的一项重要举措。近年来，长沙县共批准立项现代农庄 50 家，总投资额达 60 多亿元，目前已累计完成投资 20 多亿元，涌现出了以九道湾、辰午、回龙湖、新江、华穗等现代农庄为代表的乡村生态休闲农业产业，农村土地流转总面积超过 30 万亩，带动近 1000 名农业科技和管理人才进入农村，100 多项农业科技成果得到有效转化。

（三）突出提升第三产业比重，加快发展现代服务业

现代服务业的发达程度，是衡量经济、社会现代化水平的重要标志。对于依靠工业起家的长沙县来说，现代服务业一直是个短板。近年来，长沙县把发展现代服务作为转变方式、调整结构的一个重要抓手，精心编制了现代服务业发展规划，及时出台了促进现代服务业发展的若干优惠政策，科学布局了十大重点现代服务业平台，积极推进第一、第二、第三产业的融合互动，加快实现经济增长由单一产业支撑向协同带动转变，促进经济社会实现全面、协调、可持续发展。2012 年，全县三次产业结构调整为 6.7 : 72.4 : 20.9。

1. 积极发展生产性和生活性服务业

在先后建成中南汽车世界、通程商业广场、星沙汽配市场、金鹰机电市场等一批专业市场和引进新一佳、易初莲花、步步高、苏宁电器、国美电器等众多大型连锁店的基础上，近年来，又先后启动建设了恒广欢乐世界、安沙物流园、黄兴现代市场群、长株潭烟草物流园等一批重大服务业项目，陆续建成了生态动物园、新长海城市综合体、潇湘生鲜市场、经贸路农贸市场等一批服务业项目，以快乐购、青苹果数据城、宏梦卡通、青海卫视运营中心、太平洋人寿保险总部运营中心为代表的电子商务、服务外包、影视、金融保险等新兴服务业态得到了迅速发展，星沙商圈已成为长沙市目前最活跃、最具潜力、最有前景的区域商圈之一。全县物流企业发展到 286 家，驻县金融机构发展到 58 家，各类商业网点发展到 2.8 万个。文化特色产业发展势头强劲，星沙湘绣总投资达 3.8 亿元，成为中国最大的刺绣生产基地。

2. 着力推动园区经济向城市经济转变

加快推进城市功能、政府公共服务进入园区，努力实现星沙从园区经济向城市经济的现代经济模式转变。大力实施中央商业区项目建设。在新建工业园区，按照 1/3 的地方发展工业、1/3 的地方发展生产性服务业、1/3 的地方建设基础设施和商贸住宅的思路，一次性建成产城融合体。坚持以国际先进理念发展高端服务业态，启动了松雅湖、空港城、黄兴武广新城、长沙临空综合保税区等重大项目建设，促使全县招商引资由靠优惠政策吸引向产业吸引转变，产业集群由企业聚集向产业生产系统、城市生产系统转变，全面实现产业品牌向区域品牌的升级。

3. 全面激活城乡消费

近年来，长沙县出台了一系列扩大内需的创新举措，加大惠民力度，改善消费环境，城乡消费呈现快速增长的势头。从 2009 年开始，在全国率先启动"汽车下乡"活动，深入开展了"家电下乡"和"摩托车下乡"活动，并连续三年每年以现金和购物券的形式向农村贫困群众免费发放了 1000 万元的"过年红包"，连续四年成功举办了"星沙商圈"购物消费节活动，其中 2013 年第四届星沙购物消费节活动期间，全县共完成社会消费品零售总额约 39 亿元，直接拉动社会消费品零售额增长约 2 个百分点。

二　坚持城乡统筹，推进资源节约集约利用，着力优化新型城镇化发展空间

长沙县地处长株潭城市群核心区，担当着大城市功能外溢的蓄水池功能，为大城市发展提供土地空间资源和基础条件，同时还肩负着完善自身功能、融入长株潭城市群发展的重大任务。近年来，长沙县充分发挥本县地理、人文、政策等优势，按照宜农则农、宜工则工、宜商则商、宜居则居、宜游则游的思路，坚持城乡居民点发展相对集中，适度分散，与城乡功能相结合，与自然环境相融合，积极探索空间布局合理、服务功能齐全的专业性、特色化城镇建设，努力走出了一条资源节约、环境友好、经济高效、城乡互促共进的新型城镇化道路。

（一）全方位推进城乡一体化发展

统筹城乡发展是我国进入 21 世纪后经济社会发展的基本发展方略，是深入贯彻落实科学发展观的必然要求。长沙县为了破除城乡二元结构，按照以工促农、以城带乡、普惠民生的工作思路，坚持把工业与农业、城市与乡村、城镇居民与农村居民作为一个整体来统筹谋划，通过以城带乡、以镇带村、以点带面，在全县形成了镇、村、户协调发展，点、线、面整体推进的城乡一体化发展新格局，有力地促进了城乡经济社会的全面协调可持续发展。

1. 科学优化县域空间发展布局

按照"完善规划，功能定位"的思路，长沙县将全县科学划分为优先开发、重点开发、限制开发和禁止开发等几大主体功能区，并按照"宜工则工、宜农则农"的原则，确定了"南工北农"的总体发展规划，将县城及南部城郊乡镇定位为工业和城市服务型区域，以国家级长沙经开区为龙头，通过"一区带八园"，积极打造千亿园区、千亿产业、千亿企业，不断增强城市的产业支撑能力

和综合服务功能；将北部乡镇定位为农业生态型区域，以国家现代农业示范区为龙头，重点发展现代农业，加强生态环境保护，着力打造长沙县可持续发展的战略空间。目前，全县已经形成了发展导向明确、要素配置均衡、空间集约集聚的发展格局。

2. 强力推进城乡一体化试点镇建设

长沙县为了积极探索城乡一体化建设经验，充分发挥示范带动作用，先后启动了"11＋2"城乡一体化建设试点工作。其中，㮾梨、金井和开慧三个镇（街道）作为城乡一体化试点镇和扩权强镇试点镇，从规划、国土、财政、农民集中居住、项目建设和行政审批、财政、人事、编制、行政执法、管理等方面，着力探索和破解影响城乡统筹发展的体制机制障碍，努力推动城市资金、人才、技术、管理等生产要素向农村聚集。近年来，㮾梨、金井和开慧三个试点镇共完成各类投资 20 多亿元，有效地推进了以镇带村同步建设、农村商贸集中发展、城市资本共同投入、公共服务全面覆盖、产业发展统一布局，初步探索出了富有特色的城乡一体化发展道路。其中，开慧"板仓小镇"依托开慧烈士家乡板仓的生态、人文资源，通过多元项目开发建设平台，着力在城市远郊建设一个与县城和经开区互动的田园城市，打通了"农民进城（镇）"和"市民下乡"的通道，探索出了一条不依赖城市扩张而发展、可以复制和推广的新型城镇化与新农村建设新路子。金井以打造"茶香小镇"为主题，大力推进特色现代农业发展和生态旅游区建设，建成了乡村公共自行车系统，打造了 20 家示范性乡村客栈，培育了"金茶、金米、金菜、金薯"四个"农"字号品牌和"金井""湘丰"两个中国驰名商标，形成了功能完善的乡村旅游载体。㮾梨突出"濒临和身居省会长沙城市区域""千年古镇""丰富的自然水资源生态体系"三大要素，确立了"产业聚集新园区、生态宜居新城区"的发展目标，通过实施融城对接和严格按照城市化标准推进各项基础设施建设，加快推动老镇区中小企业"退二进三""腾笼换鸟"，进一步加快了新型工业化和新型城市化建设进程。

3. 加快推进星沙新城建设

为全面提升城市的聚集辐射力、国际影响力和综合竞争力，着力将星沙新城建设成为"三湘门户之城、山水宜居之城、活力创新之城"，牢固树立远大的城市理想，自觉以国际化理念指导城市建设，以国际化标准推进城市建设。2009年，将县城所在地星沙镇撤销后，改建成了三个街道办事处，并以此为契机，加快推进连接长沙市区和城乡各个功能组团的快捷交通建设，推进城区穿梭巴士、公共广场、高档商业网点的建设，启动了由英特尔公司技术支持的全国首个基于下一代网络技术的"无线星沙"建设，新建了一所采用国际文凭组织（IBO）教学体系、以英语为教学语言的星沙国际双语学校，探索实施了城市物业化、网格化、精细化、数字化、人性化管理，并在城市路牌标识上全部印上了中、英、韩三种文字。目前，"无线星沙""数字城管"已经全面投入运行，2009年长沙县被国家建设部评为全国唯一的中国人居环境范例奖城市（城市管理与市容环境建设项目）。截至2012年底，长沙县县城建成区面积达到58平方公里，聚集人口近40万人，已经达到一个中等城市的规模。

4. 全面推进社会主义新农村建设

在集中精力推进城乡一体化试点镇建设的同时，长沙县还按照资本集中下乡、土地集中流转、产业集中发展、农民集中居住、生态集中保护、公共服务集中推进的"六个集中"要求，积极推进了城乡规划、基础设施、公共服务、产业发展、生态环境和管理体制"六个一体化"建设，进一步强化了城乡基础设施的衔接和配套，全面促进了社会主义新农村建设。在城乡规划方面，根据各乡镇在县域经济中的地理区位、发展状况、有利因素及制约条件，确定了以星沙新城为核心、卫星新市镇为重点、乡镇集镇为补充、新型村镇为基础的四级城乡结构体系，按照组团式、网络化、生态型的要求，科学编制了《长沙县城乡一体化规划》、300平方公里的星沙新城规划、19个乡镇（街道）的总体规划和178个村庄规划。在基础设施建设方面，启动了水、电、路、气、讯"五网下乡"工程，率先在全省实现了镇镇通自来水、村村通水泥公路，全面完成了数字电视平移、有线电视城乡联网，并开通了4条城乡公交线路，接通了8个乡镇（街道）的管道天然气，启动建设了一批道路交通设施项目，在全县形成了"九纵十六横"的道路交通网络。在公共服务供给方面，县财政坚持每年新增财力的80%用于民生，率先在全国实施了"革命先烈后代幸福计划"，率先在全省实现了城乡居民医保并轨、城乡居民养老保险全覆盖和农家书屋村级全覆盖，实施了城乡特困户医疗救助制度、"爱心助医"工程、农民免费门诊点和农村居民集中居住点免费看电视试点。在产业发展方面，南部乡镇主要是依托国家级长沙经济技术开发区大力发展工业经济，北部乡镇主要是依托国家现代农业示范区大力发展现代农业。在管理体制方面，重点是创新户籍管理制度，积极探索"扩权强镇"和乡镇机构改革的有效路子，强化乡镇的公共服务和社会管理职能。

（二）多举措推进节约集约发展

1. 坚持节约集约用地

长沙县把城镇化进程中的土地节约集约利用作为两型发展的重中之重，专门成立了由县长为组长，各主要职能部门为成员的节约集约用地工作领导小组，通过认真落实规划、盘活存量土地、严格项目准入、创新用地模式等措施，坚持用尽量少的土地资源创造尽量大的经济效益，然后用产生的经济效益反哺农业农村，保护山水资源。全县 300 多家重点企业（总用地面积不到 20 平方公里）所占土地面积不足全县国土面积的 1%，却产生了全县 90% 以上的工业产值和税收收入，形成了"用 1% 的土地支撑经济发展，让 99% 的土地等生态资源得到有效保护"的良好发展局面。一是强化土地利用规划管理。按照节约集约用地的原则，确定各类建设用地的标准，将建设用地的需求转到城镇存量用地、未利用地和建设用地的结构调整上来。在新一轮规划中不再布局独立建设用地区，各类工业项目用地必须进入园区。同时，严格控制农村居民点的规模和数量，引导农村居民由传统的散居向集中居住靠拢，进一步提高了土地合理配置和利用效率。二是积极盘活闲置存量土地。对国有建设用地土地闲置满两年的，坚决无偿收回，重新安排使用；对不符合法定收回条件的，采取改变用途、等价置换、安排临时使用、纳入政府储备等途径及时处置、充分利用。对土地闲置满一年不满两年的，按出让或划拨土地价款的 20% 征收土地闲置费。严格执行国家有关政策，加大闲置土地处理力度，盘活闲置土地用于新的工业企业和招商引资项目。对改制企业闲置的土地资产，通过国有集体资产处置程序，或纳入土地储备体系，或进行土地整合整治置换到工业小区，或直接盘活用于招商引资项目供地。三是实施最严格的用地管理。严把项目用地预审关，从土地审批前即制止盲目投资和低水平重复建设。严格执行新的禁止、限制供地目录，优先支持产业政策鼓励发展的项目。禁止向违背国家产业政策、高耗能高污染、产出效率低的项目供地，禁止供应别墅类房地产、各类培训中心用地。提高项目进入园区的准入标准，单个项目每平方公里投资强度不低于 20 亿元，产出不低于 40 亿元，建筑面积不低于 80 万平方米。2012 年底，园区每平方公里 GDP 达到 36 亿元，每平方公里税收达 2 亿元。四是积极探索村镇居民点建设节约集约用地新模式。主要创新了三种模式：第一，以丁家安置区为代表的农民高层公寓式安置节地模式。丁家安置区位于原星沙镇丁家村，安置人口 2441 人，用地面积 173 亩。2009 年，经政府引导、安置户自愿、村委会组织实施，打破传统安置模式，实行高层公寓式安置，在安置户住房建筑面积不减少的情况下，节约土地 36 亩用于生产，给安置户带来了一定的经济效益。第二，以"圣毅园"为代表的通过土地承包经营权流转，实现土地规模集中经营的新农村建设节地模式。第三，在新农村建设中，按照"两型社会"建设的要求，通过土地整理，归并零散地块、平整土地、改良土壤、加强道路沟渠等配套设施建设，分片有序地推进田水路林村的综合整治，增加有效耕地面积，改善农业生产条件。

2. 加大建筑领域节能力度

一是积极落实国家和省市的节能政策标准。2011 年，长沙县政府成立了"长沙县可再生能源建筑应用工作领导小组"，鼓励和扶持民用建筑项目采用太阳能、地热能、浅层地能、生物质能等可再生能源，并规定 2 万平方米以上的大型公共建筑和国有投资项目，建设单位应当选择一种以上合适的可再生能源，用于采暖、制冷、照明和热水供应等；建设可再生能源利用设施应当与建筑主体工程同步设计、同步施工、同步验收，在初步设计审批时严格把关节能设计审查，在施工图审查备案前进行节能设计审查备案。二是推动绿色建筑评定。全面落实建筑节能计划，在各大型建设项目中积极推行建筑节能示范行动，比如星沙商务中心是县绿色建筑示范项目，已通过绿色二星建筑设计评审，并带头按设计要求施工。2012 年，全县新建建筑节能设计率达 100%、节能合格率 100%、节能验收合格率 100%，实现了全县建筑节能项目节能 50% 的目标。三是推广清洁能源使用。严格落实国家禁止使用实心黏土砖政策，积极推广新型节能产品、新型墙体材料，全县的墙材料现已全部采用新型墙体材料，现场使用新墙材率达100%。积极推广生物质能、风能、太阳能等可再生能源的应用，大力提倡使用节能灯、太阳能热水器、太阳能路灯等节能设施，并开展了财政补贴高效照明产品推广工作，先后安装了 7000 余盏 LED 路灯和 900 余套风光互补路灯，推广节能灯 8.7 万支，全县沼气池入户率达到 50%。

3. 努力建设节水型社会

近年来，长沙县积极开展创建国家节水型城市活动，县城节水水平有了较大提高。一是大张旗鼓创建节水型县城。成立了创建国家节水型城市工作领导小组和节约用水管理办公室，形成了政府、部门、企业以及企业内部的车间、班组的层级节水管理网络，从创建节水型企业、节水型单位、节水型社区入手，推动了节水型城市创建工作的深入开展。广泛开展节水宣传活动，近年来累计举办市民节约用水教育课堂 108 期，参与市民达 2 万余人。二是建立照章办事的节水工作新秩序。制定实施了《长沙县县城节约用水管理办法》和《长沙县城市地下水管理办法》，使节水管理工作纳入了制度化、规范化轨道。坚持"节约为本，治污优先"的原则，组织开展了多项水资源、供水节水及污水资源化的科学研究，编制了《长沙县城节约用水发展中长期规划》《长沙县地下水资源规划》等多项专业规划，为科学合理开发利用水资源、加强水资源管理提供了科学依据。三是推进节水工作常态化。实行用水定额管理，工业、生活等计划用水率一直保持在100%。大力创建节水型企业，积极引导企业改造和建设合理用水工艺与设施，实现了循环用水、一水多用、废水处理回用，全县节水型企业覆盖率达到

27.18%。比如娃哈哈长沙公司采取的节水措施，一年可节约水 53 万吨。全面推进老旧居民便器改造工程，在县城范围内淘汰更换了上导向直落式便器水箱等不符合节水要求的用水器具，普及率达到 100%。严把工程项目规划审批关，对新建、改建、扩建工程项目的节水设施与工程主体，做到同时设计、同时施工、同时投产使用。运用经济手段调节供水需求，对居民生活用水实行阶梯式水价管理，阶梯式水价价格级差系数为 1∶2∶3。设立再生水价格标准，2012 年中水临时价格标准为 1 元/立方米。四是合理利用和有效保护地下水。科学编制地下水资源规划，针对地下水资源开发利用过程中存在的主要问题，提出了治理和保护措施，为地下水资源开发利用与保护工作提供了科学依据。实施取水许可制度，认真做好取水许可审批管理和水资源有偿使用工作，严厉打击非法取水，维护水资源的开发利用秩序，制定了关闭县城自备水源实施计划。五是完善污水处理设施。从 2008 年开始，累计投资 4.38 亿元，在全县启动了 18 个乡镇污水处理厂建设，率先在全国实现乡镇污水处理设施全覆盖。随着 18 个乡镇污水处理设施建设的完成，一个以星沙污水处理净化中心为主体，城北、城南污水处理厂为两翼，乡镇和重点社区污水处理厂为网络的全县污水处理系统基本形成。目前，全县共建有污水处理设施 27 座，日处理能力达到 34 万吨。

三 坚持生态宜居，推进城乡环境综合治理，着力提升新型城镇化的发展品质

在新型城镇化建设中，长沙县为了努力建设成为具有国际品位的创新创业之都、宜居宜业城市和生态文明示范窗口，坚持把生态环境作为最大的品牌和优势，切实加强环境保护和生态建设，全县森林覆盖率达到 42.5%，县城空气优良率常年保持在 93% 以上，并先后被评为"国家园林县城"和"国家生态示范区"。

（一）积极创建"全国生态县"

在"两型"发展的引领下，长沙县于 2008 年启动了"全国生态县"创建工作，出台了《长沙县两型社会建设综合配套改革试验实施方案》和《长沙县两型社会建设综合配套改革试验五年行动计划》，实施了两型乡镇、两型村庄、两型社区、两型学校、两型企业、两型机关等六项两型示范单位创建活动和产业支撑、规划建设、生态环境、两型示范、体制创新等五大工程，在资源节约和环境保护、产业结构优化升级、土地集约利用和财税金融支持、社会发展和改善民生、扩大开放、城乡统筹等重点领域和关键环节率先取得了突破。目前，长沙县

累计创建国家级生态乡镇 16 个、省级生态乡镇 4 个，国家级生态村 4 个、省级生态村 19 个、市级生态村 93 个。

（二）持续推进农村环境综合整治

开展农村环境综合整治是加强生态文明建设的关键所在。近年来，长沙县以改善农村人居环境为目标，启动了总投资 11 亿元的农村环境综合整治工程，实施了"清洁水源、清洁田园、清洁能源、清洁家园"的"四洁农村"试点工程，在全国开创了农村环境综合整治工作的先河。针对禽畜养殖污染问题，长沙县经过认真调研，出台了兽禽养殖污染管理防治办法，在全县划定了禁养区、限养区、适度养殖区，积极推行科学养殖。2012 年底，一级限养区全面减量至 20 头以下。同时，积极探索农村垃圾规范化、长效化管理的新路子，2008 年长沙县成立了全国首个农村环保合作社，通过市场运作、政府补贴，全面推行"户分类、村收集、镇运转、县处理"的垃圾四级管理，有效解决了农村生活垃圾污染问题，逐步实现"减量前沿化、处置无害化、废物资源化、保洁常态化、村容整洁化"的目标。目前，全县每个镇都设有一个农村环保合作总社，每个村都设有一个农村环保合作分社。环保合作社改变了以前垃圾一律实行填埋的处理方式，使垃圾能沤肥的沤肥，能回收再利用的回收再利用，经合作社处理后，平均每个乡镇生活垃圾的填埋量减少了近 80%。

（三）实施城乡绿化和生态修复工程

按照"人在绿中，房在园中，城在林中"的理念，积极开展城市绿化总体规划和建设，精心打造绿地精品，形成了中有通程广场、南有文化公园和电力绿化走廊、北有特立公园、西有生态公园的绿化景观，构建了以公园为重点、道路绿化为骨架、庭院绿化为补充的绿化格局。另外，县财政还坚持每年安排 1000 万元植树造林补助资金，通过"财政补贴、乡镇实施、部门指导、全民参与"的办法，大力实施了"千里乡村公路、百条河港堤岸、万户农家庭院"的"绿色星沙、低碳生活"绿色愿景工程，深入开展了全民义务植树和"捐赠一棵树，爱我松雅湖"等植树活动。近年来，全县共完成人工造林 64000 亩，其中长防林 17600 亩、省级植被恢复费异地造林 2500 亩、市级植被恢复费异地造林 2000 亩、县级植被恢复费异地造林 4000 亩、退耕还林配套荒山造林 9000 亩；完成河道绿化 61.5 公里、公路绿化 692.1 公里；完成义务植树 66.5 万棵，建成市级花园或单位 17 家，县级花园或庭院 275 家。启动了"每乡一个示范村、每村一个示范组、每组十家示范户"的生态环境示范村庄建设工程，极大地激发了广大群众自主美化家园的热情，近两年来群众用于自主美化家园的各项投资累积达到 6.675 亿元。加大了浏阳河、捞刀河流域的治理力度，对向"两河"流域直排的企业进行了依法整治；采用"突击打捞、划断包干、常年维护、县级补助"的办法，对泛滥成灾的水葫芦、病死畜禽、生产生活垃圾进行了清理，"两河"再现清澈水质、沿河风光秀美。大力实施金脱河、九溪河、胭脂港和金井河的生态治理工程，累计投入资金 2000 多万元，精心打造了百里生态景观长廊。全面禁止乱砍滥伐和乱捕滥猎野生动物行为，下发了《关于严禁非法捕杀、经营水陆野生动物的通告》，制定了治理非法捕捞、驯养、繁殖、经营水陆野生动物专项整治行动方案，2012 年全县共查处非法电捕鱼案件 10 起，收缴非法电捕鱼设备 10 套，渔船 4 条，强制拆除迷魂阵、拦江网 3000 余米，收缴非法捕鱼网具 11 条（1200 米），收缴并放生野生鱼类 210 公斤；清查涉嫌非法经营野生保护动物的餐馆、酒店、饭店 165 家，没收并放生野生蛇类 1200 余条、其他野生动物活体 258 只，罚款 6000 余元；强制拆除非法捕鸟网 1200 平方米。

（四）建立完善生态环保工作机制

一是严格落实项目准入机制。坚持"招商引资"向"招商选资"转变，凡是新引进、新申办的工业企业，一律实行环境影响评估，对高能耗、高排放等不符合环保要求的项目，一律予以限批。近三年来，全县共办理环境影响评价项目 619 家，"三同时"执行率达 100%，对 30 余个不符合产业政策或有潜在环境污染问题的引进项目实行了环保一票否决，从源头上控制了新污染源的产生。二是创新环保融资机制。创建生态县，开展农村环境治理，资金需求量大，单纯依靠财政的投入，必将是杯水车薪，难以为继。为了破解农村环保工作融资难的问题，长沙县提出了"用未来的钱、办现在的事、解决过去延续的环境问题"的思路。近两年来，长沙县通过争取上级资金、银行融资等方式，有效地解决了 3 亿余元的污水处理厂建设项目资金；通过引进北京桑德国际有限公司，打捆建设乡镇污水处理厂，有效解决了乡镇中心集镇污水处理的技术难题；通过整合村民出资、政府补贴、公司融资、银行贷款、上级支持等资金，合理安排环保项目，有序推进了城乡生态建设。截至 2012 年底，全县实行连片整治的村达 55 个，占全县村级组织的 1/4，县级投入连片整治资金达 1.5 亿元。三是探索建立生态补偿机制。制定出台了《长沙县建立生态补偿机制办法（试行）》，规定全县除公益设施建设外的所有土地出让，每亩增加 3 万元用于生态建设和环境保护，率先在全国县级探索建立生态补偿机制，构建了"谁保护、谁受偿，谁受益、谁补偿，谁污染、谁治理"的运行体系。近年来，在生态补偿机制的推动和保障下，长沙县先后启动实施了生态移民工程、捞刀河黄花段 1000 亩农田退耕还林补助工程、县自来水厂上游河床 1042 亩农田退耕还林还草工程，以及全县各类公益林补偿等 16 个项目，合计投入生态补偿资金 12747 万元。其中生态移民工程，主要是对北山、福临、开慧、白沙、金井、双江、高桥等 7 个乡镇范围内自然条件较差、生产资源贫乏的贫困村、深山村，按照政府引导、群众自愿的原则，分步实施整体移民、集中居住，保护山区生态环境。2012 年，白沙镇桃源村生态移民试点拉开了序幕，已经建成农民住宅新居 81 栋。目前，长沙县又在着手探索生态补偿和生态环境共建共享机制，计划逐步将饮用水源保护区和生态保护区纳入生态补偿政策范围，不断提升全县生态保护与建设水平。

G.4

以人为本　产城融合　全面开启
海城城镇化的崭新局面

——海城市坚持产城互动城乡一体全面推进新型城镇化纪实

辽宁海城市

　　积极稳妥推进城镇化是我国全面建设小康社会的重要历史任务，也是中央解决"三农"问题、改善民生的一个重大举措。我国13亿人口中有8亿生活在农村。中国要真正实现现代化，就必须提高城镇化水平，把更多的农民转化为城镇居民。这样才能增加留在农村人口的人均生产资料的占有量，转变农业的生产方式，实现农业的现代化，农民才能富裕起来。这是解决农业、农村、农民问题的根本途径之一。同时，积极稳妥推进城镇化更是我国转变经济增长方式的一个重大战略。一个时期以来，我国经济增长主要依靠投资、出口、消费"三驾马车"拉动，其中发挥主体作用的是投资和出口。但在当前经济发展过热、重复建设严重，国际市场需求疲弱，投资受限、出口受阻的大背景下，保持经济增长的着力点必须转向消费需求拉动上来，也就是要扩大内需。而扩大内需的最好载体就是城镇化，特别是通过发展中小城市和小城镇、推动产城互动发展和城乡统筹发展，以及走节约集约、绿色生态的新型城镇化道路，挖掘启动巨大的城乡消费市场和消费潜力，才能更好地拉动经济的持续健康较快发展。

　　城镇化既是一个科学系统工程，也是一个渐进的过程。近年来，海城市在城镇化进程中，能够自觉地树立科学发展的理念，正确理解和把握中央和省市关于推进新型城镇化战略部署的精神实质，紧密结合自身实际，确立并实施了"三化并举、产城一体、双向互动、以人为本、梯次推进、和谐发展"的城镇化发展规划，大力推进城镇化转型发展，开启了海城城镇化的崭新局面。海城的新型城镇化，主要体现了以下特点。

　　一是坚持"三化"发展思路。"三化"即中心城区城市化、重点乡镇城镇化、农村村屯社区化。以此为抓手，科学制定城乡发展规划，形成了与经济发展水平和趋势相适应，具有海城特点的城市和村镇发展体系，有序地确定和引导了产业布局和人口分布，形成了中心城区、小城镇和农村社区分工定位、层级相

100

连、共同发展的局面。二是坚持产城一体发展。依托本地的自然资源、产业发展和人口聚落等实际特点，把产业和城镇作为推进新型城镇化的一个有机整体，一手升级传统产业、做强优势产业、培育新兴产业，促进特色产业在重点开发园区内不断发展壮大，为城镇化发展提供了有力支撑；一手适度推进城镇扩容，加大城乡基础设施建设力度，着力提升公共服务水平，大力建设宜人、宜业、宜居的现代化新城区、新市镇、新农村，避免了"有城无产"的过度城镇化和城镇化滞后产业发展所带来的弊端。三是力促农民市民化。通过放开户籍限制、实施土地制度改革、在就业入学和社保医保等方面给予进城农民均等化待遇等政策措施，有序引导农民进城，促进农民变市民。同时，积极鼓励引导城镇资金、技术、人才等"上山下乡"，参与农业开发和新农村建设，促进了城乡居民以及各类生产要素的双向流动，为新型城镇化和现代农业发展增添了生机和活力。四是力戒强行城镇化。海城深刻认识到，推进城镇化必须按客观规律办事，不能靠行政命令，不能搞"大跃进"式的城镇化，而是要因地制宜、因势利导，尊重农民意愿，使城镇化有利于推动经济发展，有利于人民群众安居乐业，有利于促进社会和谐稳定。为此，海城在村屯拆迁、回迁楼建设和动迁农民就业安置等各个方面，始终高度重视维护农民的权益，创造性地实施了一系列动迁和进城农民的优惠补偿措施，使因动迁而重新安置的农民真正享受到城镇化带来的实惠，高高兴兴地过上新生活。五年来，海城城镇化率由 2007 年的 56% 提高到 2012 年的 65%，实现了产业发展、城乡面貌和人民生活的三个新变化。

一　坚持三化并举，搞好城镇化布局

海城户籍人口有一半左右居住在农村，城镇化虽然需要转移大量农村人口进入城市，但这些农村人口全部进城是不可能的，因为农业发展也需要人。进城的农民都到县城来生活也是不科学的，因为现代城市发展强调宜居，城市人口的盲目扩张会带来一系列社会问题。因此，海城充分学习借鉴国内外城镇化的经验教训，为切实避免出现农民过度涌向城市带来的城镇功能瘫痪和后续社会问题，实行了城市化、城镇化和新型农村社区化"三化"同步推进的城镇化发展举措。

一方面全力推进城市化和城镇化。海城市辖区面积 2732 平方公里，东西长 80 公里，南北宽 44 公里，行政区划为 27 个镇区。海城根据县城建设和历史上已经形成并为广大群众所接受的中心镇布局，按照省委、省政府新城新镇总体发展战略，规划建设了海西新城、腾鳌新城、析木新城、牛庄新镇"三城一镇"，作为海城城镇化的主要承接地。近年来，围绕"三城一镇"，海城举全市之力全力推进新城新镇基础设施和环境建设，提高中心城区和重点城镇的承载力和吸引力。

一是海西新城。海西新城就是海城的县城，是海城城镇功能最为完善、城镇化人口最为集中的中心城市，是全市特别是中南部镇区农民进城的主要承载地。近年来，海城坚持把做大做强海西新城作为新城新镇建设的龙头，确立了老城改造提升和新城开发建设同步推进的发展思路。在老城改造上，连续五年实施水、电、暖、气、路、垃圾处理、污水处理以及绿化、亮化、净化、美化等基础设施建设和环境改造。特别是连续五年强力推进实施了10条城市主干次干路、10条人行路、10条街巷路和10个老旧小区改造"四个十"工程，改造道路30公里，新铺方砖37.6万平方米，改造老旧小区60个，老城环境面貌焕然一新，城市功能全面完善。在新城开发建设上，海城河是穿城而过的母亲河，城市过境段全长16公里，是城市建设的优良天然环境资源。海城河原来是海城城市建设的界河，城市开发建设主要集中在河北岸。近年来，在城市建设上，海城确立了老城改造提升和新城开发建设同步推进，在做好老城完善的同时，围绕海城河，沿河跨河建设城市新区的发展思路。城市的主体建筑风格为简欧，城市主色调为土黄，城市的绿化率为45%。按照交通导向下建设城市的理念，规划建设了"五横、八纵"城市路网骨架，大规模实施了城中村拆迁改造，全面展开了城市基础设施和公益设施建设。目前，18万平方米兴海广场、20万平方米澄洲湖、9座中央跨河桥、7个滨河带状公园、15条主干路网，居民议事中心、居民艺术中心、城市集中供热中心以及海城高中、海城同泽高中、海城中心医院、海城市正骨医院、海城市中医院等，构建了海西新城崭新框架，特别是五年来在海城河城市段上，新建了5座跨河大桥，会同原来的4座跨河桥，使跨河桥达到9座，使海城城市建设沿河、跨河发展成为现实。此外，围绕海城河城市段，规划建设了4道拦水橡胶坝，形成水面500万平方米，沿河跨河规划建设了左岸城邦、燕阳花溪地、芭东海城等7个滨河带状公园，目前已经建成5个，在建2个，使海城河沿岸成为城市建设的一道亮丽风景线。广东碧桂园、山东红领、四川景地、秦皇岛燕阳、上海浦阳等国内知名房地产企业争相落户，芭东海城、左岸城邦等一批高品质楼盘建销两旺。宗骏开元明都、碧桂园凤凰两座五星级酒店建成开业。目前，海西新城城市建成区面积达到58平方公里，人口58万人。下一步，海城将在做好沿河北岸开发的同时，全面加快河南城市开发建设，与西柳连为一体，做大城市规模。特别是抓好"五个三"工程。即规划建设兴海大街、长江路、世纪大道"三条景观路"，厝石山公园、玉皇山公园、带状滨河公园"三个公园"，兴海广场、高铁客站广场、中央商务区广场"三个广场"，海城河城区段水系、八里河水系、中央商务区水系"三条水系"，永安路和中街路商业街、响堂建材商业街、新新综合体商业街"三条商业街"。同时规划建设新城一场两馆、西柳高中、海城市中心医院等重点基础设施和公益设施。未来海西新城将建成布局合理、功能完善、环境优美的百平方公里、百万人口的现代中等滨水城市。

二是腾鳌新城。腾鳌是海城北部的经济重镇，该镇原有老城区基础设施相对完备，是海城北部和西部镇区农民进城的首选之地。同时腾鳌毗邻鞍山，房地产的价差吸引了一部分鞍山市民搬到腾鳌居住。近年来，海城进一步明晰、完善腾鳌的城市建设规划，主要是围绕永安湖、寿安湖，围湖绕湖建设生态宜居新城区。城市建筑风格为现代中式风格，城市主色调为灰色，城市绿化率为30%，工业厂房按照楼宇经济设计。近年来，围绕腾鳌新城建设，全面启动了城市基础设施和环境建设以及城中村、城边村拆迁改造。目前，该镇"三横六纵"主干路网基本形成，中心城区原有的五个城中村已经全部拆迁改造完成，新建了颐水嘉德、万福园中园等高标准现代化居民小区220万平方米。腾鳌新城的城市公共设施近年来得到全面完善，建成了腾鳌中心医院，占地面积1万平方米，是海城北部地区医疗条件最好的中心性医院。腾鳌高中是海城北部重点高中，2013年已经异地开工建设，占地面积4.8万平方米，建筑面积3.5万平方米，在校学生1200人。同时腾鳌新城还拥有完善的初中、小学、幼儿园等教育资源配套设施。日处理能力2.5万吨的污水处理厂、年供气量1.4亿立方米的天然气门站、客运站、永安湖公园等公益设施建成运营，城市建设重心南移全面启动。目前腾鳌新城建成区达到12平方公里，现有城市人口10万人。下一步，将重点推进高速公路出口南侧改造和寿安湖建设以及周边商住地产开发，加速推进中央商务区建设。2017年，腾鳌新城区建成区面积将达到20平方公里，人口达到20万人。

三是析木新城。析木新城主要由牌楼镇和析木镇两个镇构成，两镇中心城区相距5公里，有丹海高速和大盘公路连接。牌楼镇是海城菱镁滑石工业重镇，工业发达，但人居环境不是很理想。析木镇是海城传统的东部山区中心镇，商业发达，城市要素相对完善，紧邻丹海高速析木出口，析木医院是海城东部山区的中心性医院。析木高中是东部山区重点高中，占地面积5.37万平方米，建筑面积1.75万平方米，在校学生1378人。但其工业基础薄弱，城镇建设发展缓慢。基于此，海城在析木新城建设上确立了突出特色、错位发展的思路，即牌楼镇重点发展菱镁滑石加工产业及其配套服务业，居住逐步向析木集中，析木镇重点建设生态宜居新城和服务业，主要为牌楼镇和东部山区群众提供城市宜居配套。近年来，围绕析木镇丹海高速出口，在其南侧紧邻析木老镇区规划建设了析木新城，中心城区规划面积15平方公里，人口15万人。起步区规划占地2.4平方公里，重点建设生态居住区和商贸旅游区，交通规划为"一横一纵"十字格局城市路网骨架。目前新城规划已经完成，2013年重点完成新城核心区主干路网、北山大型文化广场和牌楼农贸市场建设，启动东部山区休闲度假旅游配套服务区开发。同时，正在整合东部山区的初中，在析木新城建设一所九年一贯制学校。目前，析木新城建成区面积达到6平方公里，人口达到6万人。未来将把析木新城建设成为环境优美、生态宜居的东部中心城市。

四是牛庄新镇。牛庄是历史文化名镇，历史上是五口通商口岸之一，同时是东三省海运贸易的重要集散地，文物古迹众多，现代牛庄也是海城西部沿河镇区的中心城镇。因此在牛庄新镇建设上，确立了围绕古城复建，建设开发城市的思路。中心城区规划面积10平方公里，人口10万人。其中古城区规划占地2.3平方公里，重点实施古城复建，发展文化旅游产业。目前"两会两馆"、护城河、古城墙、旅游服务中心、新市镇客运站等工程已全面展开，部分工程已经竣工。1.5公里南环护城河景观路建成通车。建成了牛庄中心医院，是海城西部中心医院。新建了牛庄高中，是城市西部地区重点高中，占地面积3万平方米，建筑面积1.4万平方米，在校学生1100人。2013年，重点推进护城河带状公园建设，特别是启动了古城主路东方红路沿路立面复古改造，力争晋升为国家4A级景区。

五年来，由于"三城一镇"城市基础设施和环境的全面改善，城市吸引力和承载力全面提升，新增城镇人口达到了15万人。此外，对于不愿意到新城新镇的农村群众，积极引导其到原来规划建设的小城镇居住，近年来先后有5万人进入上述小城镇居住。

另外，大力推进新型农村社区化。对于不愿意到新城新镇和小城镇居住的农民，也要改善其居住和生活环境。通过就近就便整合零散村屯，建设居住集中、环境优美、要素配套、设施优良的新型农村社区，使农民不背井离乡也能享受到城镇的生活环境。目前，海城正在结合城乡建设与用地增减挂钩，启动西四、高坨等镇的新型农村社区建设。西四镇新后村等3个村屯的拆迁工作已经结束，新型农村社区建设全面启动，以西四镇作为全市新型农村社区建设的试点，从2014年开始将在全市陆续推开新型农村社区建设。海城的新型农村社区建设，为推进农村城镇化探索出了一条新路子。

二　坚持产城一体，做强城镇化支撑

进城入镇的农民不仅需要宜居的生活环境，更需要充分的就业岗位，宜居宜业是城镇化顺利推进的基础和支撑。为此，海城始终坚持产城一体的城镇化思路，实施城镇化与产业化同步规划、同步建设，避免了产城脱节、有城无人的问题。

一是海西新城产业。围绕海西新城城市建设，重点依托沈大高速公路，沿路跨路配套建设发展专业市场和配套加工产业以及能源装备制造产业集群。重点建设"两区、两园"。

"两区"即专业市场集聚区和高铁新区。专业市场集聚区依托全国闻名的西柳服装市场和南台箱包市场，围绕沈大高速公路沿路跨路重点规划建设了海城专业市场集聚区。其中，西柳专业市场集聚区的建成区面积1平方公里，区内西柳服装市场建筑面积168万平方米，2012年市场交易额450亿元，日上市人数10万人。区内市场龙头企业是西柳中国商贸城、西柳国贸城、义乌西柳小商品城。目前，总投资16亿元的西柳中国商贸城一期已经建成运营，二期工程24层商务写字楼投入使用，5层商场主体竣工，2013年10月投入使用。西柳市场东区专业市场集群规划用地4.23平方公里，总建筑面积718万平方米。2013年重点推进项目是西柳国贸城。由辽宁远中商业投资有限公司开发建设，规划用地0.8平方公里，建筑面积160万平方米，总投资80亿元。主要建设皮革、皮草等专业市场。一期占地5.2万平方米，建筑面积20.7万平方米，目前主体已经建设完工，力争2013年9月建成运营。义乌西柳小商品城。由浙江中国小商品城集团股份有限公司与海城市政府合作开发。经营品种除纺织服装外，囊括日用消费品4000大类、50余万种小商品。项目规划用地2.73平方公里，总建筑面积391万平方米，总投资150亿元。目前，项目已经签约落户，力争2013年开工建设。2017年，西柳市场集聚区市场交易额可实现1500亿元，安置就业28万人。南台箱包市场集聚区，是以发展箱包展示、批发、零售为主的市场集群。龙头企业是原南台箱包市场和南台国际皮革皮具城。目前，市场交易区建成区为10万平方米，年交易额42亿元，日上市人数2万人，是东北最大的箱包专业批发市场。特别是总投资50亿元的南台国际皮革皮具城项目已经落户市场交易区，总占地面积130万平方米，其中一期投资25亿元，占地45万平方米，建设集皮革、皮具、五金、辅料于一体的现代化交易市场，目前主体已经建成，2013年重点推进项目招商，力争实现运营。2017年，南台箱包专业市场集中区交易额将实现300亿元，安置就业8万人。

高铁新区建设主要依托哈大高铁海城车站，该高铁海城站是辽南进京的中转门户，地理位置得天独厚。高铁新区规划总面积为7.7平方公里，主要有商住、餐饮等6个功能分区，重点建设生产型和服务型服务业集中区，打造未来海城城市门户。目前，已与云南城投达成联合开发共识，高铁新区总体规划正在完善，道路、管网等基础设施规划以及动迁核量工作已经完成。2013 年，高铁新区重点完成黑龙江路、世纪路、迎宾大道和西柳至腾鳌的双城大道"三横一纵"四条道路建设。

"两园"即专业市场配套加工园和三基工业园。专业市场配套加工园规划建设了占地 7 平方公里的西柳服装城配套加工园、9 平方公里的南台箱包城配套加工园。西柳服装城配套加工园入驻企业 46 家，2012 年实现销售收入 30 亿元。特别是总投资 10 亿美元的浙江绍兴商会宏基工业城项目目前已经全面开工建设，重点打造纺织服装加工产业集群，2013 年将开工建设 37 万平方米工业地产。南台箱包城配套加工园入驻企业 21 家。2012 年，全市纺织服装等市场配套加工产业实现销售收入 331 亿元。未来专业市场配套加工产业集群销售收入将达到 500 亿元。三基工业园规划面积 30 平方公里，起步区规划占地面积 10 平方公里，重点发展以能源装备制造为主体的基础工艺、基础材料、基础零件的"三基"产业集群。目前，瑞丰专用车改装、沈车铸业、正昌钢丝绳、中海镁合金等 150 家企业入驻园区。园区现已建成 6.8 平方公里，2012 年实现销售收入 52.5 亿元。预计 2017 年建成区面积达到 20 平方公里，入园企业 180 家，销售收入达到 100 亿元。

二是腾鳌新城产业。主要围绕腾鳌新城建设，依托沈营路、鞍羊路、腾达大道等，沿路顺路发展钢材深加工和精细化工、温泉旅游、果蔬等农产品深加工产业集群。重点建设"一城、一区、两园"。"一城"即腾鳌国际度假城，规划占地 6.12 平方公里，由新加坡佳通集团投资 260 亿元兴建，重点发展集温泉康体、休闲度假、商住娱乐等于一体的温泉资源开发综合体，未来将建成世界级温泉健康产业城。国际度假城建设的支点是腾鳌温泉管理区丰富的地热资源，探明热田面积 2 平方公里，出水温度 98.6 摄氏度，资源优势得天独厚。目前，温泉展示中心项目已经开工建设，2013 年重点实施风景湖、环路路网及绿化等基础工程，推进星级酒店、热带雨林、别墅公寓等项目的规划建设。"一区"即海城农高区。位于耿庄镇，为国家级农业科技园区，规划面积 20 平方公里，重点发展种苗研发繁育业、农产品深加工业和以温泉为主的观光旅游农业。目前，绿中海温泉度假综合体、大蒜和果蔬研发中心已建成投入使用，三星生态农业、嘉德牧业等 20 家企业已经入驻园区，天津真如果果蔬粉项目签约落户，特别是年内三星种苗工厂和种子工厂将全部建成投产，可年产 10 亿株种苗，成为立足东北辐射全国的中国种苗城。同时，熊岳农校海城分校和沈阳农业大学新农村研究院建设工作正在推进中，年内鞍山电视中专向农高区搬迁以及沈农新农村研究院海城分院建设将全面启动，并力争再引进 1～2 家农业研究院所，未来将打造海城农业高等教育集聚区。"两园"即腾鳌钢材深加工园和染颜料精细化工产业园。钢材深加工产业园规划面积6平方公里，重点是对接鞍钢辐射带动，发展钢材深加工产业。目前建成区面积2.8平方公里，投资50亿元的辽宁紫竹集团城市轨道交通和船用钢材、投资15亿元的江苏宏泰集团预应力高速线材、投资10亿元的恒盛铸业等92家企业落户园区，日处理能力5万吨的生化污水处理厂已经建成。2012年，全市钢材深加工产业实现销售收入308亿元。未来，腾鳌钢材深加工产业园将实现销售收入500亿元，成为辽宁省最大的棒线材生产加工基地。染颜料精细化工产业园规划面积4平方公里，重点发展上游煤焦油深加工系列产品、染料颜料中间体及医药中间体，以及下游油漆、涂料、油墨、化工新材料等相关产业集群。目前，鞍山七彩化学股份有限公司、舒妍芦荟、味邦生物制药等14家企业已落户园区。2012年全市精细化工销售收入13亿元，未来园区预计实现销售收入100亿元。

三是析木新城产业。主要围绕析木新城建设，配套建设菱镁产业集群、滑石产业集群、旅游产业集群，重点建设牌楼辽宁海城菱镁新材料产业基地、英落循环经济产业园、白云山休闲度假区。辽宁海城菱镁新材料产业基地（园区）规划面积20平方公里，重点发展菱镁新材料产业和镁耐材高端产业集群。2012年，上市公司山东晨鸣纸业的海鸣矿业、上市公司北京利尔以及东和集团、亿丰镁质复合肥等43家企业已经入驻园区。目前园区建成区面积5.25平方公里，销售收入达到100亿元。2013年以来，区内投资2.2亿元的海城市新广源粉体材料有限公司高品质碳酸钙及滑石粉生产线项目、投资2亿元的辽宁亿丰肥业有限公司复合肥生产线二期工程、投资1.1亿元的宽祥矿产制造有限公司高纯镁砂生产线项目、投资1亿元的海城市鑫泰冶金炉料有限公司镁合金压铸项目、投资1亿元的鞍山华镁碳素制品有限公司石墨电极生产线项目等19个项目开工建设。预计年末，园区建成区面积可达7平方公里，入园企业73家，销售收入实现167亿元。未来园区全部建成后，入园企业可达130家，销售收入实现700亿元。英落循环经济产业园规划占地6平方公里，其中生产加工区占地4.5平方公里，科技研发区占地30万平方米，办公生活区占地75万平方米，基础设施占地30万平方米，绿化区占地15万平方米，重点建设特种高纯镁砂项目、镁及镁合金产业化项目。特种高纯镁砂项目计划总投资18亿元，主要建设350万吨浮选装置、150万吨气态悬浮窑焙烧及100万吨特种高纯镁砂生产设施，生产工艺为利用废弃碎菱镁矿及低品位矿石，使用煤气、天然气作为能源，增加环保除尘设施、物料输送封闭设施，生产特种高纯镁砂，从而实现节能减排、循环利用、生态环保目标。项目建成后年可实现产值32亿元，利税3.5亿元。镁及镁合金产业化项目主要围绕拓展菱镁矿开发利用领域，延长产业链条，提高产品科技含量和附加值，该项目计划投资 15 亿元，主要建设镁合金汽车轮毂、镁合金铸件等产品生产线，预计建成后年可生产镁合金汽车轮毂 100 万件、镁合金铸件 1.5 万吨、镁合金 2000 吨，实现产值 26 亿元，实现税收 2.3 亿元。白云山休闲旅游度假区规划面积 656 平方公里，2013 年按照"游在白云山，乐在九龙川，食在海龙川，住在析木城"的功能定位，重点规划建设颛顼城、白云山、九龙川、海龙川四大景区，大力发展休闲度假旅游产业，年内完成四大景区规划、东部旅游产业大道和景区连接路建设，同时力争在招商引资上实现新突破。

四是牛庄新镇产业。围绕牛庄古城重点配套建好"一城、两园"。"一城"即牛庄古城，重点围绕 2.3 平方公里古城复建，发展文化旅游产业。目前"两会两馆"、护城河、古城墙、旅游服务中心、新镇客运站等工程全面实施。2013年，重点启动游客服务中心和护城河带状公园建设，新建三星级酒店，力争晋升为国家 4A 级景区。"两园"即石油机械工业园和中国水暖城配套加工园。石油机械工业园规划占地 10 平方公里。2013 年重点完成园区总体规划，推进安东机械、腾飞重工等重点项目建设，加快石油机械加工产业集聚。中国水暖城配套加工园规划占地 10 平方公里，主要发展以纳米技术为特色的水暖配件加工产业集群。2013 年重点启动园区基础设施配套，年内力争实现水暖配套加工企业入园的突破。

三　坚持双向互动，加快城镇化进程

海城在新型城镇化进程中，积极创新思路，坚持推进以城市吸纳农村人口为重点的正向城市化和和城市生产要素下乡的逆向城市化，通过双向互动实现城乡要素的顺畅流动。

（一）着力推进正向城市化。即在推进农民进城的同时，农村的集体建设用地指标也要进城，农用地要流转入市

一是推进农民进城。就是结合新城新镇的城中村和城边村改造，积极引导鼓励农民进入新城新镇居住生活。近年来，围绕新城新镇建设，海城对重点城镇大力拉开骨架，做大规模，完善功能，改善环境，提高城镇的承载力和吸引力，为农民进城入镇生活创造条件。

二是推进农村集体建设用地进城。就是全面推进实施以城乡建设与用地增减挂钩为主要内容的地票制。随着新城新镇建设以及市级主导产业建设速度的加

快，海城建设用地指标紧张的问题越来越突出。与之形成鲜明对比的是农村大量集体建设用地被低密度、低效的村屯占用。如何能使农村低效的村屯建设用地得到有效整理和盘活，成为破解新城新镇建设用地紧张问题的一个重要课题。对此，海城抓住国家和省市启动城乡建设用地增减挂钩的机遇，在省内率先启动了土地增减挂钩工作，通过对分散、低密度的农村村屯土地进行征收复耕，规划建设居住集约、功能完善的新型农村社区后，腾出的建设用地指标用于新城新镇城镇建设和产业发展，同时通过土地增减挂钩地票的土地级差，解决新型农村社区的基础设施和公益设施建设问题，通过村屯集体建设用地复耕，由村集体统一对外流转，解决上楼农民的生活补贴问题，并壮大村集体财力。这样就实现了新城新镇建设、改善农村生活居住环境和壮大村集体组织财力等多赢。目前，西四镇和海西新城、废弃砖厂与腾鳌温泉健康产业城、南台镇的土地增减挂钩方案已经获得省国土厅的批准，相关工作已经全面启动，届时可腾出建设用地指标 3 平方公里左右。

　　三是推进农用地流转入市。农用地入市，既可解决现代农业规模经营的问题，也可把农民从土地上解放出来，从事二、三产业等多种经营，是解决农民身份转变和多渠道增收的重要途径。近年来，海城在农用地流转上进行了大胆探索和实践，累计流转农用地 9 万亩，促进了规模农业的快速发展，培育形成了耿庄大蒜、望台草莓、温香茄子等一批集中连片规模设施农业。特别是 2013 年结合党的十八大、全国两会和中央 1 号文件精神的贯彻落实，准备全面启动实施土地流转工作，目前正在推进实施农村土地确权登记颁证、建立完善农村土地流转市场并完善流转市场准入和流转操作规范、加快农村合作社和家庭农场等新型农村经济组织建设等基础性工作，在农民自愿和保护好农民权益的基础上，推进以农村土地承包经营权入股或租赁等方式，实现农村土地的流转，为城市和农村工商大户、农村合作社以及有实力的农民发展规模农业、家庭农场等创造条件。海城接文镇东大岭、夺獐峪等 7 个村，主要以柞蚕放养为主，由于蚕场退化和虫害频发，农民毁柞开荒改种玉米，但因自然因素等影响，造成大量水土流失，村集体经济非常薄弱，农民收入较低。为解决这一问题，海城结合省政府开展的青山工程和土地流转政策，将夺獐峪村北沟的 1003.6 亩"小开荒"地块和退化蚕场进行土地流转。该土地流转项目由海城大德丰惠农业综合开发有限公司具体投资建设，前期投资 375 万元，主要建设内容包括 1000 亩台田式土地治理，栽植优质杂交大榛子苗 10 万株；配套建设引水上山工程；新修作业路 18 公里。其合作模式为"开发公司＋夺獐峪村委会＋承包大户＋农户"，效益分成比例分别为1.5∶1.5∶3∶4。即，开发公司把农户土地流转出来，在申请立项、土地整理后，交给承包大户经营管理，夺獐峪村委会、农户分别以办公、存放场所和土地经营权入股。预计榛子园建成 4 年后，可亩产 160 斤，按每斤 30 元计算，预计产值 480 万元，可收回前 4 年全部投资；5 年后亩产 250 斤，预计产值 750 万元，扣除当年生产管理费用 30 万元，可实现利润 720 万元。按照利益分成比例，农户总计可获利 288 万元，公司可获利 108 万元，还可以用此资金滚动发展，再建一个榛子园。村委会可获利 108 万元，用于村公益事业和百姓福利；承包大户可获利 216 万元。6 年后进入盛果期，亩产榛子 400～500 斤，经济效益更加可观。

（二）着力推进逆向城市化。即引导推进城市的资金、技术、人才等比较优势资源上山下乡

一是加大财政"三农"投入。经过近些年发展工商业和经营城市的积累，海城已经初步具备了城市支持农村的条件。近年来在积极争取上级资金的基础上，调整财政支出结构，加大对农业和农村基础设施、公益设施、农民培训和保障等方面的投入，累计投资 15 亿元，有效改善了农业生产条件和农村环境面貌。

二是鼓励工商资本上山下乡。积极引导工商大户到农村投资现代农业生产，吸引了三星生态农业、宏碁科技公司、王石房屋开发公司等一大批工商企业进镇入村发展规模现代农业，带动了全市传统农业的转型升级。三星生态农业有限公司前身为海城市三星印染有限公司，是一家固定资产规模超过亿元，涉及印染、轮胎销售、助剂、仓储等行业的跨行业公司。2005 年，因受国家金融危机和环保等因素制约及影响，印染行业面临巨大挑战。经市里积极引导，三星印染有限公司调整发展思路，将目光放在解决"三农"问题的政策机遇和优质蔬菜的市场需求上，把高效设施农业产业作为公司发展方向，于 2006 年注册成立海城市三星生态农业公司。三星公司采取"公司＋基地＋合作社＋市场"的运作模式，以工业理念管理农业，以商业手段经营农业，以科技创新壮大农业，目前该公司固定资产达到 2.6 亿元，年产值 3.12 亿元，利税 8600 万元，提供就业岗位 1200 余人，在全省建设农资连锁店 700 余家，形成覆盖辽宁、内蒙古、吉林、河北的完善的市场营销网络。公司先后被评为国家级农业产业化重点龙头企业，全国第一批蔬菜标准园创建单位，辽宁省现代化农业示范基地，公司注册的"金万家"蔬菜品牌获得辽宁省名牌农产品称号，所生产的 8 个品种蔬菜通过了国家 A 级绿色食品认证，2010 年获得有机食品认证，同时公司还获得国家农业部 GAP 质量认证。公司成立的三星农民蔬菜专业合作社在鞍山地区已拥有合作社社员 40000 多户，带动农户增加收入 8 亿元以上。此外，三星公司还与辽宁省农科院合作，在海城市国家级农业科技园区内，投资建成了农业科技研发中心，建设了

总面积 60 万平方米的现代化种苗工厂项目，该项目全部建成后，可年产种苗 2 亿株，覆盖东北三省和内蒙古等地区，打造中国种苗城，这个项目在推进农业现代化的同时，也带动了广大农民的就业。目前，三星生态农业有限公司已经发展成为一个跨地区、跨行业、外向型、高科技农业产业化龙头企业。借鉴三星公司的典型经验，目前海城正在制定出台鼓励城镇工商企业和大户参与农村规模种养殖和农村公益事业建设的相关扶持政策，调动城镇工商企业和大户带着资金、技术和人才上山下乡，参与农村发展和建设。

四　坚持以人为本，破解城镇化瓶颈

城镇化核心问题是人的城镇化，不仅仅是农民到城镇里居住了，更重要的是要解决好进城入镇农民的生存资本、生活、就业、保障等现实问题，这些问题不解决好，就无法顺利推进城镇化，就无法实现稳定的城镇化。近年来，海城始终坚持以人为本，努力在实现人的城镇化上取得实质成果。

一是给予进城农民市民待遇。为了鼓励农民进城，大力推进户籍制度改革，全面放开了城镇户籍限制，实行按居住地划分城镇人口和农村人口，农民只要到城镇买房居住，即可变成城市户口，并与城镇居民享受同等权利、同等待遇，特别是在子女就学、养老医疗保险等方面，进城农民完全享有与城镇居民均等化的待遇，进城农民真正实现身份转换，成为完全意义上的市民。

二是保障动迁村屯群众利益。近年来，结合新城新镇建设，大规模启动实施了村屯征收改造。为充分保障动迁村民的合法权益，变"要我动迁"为"我要动迁"，按照三种类型，探索实施了"六个置换"。第一种类型是就地城镇化。其中，对于城中村和镇中村已经没有土地的农民，实施了商品楼房置换农民宅基地政策。主要是在就地拆迁改造后，实行等量还平、合理超平优惠。目前，通过商品楼房置换宅基地，每户家庭房产升值至少在 10 万元以上。对于城边村和镇边村的农民，在城镇化完全失地后，除了给予其商品楼房置换宅基地外，还实施了经营性资产置换失地农民养老保障政策。主要是在农民还迁楼开发建设中，由政府统一配建一定数量的商业门点、农贸市场摊床等经营性资产，由社区统一租赁经营，经营收益实行失地农民集体均摊，以此来置换失地农民的养老保障，失地农民以自然人身份参加城镇养老保险。目前，海西新城二台子社区通过召开村民代表大会讨论，同意将村民征地补偿费集体留成部分作为村集体投资入股资金，同时组织有投资意愿并且为村经济组织成员的村民投资入股，共同建设开发农贸市场等商业网点。村民每人仅限一股，每股额度的确定为资产的总造价减去村集体投资入股资金后除以经济组织成员的平均值。经营性资产是由政府投资建设后，以成本价卖给村集体，在村集体永久保留所有权的基础上，进行公开竞标租赁。租金所得按照投资比例进行分红，其中村集体投资分红主要用于村公益设施建设。目前，二台子社区的农贸市场每年租赁收益达220万元，村民每股投资为2940元，村民投资分红达150万元，每人每年可分红600元。待建筑面积4万平方米的门店全部运营后，每年可带来800万元的收入，每人每年还可分红2100元，共计2700元，可安排就业近千人。第二种类型是异地城镇化。除了商品楼房置换宅基地和经营性资产置换失地农民养老保障两项政策外，还实施了经营性资产置换就业岗位政策。即对远郊失宅、完全失地的进城农民，由政府统一配建商业网点和市场摊床，以户为单位分给失地农民，解决其就业和创业问题。实施了村集体资产股份制置换失地农民就业和生活保障，就是将村集体资产股份化，每个村集体组织成员都平均占股，农民进城后，依然可以从村集体资产所占股份中分享集体资产的经营收益，以此来解决进城失地农民的就业生活保障。目前，腾鳌温泉管理区温泉健康产业城项目建设中完全失地的村民，已经整体搬迁到腾鳌新城居住，开始享受这些保障政策。第三种类型是新型农村社区化。主要是对于远离中心城镇的村屯，通过建设中心村的方式，来改善农民的生活环境。对于进入中心村居住的农民实施新型农村社区置换自然村屯和设施农业置换田园经济两项政策。其中新型农村社区置换自然村屯，主要是由政府统一选址，集中建设楼房，并配套完善基础设施和公益设施。通过建立居住集中、要素集约、设施配套、功能完善、环境优美的新型农村社区，置换原来分散居住、功能缺失、环境脏乱差的自然村落。设施农业置换田园经济，主要是在集中建设居住区后，由政府出资补贴、就近规划建设设施农业种植小区和养殖小区，置换原有农民房前屋后自留地的种植和养殖为主的田园经济。目前，通过这两项政策的实施，海城市中小村已建成居住集中、环境优美、设施配套的农村新型社区，新型农村社区居民设施棚菜种植面积达到1300亩，农民人均纯收入实现1.5万元。

三是推进农民带着权益进城。为了进一步加快农村城镇化进程，目前正在抓住海城被国家确定为发展改革试点市的机遇，按照省市大力推进改革创新的要求，探索推进农民承包经营土地和农村集体资产等股权化改造，即对农民承包经营的土地包括耕地和林地等进行确权登记，颁发权证，建立农村土地流转中心。农民进城后，土地承包经营权不收回，由农村土地流转中心对农民承包经营的土地流转或入股大户、农村合作社、家庭农场等规模农业生产，把农民土地承包经营权这个实物变成股权，身在城里不种地每年也可从原有承包土地中实现稳定的收益。同时对农村集体组织的资产进行确权并实行股份化，农民进城后，依然享有集体资产的经营收益，这样就实现了农民脚离地，但是离地不离权，离地不失地；身进城，并且是带着权益进城，带着保障进城，从而解决城镇发展人口集聚和城镇化顺畅推进问题。

五　坚持实事求是，积极稳妥推进城镇化

城镇化是一个渐进的历史过程，不能一蹴而就。在广大农村群众资本原始积累没有达到一定程度，城镇的功能和产业支撑没有达到一定程度，农民的关切利益没有得到有效解决和保障的情况，不能盲目推进城镇化，更不能强迫农民进城，否则，"农民被城镇化"将带来一系列社会和谐稳定问题。因此，在推进城镇化的过程中，海城始终坚持尊重社会规律，尊重农民意愿，切实保障农民权益。

一是循序渐进推进城镇化。坚持在城镇化发展规划编制上实行一步到位，而城镇化推进上则按照先易后难的原则，分步实施，成熟一个推进一个，不搞一阵风，不搞一刀切。在海城城镇化具体推进上，首先做好城中村、城边村、镇中村、镇边村的城镇化工作，这些村屯已经熟悉和适应了城镇的生活，同时对土地的依赖又不是其生存的主要来源，在保障其各项合法权益的基础上，充分利用"六个置换"，加快城镇化进程。近年来，全市先后征收改造城中村、城边村、镇中村、镇边村50个，动迁群众1.7万户8.9万人，企业167家，累计建设回迁楼190万平方米，已有5万人喜迁新居。在整个征收改造过程中由于严格落实尊重群众意愿、切实保障农民权益的工作原则，征收改造工作实现平稳顺畅进行。

二是健全完善农村组织体系。面对新型城镇化带来的一系列新形势和新问题，目前正在积极探索新型城镇化背景下与城镇化相适应的新型农村组织体系建设。第一，建立新型农村经济组织。在农民进城、农村人口绝对减少的大背景下，原来以镇为单位的行政建制必须改变，因为这种以镇区为单位各自为战的行政组织的存在，严重影响了镇区间的资源整合和共享，而且造成了重复建设和恶性竞争。因此，必须跨镇区组建经济区，建立经济区管委会这样的经济组织，整合经济区内的各种资源和要素，统一规划经济区的产业园区和城镇建设，从而形成区域经济的发展合力。近年来，结合新城新镇建设，通过规划建设了腾鳌开发区、海城经济开发区等一列开发园区，这些经济区产业集约发展的效果和优势非常明显。第二，转变原有镇级行政机构职能。经济区管委会这个经济组织建立后，主要承担经济区内经济和城镇建设的职能，为了保证经济区管委会能聚精会

神抓经济搞建设，经济区内的社会事务管理交由原来的镇政府管理，组建街道办事处，主要承担经济区内原来镇区范围的社会管理职能。这样便与经济区管委会形成了分工明确、各司其职、各有侧重、相互支持的新型农村管理架构。第三，加快建立农村新型社会组织。合作社是农民自己的新型社会组织，承担着为农服务、管理农民的重要职能，也是广大农民非常愿意接受的一个新型农村社会组织。近年来，全市各类农村合作社已经发展到 500 多家，为组织管理农民、带领农民致富发挥了重要的作用。特别是在中央鼓励农村土地流转的新形势下，农民合作社成为承担农民土地流转入股、保障农民土地收益的最好社会组织。目前，海城正在全力推进农村合作社建设，努力构建组织严密、管理规范、运转顺畅、多形式、广覆盖的新型农村经济组织，充分发挥其保障农民权益、带领农民致富的作用。第四，加强村级基层组织建设。就是加强村党支部和村委会建设。在农村"三提五统"取消后，村级组织的经济来源没有了，造成很多村级组织软弱无力。为了破解这个问题，海城正在推进土地增减挂钩：对于通过土地增减挂钩出售地票获得的一次土地级差，村级组织可以用来进行新型农村社区的基础设施和公益设施建设，同时对村屯拆迁土地复耕后增加的耕地，由村级经济组织统一对外公开租赁，租赁收益除了保障新型农村社区居民生活补贴外，其余部分用于村级组织的办公经费，这样就解决了村级组织经济来源问题，同时也增强了村级组织的凝聚力和战斗力。

尽管海城在新型城镇化推进上做了一些有益的探索和尝试，但与上级要求和先进地区相比，还有一定的差距，特别是新型农村社区化进程中，还有许多新情况和新问题需要破解。海城将在上级党委和政府的正确领导和鼎力支持下，进一步解放思想，创新思维，深化改革，大胆实践，扎实推进城镇化转型发展，为率先在全省全面建成小康社会作出不懈努力。

建设生态城市 推进绿色发展

——宁国市走生态文明下的新型城镇化道路纪实

安徽宁国市

安徽省宁国市地处皖东南，是安徽省重点山区县市之一，素有"八山一水半分田，半分道路和庄园"之称，总面积2487平方公里，总人口38万。宁国区位不占先发优势，但是近些年找准自身发展定位，探索出了一条符合宁国发展实际的创新发展、统筹发展、绿色发展路子。2008～2012年连续5年入选"中国中小城市发展百强"，2010～2012年连续3年跻身"中国十佳两型中小城市"行列，综合经济实力跻身全省科学发展一类县市。作为安徽县域经济发展的排头兵，宁国市牢牢把握转变发展方式这条主线，始终坚持以生态文明的理念为指导，以生态文明之城为定位，大力推进城市生态化和生态城市化，突出抓好节约集约利用土地、推动绿色低碳发展、建设生态宜居城市等重点工作，新型城镇化建设取得了显著的成效。

一 节约集约利用土地

按照"科学规划，优化配置，节约集约，合理利用"的基本方针，紧抓"安徽省统筹城乡土地使用制度综合改革试点县市"机遇，不断深化城乡土地使用制度改革，努力实现土地保护和经济发展双赢。

（一）构建多规相融的城乡规划体系

为了统筹城乡建设用地规模，合理配置城乡土地资源，宁国市按照城乡一体的思路，编制了新一轮市乡两级土地利用总体规划。在编制规划时，以专项规划为基础，结合上级下达的规划主要控制指标，通过土地利用现状分析、土地供需分析和各行各业建设时序主次、规模等进行多次综合分析、总体平衡，本着"节约、优化、高效"的原则，合理划分各类土地用途分区，确定各行业的用地空间布局。同时，启动了城市空间战略发展规划、城市总体规划、主体功能区规划、旅游专项规划、村庄整治规划、林业发展规划、各乡镇总体规划以及推进美好乡村的建设规划的修编和编制工作，覆盖城乡的规划体系已初步建立。

（二）着力推进农村土地产权制度改革

农村土地产权制度是农村最基本的经济制度，对于农村经济发展具有牵动作用。针对目前集体土地使用权"小而散"的特点，宁国市通过深入调研，2011年出台了《关于推进农村土地产权制度改革的实施意见》《宁国市农村土地股份合作社管理办法（试行）》。选择了群众基础较好、干部改革意识较强、经济发展较快的河沥溪街道畈村、西津街道大村作为首批产权制度改革试点村。在政府的引导下，按照自愿的原则，农户以集体建设用地使用权、农村土地承包经营权、林地和宅基地使用权入股，先后成立了宁国市畈村营盘土地股份合作社和宁国市大村土地股份合作社，入股土地分别为281公顷和165公顷，股权证发到农户，合作社按照章程对入股的土地进行经营管理，实现"土地变股权、农民变股东、有地不种地、收益靠分红"的目的。与此同时，出台了《宁国市农村集体经营性建设用地使用管理办法（试行）》，允许集体建设用地使用权在符合规划的前提下，实行有偿使用和流转。组建土地股份合作社并允许集体土地上市交易，为盘活集体土地开辟了通道，增强了农村发展内生动力。2012年，畈村营盘土地股份合作社与太阳禽业公司达成了合作开发协议，将合作社经营管理的集体土地根据不同的用途，分别采取租赁土地、集体建设用地使用权出让、土地使用权入股等方式提供给对方用于生态农业休闲旅游开发项目。目前，该项目正在全速推进。在其示范带动下，2012年宁国市又成立了25家土地股份合作社。

（三）打造城乡统一的土地产权交易市场

2012年6月20日，宁国市城乡土地交易中心揭牌仪式隆重举行，这是安徽省第一个城乡统一的土地产权交易市场。实现了土地承包经营权、集体建设用地使用权和国有建设用地使用权在统一市场平台中，统一发布交易信息，按统一规则交易。同时，为使集体土地充分实现市场价值，政府对集体土地按照规划进行适当包装、宣传推介，以吸引社会资本投资开发，充分盘活农村土地并促进土地效益最大化。2013年1月，宁国市万福土地股份合作社通过城乡土地交易中心的对外推介，成功与天浩农林有限公司达成184亩土地流转协议，这是安徽省首宗农村集体土地在城乡土地交易市场公开流转。4月26日，在浙江日报集团举办的2013浙商力量论坛暨浙商投资（中国）城市展示会上，宁国市首次将统筹城乡土地使用制度改革中的 4 个示范区项目进行推介，引起了参会浙商和有关媒体的关注，这些做法都为宁国市农村集体土地的发展注入了新的活力。

（四）创建耕地保护新机制

将耕地保护纳入乡镇、街道目标管理考核，拟定了《宁国市耕地保护资金使用管理办法（试行）》，进一步强化乡镇、街道以及农户、耕种者的耕地保护义务与责任。大力开展村庄整治和土地开发复垦整理工作，制定了《宁国市农村土地综合整治实施办法》，已组织实施了 50 个共 3479 亩的土地开发复垦项目。在城区和开发区开展了"建设占用耕地耕作层剥离、收储、再利用"试点工作，对依法审批占用的耕地，在建设之前将耕作层剥离、收储起来，土地复垦造地时再利用，有效地保护了耕地。2012 年，宁国市经济技术开发区经依法批准征收 4 宗集体土地，在土地平整前，委托专门的造地公司，投入 100 余万元将其中 100 余亩耕地上的耕作层土壤剥离，获得 3 万立方米耕作土。然后将耕作土用于低丘缓坡地开发，开发出 107 亩耕地，其质量明显好于传统方法开发出的耕地。宁国市通过耕作层剥离再造地的方式，已经复垦验收新增耕地 400 余亩。目前，正在对直升飞机场项目 200 亩建设用地进行耕作层土壤剥离。同时，在经济技术开发区出让 65 亩土地用于耕作土收储交易市场的建设，按建成后常年收储 15 万~20 万立方米的标准，统一收储全市建设占用耕地的耕作层土壤，在市场内对剥离的土壤分类存放、测土配方、有机改良后，通过市场配置的方式再用做复垦优质客土、低产田改造和绿化用土。

（五）深挖潜，切实提高土地利用效率

按照"人口集中、工业集聚、用地集约"和"山地工业、坡地城镇"的思路，调整优化工业、城镇村、交通水利等各行业用地布局。充分利用低丘缓坡地资源，开展低丘缓坡地的调查摸底，编制低丘缓坡地开发利用规划，根据"宜耕则耕、宜林则林、宜建则建"的原则综合开发利用。自 2010 年以来，宁国市利用低丘缓坡地补充新增耕地 4100 余亩，新增林地 6.7 万余亩，经济技术开发区和港口生态工业园区利用批准使用的低丘缓坡地 3000 余亩，解决了一批重点项目的用地问题，提高了土地利用效率，减少了耕地占用。出台了《关于淘汰落后产能工作的实施意见》和《宁国市进一步加强淘汰产能工作实施意见》，编制并落实年度淘汰企业名单和关闭倒计时表，先后淘汰关闭 6 家产能落后企业，将收回土地安排其他企业使用。不断加大对开发区闲置土地的清理盘活力度，为入驻园区各类企业建立档案，定期联系了解情况，对因政策调整、市场变化或其

他因素造成生产停滞、土地低效利用或闲置的，根据不同类别分类处置，通过收取闲置费、有偿收回和没收重新出让、企业间转让等多种方式盘活闲置土地，腾出土地安排给重大急需项目。近两年来，开发区共收回闲置低效利用土地 550 亩并全部重新利用，涉及企业 11 家，这些土地已于 2012 年 9 月底全部重新利用。同时，组织开展了农村宅基地退出的试点工作，积极盘活农村闲置宅基地资源，优化城乡建设用地空间布局。

（六）创新土地管理机制

成立项目委员会、规划委员会和土地利用管理委员会，制定《宁国市建设项目预审办法》，对全市所有建设项目统一审查，从项目准入、规划选址、规划条件、用地规模、投资强度、容积率、建筑密度、开竣工时间、预期亩均税收等用地条件方面层层把关，凡固定资产投资内资在 5000 万元以下、外资在 1000 万美元以下的项目，原则上不单独在省级园区供地建设，统一安排进入中小企业创业园内标准厂房发展。出台了《关于建立国土资源管理共同责任机制的通知》的文件，明确了各乡镇以及发改、国土、住建、监察、公安等部门的工作职责，国土资源管理共同责任机制逐步建立，形成了土地"一家管大家用"变为"大家管大家用"的局面。在全省县市中率先建立"12336 违法线索处理中心"，并被国土部授予全国百家"12336 为民服务示范窗口"称号。自2009 年开通"12336"以来，共接到举报电话 228 件，办结 222 件，办结率达97.4%。同时，在全市各乡镇、街道成立以国土所为中心的国土、规划、城建、地灾防治"四位一体"的城乡建设统筹办公室，坚持动土有据，凡乡镇涉及用地均需要城乡建设统筹办公室初审把关方可上报，实现了科学合理节约利用土地的目标。

案例一：

农村土地合作　资源变资产
——安徽省首家土地合作社纪实

2011 年 9 月 30 日，河沥溪街道畈村村营盘第 1、2、3、4 四个村民小组 74户农户入股组建而成的安徽省首家土地股份合作社召开了首届社员大会。从这一天起，宁国市统筹城乡土地使用制度综合改革畈村示范项目点的土地真正变成了农民手中的"资产"。

土地变股权　农户当股东

9月30日上午8点，河沥溪街道畈村村营盘1组的张大爷就来到了畈村村会议室。张大爷说："我是代表我家过来开会的，今天土地股份合作社就要成立了，宁国市还要选举出合作社的理事长呢！"

农户用土地入股，组建土地股份合作社，这在省内都是一个新鲜事！

为什么说它新鲜呢？"一直以来，农村的土地只是作为一种资源存在，不能像城市的土地一样成为资产。但是通过这次统筹城乡土地使用制度综合改革，组建土地股份合作社，赋予集体土地与国有土地同等权益，让农户家里的土地变得像城市的土地一样'活'起来！"市国土局工作人员说："成立农村土地股份合作社，将农户家庭承包的土地经营权视为农户资产，是土地承包制度的深化和维护，也是对农户最终权益具有时代特征的保护和延伸。使农村集体经济组织和农民个人土地资产在权属上更加清晰、在权能上更加完善、在管理上更加规范、在保障上更加充分。通过土地承包经营权的入股，农户的不动产将得到合理的流动整合，可以实现农户家庭收入和农业规模经营的双赢。"

"前一段时间，市里、街道、村里的工作人员都把政策、好处跟宁国市说清楚啦！能够让宁国市增收的好事宁国市一定支持！"张大爷希望未来的生活能够越来越好，越来越舒心！

有地不种地　收益靠分红

"现在村里有一些地都荒了，许多人外出打工，真正种地的农民越来越少了，以后只怕会更少的。"新当选的营盘土地股份合作社聂理事长说："现在合作社成立了，队里一家一户都成了股东，合作社如果运行得不错，年轻人去外面上班，大家就不用担心谁来种地了。"

聂理事长之所以这么说，是因为成为土地股份合作社的股东，为农民向二、三产业转移提供了良好的基础条件。市统筹领导组办公室工作人员说："农民不需要每一家各自为政，来考虑该种些什么比较赚钱了。他们用土地入股，依托示范区项目，即使不耕种，也能从项目收益中获得分红。农户还可以就近在示范区项目内务工，获得工资性收入。"

有所为而有所好，土地股份合作社能够让农民自身的才智和专业特长得到充分的释放和施展，促进传统农民向职业农民身份的转变。而在多元化、专业化、规模化、设施化的现代农业必经之路上，通过土地承包经营权入股，原本散户经营、粗放生产、效率低下的农业，能够获得现代农业要素的投入，实现土地生产力的明显提高，发挥土地资源的价值提升，最终实现农业增效、农民增收和农村稳定。

营盘土地股份合作社入股水田368.53亩，山场3527.56亩，旱地188.56

亩，宅基地52.31亩，其他58.88亩，总计4195.84亩。下一步，土地股份合作社将通过市场化运作，集中配置到具体项目中，使农村土地发挥最大经济效益，农民得到最大经济收益。

二 推动绿色低碳发展

按照"经济生态化、生态资源化、资源经济化"的生态发展定位，以省级提高资源产出率试验区试点为契机，大力发展循环经济，促进绿色发展。

（一）优化产业空间布局

针对县域工业自然、自发集中的弊端，加快产业发展由传统县域内同质化的无序布局转向功能化的有序布局，对全市工业总体布局进行战略性调整优化，努力形成产业发展与资源环境相互协调、产业高度集群、企业分布合理、行业优势突出、区域特色鲜明的大发展新格局。一是在安徽省率先制定了生态主体功能区划，将全市划分为自然保护区、农业旅游区、高新产业区和商务文化区四大主体功能区，明确各自发展定位和主攻方向。同时，建立生态利益补偿机制，根据各功能区生态价值、生态保护成本、发展机会成本等多种因素进行核算，综合运用行政和市场手段，按照谁开发谁保护、谁受益谁补偿的原则，调整各功能区间相关各方的利益关系。二是按照"经济基地化、基地产业化、产业集群化"的要求，依托现有产业基础，形成以城市主城区为核心、宁国市经济技术开发区、港口生态工业园区、青龙湾原生态旅游度假区为支撑的"一核三聚"承接产业转移总体布局。并积极推动园区转型升级，2012年省级港口生态工业园被评为"安徽省新型工业化产业示范基地"和"绿色生态城区"，宁国市经济技术开发区于2013年3月成功升格为国家级开发区，园区产业聚集能力进一步增强。三是按照产业高效集聚原则，科学引导同类产业集中布局，积极推进"园中园"建设。港口生态工业园区按照打造低碳经济、循环经济示范区目标，按照产业高效集聚原则，积极谋划建设节能建材及新能源应用、电子信息等一批特色产业园区，使园区真正成为物质高效循环利用、企业之间相互耦合、废弃物资源化利用更加充分、与周边自然环境和人居环境相融共生的生态园区。

（二）建立现代产业体系

推动产业发展由高投入、高污染、高能耗、低产出向低投入、低能耗、低污染、高产出转变，实现经济增长由粗放式发展向集约型发展转变。一是培育壮大以先进制造业为主的高新技术产业。改造提升传统产业。通过科技创新、嫁接重组、资本运作等途径，在全球范围内优化配置资源，实现升级裂变。如飞达与爱普科斯合作、江南化工裂变。加快发展战略性新兴产业。加快发展新材料和新能源应用、先进制造等主导产业，积极发展医疗器械等先导产业，打造新兴产业集群，培育新的增长极。二是优先发展以健康休闲为主的绿色产业。实施农业产业化提升工程，加快农业生态科技示范园区、食品产业园建设，培育壮大农业龙头企业，争创国家级农业产业化示范基地。三是大力发展以创意经济为主的现代服务业。优先发展金融、物流、高技术服务和商务服务等生产性服务业，通过吸引配置优质资源提高产出率。大力发展总部经济。在不增占宁国资源、不破坏环境的情况下，加快发展。如中鼎全球总部、瑞泰耐火材料职能性总部和耐磨联盟，不断拓展电子商务、网商 CBD、碳汇交易等服务业新业态，提高现代服务业的发展水平。

（三）大力发展循环经济

坚持科学发展的循环经济理念，积极构建生态产业网络体系，建立企业在能源、物质、基础设施和信息方面的循环利用与共享机制，实现废物排放最小化，经济效益、生态环境效益和社会效益最大化。2009 年，宁国编制了《安徽省宁国市循环经济发展规划》，对宁国市一、二、三次产业循环经济发展作了科学的设计，构建覆盖三次产业整体的循环经济体系，即生态农业、生态工业、生态旅游业。经过几年的努力，宁国市循环经济发展取得了明显成效，循环经济产业体系初步形成，有示范企业 26 个，其中，农业企业 10 个，工业企业 13 个，服务业企业 3 个。农业方面，以五星集团、太阳禽业、吴家大院、凤形农林等一批农业龙头企业为代表，通过大力发展复合型有机循环农业，形成一个上下联动的产业循环链条，使各种资源得到循环高效利用，构建了农林牧渔复合循环发展的绿色生态有机农业发展新格局。工业方面，以中鼎、凤形、海螺、司尔特、华普建材、瑞泰科技等骨干工业企业为代表，依托技术创新，通过废胶再生利用、再生资源回收利用、废弃物循环利用等一批重点项目的实施，不仅实现了清洁生产、节能减排，而且资源综合利用水平不断提升，极大地提高了资源产出率。旅游业方面，恩龙集团通过"反租倒包"、山场入股等形式，把当地农民的大量荒山、荒坡、荒地、灌杂林地流转过来，进行苗木、园林和生态人居开发，经营生态环境，发展生态旅游，使良好的生态环境创造出更大的绿色财富；太阳谷低碳休闲农业示范园着力打造集现代循环有机农业生产、生态农业旅游观光、农耕文化和低碳体验于一体的休闲农业度假示范区，不仅有效提高了土地资源产出率，而且成为环保型农业休闲与乡村旅游的典范。截至 2012 年底，宁国市主要工农业生产废弃物的循环利用率已提高到近 50%，被评为省级循环经济发展示范市。

案例二：

凤形耐磨——坚持技术创新　推进节能减排

亚洲最大的耐磨材料专业生产基地——安徽省凤形耐磨材料股份有限公司，坚持技术创新，在节能减排中不断推进企业转型升级。具体做法主要有以下几点。

一　从"大杂烩"到"精细化"，采用清洁的原辅材料

公司制作了专门设备对大部分入炉废钢进行预处理，除对废钢进行分类和切割，以便于存储、运输及加料之外，还对废钢进行除锈除油，剔除其中的非金属杂质。经严格分类、切割和清理非金属夹杂后的废钢，从传统的"大杂烩"变成了"精细化"，入炉熔炼时有利于铁水控制、减少造渣量及烟气，从而缩短熔炼时间，减低吨铁水能耗，提高铁水质量。根据《铸造车间设计手册》提供的数据，采用 1 吨的中频电炉熔炼，处理后的废钢比未处理废钢的熔炼时间可缩短 5 分钟，相当于吨废钢节能量为 3.5 公斤标准煤。凤形公司年处理废钢能力约 5 万吨，节能折合 175 吨标准煤。

二　使用新型节能降耗供电设备，节约用电

凤形公司年用电量为 1.5 亿 KWH 左右，建有自用主变电站。电网输入端高压为 35KV，通过两台变压器一级降压至 10KV，用电车间电压为 380～750V。为节能降耗及提高厂区供电质量，公司投资 120 万元，新增两台 S9 系列 1.25 万 KVA 和 1.0KVA 节能型变压器和两台 TBBF10－3750/3×1250－AK 功率因数自动补偿器，并对供电系统进行改造，此项措施可将功率因数自 0.88～0.92 提高至 0.96 以上。加上供电部门的奖励，年节电 30 多万元。

三　革新热处理工序，节能降耗效果好

铸件热处理工序中使用的各种高温加热炉都是高耗能设备，当然也是节能降耗的重点。公司的 5 条推杆式热处理炉已全部采用空气换热器回收高温烟气的余热，并将助燃空气预热到 250℃～300℃，可以降低能耗 10%，相应减少无烟煤耗量 20KG，节电 2KWH，折合吨磨球能耗降低 15.1 公斤标准煤。

四　铸造旧砂再生处理、循环利用，实现固体废物零排放

凤形公司自行开发了覆膜砂热法再生技术和装置，使用过的旧砂全部再生后重复使用，再生率超过85%。同时再生后的旧砂减少了结晶水，改善了角形系数，达到相变砂的水平，进一步提高了耐磨铸件的产品质量。

目前，公司所有的VRH造型线、DISA造型线使用的水玻璃砂、陶土煤粉砂也全部再生循环利用，实现了固体废物的零排放，不仅显著降低了生产成本，还彻底解决了废砂堆放难题，显著改善了厂区环境。

五　工业废水零排放，节约用水

公司自筹600万资金建立的厂区循环水处理系统，不仅把生产用水全部循环利用，而且把雨水也收集处理后利用。厂区循环水经循环水管网系统回收到循环水池，通过油、水分离装置，絮凝处理，沉淀后成为中水，再经泵站压送至各个用水点，反复循环，实现废水零排放。据统计，年平均节水量200万吨左右。

六　提高机械化、自动化水平，大幅度节能减排

公司通过多年不懈的努力，研发出国际一流的金属模覆砂铸球生产线、在线恒温浇铸装置以及油介质淬火工艺。金属模覆砂铸球生产线及油介质淬火工艺则显著提高了耐磨铸件的生产效率与产品质量。特别是自主研发的金属型覆砂铸球机械化生产线和新型专用模具组合，其平均工艺出品率达73%，比手工模具提高了5%~9%。由于工艺出品率的提高，同样的铁水将生产更多的铸件。据测算，铸件合格率每提高1%，相当于节煤5~7KG，节能效果显著。

另外，公司利用数十项核心专利技术研制的新一代超硬高铬合金耐磨铸球——"凤形一号"，其硬度高达HRc64~66，冲击值≥4.0J/cm^2，落球试验次数≥15000。与现行国家标准及行业标准的普通高铬磨球相比，"凤形一号"磨球的硬度提高14%，落球次数提高87%，破碎率降低50%。具有优异的抗磨性能和抗冲击能力，使用过程中破碎率极低。

目前，公司开始整体搬迁至开发区，新厂区全部使用天然气。作为清洁能源的天然气在使用中产生的废弃物非常少，可大大减少二氧化硫、二氧化碳的排放量。1立方米天然气约为等热量值的1.33千克标准煤，相当于4.4千瓦时电量，与同等煤炭相比，利用天然气可减少二氧化碳排放量60%，减少氮氧化物排放量50%，减少粉尘、二氧化硫近100%。

届时，凤形公司不仅是国内产能最大、技术装备水平最高、产品系列最全的耐磨铸件专业生产厂，也是吨产品能耗最低、污染物排放最少、厂区环境最美的现代化铸造企业。

案例三：

凤形农林——发展循环经济　提高生态效益

宁国市凤形农林开发有限公司位于宁国市青龙乡，该公司主要通过资源的循环利用对皖南黑猪原种进行保护和开发。通过猪粪便的无害化处理生产有机肥，用有机肥种植有机粮食、蔬菜、牧草、水果，又把有机农作物和牧草加工成有机饲料，用有机饲料喂养有机皖南黑猪。用有机猪肉和有机粮菜开办有机餐馆，并在上海等地建立皖南有机黑猪肉专卖店，猪肉卖到 70 元/斤，资源产出率提高了 3.8 倍。有机大米卖到 10~12 元/斤，比普通大米资源产出率提高 4 倍多。公司流转农民土地 4000 多亩，优先安排农村留守人员就业，解决就业 5000 多人，使农民年均纯收入由 4000 多元上升到 7600 元，带动 3000 多人致富。凤形农林开发有限公司的发展模式是把传统农业的精华与现代农业结合起来的典型，2011 年公司实现销售收入 1.2 亿元，利润 1800 万元，成了在当地有影响的发展现代有机循环农业示范单位。

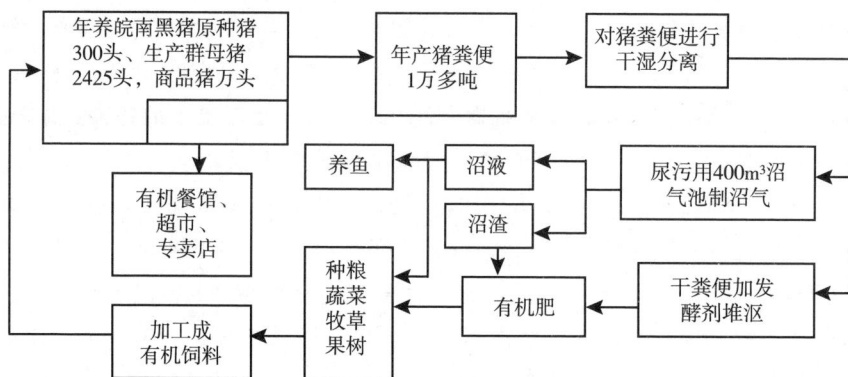

图 1　资源循环利用图

表 1　2011 年提高资源产出率对比表

猪肉价格（元/斤）		大米价格（元/斤）		农民年人均纯收入		经济效益		提高资源产出率倍数
普通猪肉	有机猪肉	普通大米	有机大米	土地流转前	土地流转到公司后	年总产值或年总营业额	利税	0
12~14 元	70 元	2.5 元	10~12 元	4000 元	7600 元	1.2 亿多元	1800 万元	3.2 倍以上

三　建设生态宜居城市

按照"人文与自然相融"的原则，宁国市在城市建设中致力于让市民享受到健康的自然生态和逐步完善的城市功能服务。通过高起点编制城市规划，高水平加快城市建设，高效能推进城市管理，实现了城市绿色发展和协调发展。

（一）高起点编制城市规划

1. 城市规划具有超前性

按照"建设生态文明的现代化中小城市"的战略定位，邀请中科院生态环境研究所、上海同济城市规划设计研究院等国际知名一流设计单位进行城市规划设计，整体方案融入了当今世界一流的生态文明与工业文明相结合的理念，将生态、环保、资源节约等现代理念贯穿于方案之中。规划到2030年，城市人口规模48万人，用地规模48平方公里。

（1）强调三大原则，超前编制城市发展规划。在城市规划工作中首先把握"由高到低"原则，从整体布局角度，超前制定城市发展规划，规划好组团发展的空间布局以及组团间的景观体系，依托自然山水资源，精心设计城市轴线，从而使城市空间、交通、景观等轮廓鲜明，错落有致。其次是"由大到小"的原则，从全局的角度，运用区域发展的视野，按照"人字形"构架发展格局，完善配套功能，实现高效、节约、人与自然有机统一。最后是"由远到近"的原则，从尊重历史、着眼未来的角度，确定新区合理的开发强度和相应的开发模式，处理好新老城区间的协调衔接，提高旧城改造建设标准，使新旧城区相呼应，充分展示山水性、历史性、生态性，努力构建具有时代特征、宁国特色的空间景观。

（2）尊重自然，构筑和谐、舒适的人居环境。在城市规划建设中始终坚持以人为本，做好山水文章，实现人和自然的和谐共生。宁国特色是"三水穿城过，绿水青山满城郭"。建设中严格执行规划，大力实施"一脉二带、七道八园"的城市绿地景观。一脉是小南河中心绿脉；二带是两条水系廊道即西津河滨河廊道和东、中津河河道防护绿带；七道指三条穿城风道和四条绿色隧道；八园是指城市规划中的八个公园（现有的宁阳公园、翠竹公园、规划的嵩山森林公园、牛头山公园、奥林匹克桥头公园、城西湖湿地公园、西津公园、南河公园）（规划公园名皆为暂定名）。针对宁国"生态立市"的要求，结合防护林带建设，构建适于步行环境的城市林荫道体系，形成"双环"布局形态。同时按照服务半径 400～500 米规划建设若干街头游园和社区广场。从面、线、点多层次建设公共绿地，使整个城市建在花园之中，在这些公共绿地建设中着眼于多样化、艺术化，赋予不同街道不同的个性特色，追求怡人的城市氛围。

（3）精心打造城市轴线及沿线景观，彰显城市形象魅力。城市轴线是一个城市整体风格的展现。宁国城市轴线的打造突出大气、人性、文化、自然的特色。一是在陆轴的规划上注重层次性和多元性，城市主干道作为景观大道，充分展示浓厚的现代气息；高速入城路等几条入城干道和大外环作为迎宾大道，根据自然特征，栽种不同品种的花卉苗木并搭配些小品建筑，营造多元空间和绿色视野，展示一个开阔、雅致、大气的宁国。作为观光大道的东线、西线，实行封山育林，结合"三廊四库"（三廊指东、中、西津三条水系，四库指板桥自然保护区绿库、青龙湾景区绿库、夏林景区绿库、石柱山景区绿库）建设，充分展现宁国的自然山水魅力。二是城区水轴设计上，突出亲水性和观赏性，对穿城而过的西津河、东津河、小南河，根据不同的位置和特点，规划出风格各异的水系景观，形成各具特色的景观特征。三是在景观布局上，体现兼容性和开放性。从点、线、区三个层面来规划布局好城市景观，并使之成为有机整体。在景观点的设计上主要围绕标志性建筑展开，根据宁国的地理、历史、文化特征，构筑独特的建筑和天际线。对景观线的设计，重点是展示城市的风景轴线，根据自然特征沿河展开景观布局，并确定合理的建筑形态和高度，形成丰富的城市天际轮廓线。对景观区的设计，突出体现在各类主题公园的规划上，尤其是文化广场和休闲健身场地的规划建设，充分表达对自然的尊重和对人性的关爱。

2. 城市规划具有系统性

在编制规划中，注重统一各类规划，使各项规划有机结合，做到"多规合一"，形成了一套全面科学、切合实际、体现个性的规划体系。

（1）做好功能区划，为科学发展合理布局。结合市域各地的自然资源、生态环境、社会经济和开发潜力，出台了安徽省第一个以县市为单位编制的生态环境功能区规划，将全市划分为自然保护区、生态农业旅游区、高新产业区和商务文化区，整个城区属于商务文化区范围。

（2）做好产业规划，为经济发展指明方向。围绕城市主体功能区规划，对产业分布进行了明确定位，形成了以主城区为核心，南山河沥高新技术园区、港口生态工业园区、青龙湾原生态旅游度假区为支撑的"一核三聚"的产业布局，工业发展的总体空间被控制在 100 平方公里左右，在保护生态的前提下，保证了工业经济发展的需求。

（3）做好城乡规划，为城乡互动奠定基础。坚持打造以"中心城区、功能片区、中心集镇、中小集镇、新型农村（新型社区）"为内容的梯度化、特色化、生态化的城乡建设体系，以促进城乡互动，实现城乡一体化发展。具体而言，就是在城区及周边形成"两中心六组团"的发展格局，"两中心"即主中心城区和港口副中心城区；"六组团"即汪溪片区、城北新区、河西新区、河沥片区、西南新城和南山园区；在其他地区则以现有中心集镇为依托，合理布局中小集镇及新型农村（新型社区）。

3. 城市规划具有权威性

在城市化加快推进过程中，树立规划就是"法"、违反规划就是"违法"的观念，切实做到"一张蓝图干到底"，保证规划执行的严肃性。

（1）体现最广大人民群众的根本利益。对于宁国这样的山水城市来说，亲山临水的土地是城市的重要资源，是全体市民的共同财富，所以将其设计为公共开放空间，便于市民共享。在规划中严格守住绿线（山体、绿地）、蓝线（水系、水岸线）、紫线（历史文化遗产）、黄线（重要公共基础设施）这"四条底线"，实现城市发展模式由对自然环境的高冲击向与自然环境和谐相处的转变。

（2）建立完善公众和舆论监督制度。宁国市坚持阳光规划，将规划的编制与实施情况向社会公众公示，公开征求群众对重要的城市规划实施的意见，自觉接受各方面群众的监督，增强规划管理工作的透明度。

（3）依法审定、依法实施、依法维护城市规划。宁国市坚持严格按规划进行城市建设，规划既不因人而立，更不因人而废，一经制定，就不随意更改。有的规划如果确实需要修改，必须进行充分的科学论证和经过严格的法定程序。

（二）高水平加快城市建设

按照"完善主城，东进、西扩、南优、北移，组团式发展"的总体思路，提升改造老城区，加快发展城北新区，高起点规划建设河西新区，加快城区道路、管道天然气、城市公园和水环境工程等公共设施建设，完善了城市功能配套，提升了城市辐射带动作用。

1. 合理构筑交通路网

宁国市实施"外抓大联网、内抓大配套"的大交通发展战略，积极构建外联内畅、快捷高效的现代立体交通体系。

（1）外抓大联网，推进以高速、直升机场等为重点的重大基础设施建设。2009年底宁宣杭高速宣城至宁国段开工，2013年8月通车。2010年扬绩高速宁国至绩溪段开工，预计2013年底前通车。2011年，宁宣杭高速宁国至千秋关段开工，预计2014年底通车。此外，扬绩高速宁国至广德段的项目已被列入省

"十二五"高速公路规划，前期工作已经启动，申嘉湖西延顺接宁千高速已被列入省高速公路规划中路网加密项目，皖浙两省省界接点协议已经签订。直升机场建设项目已启动建设。随着宁宣杭、扬绩高速公路三年内全线贯通，构架纵贯南北，连接苏浙沪的交通大通道和现代化的运输网络即将形成。

（2）内抓大接通，全力优化市内公路网络。建设汪港公路。汪港公路即宁国城市北外环路主干段，起止连接副中心城港口镇和宁国市北大门汪溪街道，全线总长 28 公里、跨 5 个乡镇街道。汪港公路连接正在建设的宣宁高速，宁绩、宁千三条高速，全线贯通后，将实现"宁国主城区—汪溪—港口园区—经济开发区—主城区"北部外围交通大循环，城市外围将跨越拓展 20 公里。建设城区"八路一桥"工程。2010 年，宁国市投入 1.5 亿元进行"八路一桥"建设，该项目建设道路总长度达到 5533 米。使全市现有道路总长度达到 1327 公里，道路建设面积达到 281.7 万平方米，人均拥有道路面积达到 16.8 平方米。深入推进"村村通"延伸工程，实现全市城乡路网的全覆盖和无缝对接，目前建设村村通及延伸道路 870 公里，103 个行政村全部涉及。通村客运班车线路达到 130 条，通达农村所有中心村庄。目前，正在全面实施农村组组通、户户通道路建设。

2. 逐步完善公用服务设施

加快管道天然气、城市公园和水环境工程等公共设施建设，统筹推进供排水、电力、通信等设施建设，提升城市公共服务水平。

（1）供水工程。随着经济的快速增长和城镇化率的提高，城市生产和生活对水的需求快速增大，宁国市投入 1.2 亿元建设源水工程项目，从港口湾水库副坝引水到城区三水厂和二水厂以及港口自来水厂，管道总长为 43 公里。供水总量达到 30 万吨/日，同时投入 4300 万元改扩建三水厂，将三水厂供水能力由 5 万吨/日提高到 10 万吨/日。目前，宁国市市区共有自来水厂 5 个，综合供水能力 8 万吨/日，供水管道总长 174.6 公里，供水总量为 1255 万立方米。

（2）排水工程。宁国市 2008 年开始实施污水分流，排水管网总长度为 168 公里，其中污水管网长度 56 公里，雨污合流管网长度 112 公里。2008 年 6 月，宁国市投资 1 亿元建设一座日处理污水 5 万吨的污水处理厂。2009 年 12 月，污水处理厂开始从管网提取污水进行生物调试，并于当月底完成污泥的培养驯化后开始运行。设计 COD 削减能力 0.2 万吨/年，污水处理量达到 960 万立方米，有效地改善了水环境。

（3）照明工程。一是将路灯预算纳入道路工程预算中，与道路同步进行建设。凡是道路建成投入使用的，路灯也同时投入使用。二是加大背街小巷路灯安装，着力解决市民出行难的问题。三是购买了新式高空作业车，方便了维修。四是从 2006 年开始路灯维护管理走向市场化，采取招标形式，择优选择专业队伍进行管理，提高了亮灯率。五是根据宁国城区实际，实施路灯节能、监控防盗一体化系统。该系统采用全数字化智能控制，具备先进的"三遥"远程控制功能，可实现路灯远程监控管理和节电设备运行管理以及电缆盗割自动报警处理。

（4）公交工程。2011 年 11 月，市政府颁布《宁国市城市公交运营体制改革实施方案》，对全市所有城市公交运营车辆进行改革。2012 年 3 月，国有控股的宁国市国泰公共交通运营有限责任公司正式成立，注册资金 1 亿元，市国投公司注资 5500 万元，原公交公司注资 4500 万元。依照《公司法》，国泰公交公司设立了董事会，分管副市长为董事长。新公司成立后，立即组织实施了内部机构设置、管理人员和驾驶员的招聘及培训等多项工作。为加强改革期间运力应急准备，新公司采购了 100 辆新公交车。新车全部为智能化空调车，其车辆等级属全省县级城市最高水平。目前，宁国市每万人拥有公交车数约 10 辆。初步形成了优质安全、畅通有序并与全市经济社会发展相适应的城市公共交通体系和运营机制，为广大居民提供了便捷安全的出行条件。

3. 积极推进园林绿化

宁国在城市建设中，始终把城市生态环境、园林绿化建设作为城市建设的一项重要内容，大力实施生态立市战略。

一是充分利用现有的自然山水，因地制宜兴建公共绿地，完善和新建了滨河公园、宁阳公园、凤形人口、火车站广场、老虎山森林公园等。目前有市级公园 4 个，开放式园林广场 4 个，生态度假区 2 个，街头小游园数十处。二是城市道路绿化普及率达 100%。在行道树的树种设计上，以乡土树种为主，做到品种多样化，注重景观建设与道路性质相结合，做到步移景易，造景与人的视觉感观相适应，增加美感。三是为确保人居环境，规划上严把绿化用地指标，新建小区的绿化率必须达 35% 以上，旧城改造小区必须达 25%。目前，全市居住小区绿化总面积达 44.7 公顷。四是在城区省道两侧及沿东津河、西津河两岸营造防护林带，在城市的防风、防尘、改善大气质量、减少城市热岛效应等方面起着非常好的作用。目前，宁国市城市绿化总面积达 517.7 公顷，绿化覆盖率达到 41.4%，绿化率 37.3%，公共绿地面积 86.8 公顷，人均公共绿地面积 8.31 平方米，基本形成了以公园绿化为龙头，滨河、道路绿化为基础，小区绿化为补充的绿化体系，形成"城在山中，水绕城转，山水兼容"的园林绿化格局。

（三）高效能推进城市管理

加强城市管理，既是发挥城市整体功能，促进经济、社会协调有序发展和两个文明建设的重要保障，也是提升城市品位、保障人民群众享受更健康的自然生态、更福利的公共服务的需要。

1. 开展公民道德教育，注重提升市民素质

利用广播、电视、报纸、网络、宣传手册等手段，大力宣传社会主义核心价值观，用适当的舆论宣传规范、制约不文明的行为，用生活中正面的例子引导文明行为。充分利用现有各类资源，开展现代市民教育，开展以"讲文明、优化服务环境；讲卫生、美化生活环境；讲秩序、净化社会环境"为主题的实践活动和各类文明标兵评比活动；深入开展科技、文化（法律）、卫生"三下乡"活动，启动"星级村""十星文明户""文明新风户"的争创工作，积极倡导健康文明的农村新风尚。以市民学校、道德讲堂为主阵地，组织开展道德实践进社区、学校、机关、企业、基层"五进"活动，注重抓好师德、医德、公仆道德、乡规民约建设。加强社区文化指导员、体育运动指导员、文明交通监督员等专职兼职队伍建设，做到活动组织化、队伍专业化、运转经常化。通过道德体系建设，不断提高广大人民群众的公德意识和社会文明程度。

2. 开展文明创建活动，注重丰富管理内涵

宁国坚持以文明小区、文明社区创建为重点，全面推进文明行业、文明机关、文明单位、文明家庭、文明乡镇等创建活动。文明小区、文明社区创建以优化社区服务、发展社区文化、加强社区管理为重点，以"联点共建"为抓手，达到实现"六联"目标，即：思想工作联做，培育文明市民；公益事业联办，完善服务设施；绿化美化联抓，建设优美环境；文化活动联欢，陶冶道德情操；科普知识联教，提高居民素质；社会治安联防，创造优良秩序。同时，全面推进文明行业、文明机关、文明单位、文明家庭、文明乡镇等创建活动。以"文明示范窗口""两型文明家庭""百城万点无假货"示范街创建为切入点，强化职业道德教育，强化效能建设，不断扩大文明创建覆盖面，丰富城市管理内涵。

3. 开展各项整治，注重改善城市形象

宁国市通过开展各项整治工作，使城市形象不断得到改善。一是整治交通秩序。规范交通信号灯、标示标志线，曝光"中国式过马路"行为、治理车辆乱放，严查违章行驶、出租车拒载、争抢客源等行为，逐步完善城区停车场，解决好"停车难"的问题，同时加强交通法规的宣传，不断提高全社会文明交通安全意识。二是整治城乡环境秩序。围绕农贸市场、马路市场、广告设置、摊群排挡、流动叫卖、沿街晾晒等问题进行整治，以主要街道、繁华地段、车站广场等人流密集区、城乡结合部为重点，边整治边巩固，逐步向居民小区背街后巷延伸。以净化未成年人社会文化环境为重点，从图书音像制品、网吧游戏厅等影响未成年人身心健康的场所整治入手，加强校园周边未成年人健康成长社会环境整治。三是整治城乡环境卫生。城区实施了生活垃圾社会化作业，结合各类专项和集中整治，市容市貌始终保持在较高水平，为城市发展和居民生活营造了良好的环境。宁国把农村环境卫生治理作为一项突出的政治任务来抓。全面推进村庄整治工程、新农村生态示范带建设等重点工作，在安徽省率先探索建立农村垃圾处理长效机制，按照"统一规划、分类指导、分级负责、分步实施"的原则，主要采取"户集、村收、乡运、市处理"的垃圾处理方式，做到农村垃圾处理全覆盖，着力创造清洁、整齐、美丽的农村生活新家园。四是整治违章建筑。2013年3月，宁国市成立城市建设指挥部，设立五个指挥分部，全面加大查违控违管控力度，部门联动，突出重点区域，对违法建设实施"零容忍"，真正做到拆违还路、拆违还绿、拆违还景、拆违换建，为城市建设扫清障碍，营造了良好的发展环境。

案例四：

聚焦凤形文化商务区　挖掘未来无限潜力

凤形文化商务区是宁国市主城商务核心区实施提升工程的重要区域，是宁国未来的文化中心、商务中心、生态景观中心以及生态居住为主的山水文化商务新区，是宁国市现代城市功能的集聚区。其范围东起西津河岸，西至仙霞北路，南到青龙西路，北至皖赣铁路，建成后将形成"一轴、一心、两带、两居住社区"的城市空间布局结构，将被打造成一个集文化、商务、办公、居住的精品城市区块，成为宁国的财富中心、精神符号和城市客厅。

在主城区改造提升和新型城市化推进过程中，凤形文化商务区的开发建设是一部重头戏。2011年11月22日上午，凤形新区路网建设工程启动仪式标志着凤形新区建设全面拉开序幕，宁国城市建设开始了新一轮的发展。

65亿元打造宁国文化商务核心区

2011年10月14日，宁国市人民政府与香港富华国际集团签订了建设凤形新区城市综合体建设项目。项目总投资65亿元人民币，建设期限为五年，建设总面积3669亩，建筑总面积150.68万平方米。

凤形新区将建设形成一个滨河中心广场，一个中央公园，两个商务综合区、一个文化娱乐区和两个居住社区，最后形成"一轴、一心、两带、两居住社区"的城市空间布局结构。"一轴"是中央绿廊；"一心"是滨河中心广场，位于中央绿廊与西津河交汇处；"两带"是环西津河形成商务、文化娱乐景观带，为居住服务配套的商业景观带。"两居住社区"是以中央绿廊划分南北两大生态居住社区。

凤形新区建设包括大剧院、博展馆、图书馆、幼儿园、牛头山公园、滨河公园、竹林生态游息岛、休闲广场等公共文化建筑群。建成后将作为提高市民科学文化艺术修养、丰富文化休闲生活的主要基地，是集文化艺术、科普展示、教育培训、健身养生、服务咨询及商业等功能于一体的面向所有人群的文化娱乐目的地，是具有 24 小时全天候活力和人气的文化集聚区。

生态文明城市的地标：宜居宜业的现代化新城

以国际化都市风范引领时尚前沿，有本地产业窗口与长三角国际化都市对接的平台，以及花园中的沿江高级住所，凤形文化商务区是宜居宜业的现代化新城典范。

凤形新区以中央绿廊划分为南北两大居住社区，主要布置 18～24 层高层住宅，沿绿廊南北两侧布置底层为商业的多层住宅，项目建成后，居住区人口达 2.5 万人。南北两大居住社区内设置幼儿园各一所，北部居住社区设置九年一贯制学校一所。

凤形文化商务区是生态文明城市的文化地标，将承载起文化展示、商务办公、综合商业、生态居住、酒店会所、休闲游憩等功能，在中央广场南侧依次设置五星级大酒店、生态会所、大型购物中心、特色商品市场等商务设施，将建设成为具有时代特性、宁国风格、自然山水亲近、生态文明共享的新型城市空间，最终成为新世纪宁国城市的象征和标志。

建设凤形文化商务区，将提高宁国的城市品位，改善城市的生态环境，完善城市的基础功能，提高城市的综合竞争力，实现城市的可持续发展。不久的将来，人们将看到，一座以开阔的西津河、秀美的牛头山为背景，体现人与自然和谐共处的生态理念，充分延续历史文脉的现代、大气的宁国城市新中心将崛起在凤形新区。

G.6
以统筹城乡为主线
着力推进农村城镇化
—— 郫县坚持城乡一体推进新型城镇化纪实

四川郫县

郫县位于川西平原腹心，地处成都市西北近郊，是享誉全国的豆瓣之乡、蜀绣之乡，是古蜀文明和中国农家乐的发源地、全国首批文明县城、国际都市农业示范区、全国休闲农业与乡村旅游示范县，素有"银郫县"和"成都生态优活区"之美誉。全县辖区面积437.5平方公里，辖14个镇，139个行政村、56个社区，户籍总人口51.9万，常住人口76.2万。

近年来，郫县紧扣科学发展主题、转变发展方式主线和"四化同步"科学发展路径，深入贯彻省委"三大发展战略"和市委"五大兴市战略"，坚持生态立县、科学发展，突出"生态优先、品质至上、民生为本、四化同步"的发展思路，大力实施生态环境、产业发展、城乡建设、民生保障"四大提升工程"，全县经济社会实现又好又快发展。2012年，全县实现地区生产总值325.6亿元，同比（下同）增长13.2%，其中，第一产业增加值18.9亿元，增长3.7%，第二产业增加值196.6亿元，增长14.0%，其中规模以上工业增加值169.4亿元，增长14.6%，第三产业增加值110.1亿元，增长13.6%，三次产业结构为5.8：60.4：33.8；完成固定资产投资283.5亿元，增长13.0%；地方公共财政预算收入30.4亿元，增长32.2%；社会消费品零售总额68.3亿元，增长12.1%；城镇居民人均可支配收入24847元，增长15.5%，农民人均纯收入12595元，增长13.4%。进入全国县域经济基本竞争力百强县（市）、全国科学发展百强城市。

根据我国现行的统计制度与方法，按人口的地理空间分布，2012年郫县城镇化率已达60.75%。郫县追求和推进的城镇化，不是简单的实施"人口扎堆"，也不是单纯的劳动力产业转移，而是在提升数量的同时，重在追求城镇化的质量与效益，即：追求全域公民在生活富裕基础上，在实现"四化同步""四态合一（高端的业态、优美的生态、现代化的形态、特色的文态）"的发展进程中，都能充分、平等、均衡地分享"五位一体"发展成果。郫县的新型城镇化，核心是"以人为本"，路径是"城乡一体"，方法是"城乡统筹"，绝不以牺牲农业、农村、农民利益及生态和环境为代价，而是根据自身资源禀赋条件，着眼农民，涵盖农村，相对集中、集约、集群发展要素，通过城乡基础设施一体化和公共服务均等化，着力促进农村经济社会发展，实现全域公民文明成果"共创共享"的新型城镇化，努力建设更加生态、更具品质、更为富庶的美丽郫县。全县城乡居民收入差距由 2006 年的 2.26∶1 缩小到 1.97∶1；统筹城乡发展总体实现程度达 84.5%，进入整体协调阶段。

一　完善体制机制，激发农业农村发展的动力和活力

近年，郫县深入贯彻落实"实施统筹城乡、推进城乡发展一体化"的部署要求，围绕破除城乡二元体制、破解"三农"难题，坚持以"经济市场化、社会公平化、管理民主化、产业高端化、农村现代化"为取向，有序有力有效推进以城乡之间要素平等交换、人口自由迁徙和公共资源均衡配置等为重点的统筹城乡综合配套改革，探索实践城乡一体化和全面现代化的发展路径，初步形成城乡同发展共繁荣的良好局面。

（一）以建立现代产权制度为基础推进农村市场化改革

突出"还权赋能""农民自主"，通过深入开展农村产权制度改革，建立起归属清晰、权能完整、流转顺畅、保护严格的现代产权制度，赋予并依法保障农民的完整财产权、自由流转权和自主交易权。

一是开展农村产权确权颁证工作。按照"确实权、颁铁证"的要求，于2011 年 6 月全面完成农村产权的确权登记和颁证工作，全县农村集体土地和房屋以及集体资产股权的确权颁证率达 99.7%，累计颁发各类产权证和股权证37.5 万本，全县符合条件的村组中已有 99.6% 的村组建立起长久不变的产权关系，明晰了农村各类产权权属。建立完善常态化的农村产权维权保护机制，成立了郫县农村产权维权法律援助中心，建立了县、镇、村三级农村产权纠纷调处机制，及时妥善化解各类产权矛盾纠纷。

二是实施城乡要素自由流动改革。完善城乡要素自由流动的支撑体系，组建了集农村产权流转交易服务、抵押融资服务、维权保护服务、涉农项目政务服务等功能于一体的"郫县农村产权流转综合服务中心"，搭建起市、县、镇联网运行的农村产权流转服务体系。完善城乡要素自由流动的制度体系，制定完善了农村产权流转交易、变更登记、抵押融资等配套办法和实施细则，探索建立起农村

产权价值的市场发现机制，推动农村产权规范流转交易。截至目前，全县已实现农村各类产权流转交易6670宗，成交金额达9.6亿元。深化农村金融体制改革，推动农村金融产品创新和服务，扩大农村有效担保物范围。截至目前，全县农村产权抵押贷款余额达16.8亿元，其中各类农村产权直接抵押贷款余额达5.7亿元。

三是吸引社会资源投向农业农村。发挥规划引导、政策激励和服务推动的作用，探索农村生产要素与社会资源有效对接的路径和办法，增强社会资金投向农业农村的吸引力。完善农村集体土地使用权能，制定了集体建设用地开发利用的配套政策和操作办法，规范有序推进集体建设用地节约集约高效开发利用，既显化了集体土地资产价值，又促进了集体经济发展和农民持续增收。唐昌镇战旗村利用土地整理预留给集体经济组织的23.8亩集体建设用地，以每亩50万元"作价入股、保底分红"的方式，与四川大行宏业集团合作，投资2.5亿元建成国家3A级旅游景区——战旗·第5季妈妈农庄，吸纳300多名村民就近就业，初步形成了以旅助农、以旅富民和产村相融的综合示范效应。目前，全县已引进68家企业协议投资245亿元，累计完成投资75亿元，参与农村土地综合整治、场镇改造、发展现代农业和一三互动产业项目建设。

（二）以土地综合整治为抓手扎实推进新农村建设

围绕建设幸福美丽新村，建立完善"政府引导、农民主体、市场运作"的土地综合整治机制，鼓励农民利用自身资源通过民主化和市场化方式实施土地整理和新村建设，促进农民就地就近城镇化。

一是通过实施土地综合整治，拓展城乡建设和产业发展的空间载体。全县已实施12个城乡建设用地增减挂钩项目，可节约4335亩建设用地挂钩指标；已实施23个农民集中建房整理项目，可节约5352亩集体建设用地，就地用于发展产业实体项目。全县已建成入住46个共220万平方米的新型农村社区和农民聚居点，改善了5.2万农民的生产生活条件。

二是通过组建资产管理公司，自主实施土地整理和新村建设。坚持市场化原则和民主化方式，引导农民运用农村产权制度改革成果，以集体建设用地入股或委托经营的方式组建集体资产管理公司，自主实施土地整理和新村建设。截至目前，全县已规范组建50家村集体资产管理公司，采取农民自筹、产权融资与社会资金合作等方式筹集资金36.1亿元，有效解决了土地整理和新村建设的资金瓶颈。古城镇指路村创新采取自我筹资、自我整理、自我建设、自我开发、自我收益的"五自"模式，自主实施土地整理和新村建设，已建成一期1.35万平方米的农民新居，得到周其仁、牛文元等专家学者的高度评价。在新一轮新农村建设中，按照"因地制宜、宜聚则聚、宜散则散"的原则，突出"体现田园风貌、体现新村风格、体现现代生活和方便农民生产"的核心理念，启动了安德镇安龙村、三道堰镇青杠树村和花园镇筒春村3个"小规模、组团式、生态化"的新农村综合体示范建设，目前已建成入住27个组团共30万平方米的新型社区，初步形成"四态合一""产村相融"的综合示范效应，探索出一套新农村综合体建设的市场化运作机制、民主化操作办法和规范化建设标准。

（三）以社会公平化为导向构建共创共享机制

强化公共财政的投入保障和农民主体作用的发挥，深入推进城乡公共服务体制改革、城乡社会保障制度改革和城乡社会管理体制改革，建立起城乡群众共创共享改革发展成果的体制机制。坚持"社会公平化"的思路，建立起新村建设配套基础设施和公共服务设施建设投入机制，按照"1＋21""1＋23"的涉农社区、村（农民集中居住区）公共服务和社会管理设施配置建设标准，同步规划建设配套完善的基础设施和公共服务设施。目前，已入住新型社区的农民享受到与城市居民同样的居住条件和基本公共服务，有效地促进了居住方式与生产生活方式的同步转变。

一是推进城乡公共服务均衡发展。建立健全城乡统筹的政策支撑、城乡平等的制度安排，促进城乡公共设施配置均衡化、城乡公共服务均等化和城乡居民生活均质化。健全完善城乡公共服务设施标准化配置建设，实施了25所农村中小学、14个镇公立卫生院和165个村卫生站标准化建设，推动城乡教师、医务人员互动交流，促进优质教育、卫生资源向农村倾斜；实施了广播电视"村村通"工程、信息网络"校校通"工程和乡镇文化活动中心建设，构建了覆盖城乡的文化设施网络；全县村级公共服务和社会管理基本达到"四有"标准。采取农民自筹、向银行贷款和与社会资金合作等方式筹资26.1亿元，新建成入住80万平方米的新型农村社区，在建农民新居达120万平方米。唐昌镇战旗村等7个村基本达到新农村综合体建设标准。沙西省级新农村示范片建设通过省上验收，被评为"省级新农村示范片建设优秀单位"。全县建成3G通信基站600余个，200余个WiFi热点建成并投运，实现全县城市区域内通信覆盖率100%，农村覆盖率99%。2013年计划建设移动4G基站100个，无线传输速率将大大提升，为各种智慧应用提供无线传输保障。通过全光网络示范镇打造，家庭宽带光纤入户FTTH覆盖22万余户，实现了全县光纤网络村村通。

二是加强城乡一体的社会保障体系建设。实施"城乡充分就业、全民社会保障、和谐劳动关系"三大工程，深入开展面向农民的技能培训、就业援助，全县建成入住的新型农村社区农民就业率达到98.5%，持续保持了城乡比较充分的就业目标。大力实施全民社保工程，推进城乡居民养老保险、城乡低保并轨，基本实现社会保险制度城乡全覆盖，城乡居民养老保险参保率达90%、城乡居民基本医疗保险参保率达99.8%。稳步推进城乡统一的户籍制度改革，消除附着在户籍上的城乡居民就业、社保等9个主要方面权利、待遇的不平等，推进户籍、居住一元化管理，充分保障城乡居民平等享受各项基本公共服务和参与社会管理的权利。

三是推进城乡社会建设和管理创新。坚持"以人为本、共创共享"的核心理念，强化群众主体地位，建立起"村（社区）党组织领导、村民（代表）会议或村民议事会决策、村民委员会执行、村务监督委员会监督、其他经济社会组织广泛参与"的农村新型基层治理机制，构建起"民事民议、民权民定"的常态化管理机制，探索出"10名以上村民联名提案制""农民论坛""联村议事"等基层民主创新实现形式，拓宽农民群众参与管理和监督的渠道，保障农民群众的民主权利和财产权益，促进了社会和谐稳定。

（四）以信息化为引领，启动实施智慧城市建设

2013年1月，郫县被纳入全国第一批90个"智慧城市"建设试点名单，郫县以此为契机，在农村城镇化进程中积极推进智慧城镇、智慧农村建设。编制完成了《郫县创建国家智慧城市创建任务书》。坚持"注重数据融合、强化平台建设、突出顶层设计、重视市场导向，凸显以人为本"五大创建原则，实施"1+3+N"郫县智慧工程建设（即建立1个公共信息平台、3大智慧城市建设工程项目体系、N种智慧示范应用），建立统一的郫县智慧城市建设应用体系和运营体系技术标准，通过3～5年的努力，使包括各乡镇、重点农村社区和行政村在内的县域智慧化发展、智慧化管理、智慧化生活水平显著提升，具备智慧型城市特点，基本建成"智慧城市"的综合体系。

"智慧郫县"建设计划分三个阶段实施，总投入约380亿元（含政府直接投入45亿元，银行贷款131亿元，撬动社会投资202亿元）。第一阶段是启动阶段（2013～2014年），主要完成智慧城市项目融资申报及智慧城市顶层设计与建设计划编制工作，重点启动一批公共信息平台建设，计划投入约1亿元（含政府直接投入0.1亿元，撬动社会投资0.9亿元）；第二阶段是全面建设阶段（2014～2016年），重点推进生态环境和文化传承工程项目、新型城镇化示范工程项目、产业发展转型项目等三类智慧城市建设项目，计划投入约250亿元（含政府直接

投入 30 亿元）；第三阶段是优化提升阶段（2016～2017 年），进一步深化"智慧郫县"各项目建设，进一步提升功能、强化共享，计划投入约 129 亿元（含政府直接投入 15 亿元）。

重点实施"生态环境和文化传承工程""新型城镇化示范工程""产业发展转型"三大类建设项目，共 60 个主要子项目。

一是生态环境和文化传承工程项目，总投资约 178 亿元。生态环境建设工程项目重点为生态环境的智慧环保建设、智慧水务建设和信息工程，率先建设以智慧水务为支撑的生态环境全覆盖监测，拟新建 34 个水质智能监测站，实现全县水质、大气、噪声、扬尘等环境安全一体化、全方位、无盲区的预警监管。文化传承建设重点为智慧文化与旅游建设项目，包括文化创意产业园、文化传承保护工程、智慧文化及旅游信息工程建设。

二是新型城镇化示范工程项目，总投资约 105 亿元。集中力量重点突破，建设一批新型城镇示范项目，包括新型城镇化县域建设、农业现代化工程和城乡统筹示范工程项目。以安德和德源为样板，建设智慧社区、智慧医疗、智慧安保等体系，并对其他城镇转型起到辐射带动作用。以食品安全追溯体系试点——郫县豆瓣产业质量信息化管理系统建设为推手，推动物联网信息技术在传统企业的研发设计、生产、管理和营销等各环节的信息化应用，建立绿色食品安全论证平台，融合智慧营销等手段，创新智慧农业应用，增强品牌竞争力。

三是产业发展转型项目，总投资约 98 亿元。包括高新、创意产业园项目、智慧产业软件园项目、物联网集成电子产业园项目和生物材料及医疗设备制造产业园项目建设。重点围绕建设"智慧工业园区"，建立成都现代工业港信息化办公平台，全面提升既有工业区信息化水平，培育和带动与智慧城市建设相关的新兴产业发展与聚集。紧密结合本地农业产业特点，开展智慧农业、绿色食品安全体系和精细化农业示范项目建设。在绿色食品安全体系建设中，以食用农产品种养殖环节以及食品生产管理环节、流通环节、市场销售环节为主要控制对象，从食品（含食用农产品）入市质量安全控制、质量安全追溯、消费诚信保障等方面建立食品（含食用农产品）质量安全管理体系。积极推进高新信息化技术在传统产业的渗透，大力推动"两化融合"，加快郫县物联网产业和电子商务发展，同时有效保障公众食品安全，建立郫县食品地理标志性品牌保护机制，提升品牌竞争力和附加值。

二 实施转型战略，大力提升农业现代化发展水平

坚持"生态化、高端化"的思路，推动传统农业向都市现代农业转型发展，

着力培育优势突出、三产联动的现代农业产业体系，促进农民就地就业和持续增收。郫县先后被授予"全国粮食生产先进县""全省农业产业化经营工作先进县""全省'三农'工作先进县"等荣誉称号；新农村示范片建设三年绩效考核中被评为全省优等，农村公共服务和社会管理体制改革的做法被誉为"郫县经验"向全国推广。

（一）创新机制，培育壮大农业生产经营主体

鼓励和支持承包土地向专业大户、家庭农场、农民合作社、产业化龙头企业流转，发展多种形式的适度规模经营，提高农业组织化程度和生产经营效率，有效增加农民财产性收入和工资性收入。截至目前，全县土地规模经营率达66.7%。全县形成重点农业产业化龙头企业94家，年内新发展年产值过5亿元的龙头企业1家、5000万元的2家，省市级重点龙头企业2家。实施"一社一大"项目，培育改造农民专业合作社和专业大户。全县农民专合组织达到120家，年内重点培育和改造20个实体化运作的农民专业合作社；种植大户和家庭农场共有290家，农业产业化经营带动农户面达84%，已有7.8万农民实现转移就业增收。加快培育一批农村生产经营人才，建立农业职业经理人人才库，年内新培育发展新型农民1300人、农业职业经理人200人。

（二）调优结构，大力促进农业产业化经营

一是优化农产品种植养殖结构。全县种植粮油27.5万亩、蔬菜（食用菌）25.8万亩（含复种）、花卉苗木8.9万亩，初步构建"一园＋两带＋六基地＋若干示范项目"的发展格局；按照10%～20%递减速度控制畜牧业规模的要求，生猪常年存栏13.9万头、家禽73.2万羽、奶牛2396头。依托成都市饮用水源保护区建设，建立了唐昌战旗、安德泉水等一批初具规模的有机（转换）基地；引进北京欧阁、上海多利等一批有机农业企业；引导唐元天绿、新民场云桥等蔬菜专业合作社开展有机农业生产；取得有机认证蔬菜品种48个，建成有机（转换）农业8000亩，全年生产有机农产品1.54万吨，产值1.8亿元，其中，唐元韭黄实现了四川省"葱韭类"蔬菜出口零的突破，基地出口备案认证已达470亩，出口创汇240万美元。把工厂化育苗作为种苗产业发展的主攻方向，引进建设仙农种球、春天花乐园等现代化蔬菜、花卉种球种苗组培繁育中心，蔬菜集中供苗面积达20%以上、花卉达5%以上；引进培育榕珍菌业、金田育苗等一批高档次、高质量、高效益的设施农业基地，推广喷灌、滴灌等节水微水技术，建成设施农业16000亩，蔬菜产业设施化率达12%、花卉产业达20%。

　　二是着力发展农产品精深加工业。以市场需求为导向，坚持整链打造的思路，通过一、二产业互动发展实现产业更成熟、链条更牢固、效益最大化。围绕"双百亿工程"，依托川菜产业化园区，抓好"桃花滩工业园区"转型升级，培育引进一批农产品精深加工企业，力争农产品精深加工率达到50%。加快沙西农产品交易中心等专业市场建设和德惠等物流企业发展，鼓励支持企业建设电子商务平台，拓宽生态农产品市场渠道，扩大市场占有率。把产业园区作为城乡功能区统筹布局，同步规划建设产业新城和城镇新区，依托产业聚集形成人口和要素聚集，促进产城一体融合发展。通过规划建设3.7平方公里、产值超100亿元的川菜产业化园区，运用工业用地出让和经营城镇土地的预期收益，引进四川世创公司与政府合作，采取共同建设、共同经营、共同发展的"三共同"模式实施产业园区建设，避免了功能区建设过程中政府过度负债的问题。目前，累计完成投资75亿元，建成投产企业达65家，2012年实现销售收入50.3亿元、入库税收1.3亿元，被列为"全国农产品加工业示范基地"。通过做强产业支撑、创造就业岗位，吸引1.3万农民到城镇居家置业，聚集了城镇的人气和商机，吸引了要素向功能区汇集。依托园区农产品加工企业，带动功能区周边农业地区建成8.5万亩的蔬菜配套种植基地和1.8万亩生态有机蔬菜基地，构建起"加工企业＋种植基地＋专合组织＋农户"有机衔接的产业链条和利益联结机制，初步形成以工促农、"三化"联动的发展格局。同时，大力实施农产品品牌战略，重点发展"三品一标"、公共品牌等"五类品牌"。打好"成都市饮用水源保护区"这张牌，打响郫县安全、放心的生态农产品品牌，提高生态农产品市场竞争力，力争优质农产品实现优价销售。年内新增"三品"认证70个，申报"云桥圆根萝卜"为国家地理标志保护产品，新增市级以上著名品牌5个，大力宣传"蜀园"农产品公共品牌，强化对"蜀园"公共品牌使用监管，实行准入退出机制。

　　三是推进农产品加工物流业和乡村旅游加快发展。川菜产业化园区已形成2.4平方公里项目承载能力，采取自建、联建等方式形成8万亩的配套种植基地，实现精深加工"倒逼"种植业发展的联动机制，初步形成了"以工促农"的发展格局。全县农产品加工产值达96亿元，农产品精深加工率达到48.5%。依托沙西农产品交易中心等专业市场建设和林惠等物流企业，拓宽农产品市场营销渠道。整合全县蔬菜合作社资源，组建了蜀上锦蔬菜联合社，拓展了社区支持农业模式，建立了集规模化、标准化、品牌化于一体的蔬菜基地产业化发展模式，初步形成了"以贸带农"的发展态势。

　　围绕国家级乡村旅游示范区建设，开发农业的多种功能，培育发展与自然禀赋、主导产业和文化资源相结合的景观农业、休闲农业、创意农业等多元产业业态，促进一三产业互动融合、乡村旅游提档升级。依托西部花乡、蜀国鹃都、第5季·妈妈农庄等11个现代农业观光旅游园区，初步形成休闲农业观光带。友爱农科村已通过国家4A级旅游景区创建验收，新民场镇云凌村"花乡壹号"乡村酒店已启动建设。战旗村建成国家3A级旅游景区。全县建成星级农家乐38家、三星级以上农家乐和乡村酒店30家；2012年，接待游客617万人次，实现旅游收入14.2亿元，形成了"以旅助农、以旅富民"的示范效应。

四是着力提升农业信息化、机械化水平。结合智慧郫县建设，加快制定郫县农业信息化发展规划，推动农业信息化建设，促进信息技术与生产技术相结合。修订完善生态都市农业发展支持政策，鼓励支持金田育苗中心、榕珍菌业、仙龙种球、春天花乐园等农业产业化龙头企业运用信息技术促进生产、经营、管理、服务，率先实现农业发展精细化。深化院县、校地合作，完善"六位一体"的农业信息化、社会化服务体系，推广"代耕代种"的生产服务新模式，率先实现粮油及部分蔬菜全程机械化，力争农业机械化综合水平达到80%。

（三）多措并举促进农民持续稳定增收

创新农民就业培训方式和内容，通过理论培训与实践操作、外出考察相结合的方式，增强农民就业创业能力，增加农民工资性收入。积极运用产改成果，大力推广"土地股份合作社""家庭适度规模经营""业主租赁经营""大园区＋小业主"等土地适度规模经营，出台促进现代农业追赶跨越发展和"两带"建设的支持政策，增加农民家庭经营性收入。认真落实强农惠农政策，仅2012年就发放各项惠农补贴共计2787.04万元，其中粮食直补316万元、农资综合补贴2202.32万元，小麦良种补贴22.56万元、油菜良种补贴71.58万元，水稻良种补贴167.98万元、玉米良种补贴5.98万元、种粮大户补贴0.62万元，增加农民转移性收入。规范土地承包经营权流转，加强农村集体建设用地开发利用和农村集体"三资"管理，增加农民财产性收入。

三　突出产城一体，稳步推进小城镇建设

把小城镇建设作为统筹城乡发展、推进农村城镇化的着力点和支撑点，通过打造功能完善、产城一体、生态宜居的小城镇，充分发挥小城镇对农村城镇化的核心引领和承载作用。郫县安德镇是成都市"产城一体化"发展的先进示范典型。近年来，安德镇深入实施省市县发展战略，加快推进特色产业发展、城镇基础设施建设、现代农业发展和农民新村建设，镇域经济社会发生了翻天覆地的变

化。2012 年，实现三次产业增加值 28.05 亿元，税收 1.59 亿元，城镇居民人均可支配收入 26782 元，农民人均纯收入 13600 元，城镇建成区面积达 5.2 平方公里。先后获得全国食品安全生产示范镇、省级先进基层党组织等市级以上殊荣50 余项。

（一）坚持产业立镇，大力发展特色产业

依托"郫县豆瓣"传统品牌优势，大力发展以川菜原辅料、川菜调味品和农副产品精深加工为核心的特色川菜产业。创新运用 T-BOD（共同建设、共同经营、共同发展）融资模式，将土地增值收益用于园区建设，初步形成 2.4 平方公里项目承载能力。引进聚集丹丹豆瓣、徽记豆匠、有友食品、四川天味等产业项目 82 个，建成投产企业 65 家，累计投资 75 亿元，2012 年实现销售收入 50.3亿元，税收 1.3 亿元。园区拥有"中国驰名商标"企业 4 家，"中华老字号"企业 1 家，"省级著名商标"企业 5 家，"国家级重点农业产业化龙头企业"4 家，先后被授予"中国川菜产业化食品加工基地""全国农产品加工业示范基地"等称号。建立"以工促农"发展机制，大力发展川菜产业配套种植基地。依托川菜产业园区辐射带动作用，采取园区企业领办、园区企业与专合组织及种植大户合作等方式，推动农村土地规模流转经营，大力发展现代特色农业。先后组建成立广福韭黄、泉水蔬菜等专业合作社 7 个，引进"北京欧阁""方园种业""饮水源农业"等现代农业项目 18 个，发展家庭农场 16 家，辐射带动配套种植基地8.5 万亩，初步建立起"园区企业+合作组织+种植基地+农户"有机衔接的利益联结机制。三是坚持"工贸并举"发展思路，打造特色优势服务业。按照"全链产业"理念，最大限度地延伸川菜产业链条，大力发展总部基地、物流会展、教育培训、生态基地、餐饮娱乐、文化旅游、精深加工等产业业态。建成300 亩人人乐物流配送中心和天府商贸城，年交易额达 12 亿元以上；建成 800 亩川菜美食体验街和浓缩川菜千年文化的川菜体验馆，成功举办"郫县豆瓣博览会"等节会活动。吸引"尚滋味"等 10 家品牌川菜餐饮企业入驻，聚集了人气商机。初步构建起以川菜产业为核心，以"生态农业—川菜原辅料加工—川菜文化传播及体验"三次产业联动发展的产业体系。

（二）坚持高端定准，加快建设特色小城市

坚持按照"小城市"和"县级副中心"的发展定位，加快推动城镇旧城改造和新城建设，努力实现工业化与城镇化的良性互动发展。

一是坚持规划先行，建立完善城乡规划体系。严格按照"十化"导则和

"四态融合"理念，修编完成镇级土地利用总体规划，编制完成安德镇产城一体发展规划、城市总体规划、基础设施专项规划和全域村庄规划，基本实现了城乡规划满覆盖，实现了"多规合一"和"一张图纸管建设"的目标。

二是配套完善基础设施，提升完善城镇功能。建成德兴苑、泉水苑等安置房21万平方米，建成杜鹃城、上河居等商品房项目8个共42万平方米，建成城市骨架道路56公里，城市绿化面积达2000亩，完成安德自来水厂、安德污水处理厂、110变电站和公交站。吸引3.1万人向城镇聚集，综合城镇化率达65%。

三是强化市政管理，不断提升小城镇品位。改造提升安德学校、两路口学校、安德卫生院，新建标准化公立幼儿园、镇文化活动中心，建成260亩城市生态湿地公园，公共服务和社会管理能力不断提升。按照"智慧城市"要求，成立社会管理服务中心，将城镇建成区划分为9个网格单元，配备网格管理员，实行网格化和数字化管理；组建城管分局和交警中队，加强城市综合管理，规范车辆停放和城市环境打造，城市形象极大提升。

（三）坚持以镇带村，扎实推进产村融合发展

运用统筹城乡发展的思路和办法，承接川菜产业和小城市对农业农村的辐射带动作用，加快建设独具特色的现代新村。

一是实施全域土地整理，切实改善居住条件。落实"三体现一方便"要求，按照"因地制宜、宜聚则聚、宜散则散"原则，规划确定农村新型社区26个，共160万平方米，总投资约20亿元。按照"市场化＋民主化"的方式，通过组建村集体资产管理公司，引进社会资本参与、利用产权融资贷款、农民自主开发等方式，统筹推进新农村建设。完成安龙、泉水等8个村土地整理立项，建成安龙村统筹城乡示范项目，建成农民新型社区10个，共13.8万平方米，建成统筹城乡展览馆、安龙村史展览馆、川西民俗展览馆，完成2.8公里绿道建设，打造形成了体现"小规模、组团式、生态化"川西风貌新村的示范。建成泉水等2个村农民新居7.7万平方米，新启动广福村新型社区建设。

二是发展特色产业，促进农民增收致富。规划"明道泉水""韭味香田""春华秋实"等产业组团，形成新村特色产业，拓宽了农民增收渠道。"明道泉水"组团主要发展现代都市农业和有机蔬菜种植，已建成善联科技、欧阁有机农庄等现代农业项目5个；"韭味香田"组团主要发展韭菜（黄）连片种植，成功引进贵州奇奇韭菜（黄）精深加工企业入驻；"春华秋实"组团发展现代乡村旅游，启动了"龙溪温泉酒店""安龙书院""成都院子"等旅游休闲项目4个。

三是加强基础配套，促进城乡公共服务均衡发展。严格按"1＋23"标准，

配套完善村级公共服务和社会管理配置，新村公共服务水平大幅提升。累计建成新团路、新合路等镇村道路 89 公里，开通公交线路 5 条，实现了村村通公交目标。完成 2 个村给排水、天然气、通信电缆工程建设，新建微动力污水处理设施 5 座。全面完成村卫生站、文化站、村幼儿园等公共服务配置，极大地方便了农村居民就近就医就学。深入开展城乡环境综合治理，实施"农垃"工程，初步建立完善了"户集、村收、镇运、县处理"农村垃圾处理模式，城乡环境明显改善。

"十二五"期间，安德镇以行政管理体制改革试点为契机，提出了率先建成"四化同步"生态田园小城市的目标，掀起了新一轮建设发展的热潮。下一步工作思路、目标和打算如下。

1. 明确发展思路和总体目标

树立"生态立镇、产业支撑、四化同步"新理念，落实"领先发展、跨越发展、统筹发展"新要求，瞄准"一年一变、三年大变、综合示范"新目标，推动安德"产业大发展、城市大建设、农村大变化、全域大景区、服务大提升"。到 2015 年底，基本建成"四化同步"生态田园小城市，力争成为全国"四化同步"的示范。全镇实现郫县豆瓣和川菜园区"双百亿"目标，建成引领全省川菜产业发展的核心区，形成 3 平方公里项目承载能力，实现税收 3 亿元以上。城镇建成区面积达 5.8 平方公里，聚集人口 5 万人以上，辐射带动周边镇的能力进一步增强。建成农村新型社区 100 万平方米，基本完成全域土地综合整治和美丽新村建设。集成打造"水清、田美、树绿、花香"的天然大景区，建设成为郫县西部最亮丽的风景线。实施"收入倍增"计划，到 2015 年全镇税收突破 3.6 亿元，农民人均纯收入突破 2 万元，城乡居民收入差距缩小到 1.8∶1 以内。

2. 实现五项重点突破

一是在加快川菜产业发展上求突破。整合豆瓣产业。按照"强头、扶中、去小"的发展思路，提高豆瓣行业准入条件，调控资源配置，鼓励采取收购、兼并、合资、战略联盟等方式，加速郫县豆瓣行业整合，力争到 2015 年将郫县豆瓣企业整合到 15 家以内。扶持豆瓣企业开展新产品研发、品牌营销和自动化改造，力争培育 1 家豆瓣企业上市。拓展发展空间。加快拓展区 1.68 平方公里基础设施建设，新建道路配套 11.93 公里，完成第二污水处理厂及配套管网建设，提升园区承载能力。加快推进川菜产业园区建设，引进企业 20 家，预计投资 6 亿元，到 2015 年产值达 5 亿元。创新农村集体建设用地使用办法，以川菜公司为平台，采取收储、入股等方式，集中零散的集体建设用地指标，引导企业采取"1＋1"模式，推进农产品初加工、物流等产业延伸项目就近布局在园区周边约1000亩的农村集体建设用地上，推动川菜上游产业和非生产性配套，节约集约利用产业用地。投资建设川菜产业创新孵化中心，招引研发、贸易、结算及小微企业30家以上，形成川菜产业总部基地。建设"智慧园区"。积极与省中小企业服务中心对接，采取服务外包方式，引入第三方机构，重点做好"信息化建设、公共品牌打造、社会化服务和招商引资"等工作，探索园区管理营运新模式，努力将川菜园区打造成为"智慧园区"和"食品放心园区"。招强扶优企业。集中资源配置和政策倾斜，对开展技术研究、自动化改造和品牌打造的企业进行让利扶持，培育5亿元以上的大企业大集团5家以上，培育上市企业2家以上。瞄准产业高端，采取"补链招商"和"以企引企"等方式，引进亿元以上项目10家，5亿元以上项目2家。打造全链产业。着力构建集"研发、生产、流通、加工、配送、销售、体验观光"为一体的产业链条，增强川菜产业对关联产业的带动作用。重点实施中国川菜食品城、川菜产业创新中心、辣椒博物馆等12个项目建设，力争将功能区建成永不落幕的川菜美食节主会场。推进科技和金融创新。依托"成都市杜鹃川菜调味品产业技术服务中心"平台，鼓励和支持企业开展新技术研发和推广运用，提高产品开发的服务能力和创新能力，提升川菜研发科技含量。推动实施生产设备自动化改造，创建中国驰名商标6个，申请专利350项。依托川菜公司平台，创新投融资机制，着力解决川菜产业发展资金问题，其中融资12亿元用于园区发展，帮助园区企业融资1亿元以上。

二是在加快实施推进小城市战略上求突破。提高规划设计标准。深化和完善城市建设总体规划、基础设施规划、商业网点布局规划等专项规划，建立与小城市定位相适应的城市规划体系。加大征地拆迁力度。在城市和工业园规划区域推行"预拆迁"方式，加快征地拆迁进度，已拆迁区域探索"货币化"和"非集中"安置方式，加快农民市民化进程。加快城市建设速度。预计总投入32亿元，推动"四星级酒店""格林金波""辰晖广场""中心下街"和"快铁商圈"等11个城市项目建设；新建安德消防站、客运中心，建成镇文化活动中心和体育馆，新建1所九年制义务学校，改造提升镇公立卫生院。提升城市精细化管理水平。按照"智慧城市"的要求，全面实行网格化管理，天网、电子眼等设备实现满覆盖，组建成立80～100人的应急管理队伍，提升城市管理水平。

三是在加快推进美丽新村建设上求突破。整镇和连片推进农村土地综合整治和新村建设。计划在2016年前基本完成农村土地综合整治，临近城镇和城镇周边的采取"大集中"方式融入城镇，其他地区按"小规模、组团式、生态化"

和"三体现一方便"的要求，统筹规划建设，打造独具特色的美丽新村，探索农民进城和就地城镇化的多种路径。全力推进"两大产业三大基地"建设。在泉水、安宁村以"龙头企业＋家庭农场"为主，推行 CSA 经营模式，打好水源保护牌，集中连片打造生态有机蔬菜基地，形成 4000 亩种植规模，并逐步发展体验农业；在广福、棋田、园田 3 个村成片打造 6000 亩韭菜（黄）种植基地，建成"贵州奇奇"精深加工项目，探索推进"四位一体"新农村模式；在新合路沿线 5 个村重点打造高端花卉苗木和小微盆景种植，集成打造一条"环境优美、四季花香"的景观长廊，为乡村旅游和健康养生产业发展创造条件。实施农民"收入倍增"计划。大力培育"家庭农场"和职业化农民，提高农业经营性收益；通过城镇和园区吸纳就业，增加农民劳务性收益；加快农村新型社区建设，开展产权和股权流转，鼓励农民持股进城，较大幅度增加农民财产性收益。推进集体经济组织成员身份界定。引导村（社区）修订完善《村民自治章程》，明确集体经济组织成员取得方式，切实将户籍的社会属性与集体经济组织成员的经济属性分离，为深化城乡户籍制度改革和城乡生产要素自由流动扫清障碍。大力培育新型农民。深入开展"新家园、新生活、新风尚"创建活动，积极开展职业农民培训，帮助农村居民实现"心理进城""技能进城"和"文明习惯进城"。

四是在加快推进生态环境建设上求突破。高标准规划设计。加强与北京东方园林公司合作，充分挖掘生态环境优势，高标准、高起点做好道路主干线、重要节点和门户区域的生态环境和景观节点打造。调整优化农业结构。按照"田园景观化"的要求，结合休闲农业、观光农业发展，成片打造特色主题农业基地，通过绿道串联互通，形成独具特色的乡村旅游新景点。实施生态环境提升工程。以河流、渠系等为载体，打造亲水平台、滨水空间和生态湿地，做到显水露水亮水，形成水文化景观；以林盘、田园等为载体，打造精品花卉、小微盆景为特色的景观带，推动 10 公里绿道、城市游步道和郫江遗址公园改造提升。推动一批"一三互动"旅游项目建设。利用土地整理节约出的集体建设用地和原有的坑塘水面，重点在走马河沿线打造 5～10 个比较高端的休闲会所和文化旅游项目。新建"韭菜博物馆""韭菜研究院"，打造韭菜文化主题景观；新建"辣椒博物馆""蔬菜新品种展示中心"，打造蔬菜种植体验主题景观；推动"龙溪温泉""成都院子""乡村客栈"等项目建设，尽快形成全域大景区的格局。

五是在加快推进公共服务提升上求突破。深化行政管理体制改革试点。重点围绕园区企业和民生服务，梳理第二批下放下沉的行政审批和服务事项，推进政府职能转变，组建成立镇综合执法大队，进一步强化环境保护、违法建设和安全管理。探索"拆组并社区"试点。探索实行城市社区网格化和农民集中居住区社区化管理模式，公共服务设施在土地整理实施过程中提前谋划、一步到位。实施光亮惠民工程。在农村主干道及新型社区连接道安装 LED 路灯，确保通行方便安全。实施安保惠民工程，新建社会管理指挥中心，建立呼叫系统，组建应急队伍，加密"天网"设施，引导新型社区安装监控探头，提升城乡居民安全感。实施交通畅达工程。启动国道 317 线安德段环境提升工程，建成安友路、永联路等道路 7.6 公里，全面提升村道环境和交通安全设施水平。

G.7
把握转型发展主线
建设区域中心城市
——迁安市加快转型发展推进新型城镇化的实践与探索

河北迁安市

迁安市位于京津唐承秦城市圈中心位置，总面积 1208 平方公里，总人口 72.7 万，辖 19 个镇乡、1 个城区办事处、534 个行政村、16 个居委会。1996 年 10 月经国务院批准撤县设市。近年来，迁安深入贯彻落实科学发展观，围绕加快"魅力钢城、绿色迁安"建设，以资源型城市转型工作为主线，深入实施"四五"转型攻坚计划，保持了科学发展的正确方向。2012 年，实现地区生产总值 912.9 亿元，增长 14.4%；完成全社会固定资产投资 379.5 亿元，增长 30.2%；实现全部财政收入 91 亿元，增长 16.4%，公共预算财政收入 39 亿元，增长 26.7%。县域经济综合实力连续 10 年位居河北首强，列中国中小城市综合实力百强榜单第 22 位。先后荣获国家卫生城市、国家园林城市、中国宜居城市、国家级生态示范区、世界健康城市、2012 中国经济转型示范城市、中国全面小康成长型百佳县（市）等称号，被列为国家第三批发展改革试点城市、国家可持续发展实验区、国家智慧城市试点单位。

一 高位规划，确立城市转型的目标路径

（一）推进思想解放，明确发展方向

迁安城市崛起的历史，实质就是一部思想解放的历史。迁安曾是河北有名的贫困县，综合实力一度排到全省 126 位。改革开放以来，迁安市不断推进思想解放，摒弃陈旧落后的增长方式，实事求是地选择城镇化路径，城市规模不断扩张，基础设施不断完善，公共服务功能日趋完备。

进入新世纪以来，迁安城镇化经历了三次思想解放的过程，目标任务日益明确，方法路径日渐清晰。2001 年 7 月，迁安市委二届九次全会提出建设"钢铁

迁安、中等城市"的宏伟目标，确立了山水园林城市的总体定位和"一河两区"的城市发展格局，城市化进程步入快车道。"钢铁迁安"就是大力推进工业化，"中等城市"就是积极推进城镇化，"钢铁迁安、中等城市"就是要努力推进工业化与城镇化互动互促，双轮驱动。通过十余年的探索实践，迁安的城镇化水平明显提升，城镇对产业和人口的集聚能力明显增强，一座宜居宜业的现代化滨河城市初步显现。

（二）强化导向作用，科学规划发展

城镇化建设是百年大计，必须从长远出发，超前规划，高起点规划。近年来，迁安市遵循"高水平的规划是财富，低水平的规划是包袱"的理念，坚持"宁可让规划等建设、不让建设等规划"的原则，舍得投入、领先一拍，高标准推进城市规划工作。

1. 健全规划体系

累计投入 5000 万元，聘请清华大学、北京大学、同济规划院、澳大利亚奥斯派克等名院大家，本着城乡空间布局、产业布局、土地利用总体规划"三规合一"、推进各项规划有效衔接的思路，编制完善了《右岸新城基础设施规划》等 87 项总体规划、控制性详细规划及专项规划、修建性详规，形成了相对完备的规划体系。高标准规划了滦河综合开发、现代化标志区、右岸新城、三里河滨水宜居休闲带，建设地段控规覆盖率达到 100%，60% 的区域达到了城市设计水平，为打造精品城市提供了方向性的指引。确立了"一个主城区、3 个城镇组团、38 个农村新型社区、48 个保留村"的四级城镇发展体系，出台了鼓励农民向城镇、农村社区居住等配套政策，对 534 个行政村有步骤地进行整合撤并。在河北省率先采用三维建模技术，建立了城乡统筹规划、主城区规划数字沙盘，用于辅助规划决策和管理。

2. 优化空间布局

邀请北京清华大学、上海同济大学等规划设计单位和知名专家为城镇化发展"把好脉、出良方、献良策"。汲取多家设计单位的智慧和先进经验，把全市 1208 平方公里面积作为一个整体，全域统筹规划为"三大主体功能区"：在西部建设以精品钢铁工业区为核心的重点发展区；在中部和南部建设以河东区都市文化生活区为核心的优化发展区；在北部和东部，以长城沿线和上庄、杨各庄一带为核心，建设限制工业开发的农业生态区。坚持"以不平衡发展破解发展不平衡"，对三个主体功能区实施分类推进，重点攻坚。在西部工业区，各种生产要素集中配置、工业集中发展，推进产城一体、镇园一体、全域城镇化；在中部生活服务区，打造"一河三区"主城区空间结构，限建、限采、限伐，提升城市承载、集聚和辐射带动能力，重点发展服务业和轻工业；在农业生态区，坚持生态优先，旅游兴镇，农业富民，实行禁建、禁采、禁伐，重点发展现代农业、规模农业、休闲农业和旅游业。按照主体功能区划分，实行不同的要素配置及不同的政策导向、绩效考核，推进三区互动，差异发展。

3. 明确发展定位

按照省委、省政府"到2030年迁安城市人口达到80万"的目标定位，以城市总体规划、城乡空间布局规划为基础，修订编制了《城乡总体规划（2011～2030)》，并获得省政府批准。计划到2030年，建成区面积达到89平方公里、城市人口达到80万人，把迁安建设成为河北省重要的先进制造业基地、京津冀都市圈宜居宜业的现代化生态滨河城市。近期，按照打造"3+6"城市发展模块，加大城市品位提升和推进产城互动的力度。

二　彰显特色，突出城市建设品位和生活品质

特色是城市的魅力所在。迁安市按照"精心、精美、精彩"的要求，坚持低密度、大尺度、高绿量、中强度开发，突出宜居宜业要求，打造具有山水园林特色的北方现代城市。

（一）打造三大板块

摒弃"同心圆""摊大饼"的传统发展模式，依托城市规划区两河环绕、三山拱卫的自然禀赋，规划建设现代化标志区、滦河文化产业园区、右岸新城三大板块。滦河生态休闲区。按照"开发滦河、沿河布局、跨河发展"的思路，依托滦河两侧三山呼应、山水交融、资源禀赋独特的优势，实施总投资130亿元、总面积49.6平方公里的滦河生态休闲区工程。在原有黄台湖4平方公里景区的基础之上，进一步扩湖、堆岛、植绿，形成23.6平方公里水域面积、17平方公里城市绿化面积、2平方公里旅游景观用地、7平方公里城市建设用地，打造万顷湖面碧波荡漾、生态绿岛星罗棋布、城市森林幽雅怡人、青山绿水交相辉映的生态休闲区。目前，14个自然村、8700余名群众搬离行洪区，挖湖、堆岛、筑坝、架桥等工程进展顺利，湖区实现正式蓄水，大湖美景呼之欲出。现代化标志区。按照"无处不精细、无处不精美、无处不精彩"的要求，倾力打造现代、时尚、动感、大气的现代化标志区。燕山大路南延、奥体中心、龙形、云形绿化带、市政广场音乐喷泉等重点工程投入使用，投资169亿元建设天洋城4代城市

综合体项目、王府大酒店、红星美凯龙、荣福宫大厦以及香巴拉家园、隆鑫传世家等一批节点工程，打造全省城镇建设三年上水平的示范引领区。右岸新城。按照总部经济、产业研发、养生养老为一体的绿色城市和城市转型、产业升级智力核心的定位，全力推进佛山公园、第四高中、中医院迁建、协和源颐养中心、第三通道、世纪大道及基础设施建设，建成依山面水、山水交融、宜居宜业的滨河典范。

（二）挖掘文化积淀

以建设文化大市为契机，将迁安历史文化元素和纸文化、酒文化、钢文化等产业文化融入城市建设，增强公共建筑的文化性、地域性和时代性。先后投资8.1亿元，实施了三里河生态走廊、博物馆、文化大厦、文图两馆等工程。其中，三里河生态走廊以"折起的记忆"为主题，将折纸艺术贯穿于整个河道景观设计，成为体现迁安文化底蕴的标志性景观，2010年荣获"全国人居环境范例奖"和"世界景观奖"。依托黄帝古都、中华62大姓发源地和北魏时期摩崖石刻等文化历史资源，先后实施了轩辕阁、龙山公园、佛山公园等项目，进一步弘扬迁安文化。"中国轩辕黄帝姓氏始祖文化之乡""中国轩辕黄帝姓氏始祖文化研究基地"顺利通过评审。中国电子商会动漫创意体验园、愤怒的小鸟主题公园等项目顺利签约，文化产业经济蓬勃兴起。

（三）创建智慧城市

把创新作为转型发展的内生动力。以信息化改造提升工业化，推进传统产业优化升级，建设企业研发中心19家、院士工作站3个。围绕打造北方钢铁产品集散中心，引进浙江物产集团投资30亿元的北方物流总部基地、电子商务平台项目。文化信息产业加速兴起，引进了投资40亿元的迪信通集团千亩信息产业园、投资100亿元的中国动漫集团龙山动漫文化产业园等项目。围绕建设北方人才培养基地，河北联合大学迁安学院在校生规模达到3000人；国家级重点职业中学—职教中心迁建项目投入使用；投资10亿元的微软IT学院项目已经落户，云计算综合教学实训平台正在加快建设。此外，徐工迁安矿山机械研究分院、广典渤海云计算科技园、中英政府低碳科技园等项目正在抓紧前期工作，全市数字化平台建设和信息产业发展初具规模。目前，迁安市正积极整合各类信息管理资源，着力推进水上交通指挥中心、搜救中心、防汛指挥中心等项目建设，健全完善资源完全共享、信息采集精确、交换畅通、调度快速、监控实时、决策全面的智慧管理系统，大力提升信息化水平，努力构建城市发展的智慧环境。

三　完善功能，提升城市集聚带动能力

牢牢把握城镇化建设面临的历史机遇和阶段性挑战，深入实施"大城区"战略，累计建设城镇重点项目130个，完成投资320亿元，其中基础设施投资68.4亿元。城市建成区面积达到35平方公里，城市人口达到22.6万人，城市化率58%，现代化区域性中心城市初具规模，呈现出广阔的发展前景。

（一）完善城镇基础设施

围绕增强城市聚集先进生产要素的能力，进一步加快中心城区基础设施和公共服务设施建设，全面提升城市综合承载能力。一是市政设施完善。2010年以来，累计投资26.4亿元，实施了市政道路、供水、集中供热、集中供气等39个城市基础设施工程，城市宜居度进一步提高。截至2012年，全市建成区人均道路面积达20.31平方米，城市供水普及率、燃气普及率、生活垃圾无害化处理率均达到100%。排水管网实现全覆盖，城市污水处理厂出水水质达到一级标准，城市生活污水集中处理率达到97.6%，污水再生利用率达到100%。集中供热面积达到880万平方米，集中供热率达到98%。二是公共服务设施健全。累计投资45亿元，实施25项公共事业工程，全面加快教育、文化、卫生、体育等公共事业发展，提高城市吸引力。奥体中心、文化大厦、河北联合大学迁安学院及职教中心、市人民医院等重点工程投入使用。三是生活服务设施配套。按照以商兴城、以城带商思路，投资55亿元，实施了世纪兴商业广场、财富中心、天波国际大酒店、王府大酒店、荣福宫大厦等63项商业开发项目。投资180亿元，实施"四点八村"城中村改造、王家园城中村改造、左岸蓝郡、帝景豪庭、颐景园、钢城家园、馨香园、香巴拉家园等480万平方米的40项住宅开发工程，满足进城人口各类居住需求。四是功能中心初具规模。华夏银行、河北银行、中信银行纷纷进驻，金融服务业势头强劲；文化大厦、演艺中心如期投入使用，体育会展业蓄势待发；颐和源项目、爱晚集团项目签约落户，养生养老业开局良好；浙江物产北方总部、徐工北方总部落户，总部经济初露端倪；天洋四代城市综合体、龙湾游艇俱乐部快速推进，中国电子商会动漫创意体验园、"愤怒的小鸟"主题公园顺利签约，教育培训、商贸流通、休闲旅游等产业高端起步。五是提升通达能力。深入实施大交通战略，计划三年投资100亿元，打造直通三大港口、对接京津、辐射周边的"七横八纵"路网格局。投资5亿元的燕山大路南延竣工通车，总投资28亿元的京秦高速迁安支线、东西区第三通道工程即将竣工，地方铁路工程正在积极推进。

（二）加速人口集聚步伐

近年来，迁安市制定出台了多项促进人口向城镇集聚的保障措施：一是根据中央、国务院《关于促进小城镇健康发展的若干意见》，制定出台了《关于小城镇户籍制度改革工作的实施意见》《关于推进城乡一体化的实施意见》等一系列文件，促进了城市建设的顺利进行和农村富余劳动力向城镇转移的步伐。二是改革小城镇建设用地管理。建立建设用地流转机制，规定小城镇建设使用现有建设用地的，其土地级差地租部分全额留给镇乡政府，统一用于小城镇建设和开发。小城镇新增建设用地的级差地租部分作为耕地开垦专项资金，专项用于重点小城镇补充耕地，确保耕地占补平衡。三是建立扶持机制。出台《关于推进城镇化战略的优惠政策》《关于成片开发商住房屋的若干规定》，取消国家法律、法规规定以外的面向基础设施建设项目收取的所有行政事业性收费。四是出台激励政策。鼓励农民放弃宅基地进城、进社区，对 0.25～0.32 亩的标准院套按照重置成新价给予货币补偿，再给予安置补偿金 10 万元，到河东区购房居住的，再给予每平方米 100 元的购房补贴。西部工业区实施了车辕寨、刘东庄、白龙港等 7 个村拆迁改造工程，人口主要向城镇组团和主城区集中。到 2015 年西部工业区内所有村庄将撤并搬迁到城镇组团和农村社区，率先实现镇园一体化和全域城镇化。

四 产城融合，推进工业化城镇化互动互促

城市的发展，离不开产业的支撑和带动。迁安市坚持工业化带动城镇化，城镇化服务工业化，以产业的聚集吸纳就业，推动城镇化发展。

（一）打造平台，集聚要素

为彻底改变以往"村村点火、户户冒烟"的陈旧发展模式，迁安市把园区作为城镇承载产业、促进人口聚集的载体和平台，把园区建设成为"四化"互动的结合地，按照板块式布局、链条式集聚、循环式生产、集约式发展思路，累计投资 110 多亿元，高标准规划建设了四大产业聚集区，为产业链式集群、集约发展拓展了空间，为大量吸纳人口就业创造了条件，实现城市的迅速扩张和发展。目前，滦河文化旅游产业区被省政府批准为全省十大文化产业园区，东部工业区被评为省级高新技术产业开发区，西部工业区成为全省首家千亿级工业聚集区，北方钢铁物流产业聚集区被命名为 2012 年度中国物流实验基地，成为全省

唯一拥有四家省级聚集区的县（市）。

1. 东部工业区

省级高新技术产业开发区，重点发展高端装备制造、高新技术、电子信息等产业，规划面积 24 平方公里，到目前，基础设施基本实现"七通一平"，园区内已有规模以上企业 66 家，2012 年，实现主营业务收入 253 亿元，斯道拉恩索增资项目、葵花药业、光镀金属制品等项目正在加快建设当中，项目全部建成后，年可增加产值 120 亿元，利税 18 亿元，安排就业 6000 人。

2. 西部工业区

全省首家销售收入超千亿元的工业聚集区，规划面积 60.8 平方公里，目前建成区面积 30.3 平方公里，共入驻企业 296 家，其中规模以上企业 43 家，2012 年实现区域生产总值 305.3 亿元，主营业务收入 1050.4 亿元，全力打造全国新型工业化样板区、环渤海区域的循环经济示范区、产城融合镇园一体的先导区和国家级精品钢铁基地、华北地区煤化工基地、环渤海重要装备制造业基地。

3. 北方钢铁物流产业聚集区

全省新型工业化产业示范基地、2012 年度中国物流实验基地，重点发展以采购、仓储、保税、报关、质押、金融、结算为一体的现代钢铁物流，规划面积 28.31 平方公里，已有浙江物产、天津物产、中铁联合物流等 51 家企业入驻，2012 年主营业务收入 39.7 亿元，努力打造"立足迁安、面向京津、辐射三北"的国家级现代钢铁物流产业示范基地和中国北方重要的内陆"无水港"。

4. 曹妃甸迁安临港产业园

重点发展港口物流、大型装备制造、盐化工、煤化工、石油化工业，已完成投资 5 亿元，将完成首期造地 10 平方公里，力争用 5 年时间打造成迁安"借港出海"的重要门户。

5. 滦河文化旅游产业区

规划面积 65 平方公里，划分为三个功能区：左岸休闲旅游区、右岸文化创意区、中部生态景观区。发挥滦河、三里河两河交汇，龙山、黄台山两山拱卫的山水优势，发展文化创意产业园、文化主题公园、滨水文化带、房车营地、总部基地等文化旅游及附属产业，打造休闲旅游目的地。

（二）产业转型，结构调优

坚持以产兴城、以城带产，做好"无中生有"和"有中生新"两篇文章。立足现有产业基础，围绕打造"精品钢铁、装备制造、现代物流三大超千亿产业集群和包装建材、煤化工、食品医药、文化旅游、电子信息五大超百亿产业板块"的目标，加速产业升级、结构调优步伐。引进斯道拉恩索、浙江物产、中海油等8家世界500强企业，徐州重工、红星美凯龙、微软中国、香港许氏集团、中国电子商会、迪信通等一批中国500强、大型央企、行业领军企业落户迁安。

1. 钢铁产业由大到强、由粗到精

在传统印象中，迁安的产业就是钢铁，钢铁产业占工业总产值的比重最高曾达到83%。但"一钢独大"绝不是迁安产业结构调整的包袱，"大而不强""粗而不精"才是迁安钢铁行业发展的症结所在。转型攻坚以来，迁安紧紧依托"钢铁"这个最大的实际，既不妄自菲薄，又不贪大求洋，按照"依托钢、延伸钢、不唯钢"的思路，大力做好总量控制、链条延伸、减量置换、整合重组四篇文章，先后实施了首钢迁钢冷轧硅钢、思文科德电工钢、八色印铁、彦博彩涂板等一批链条延伸、技改提升项目，钢铁行业高端精品钢比重超过了25%。建成了亚洲最大的高速线材单体生产企业、北方最大的硅钢生产基地、全国唯一的八色印铁生产基地、北方最大的管材生产基地，钢铁行业基本实现装备大型化、生产循环化、产品高端化、物流现代化，钢铁产业正在实现由低端到高端、由初级到精品的"质变"。

2. 装备制造业由无到有、由少到多

把装备制造业作为现代产业体系的主攻方向，依托原材料丰富、本地及周边市场需求旺盛的优势，先后吸引我国工程机械行业领军企业徐州重工、柳州重工等多家行业知名企业落户。首钢与柳州重工合作的重型矿车项目填补国内空白，迁矿重工设备制造项目即将投产，徐州重工北方研发制造基地项目即将开工。2012年迁安规模以上制造企业增加值同比增长了52.8%，利润增长了112.7%，成为迁安市增速最快的产业。

3. 现代物流业由小到大、由辅到主

基于庞大的物流规模、四通八达的运输网络以及有利的区位优势，着力打造现代物流产业示范基地。国内物流业排名第六的中铁联合物流公司北方内陆无水港项目投入运营。世界500强、全国物流业首强浙江物产电子商务平台和北方钢铁供应链物流基地项目投入运营。行业排名第二的天津物产集团综合物资服务中心项目开工建设。2012年，物流产业增加值占据第三产业的2/3，投资增速达到72.3%，成为发展速度最快的产业。

4. 新兴产业与传统产业由分到合、由轻到重

新兴产业与传统产业竞相发展，打破了钢铁"一家独大"的原有格局，实现了"把钢铁做精、把非钢做大"的结构调整目标。

5. 大力发展三产服务业

充分发挥工业化对第三产业的拉动作用，大力发展金融保险业等现代服务业，提升第三产业在三大产业中的比重。发挥第三产业吸纳就业人员多的优势，繁荣城市人口，扩大城市规模。在生产性服务业发展上，以产业需求为依托，以现代物流业发展为重点，加快发展保险、会展、金融、信息咨询、科技研发等生产性服务业，做好"有中生新"文章。在生活性服务业发展上，依托区域性中心城市建设，引进优质企业，积极发展医疗保健、教育文化、演艺体育等生活性服务业，做好"无中生有"文章。特别是依托迁安市山地、森林、滦河等优越的自然生态环境，底蕴深厚的历史人文资源，毗邻京津唐秦的区位优势，宜居生态的山水园林城市，大力发展生态休闲文化旅游，着力发展特色高端养老、保健康复业。

五 城乡一体，新型农村社区建设联动发展

"县积而郡，郡积而天下；郡县治，天下无不治。"全面建成小康社会，重点在县域、难点在县域、根基在县域。县城是城乡一体发展的桥头堡，没有县城的发展，就没有全域的发展，没有乡村的城镇化，就没有全域的全面小康。基于此认识，迁安将农村新型社区建设置于推进城乡一体化、推动城镇面貌上水平出品位的认识高度，累计建设省级新民居示范村 106 个、幸福乡村示范点 17 个、新建农村社区 10 个，被河北省政府评为"推进社会主义新农村建设先进县（市）"，松护社区、山叶口等 4 个村被评为河北省农村新民居建设优秀示范村。

（一）城乡联动，统筹推进

早在"十五"期间，迁安就提出了"统筹建市"战略，按照"中等城市—小城市—特色镇—中心村"四级城镇发展体系，统筹城乡发展规划、基础设施建设、社会事业发展、社会保障、社会管理和劳动就业，用工业化推动农业现代化，用城市化拉动农村发展，初步构筑了"以工补农、以城带乡、城乡互动"的长效机制。面对"加速工业化与产业转型并重、加速城镇化与城市现代化并行、城市转型与产业转型同步"的双重考验，2010 年迁安从城乡二元结构加速转换、城市化高速发展实际出发，历史性地提出"大城区"战略。计划对全市534 个行政村实行整合撤并，建设 38 个中心村，保留 48 个特色村，在全市城区范围外打造 3 个城镇组团，构建以中心城区为龙头、以功能区片为支撑、以中心

城镇为基础、以农村社区为依托、以绿道为连接的良性互动、有机融合的城乡发展格局。

（二）全域规划，一体建设

实施全域统筹规划建设，将规划管理向城镇和农村延伸，制定出台《关于加强村镇规划管理的实施意见》，由市财政出资为农村编制村庄建设规划和控制性详细规划。按照突出地域特色，体现生态节能、经济实用、安全美观的理念，编制了80套新民居建筑设计方案，为新民居建设提供依据和样本。推行规划下管一级制度，对农村新建住宅实行规划、建设、国土部门联合审批和捆绑式责任追究制度，确保新民居建设严格执行规划。

（三）典型带动，模式引领

按照四个"一步到位"要求，积极探索新农居建设改造模式，形成了以"六个一"为特色的唐庄子村建设模式，以土地流转、异地联建为特色的松护新村建设模式，以生态宜居、新型社区为特色的马兰社区建设模式，以产业拉动、功能分区为特色的寺后村建设模式，以统一规划、群众自建为特色的洼里村建设模式，为全面推进新农居建设积累了经验，发挥了示范引领作用。按照主体功能区划，因村制宜推进新民居建设，不搞一刀切。中心城区新民居建设以撤村建居为主，西部工业区以集中联建新型社区为主，农业生态区以旅游特色村建设和改造提升为主。

（四）坚持标准，功能配套

对新民居示范村，要求达到"五通、五有、四化、一处理"标准。"五通"即通自来水、通有线电视、通宽带、通水泥路、通客运班车。"五有"即有标准的小学、卫生室、村民活动中心、村级组织活动场所、农家店。"四化"即村内道路硬化、街道亮化、街院净化、村庄绿化。"一处理"即生活垃圾集中收集处理。对新民居示范户，要求达到"三新六有"标准。"三新"即结构体现新设计、建设采用新材料、外观呈现新面貌。"六有"即有干净整洁的厨房、有安全卫生的饮水设施、有沼气池、有太阳能或其他淋浴设施、有卫生厕所、有吊炕和博士灶。

（五）政策引导，吸纳人口

坚持梯次配置公共资源，教育、卫生、文化等公共资源优先向城镇组团、新型农村社区配置，农村危旧房改造、沼气、饮水安全、乡村道路等涉农项目和资金安排优先向示范村倾斜，引导符合条件的农民放弃宅基地向城镇组团和农村社区集中。出台推进农民向城镇和农村新型社区集中的办法，就资金、用地、信贷、户籍、税费减免等扶持政策提出要求。对规划撤并但尚未停批宅基地的村庄农宅建设申请，直接对准行政村审批，统一安排到规划迁并社区建设。对进城区、镇区和农村新型社区购买住房落户的农村居民，在就业、子女入托入学、创业、养老、医疗等社会保障方面享受与城镇居民同等待遇。

六　建管并重，创新城市管理体制机制

按照"三分建、七分管"的理念，以"干净、有序"为目标，推进城市管理乡镇区、向乡村延伸，不断提升城镇管理水平，提高人民群众满意度。

（一）健全体制机制

组建城市管理委员会，成立城市管理局，相对集中城市管理行政处罚权，推进城市精细化、常态化管理，构建沟通快捷、分工明确、反应迅速、运转高效的城市管理机制。组建城市综合管理指挥中心，搭建了覆盖市区、镇（乡）、社区（村）的三级管理服务平台，健全了"一委、一局、一中心、多分中心"的城管体系，涵盖42个与城市管理相关的职能部门，形成了"统一指挥、综合执法、部门联动、全面覆盖"的城市管理模式。

（二）推进数字化管理

按照"精细化、常态化"的要求，运用网格地图技术，将城市所辖区域划分成若干个网格状的单元，在市区主要部位安装监控探头416个，努力实现精确高效、可视化、全时段、全方位覆盖。将"12319"城乡一体化服务热线与数字化城管系统、"12345"市长公开电话并网运行，城市管理反应更加及时，部件、事件的处置更为高效。结合国家智慧城市试点建设，依托云计算平台、城市公共信息平台，利用信息网络技术整合现有数字城管信息资源，升级改造现有数字城管指挥平台，完善三维地图数据库、视频监控系统、城市量化管理系统等，建设网格化的社会管理系统和"零距离"的社会服务系统等。在社会管理、公共服务方面，行政审批服务实现联网办理、远程在线服务，初步形成了以市民服务热线、行政审批服务、电子政务及政府门户网站、宽带网、电子商务、社区保安监控、交通电子监控、节能减排在线监控等 8 大类信息化管理和服务平台。

（三）健全长效机制

坚持管理从严，按照"规划一张图、审批一支笔、建设一盘棋、管理一个令"的思路，不断加大城管执法力度，通过严格执法改善城乡面貌。按照"费随事转""管养分离"的原则，逐步推行城市公用事业和城市维护作业市场化运作，调动社会资源参与城市管理，在实践中摸索出了城管执法包片、包段、包任务"三包"制，环卫"两级管理、三级负责""四扫三保"制，园林的"竞标承包"制等适合迁安的城市管理经验。以园林城市、卫生城市、文明城市、宜居城市、健康城市、旅游城市创建为载体，开展声势浩大的专项整治行动，严厉打击户外广告，集中整治市容环境，有效推动了城市长效管理。

（四）推进城管下延

坚持城乡一体化管理，积极推行城市管理向镇乡延伸，缩小城乡差距，实现均衡发展。2011 年组建迁安市建昌营城管中队，标志着城市管理工作从市区纵向延伸到城镇。目前，迁安已在 19 个镇乡成立了 20 多个城市管理中队，实现了城市管理的全域覆盖。在农村深入开展农村环境综合整治行动。健全农村卫生保洁组织，推进垃圾集中清运处理，健全农村环境整治长效机制。市财政每年投入2000 多万，按照人均 30 元的标准，建立"户清、村集、镇（乡）运、市处理"的垃圾清运处理体系。

七　绿色增长，强力推进生态文明建设

把生态建设作为调结构、转方式的主要抓手，不断加大节能减排和生态恢复力度，努力建设生态宜居城市。

（一）狠抓生态修复，推进绿色增长

牢固树立"不以破坏环境换取经济发展"的思想，采取推动矿产资源整合、高限征收矿山生态环境恢复治理保证金等系列举措，对矿山实施了工程修复、地貌修复、生态修复等工程，使百里矿区重现生机，生态环境质量明显改善。矿山生态环境恢复治理工程被列入国家科技惠民计划，全市被列为国家工矿废弃地调整利用试点。

（二）实施造林绿化，创建绿色家园

深入实施全域公园化战略，不断加强造林绿化工作，努力打造生态型、田园化钢城景观。在市区，投资3亿元实施了龙形、云形绿化带以及佛山公园、黄台山公园二期工程，与建成的人民广场、市政广场、燕鑫公益园等交相辉映，共同形成了人民群众健身娱乐的休闲乐园。截止到2012年底，全市建成12个城市中心公园，其中千亩以上公园6个，森林覆盖率达到40%，人均公园绿地面积、建成区绿地率和绿化覆盖率分别达到16.86平方米、39.76%和43.42%。在乡村，坚持用绿道引领乡村经济发展。按照绿道为藤、顺藤结瓜和农业建点、旅游串线理念，建设了总长113公里的"三纵一横"四条生态绿道。大力实施"绿道金瓜"工程，将绿道两侧列为禁伐区、禁采区和禁建区，以"顺藤结瓜"的形式建设休闲驿站，纵深建设农业园区、采摘景点、农家餐饮，以高效立体农业促进农民增收致富，以发展旅游观光促进沿线新民居建设，努力将绿道打造成发展旅游经济之道、市民休闲健身之道、游客观光消费之道、农民增收致富之道。成功举办了中法休闲农业与可持续发展研讨会，被农业部确定为全国32个休闲农业与乡村旅游示范县（市）。

（三）强力治污减排，实现循环发展

三年来，累计投入资金44.9亿元，实施节能减排项目115个，竣工投用109个。大力淘汰落后产能，坚持该拆的不留余地，执行政策不留尾巴，拆除全部27座400立方米以下炼铁高炉、4座25吨以下转炉，淘汰落后炼铁能力549万吨、炼钢能力280万吨，1000立方米以上高炉占到高炉总数的70%。实行最严格的水资源费、排污费按量收缴制度，强制推进企业清洁生产，鼓励企业发展循环经济，钢铁焦化企业废水、废气、废渣、余压、余热基本实现"吃干榨净"。自2013年5月开展钢铁和焦化企业污染治理攻坚行动以来，全市累计下达整改任务229项，目前已完成整改84项。

八　破解瓶颈，激发城镇建设发展活力

（一）创新土地利用方式

进一步创新土地利用方式，严格保护耕地，推进闲置用地整治工作，促进土地资源节约、高效利用，增强土地资源保障城镇化发展的能力，推动城镇建设科学发展。

1. 稳妥推进农村土地流转

近年来，迁安市积极开展土地流转工作，促进了劳动生产率和资源利用率的提高，让成千上万的农村居民从繁重的农业生产中解放出来，进入城镇从事二、三产业或迁居城镇生活。截至目前，全市参与土地流转的规模在 100 亩以上的农业园区有 120 家，1000 亩以上的农业园区有 6 家，各类专业合作组织 115 家。全市累计完成土地流转 5.97 万亩，涉及农户 4.6 万户，分别占耕地总面积和总农户的 10.21% 和 28%。瑞阳农产品有限公司是废弃矿山生态恢复型综合农业观光园区，先后流转土地 1200 亩，建设了包括农产品加工销售基地、现代农业科技示范带动基地、工矿废弃地生态恢复综合利用基地、生态农业观光旅游休闲基地的生态农业园。全部投入运营后年可实现效益 500 万元，解决周边村民 500 人就业，促进农民增收 800 万元。

2. 推进农村建设用地置换

几年来，先后组织实施了滦河生态防洪工程、三里河综合治理工程、城中村改造工程，不仅提升了城市的品位，改善了城市居民的生活环境，而且置换出了大量的城市建设用地，缓解了项目建设的土地瓶颈制约。其中，滦河生态防洪工程置换出城市建设用地 5300 亩，三里河综合治理工程为城市建设提供可开发用地 6500 亩，"四点八村"城中村改造置换土地 5000 亩。2008 年以来，按照"内涵改造、拆旧建新"的思路，组织实施多次拆违拆迁攻坚战役，累计拆除建筑面积 206 万平方米，腾出建设用地 345 万平方米，全部用于保障性社区、商贸设施建设、停车场等公益设施和绿地建设，解决了城镇发展空间不足、公益设施缺乏的问题。

（二）破解融资难题

将城市作为最大的国有资产来经营。加快城市资源、资产的有效整合和合理流动，努力建立政府主导、政企分开、社会参与、市场化运作的新型城市建设投融资体制。

1. 搭建融资平台

以城市投资公司为龙头，以土地出让和盘活存量资产为推动器，大力创新城市建设投融资平台。2010 年，组建了城建投公司，将城建资产、城市规划区土地资产和其他政府性资产纳入城建投公司统一运营管理，采取银行贷款、发行债券、推行 BT、BOT 模式、争取国债资金等多种方式，利用整理出的熟地，向农业发展银行融资 9.3 亿元。以迁安市兴源水务产业投资有限公司为平台，通过发行企业债券，所筹资金全部用于迁安市城区棚户区改造和迁安市西部矿区棚户区改造两个项目建设。

2. 创新融资方式

在实际工作中，采取"投""赚""争""贷"的筹资路子，有力保障城市建设的投入需求。目前，农业发展银行融资 9.3 亿元已经全部到位，采用 BT 模式投资 5 亿元的燕山大路南延工程已竣工通车，按照 BOT 模式总投资 28 亿元的京秦高速公路迁安支线工程正在加快建设。

九　服务均等，人民群众幸福指数节节攀升

大力推进发展成果共建共享。坚持"规划决策不忘以人为本、开发建设不损百姓利益、财力增长不忘民生民本"，提出了民生水平要与首强地位相匹配的目标，努力提升群众的幸福生活指数。

（一）推进实事惠民

三年累计投入资金 69 亿元，实施 100 件惠民实事工程，使抽象的幸福指数实实在在地落实到老百姓的现实生活中。把富民增收作为最大的民生实事，确保城乡居民收入增长与经济社会发展实现同步。2012 年城镇居民人均可支配收入 24400 元，增长 12%；农民人均纯收入 14468 元，增长 13.9%。

（二）保障能力不断提高

在全省率先实现城乡低保、医疗保险、养老保险、生育保险全覆盖。新型农村合作医疗参合率达 97.5%，参合农民补偿标准居全省前列，城乡低保标准居省内先进。建成 5 所区域敬老院，老人生活起居实现宾馆化管理。农村低保标准由 2009 年的每人每年 1700 元提高到 2400 元、城镇低保标准由 2009 年的每人每月 285 元提高到 410 元，农村五保供养标准由 2009 年的每人每年 3040 元提高到 6000 元。

（三）公共服务趋向均等化

均衡配置教育资源，在全省率先实现十二年免费教育。深入推进公立医院改革，实施药品零差率销售，药品价格平均下降 43.5%。投资 17 亿元新建扩建 4 家市级医院、改造 17 所乡镇卫生院和 277 所农村卫生室。投资 15 亿元建成全

国一流的博物馆、文化馆、图书馆和规划馆，村村建有文化活动室、图书阅览室，城乡文化设施得到明显改善。累计投放公交车 230 部，初步实现了全域公交一体化。

（四）人居环境日益改善

建立完善保障性住房、廉租房等多层次住房保障体系，满足不同群体的居住需求。对滦河夹心滩进行综合开发，从根本上解决了困扰西里铺区域 8700 口人300 多年的水患威胁，让老百姓过上安心舒适的城市生活。2013 年财政出资 500万元，对青杨、燕阳、惠宁东等 5 个老旧小区的绿化、道路、照明、排污管网等基础设施进行修缮。组织城管局、迁安镇、城区办等部门开展专项执法行动，整治回迁安置小区环境卫生和市场经营秩序。

（五）创新社会管理机制

着力推进基层党组织、基层民主组织、农村经济合作组织、农村维稳组织的全覆盖，实现基层党组织的领导核心作用，农民组织化程度、农村公共服务水平明显提高。探索形成了大崔庄镇"三位一体"大调解机制、杨各庄镇村民事务代理等创新社会管理的品牌。大崔庄镇"三位一体"大调解机制成为全国典型，先后被最高人民法院、省政法委、省高院等领导肯定，《求是》等媒体进行专题报道。

G.8
以现代信息技术为支撑
推进城镇化转型升级

——肇东市创建国家智慧城市的实践探索

黑龙江肇东市

肇东市位于黑龙江省西南部,南距省会哈尔滨53公里,北距油城大庆74公里,是哈尔滨都市经济圈和哈大齐工业走廊上的重要节点城市,全市辖区面积4332平方公里,现辖1个省级经济开发区、4个城区办事处、22个乡镇。全市总人口93万,其中城区人口35万。近年来,肇东市按照省委、省政府"八大经济区""十大工程"和绥化市委、市政府"发展五型经济、建设五个一流、实现中心崛起和富民强市"的战略部署,以科学发展观为主线,以全面建成小康社会为统领,紧紧围绕实现"两个率先"和"四个同步"目标,深入实施"五型发展战略"、加速构筑"五化支撑体系"、努力建成"五个全国一流",向全国综合实力强市阔步前进。2013年预计实现地区生产总值463亿元,增长15%;实现全口径财政一般预算收入30亿元,增长21.6%;城镇居民人均可支配收入达到19047元,增长15%;农民人均纯收入达到11152元,增长15%。2013年上半年,全市主要指标继续保持快速增长,实现地区生产总值227.8亿元,同比增长12.5%;完成固定资产投资46.1亿元,同比增长26%;实现全口径财政收入19.97亿元,同比增长39.5%;地方财政收入实现15.78亿元,同比增长48.6%。

随着信息技术的迅猛发展,城市智慧化已成为继工业化、电气化、信息化之后的"第四次浪潮"。建设智慧城市是当今城市发展的前沿趋势,是转变经济发展方式、提升城市功能品质、更好地保障和改善民生的重大举措。肇东市国民经济和社会发展第十二个五年规划明确提出,坚持工业化主导、产业化推进、智慧化引领、生态化发展的"四化方略",全力打造国家级现代农业、哈大齐工业走廊经济发展、城乡一体化发展、国家级可持续发展、和谐社会建设"五个示范区",成为指导全市经济社会发展的行动指南。2011年底,新一届市委、市政府领导班子着眼转变发展方式和加快推进新型城镇化,在市第七次党代会上提出了实施"五型发展战略"、争创"全国五个一流"、建设全国综合实力强市的总体部署，并确立了建设和谐肇东、发达肇东、实力肇东、魅力肇东、智慧肇东、幸福肇东的发展构想，将智慧城市建设作为加快城市转型升级、在新一轮城市发展竞争中确立领先优势的重要战略举措。

一 深入调研，明确智慧城市创建的指导思想和原则、目标

市委、市政府组织开展了智慧城市创建的专项调研，并聘请国家高水平规划设计团队，对城市的发展方向、目标定位进行了整体规划设计。

在指导思想上，肇东市深刻把握科学发展观的内涵和要求，紧紧围绕全省以"八大经济区"和"十大工程"建设为方略的新型城镇化目标，以加快转变经济发展方式和提高人民生产生活水平为主线，以深化改革、创新发展为驱动，加强智慧城市顶层设计、系统设计、构架设计和制度设计，将先进智能技术广泛运用于经济发展、公共服务及社会生活等各个领域，提升城市管理能力和服务水平，促进产业升级转型，加速实现城市规划前瞻、建设智能、管理联网，达到信息资源共享、城市发展智创、产业结构高端，城市综合竞争力大幅增强，为建设全国综合实力强市奠定坚实基础。

在发展原则上，肇东市坚持做到四点：一是坚持突出特色、发挥优势。按照产城融合、城乡一体的总体思路，对哈大齐工业走廊黄金发展带、百里生态长廊绿金发展带、乐安新城、肇东主城区、北部新城区、绿色食品产业大园区建设实行合理化布局、统筹化发展；立足资源、交通、区位及现有基础优势，重点向智能化、信息化、现代化、低碳化、网络化发展。二是坚持产业带动、集聚培育原则。以绿色食品产业大园区为牵动，以打造北部山水乐活城、智创肇东为载体，以发展都市圈为平台，加强城市远景规划，加强网络基础设施、城市保障体系、城市公共平台及数据库建设，提升城市功能，完善基本公共服务，加快形成智慧建设、智慧宜居、智慧管理、智慧服务、智慧产业、智慧经济相结合的多元化发展格局。三是坚持统筹规划、滚动发展原则。坚持高标准、高起点规划，逐步推进实施，实现产业园区拉动、四轮驱动、两城带动、城乡推动的可持续、渐进式滚动发展，加速建设中国智慧城市示范基地。四是坚持以人为本、可持续创新的原则。面向知识社会的下一代创新，力求重塑现代科技以人为本的内涵，重新定义和发挥创新中用户的角色、应用的价值、协同的内涵和大众的力量。在智慧城市的建设中尤其注重以人为本、市民参与、社会协同的开放创新空间的塑造以及公共价值与独特价值的创造。注重从市民需求出发，并通过维基、微博等工具强

化用户的参与，汇聚公众智慧，不断推动用户创新、开放创新、大众创新、协同创新，通过贯穿以人为本的理念，实现经济、社会、环境的可持续发展。

在发展目标上，立足肇东的实际情况，按照住房和城乡建设部创建国家智慧城市（区、镇）试点的有关文件和指标体系，抓住哈尔滨实施"北跃"战略和绥化建设中等规模城市群的历史机遇，通过三年试点创建期建设，围绕肇东市现有基础设施、人文环境、社会民生、产业发展、公共服务等领域，基于智慧肇东公共信息平台整合建设，在城市规划、城市管理等方面推进一批成熟的智慧应用体系、智慧服务体系及重点示范工程，将信息资源作为重要的生产要素，加大开发力度，整合现有资源，实现各类系统的互联互通、各类信息资源的高效利用和智能响应，城区基础设施全面物联和有效整合，消除"信息孤岛"。通过"智慧肇东"建设，将肇东市建设成为一个基础设施先进、信息网络通畅、系统互联互通、科技应用普及、生产生活便捷、城区管理高效、公共服务完备、生态环境优美、惠及全体居民的智慧城市、和谐城市、幸福城市。具体步骤是：第一阶段（2012～2014年）为创建年，推进基础信息设施建设；第二阶段（2014～2015年）为拓展年，推进智慧城市重点示范应用建设；第三阶段（2015～2016年）为深化年，巩固和深化智慧城市应用建设，初步达到国家智慧城市标准。

二 突出重点，努力夯实智慧城市创建基础

（一）加大网络基础设施建设

1. 无线肇东

加强信息化基础设施建设。完成"高速宽带、智能化、全覆盖"的智慧基础网络设施建设，全市互联网宽带接入率达到95%以上，无线宽带网络覆盖率达到98%以上。制定城市NGB发展规划，升级改造NGB传输骨干网络、NGB业务平台、NGB管理系统。全市有线电视双向数字化率达100%。无线网络2G已经覆盖所有农村地区，3G覆盖市区和哈大高速地区，联通的3G网络已经全面升级为HSDPA，提供包括网页浏览、电话会议、电子商务等多重信息服务；宽带网络已覆盖城区和乡村，FTTH（光纤入户）已经覆盖市区326栋，最大可实现10M带宽。2010年以来，加速推动"三网融合"，城区有线电视网已经全面实现数字化改造，做到了网络全光纤覆盖。

2. 城市公共基础数据库

整合共建城市空间基础地理信息系统，构建城市分布式数据库系统，建设城

市基础空间数据库、人口基础数据库、法人基础数据库、宏观经济数据库、建筑物基础数据库等，各数据库内容完整、功能完善、更新制度健全。

3. 智慧城市公共信息平台

在肇东城市空间基础地理信息库建设成果基础上，整合建成了全市统一的智慧城市公共信息平台，统筹规划和建设了全市电子政务的外网服务平台、内网办公平台，逐步实现了城市电子政务统一规划、统一建设、统一应用、统一管理。不断提高电子政务水平，建设了包括电子政务外网、公文传输系统和 OA 办公系统在内的电子政务网；在市党政办公中心布设了 91 个电子政务节点；成立公共服务中心，对招商引资项目涉及的工商、税务、国土、规划、发改、消防、安监等 26 项内容以及社保、医保、新农合等为百姓服务的民生保障项目实行"一站式"审批和网上办理服务；经济开发区建设了电信服务枢纽站和电子政务平台，市人民银行建立健全了金融征信管理系统。加强城市视频监控系统建设，健全食品安全、药品安全、生产安全监管体系。

4. 信息安全

按国家统一标准，做到组织机构和制度健全，数据备份、应急响应、安全审计、灾难恢复等保障措施到位，并覆盖从物理、网络、系统直至数据和应用平台各个层面，以及保护、检测、响应和恢复各个环节，形成了全面、完整、高效的信息安全体系。

（二）加大智慧与宜居建设力度

1. 智能城镇规划系统

建设完成肇东智慧规划管理信息系统，以支持肇东城乡规划的智慧化辅助决策，重点实现了基于"三维虚拟规划"的道路交通、城市景观风貌等专项规划的决策支持，并逐步将电子政务应用集成到同一平台，实现了空间数据的互联互通与信息共享。

2. 智慧供水系统

每年筹措资金 200 万元，用于安装智能水表，改造老区用水户 5000 户，加快建成智慧供水体系。

3. 地下管线与空间综合管理

建设地下空间信息基础平台，以中心城区为主要实施范围，完成包括地下综合管线和其他建筑物、构筑物等地下设施的数据建设，开展地下管线综合管理、地下空间建设风险控制等示范应用。

（三）加大智慧管理与服务力度

1. 智能政务决策系统

建设完成了政务信息数据仓库和辅助决策支持系统，全面支撑政务智慧化、可视化的科学高效决策，实现了在合适的时候把合适的信息提供给合适的管理者，做出合适的决策。

2. 网上办事

建设了网上行政审批服务平台。以透明公开、提高效率、全程监管为目标，围绕行政审批事项，推进涵盖城乡的企业注册登记、企业投资建设、规划土地审批、电子监察等系统建设运行，规范政府网上审批和服务；建立网上行政服务中心，实现行政审批数据共享、协同办理。

3. 公共教育信息化

建设多媒体教学软件开发平台、多媒体演示教室、教师备课系统、电子阅览室、考试资料库，全面升级校园网建设水平，实现教育资源共享和管理办公自动化，达到网络覆盖、服务所有中小学。

4. 基本住房保障管理信息平台

建设统一联网的电子信息平台，重点实现了廉租住房、棚户区改造等住房保障方面业务的"一站式"公开并联办理，方便群众和企业办事，全面提高了公众服务效率和水平，增强了服务的便利性、提升服务的透明度。

5. 智慧医疗

在市民一卡通体系上建立全市统一的就诊卡和个人电子健康档案，建设统一的医疗卫生信息平台、建立完善卫生电子政务平台、药品监管平台和各医疗机构的电子病历系统。将建成防疫电子档案、报建电子档案、药物管理电子档案、医疗业务电子信息等智能系统。

6. 应急指挥

搭建应急信息平台，将政府相关职能部门紧密联系起来，对各种突发事件进行预先应急预案设定。完善应急联网，对全市由公安、交通、消防、环保、安全等各个部门在所管辖范围内布置的视频监控资源进行有效的整合和管理，保证相关工作人员能够在城市的任何地方，随时访问警务系统。

7. 智慧交通

不断完善现有智能指挥调度系统，完成投资 1.98 亿元，使系统覆盖到城市的主要路口路段。预计投资 4530 万元，搭建校车智能管理系统。逐渐把公汽、辖区内的客运车辆、出租车都纳入管理范围。搭建车载执法系统，使民警在路面上通过专用账号登录，通过网桥调取和上传信息数据，完成执法操作。

8. 智慧环保

由空气质量检测平台、地表水监测平台、环境智慧监控平台、市政绿化智慧管理平台以及各级环保部门已经建设的多个环保信息化系统组成，在全市范围内设定 500 个监测点，实现对全市的空气、水、重点污染源、污染企业等重要环保信息 24 小时自动监测和公布。

9. 智慧社区

实施智慧社区建设试点。整合社区内的各类信息系统和资源，通过构建统一的社区信息平台，应用各种信息化手段加强社区信息化管理，丰富和改善社区居民生活服务。发展社区政务、智慧家居系统、智慧楼宇管理、智慧社区服务、社区远程监控、安全管理、智慧商务办公等智慧应用系统。

10. 智慧农业

通过建立基于遥感技术的农情业务监测系统，实现主要农作物的面积、长势、灾害、产量等农情信息的动态监测，促进农业生产实现规模化、集约化、工厂化。利用遥感对包括农作物面积、长势情况、产量估算、土壤墒情、病虫害等作物信息进行监测，以获取作物种植面积、长势监测、产量估算、病虫害、灾害应急、动态变化等信息。利用影像光谱信息反演作物的生长信息，通过建立生长信息与产量间的关联模型，获得作物产量信息。通过与反映土壤含水量相关的参数建立关系模型，反演土壤水分。建立叶片叶绿素含量的估算模型，提取病虫害信息。周期性提取病虫害作物面积、空间分布等。

11. 智慧旅游平台

加速推动肇岳山国家级湿地公园建设，搭建智慧旅游平台。将物联网、云计算、下一代通信网络、高性能信息处理、智能数据挖掘等现代信息技术应用于游客感知、行业管理、产业发展等方面，使旅游物理资源和信息资源得到系统化整合和深度开发，更好地服务于游客、旅游企业和政府管理部门，打造面向未来的全新旅游形态。

12. 智能信息服务中心

以"无线肇东"建设作为"智慧城市"的创新载体，以方便公众办事、缩小数字差距、提高行政效率为出发点，加强党政机关间的信息共享，促进业务办理协同、优化服务方式和渠道，通过提供便捷、高效的信息化服务，全面提升社会管理和公共服务水平。总投资 1 亿元，重点实施以下几项建设：一是建设"无线上网"区域覆盖网络。依托电信运营商，通过无线联网（WiFi）布点，使客户通过手机、电脑等无线终端接入互联网，享受由政府提供的全天免费或低价无线上网服务，开通"无线肇东"短信互动反映民意平台，使"无线肇东"惠民图景渐次走入百姓生活。二是建设网上行政审批服务平台。以透明公开、提高效率、全程监管为目标，围绕行政审批事项，推进涵盖城乡的企业注册登记、企业投资建设、规划土地审批、电子监察等系统建设运行，规范政府网上审批和服务；建立网上行政服务中心，实现行政审批数据共享、协同办理。到2016年，并联审批事项网上办理率达到60%以上。三是提升政府网站与部门网站群在线办事和服务功能。实现与街道、社区联网，建设三级行政服务体系联动系统，推广政务协同办公，提升与市民互动能力，推进社会诚信体系建设，建立企业信用信息平台，逐步形成全市政务信息资源管理体系，促进各部门政务信息资源全面共享。四是建立舆情信息监测系统。采用先进的网络搜索引擎，构筑强大的舆情信息网络，通过灵敏高效的网络平台，分析社会舆情走向和热点焦点问题，预测舆情发展；畅通网上信访渠道，掌握社情民意，把握舆论导向，为全市改革发展稳定大局服务。

13. 智能一卡通

投资2亿元用于市民一卡通建设。进一步加大市民一卡通的应用领域，使其拓展到教育、卫生、养老保险、购物、工会等部门的服务范围，以市民一卡通为载体实现各类便民公共服务；加强与农行、中行、工行等金融机构和其他信息服务企业的合作，增加服务网点，开通自助圈存等便民服务，实现办卡、使用、挂失方面的一站式服务。同时，根据技术发展、应用拓展和区域合作要求，开展与信息化领军企业合作，提升服务支撑能力。

14. 车辆智能卡

车辆智能卡（车辆电子标签）项目是肇东市智能交通系统建设的核心先导工程，也是物联网应用的重点示范项目。通过项目实施，强化关键性核心技术的研发攻关，形成具有自主知识产权的RFID应用技术及相关标准规范，加快培育发展全市RFID产业。同时，不断推进商业服务模式创新，为电子标签大规模推广应用积累经验。

15. 智慧医疗

肇东市依托先进信息技术，在市民一卡通体系上建立全市统一的就诊卡和个人电子健康档案，建设统一的医疗卫生信息平台，建立完善的卫生电子政务平台、药品监管平台和各医疗机构的电子病历系统。目前，全市正由纸质化档案管理向电子档案管理过渡，预计到2016年末完成投资1亿元，建成防疫电子档案、报建电子档案、药物管理电子档案、医疗业务电子信息等智能系统。

16. 智能数字管网

在详细清查全市工业管廊、市政管网相关位置、用途、管径等信息基础上，建立统一数据库，形成一张可见、可查、可控的电子地图，为城市防汛排涝、工程建设、施工管理、突发事件应急救援等工作提供完整、准确的信息支撑。同时，将数字管网系统"嵌入"完整的城市地理信息系统，在强化地下管线监管同时，逐步把加油站、加气站等危险源，危险品运输车辆运行等详细信息及地上的管道线路、管道源头、地面的企业生产设备，管道周息全部纳入实时监控平台，实现地下、地上全部覆盖。

17. 智能应急指挥

加强市应急指挥中心建设。应急指挥中心制定了 38 个专项应急预案，设置 5 个应急物资储备库，成立了 8 支应急救援队伍，组建应急管理信息员队伍，人员达 1500 余名。投入资金 100 万元，搭建应急信息平台，将政府相关职能部门紧密地联系起来，对各种突发事件进行预先的应急预案设定。

18. 智能环保

到 2016 年，预计投资 1.2 亿元，在全市范围内将设定 500 个监测点，实现对全市的空气、水、重点污染源、污染企业等重要环保信息 24 小时自动监测和公布。对全市范围内的绿化工作进行统一的管理，并与其他的环保系统进行联动，从而实现整个市政绿化的智慧性。

19. 智慧政府

加强社会管理，整合资源，形成全面覆盖、高效灵敏的社会管理信息网络，增强社会综合治理能力，强化综合监管，满足转变政府职能、提高行政效率和规范监管行为的需求，深化相应业务系统建设。推进综合政务平台和政务数据中心等电子政务重点建设项目，完善城市管理、城市安全和应急指挥等若干与维护城市稳定和确保城市安全运行密切相关的信息化重点工程，使城市政府运行、服务和管理更加高效。

三　全面统筹，智能创建与城乡基础设施配套抓

"十一五"期间，肇东市紧紧围绕加快发展这一主题，按照建设生态、和谐、发达新肇东的战略部署，突出工业化主导、产业化支撑、一体化发展，使城市信息化发展水平有了较大提升。"十二五"计划实施以来，通过实施"五型发展战略"，争创"五个全国一流"，建设全国综合实力强市，突出信息化和工业化的融合，信息化和城市化的融合，积极推进信息化基础设施建设，使城市的信

息化、网络化、智能化水平显著提高，公共服务能力显著提升，城市承载力显著增强。

在发展定位规划上，肇东立足"建设什么样的城市、怎么样发展城市"的目标定位，把发展智慧城市列入其中，先后完成了市域内"黄金发展带"和"绿金发展带"两个"金带"的规划设计，完成了肇东主城区和乐安新城的"两城"规划设计，实现了规划设计由过去的"小打小闹"向更高水平、更长远方向的转变。抓住建设黑龙江绿色食品产业大园区和城区西移北扩的机遇，大力实施产城融合、组团发展战略，完善了 100 平方公里的绿色食品产业大园区规划、35 平方公里的北部新区规划和 35 平方公里的旧区升级规划，通过产业与城市规划衔接，为建设 200 平方公里的肇东主城区奠定了坚实基础。结合城市总体发展要求，进一步细化了棚户区改造、正阳大街整体升级改造等专项发展规划，使全市的总体规划与专项规划有机结合，真正做到了规划到每一个村屯、每一亩耕地和每一条通屯道路，形成信息网络与基础设施紧密相连、龙头企业产业基地紧密结合、产学研一体推进、上下游关联企业组团式建设、城乡统筹发展、各类生产要素相融合的大发展、大跨越格局。

在城乡建设上，重点推进了十项工作。

（1）城乡路网全面畅通。新建农村公路超 300 公里，新建、改造一批城区道路，实现了城区路与环路相连、环路与国省道相连的大贯通、大连通道路网络格局。

（2）城区绿化全面升级。加大对道路、广场、居住小区的绿化力度，每年绿化面积达 50 公顷，按国家生态园林城市标准建设城区生态项目，极大地提高了城区空气质量和环境美化标准，城区绿化覆盖率达到 39.13%。

（3）城区亮化全面覆盖。加速城市路灯安装步伐，对正阳大街等主要街道路灯进行 LED 智能改造，对临街楼房、主要街道进行亮化布置，实现城市路灯和亮化管理智能化、程序化。

（4）城市"四网"实现智能。完善供水系统、排水系统、供热系统、供气系统建设。加速推进城市锅炉房改造，供水网二次供水问题得到有效解决，并实现水卡智能管理；启动建设了开发区污水处理厂，推动城市污水处理厂二期工程投产运营，配套建设排水管线，排水管网老化问题得到有效解决；加快城市供热网铺装，完成铺设 12 公里，供热难、纠纷大的问题得到有效解决；铺设城区天然气中压管线 10 公里，新增天然气用户 3000 余户。

（5）北部新区建设加快推进。把北部新城区作为发展智慧城市的突破口，作为实施"产城融合"战略，推进西移、北扩的主阵地，把新区主题定位为

"生态型城市主义和新城市主义"，实现城市、人口、网络、信息有机结合，形成具有历史、文化、生态和建筑特色的新区。

（6）城区现代化建设全面展开。推进了主题广场群建设，突出搞好人民广场等 10 大城市广场和 10 大城市绿地建设；推进了温州商贸市场等 10 大骨干市场群建设；推进了老人民医院 CBD 等 10 大商贸中心群建设；推进了图书阅览中心等 10 大公共服务中心群建设，城市现代化水平不断提高。

（7）棚户区改造进程加快。2012 年，全市共完成棚户区改造 135.9 万平方米，住房困难家庭的住房条件得到了很大的改善。

（8）商品房开发进程加快。2012 年，共开工建设商品房 67 万平方米。其中，以忠信国际、长海新天地和翰林苑为代表的新建小区，质量优良、功能齐备、环境优雅、生态环保，得到了省、绥化市相关部门的一致好评。

（9）城区环境改善进程加快。先后开展了驴马车乱停、小商贩叫卖、小广告乱贴等城市环境卫生综合整治，组织了春季清冰和冬季清雪会战；市区 API 指数 ≤100 的天数为 317 天，城市水域功能区水质达标率为 93.75%，区域环境噪声平均值 57.68 分贝，城市环境面貌得到极大改观。

（10）加快城乡统筹建设步伐。城乡公共网络全覆盖。通过几年的建设发展，现已建有完善配套的城乡道路网络、城乡通信网络、城乡医疗卫生服务网络、城乡供水连接网络、城乡便民服务网络、城乡科技覆盖网络、城乡人才流动网络、城乡电子政务网络等，实现了公共信息资源共享、公共网络全覆盖。全省"百镇"建设成效显著。以宋站、五站两个全省百镇建设示范镇和五里明镇为重点的"百镇"建设推进较快，带动全市 10 个重点乡镇加快建设，2013 年全市"百镇"建设的投入力度和建设规模均居全绥化首位。泥草房改造力度不断加大。每年改造农村泥草房超过 5500 户，加速推动农村向中心村、中心镇、大城市靠拢，城镇化水平显著提高。特别是在宋站晓光进行了节能住房试点建设，全市整村推进建设典型——东跃新村开工建设多层住宅 26 栋，并已实现入住。

四　完善措施，保障智慧城市创建工作扎实进行

1. 政策保障到位

鼓励引导社会资金对智慧城市重点工程项目的投资，加大支持力度，制定优惠政策，鼓励企业参与建设，鼓励国内外高科技龙头企业落户肇东，争取市财政每年安排地方财政一般预算收入的 1‰ ~ 3‰专项资金，用于若干重点推广示范工程建设、相关标准建立和政府购买服务，重点企业培育、人才引进和培养等。

进一步发挥城投公司的平台作用，通过增资扩股引进合作企业，有效引导社会资金参与智慧城市建设。同时，不断创新商业模式，把公司做大、做强，争取早日上市。一是把政府引导和市场化道路紧密结合起来。智慧载体建设坚持以政府为主导，协调各方科学制定建设规划，充分调动各方积极性，积极构建以政府为主导、企业和市民为主体、市场为导向、产学研用相结合的推进体系，不断增强建设智慧城市的综合实力。坚持有限提供资源，有偿开放资源，扩大资金投入来源，充分调动社会各界的积极性，鼓励社会企业和个人参与智慧城市建设，采取政府导向投入和市场机制运行方式筹措建设资金。二是建立规范完善的法律、法规和政策支撑体系。结合智慧载体建设需求和探索实践，着力引进培育了一批相关领域的标准法规研究机构。高度重视与智慧载体建设相关的运营规则、法规规范、信息化技术标准、制度规则的创新和应用试点示范工作。制定和完善智慧载体建设方面政策，优化发展环境，规范建设行为，确保最佳的投资、创业环境。并贯彻提高各项制度、法律、法规的执行能力，纳入绩效考核体系，建立和完善法律、法规和政策支撑体系。三是建立配套服务体系。按照配套先行、服务先行的理念，不断加强交通、网络、通信等方面的基础设施建设，美化环境，不断完善住房、餐饮、医疗、教育等相关的生活服务，建立了多层次的配套服务体系。

2. 资金保障到位

智慧城市项目融资模式按照资金来源主要分为政府投资模式和政府融资模式。其中政府投资模式包括政府投资政府运营、政府投资企业运营两种，政府融资模式包括企业投资政府运营、企业投资运营等几类。根据不同的城市资源类型选择不同的运行与应用模式。设立"智慧城市"专项资金，市直有关部门每年单列专项资金予以支持，增强政府调动全社会资源配置的能力，同时吸引和鼓励民间资本、金融资本、国际资本对智慧城市建设的投入。根据每个建设领域的特点，在重要性、保密性允许的条件下，按照政府主导、市场运作的原则，对其中的一部分领域采取了不同的投融资方式进行建设，这一部分可以由企业来承建，并赋予其一定的经营权。为参与建设的企业提供一些资金保障的政策和优惠。完善了风险投资机制，发挥政府投资的导向作用，建立健全政府与企业等多方参与的投融资机制。探索支持经济可持续发展的金融模式，积极支持各领域建设的融资工作，尤其是优先保障试点工程建设的资金，拓展科技信用贷款、科技金融保险、知识产权质押等特色融资业务。围绕智慧城市的建设重点加大信贷力度，为参与建设的企业提升金融服务水平，加大服务能力，加大推进银团贷款筹组力度，保证重大建设项目资金的高效筹措。结合项目的特点，将投资密度比较大的工程押后施工，超前进行融资，时间及资金数量留有余地。将智慧城市建设分期、分段进行项目分解，按分项目的适应性安排融资建设；优化投资方案，对项目的进度及投资目标进行跟踪管理。此外，积极吸引和鼓励具备雄厚资金、技术实力的国内外大型企业，尤其是央企来肇东进行投资，参与肇东智慧城市的建设，并为其提供政策优惠和保障。

3. 运营保障到位

智慧城市建设是一个复杂系统工程，它涉及城市的农业、工业、商业、服务业、交通、医疗、环保等各方面，在智慧城市的建设过程中，完善的保障措施不可或缺。结合肇东智慧城市建设实际情况，构建科学、实用的智慧城市运营机制，坚持智慧城市运行以"运维周全、服务到家"为宗旨，实现肇东智慧城市建设项目的"零风险、零故障"，根据日常监测数据预测系统潜在故障，进行故障提前解除。坚持引进与培养并重，注重高技能创新型人才培养，加强高层次人才再教育，创新人才培养体制机制。以推进智慧城市重点领域示范项目为载体，打造规模宏大、领域全面、结构合理、素质优良的创新型人才队伍，为肇东智慧城市建设和国家自主创新示范区提供强大的人才保障和智力支持。

4. 组织保障到位

完善政府分工负责、协同作战的工作体系和责任机制，确保政令畅通。在肇东市政务公开工作领导小组基础上，成立以市委常委、市政府副市长为组长，市政府办公室主任、市纪委副书记、监察局局长为常务副组长，市委办公室、市发改委、财政局、住房和城乡建设局、人力资源和社会保障局、工业和信息化局、科学技术局、国土资源局、公安局、民政局、卫生局、交通运输局、文化广电新闻出版局、电业局、农业局、公共服务中心等部门主要领导以及相关单位负责人为成员的"智慧肇东"建设领导小组，负责试点总体把控，统筹协调全市信息资源，健全完善相关的政策规定、共享机制，领导"智慧肇东"建设实施。建设领导小组下设项目办公室，作为具体组织实施的常务执行机构。办公室设在住房和城乡建设局，执行项目日常管理，负责协调项目相关部门间的资源，确保项目的顺利开展。定期召开项目工作会，向建设领导小组汇报项目进展情况和重大事项。同时负责与相关合作单位进行沟通、协调和督办等具体工作。

G . 9

全力推进"六个一体化"
努力构建城乡发展新格局

——厦门海沧区统筹推进新型城镇化纪实

福建厦门市海沧区

厦门海沧区位于闽南金三角突出部，扼九龙江出海口要冲，是厦门海湾型城市的重要组成部分、厦门市岛外的副中心。下辖东孚镇及海沧、新阳两个街道及三个农林场，陆域面积186.46平方公里，人口约43万人。1989年，国务院批准设立厦门海沧台商投资区，是全国设立最早、面积最大的国家级台商投资区。2003年，厦门市进行行政区划调整，设立海沧区。2008年，海沧区获批设立全国第七个保税港区。

经过20多年的发展，海沧已由原来的偏僻小渔村，发展成为现代化新城区。2012年，全区实现地区生产总值401.5亿元，完成工业总产值951亿元，财政总收入达124.2亿元，成为福建省84个县（市、区）中突破百亿元大关的三个地区之一。2012年区级财政收入达26.3亿元，城镇居民人民可支配收入33944元，农民人均纯收入16709元。目前，海沧平均每平方公里土地创造财税收入超亿元，人均地区生产总值、人均工业产值、人均财政收入全省第一，农民人均纯收入全省"七连冠"，综合实力位居全省前十并跃居"全国百强区"第24名。

在20多年的发展历程中，海沧始终高度重视并采取有力措施，从规划、建设、产业、基础设施、公共服务、社会管理等各个方面，切实推进城区与农村协调发展，取得了显著成效，城乡一体化进程得到民政部等国家部委及专家学者的充分肯定。

一 城乡规划一体化，扭住龙头引领发展

规划是城乡建设的纲领和龙头。在推进城乡一体化发展过程中，海沧高度重视规划先行作用，注重将村庄建设规划纳入全区规划中，融合城区定位与农村特

点,切实做到既体现城市发展前景,又突出农村发展特色,并实现城市带动农村、农村促进城市的联动互动新格局。

(一)城乡规划编制互相融合

经过多年的开发建设后,海沧新港区、新工业区、新市区建设已取得较好成果,与此同时,传统农村的生产生活方式受到较大冲击。为此,海沧在编制总体规划时,注重城乡发展的协调性,在突出围绕"四个定位"(即:东南国际航运中心、海西先进制造业基地、厦门健康生态新城区和对台交流合作先行区)和"高起点、高标准、高层次、高水平"要求建设海沧新城,优化"两城两山依两湾"空间布局,形成层次分明、对接无缝、覆盖全区、有机融合的规划体系的同时,注重抓好城镇化过程中的辖区村庄建设规划编制工作。2006~2007年,海沧完成了钟山村、渐美村整体改造规划编制和新垵、霞阳、莲花、山边村的环境整治规划编制,2009年又完成除近期拆迁村外的其他22个村庄的规划编制工作。这些村庄建设规划既因地制宜、体现特色,又贴近中心、有利发展,注重城乡之间产业的契合度、基础设施的协同度,实现城乡之间互惠互利、优势互补,如:临近工业区的村庄重点发展服务工业企业的通用厂房、外口公寓、商贸市场等产业,靠近天竺山的村庄则按照"百姓富、环境美"的要求,规划发展乡村特色旅游休闲产业,港区附近的村庄重点发展物流、仓储等配套产业。

(二)城乡规划实施互相促进

根据海沧的地理环境,海沧规划分为南部港区、出口加工区、海沧湾新城、新阳工业区、马銮湾新城、东孚小城镇、天竺山旅游景区等片区。在先后完成海沧区总体规划和各片区分区规划的基础上,海沧有序抓好各项规划的实施,注重在实施过程中均衡、协调,城乡一体发展。为发挥海沧得天独厚的港口资源优势,打造孙中山先生《建国方略》中明确的"东方大港",结合大港口的发展需求,适时启动了临港新城的规划建设,拟搬迁港区范围内的21个自然村约2万人,既为港区发展腾出空间,又适当建设配套的生活、商业等设施,推动该区域村民"洗脚上岸",实现农村城镇化、农民市民化。而在东孚小城镇的规划建设中,城乡一体的特性也得以充分体现。在2011年2月、2012年3月相继被列为全省第二批、全国第三批综合改革建设试点小城镇后,区里及时完成了《东孚综合改革试点镇总体规划》的编制,明确提出要充分发挥产业基础较好、生态环境优美、交通便利的优势,着力打造以现代物流、新兴产业、生态旅游观光、商贸居住为主的厦门西部新城,成为海沧健康生态新城区的重要组成部分。这一规划方案正在稳步推进实施之中，已带动山边、寨后、凤山、过坂、莲花等村庄围绕东孚小城镇拟发展的主导产业，找准自身定位，实现"一村一品"的差异化发展。同时，海沧着手对该规划方案的外延进行拓展，与新阳街道的"产城一体"规划紧密对接，推动马銮湾新城逐步由纸面规划走向启动实施，一批商业街区、城市综合体、安居房、快捷式酒店项目正在实施或规划建设之中。

二 城乡建设一体化，提升品质共同发展

在大力开展海沧新城建设的同时，海沧旧村改造、新村建设也在稳步推进，村居环境、生活品质同步提升，实现了城乡建设一体化、建设成果由全民共享。

（一）新城建设如火如荼，城市面貌日新月异

按照"类似岛内、胜似岛内"的要求，加快推进海沧新城建设，城市面貌"一年一个样、三年大变样"，原来的老旧城区、偏僻渔村形象已全然改观，主要城区获赞基本达到新加坡、中国香港等先进国家和地区水平。生活配套、商气人气蓬勃发展，沃尔玛、天虹商场及一批五星级酒店纷纷入驻，日月谷温泉度假村、天竺山森林公园、青礁慈济祖宫等获评国家级4A景区。居民"绿色福利"不断提升，2010～2012年投入超过5亿元，连续三年全省首批完成造林绿化任务，被评为"样板中的样板"，2012年全区绿化覆盖率达约45%，海沧区、东孚镇分别通过福建省级生态区、国家级生态镇检查验收；海沧大道、滨湖北路在"厦门最美道路"评选中排名第二、第四位，并建成大屏山公园、彩虹公园、海沧湾公园等11个公园，全长20公里的海沧湖慢行绿道、首期22.8公里的公共自行车系统。筑得安居巢，引来金凤凰。随着城市环境的不断提升、城市配套的不断完善，海沧新城的吸引力也在不断增强，自2010年海沧新城启动建设以来，两年内海沧新城新增人口超过15万人，成为厦门岛外人气提升最快的区域。更引人注目的是，海沧新城的文明城度实现了飞跃提升，形成文明示范路、台胞义工志愿行、户外青少年道德讲堂等特色品牌，在福建省文明创建中实现"三年三级跳"，从2011年全省第八名到2012年全省第四名跃升至2013年以0.029的微弱差距位居全省第二名。

（二）美丽乡村大显身手，人居环境明显改善

在加快新城建设的同时，海沧充分认识到"只有农村美丽了，城市才能更美丽"，同步投入大量人力、物力、财力推动农村建设工作，实施了东孚小城镇

建设、农村环境整治等一系列工作。一方面,东孚根据全区"两湾两城两山"的总体规划和"一年拉开框架,三年初见成效、五年基本成型"的建设目标,全力推进改革试点工作,2011年完成投资进度连续10个月排名全省第一,2012年获得全省第二批小城镇考核第一名,小城镇综合实力快速提升、人民生活水平明显改善。特别是在小城镇建设中,坚持以人为本,坚持城区建设要为人的生存、工作、居住和娱乐提供方便,着力抓好城乡环境整治和绿道、文化广场、社区公园等项目建设,切实保持了与自然生态环境的和谐,初步建成了生活环境优美、基础配套设施齐全的宜居小城镇。另一方面,积极开展旧村改造和新村建设、"金包银"工程、点线面环境综合整治等工作,着力改善农村人居环境。近年来,先后实施了新垵村、霞阳社区、莲花村、山边村一期、贞岱村、寨后村等旧村改造、新村建设项目,实现了村村通硬化道路、村村通自来水、村村亮路灯,建成区—镇(街)—村(居)三级行政服务中心和一批农村文化、体育活动设施,农村环境面貌焕然一新,农民生活质量得到极大提升,一批生产发展、生活宽裕、乡风文明、村容整洁、管理民主的社会主义新农村已经基本成型,特别是东孚镇山边村被前来视察的民政部专家称赞为"中国最美的农村"。

三 城乡产业发展一体化,互补互惠共同富裕

立足于海沧多年发展形成的大港口、大产业基础,积极引导城乡产业布局调整优化,引导农村发展为港口物流、产业经济配套的服务业,以城带乡、以乡促城,推动城乡产业发展一体化。

(一)推进城市经济与农村产业互补互惠

海沧工业经济、港口物流业比较发达,为农村发展及其配套服务的相关产业创造了良好的条件。海沧注重加强区域内的产业分工合作,在大力发展工业区先进制造业、港区临港仓储物流业的同时,增强这些主导产业对农村产业的带动效应,引导农村产业升级。一是针对工业区生产生活配套相对薄弱的实际情况,用好、用活农村人均15平方米发展用地指标,建设了温厝通用厂房、新垵商贸楼、霞阳阳云外口公寓、山边"金包银"外口公寓等配套服务项目,并引导工业企业换位思考,放弃按照相关政策在厂区内建设7%的倒班宿舍等生活配套设施的做法,既通过市场渠道较好的依托周边村庄解决了企业员工的生活需求问题,又为村民实现长期稳定收益,为村企之间和谐相处、企业健康发展创造了良好环境。二是随着海沧和谐征迁工作的推进,特别是近年来海沧以厦门市九分之一的

土地面积，完成全市三分之一的征地、超过一半的拆迁工作量，大量农民从土地中解放出来，富余劳动力的转移就业成为党委、政府的一项重要工作任务。对此，海沧除引导农民走集体经济道路、以创业带动就业外，也注意适当引进部分劳动密集型企业，并通过一系列政策引导企业留出部分工作岗位给当地失地农民，从而较好地解决了农民征地拆迁后的生活出路问题。三是围绕乡村自然生态、闽南历史文化等特色，积极发展"一村一品"特色农村产业。如今，海沧已形成了东埔玛瑙、过坂贝雕、寨后休闲农业、后柯蔬菜基地、东屿海鲜一条街等"一村一品"产业项目，并扶持培育一批产业特色明显、经营规模较大、带动能力较强的农村专业合作社，这些项目有力地带动了生态休闲旅游业、商贸零售业等第三产业的蓬勃发展，提高了海沧的知名度和美誉度，为健康美丽新海沧增添了勃勃生气。

（二）高度重视发展农村集体经济

始终把发展村集体经济、增强村集体实力摆上重要议事日程，作为构建和谐社会、建设新农村的一项长期性的重要工作来抓。围绕通用厂房、外口公寓、商贸综合楼等符合村（居）实际、村（居）乐意的项目，从政策扶持、财力投入、基础配套等方面着手，大力发展村（居）集体经济发展项目，做优做强村（居）集体经济，逐步解决农民增收等"三农"问题。在海沧区成立之初，即建立起"国有资本引领村财运作"机制，项目先行由国有公司建设运营，待收益稳定后国有公司逐步退出，以吸收有意向的村集体及村民入股，引领村集体资金保值增值。2008年，海沧设立农村集体经济发展基金，并积极争取上级补助资金，为发展村（居）集体经济发展项目提供了资金保障。并在此基础上建立了农村集体经济项目储备库，储备了一批拟建及在建项目，为发展壮大农村集体经济注入了强大后劲。截至2012年底，已批准农村发展用地20.19公顷，涉及8个村委会15个项目。其中，多个项目已经建成并取得良好收益。温厝通用厂房项目年出租收益可达280万元，山边"金包银"外口公寓年租金收益近50万元。

四　城乡基础设施一体化，功能齐全覆盖全面

针对城乡基础设施差异大、设施共享性差等突出问题，海沧将城区和农村作为一个有机整体，在规划布局、基础设施建设方面强化城乡设施的衔接、互补，加大对农村基础设施的投入，促进覆盖广、功能全、水平高的城乡基础设施一体化。

（一）城乡交通网络体系不断完善

近年来，海沧先后实施了厦深铁路、前场物流园区等疏港铁路规划建设，加快推进海新路、困瑶路等港区道路建设，推动厦成高速、海沧隧道、海翔大道、孚莲路改造、新 324 国道改线、马青路改造、兴港路改造等项目建设，辖区"四纵六横"交通主干道路网基本成形。与此同时，海沧高度重视完善农村交通体系，每年财政性基建投资计划中均安排若干条农村村道项目，并列为"为民办实事"项目予以加强督查、积极推进。自 2010 年来，海沧先后实施了 78 条农村道路项目，全面实现了各自然村均通硬化道路，并将农村道路路灯电费纳入区财政保障范围。此外，加大力度扶持农村客运公司发展，实现了村村通公交。

（二）城乡公共设施建设全面覆盖

坚持民生为先，加大财政投入力度，供水、供电、垃圾及污水收集处理生活配套基础设施等实现城乡一体化，并建立起农村公共基础设施维护管理长效机制，有力地改变了农村基础设施建设滞后的状况。加快海沧水厂及供水管道建设，建成给水管道 472.806 公里，实现村村通自来水。建成 10KV 以上（输）变电站 81 个，逐步启动电缆下地缆化改造，城乡供电质量稳定。在福建省率先创新城乡环卫一体化机制，将农村环卫保洁工作纳入区属国有企业城建集团作业范围，基本形成"一把扫把扫全区"，2010 年成为全国首批 28 个村镇垃圾整治全覆盖县（市、区）之一。仅 2012 年就增加了 14 万平方米村道纳入城市保洁范围，2013 年全区环卫作业经费预算超过 9000 万元。认真开展流域村庄污水治理工作，完成西塘、后坑、汤岸村庄分散式污水治理设施建设，加快推进杨厝、新社、下社、赤土村庄污水治理，农村污水无序排放问题得到有效控制。

五 城乡公共服务一体化，共享共赢凝聚民心

公共服务涉及与群众关系最密切的教育、医疗、文体、就业等实际问题，实现城乡公共服务一体化是践行群众路线，实现中国梦的途径之一。海沧始终高度重视城乡公共服务一体化工作，公共财政投入向民生领域倾斜，自 2011 年至 2013 年上半年累计投入约 48 亿元用于民生领域，努力实现发展成果由全民共享。

（一）城乡教育均衡发展

紧紧围绕教育优先发展战略，推行城乡教育均衡发展策略，按照"素质引

领、均衡发展，管理创新，特色立校"的教育理念，实现了城乡教育资源均衡布局，城乡公办校园实现班班多媒体、校校塑胶操场和"校校通、政校通和家校通"的信息化管理，多媒体教学交互式一体机、教学自动录播系统实现了教学实况在全区校园同步录播，共享优质教育资源；师资均衡配置，率先实施"同城同编、同城同薪"，实现城乡学校教师编制、生均经费、教师工资、绩效标准统一，鼓励教师积极到农村学校支教，对参加交流人员在评优评先、职务评聘、培训培养等方面予以同等优先；学校均衡发展，实行农村薄弱校委托管理工作，采用"职责授权、资源统调、多元扶持、分年评估"管理模式，努力使受托方的整体管理水平和教育质量得到明显提高。此外，对农村学生还实行义务教育学生营养改善计划、免费提供《新华字典》、成立乡村学校少年宫等一系列优待措施。

（二）城乡公共卫生发展均等化

以推进医疗卫生体制改革为突破口，围绕破解人民群众"看病贵、看病难"问题，不断完善医疗卫生服务体系建设，全面提升医疗卫生机构硬件设施水平，努力改善城乡医疗卫生服务的差距，实现医疗卫生服务的公平与均等化，使辖区村（居）群众共享医疗卫生发展成果。多层次医疗服务体系覆盖城乡。按照标准化、规范化的要求，建立健全了区、镇（街）、村（居）三级医疗卫生服务体系，特别是完善村卫生所（社区卫生服务站、个体医疗机构）的网底功能，16个标准化卫生所、2个社区卫生服务站建成投入使用，成为基层医疗服务网络的重要力量。多层次医疗服务网络共同构建的"15分钟健康服务圈"已基本覆盖城乡。基层医疗卫生服务水平实现提升。近年来，共建设2.1万平方米基层医疗机构业务用房，2012年投入约2400万元更新提升医疗硬件设施，目前全区基层医疗卫生机构硬件水平居全市各区前列。在全市率先实行镇村卫生服务一体化管理模式，由镇卫生院（或社区卫生服务中心）对村卫生所实行"五统一、两独立"的一体化管理，全区10个村卫生所作为全市首批试点开通医保并实施基本药物零差率销售制度。城乡公共卫生服务扎实推进。实现城乡、户籍、流动人口基本公共卫生服务同质同量，2012年辖区居民健康档案建档率80%，排名全市第一；65岁以上老年人免费体检并建档率达到95%；规范管理社区高血压、糖尿病等慢性病人2.1万例，管理率居全市第一；农村妇女"两癌"免费筛查2万例，覆盖率居全市首位；落实全民医保政策，将农村参保人员个人需缴费部分由镇（街）、村（居）、个人共同承担，进一步减轻了农民负担，提高了农村居民医疗保险参保率，参保率达100%。

（三）城乡文体事业发展迅速

完善城乡公共文体设施网络。加速推进区、镇（街）、村（居）公共文体设施建设，建成海沧区文化中心，完成体育中心一期工程主体建筑，启动体育中心二期工程和游泳跳水馆建设；建成东孚镇外口文化活动中心、青少年校外活动场所等覆盖城乡的文体活动场所；全面铺开三位一体的文化活动中心等村（居）文体设施建设；全面推进农村电影放映、农家书屋、农村有线广播村村响、有线数字电视整体转换、"绿色网吧"包括公共电子阅览室、文化信息资源共享工程等公共文化惠民工程建设。打造城乡特色文化活动。持续挖掘海沧文化资源特色和优势，成功举办了六届海峡两岸保生慈济（厦门海沧）文化旅游节、玛瑙文化旅游节、汽车文化节、海沧市民节、购物节、城市狂欢节等特色节庆活动。加大非物质文化遗产的挖掘、保护、传承力度，整合民间文化队伍资源，扶持发展海沧蜈蚣阁、送王船、新垵五祖拳、东孚高跷队等富有海沧特色的民俗文化活动，建设海沧区非物质文化遗产展厅，组织开展常态化的歌仔戏、越剧、京剧、民乐专场演出和南音表演、荷叶说唱、大鼓凉伞等形式多样、群众喜爱、丰富多彩的系列群众文化演出。

（四）推动城乡劳动就业、社会保障一体化

从"为民、便民、惠民"出发，多措并举推进城乡就业，群策群力抓好社会保障，基本实现了全区城乡就业、社会保障一体化。2012 年 3 月出台了福建省最优惠的城乡就业政策，从就业、培训、创业、社会保障等方面提出一系列的优惠政策，实现了城乡一体、劳动年龄内全覆盖、政策优惠全省第一，受惠群体更广、扶持力度更大、保障更加全面，惠及本区劳动力 5 万多人，其中 50～59 周岁未就业被征地人员及退养渔民 9098 人次、企业 4149 家，职专学生 152 人次，累计发放补贴 8100 万。城乡社会保障走在全省全国前列。城乡居民养老保险工作成绩突出，于 2009 年 12 月、2011 年 7 月先后被确定为首批国家新农保试点区、首批国家城镇居民养老保险试点区；被征地人员养老保险参保补贴全省最高，区财政给予每个参保对象补贴 12000 元，对于经济困难的低保户，给予一次性 20000 元的补贴。提高城乡居民医疗保险保障水平。积极落实市政府相关政策，增加城乡居民医疗保险财政补贴，财政补助从每人每年 360 元提高到 390 元、个人缴费 110 元，并对农村居民参加城乡居民医疗保险个人缴交的 110 元，由镇（街）、村（居）和个人共同承担，其中镇（街）承担 80%、村（居）和个人共承担 20%。该补贴政策全省最优惠，补贴资金全省最高。

六　城乡社会管理一体化，齐抓共管综合治理

海沧不断加强和创新城乡社会管理工作，使城区与农村社会管理工作同谋划、同部署、同落实，推动城乡社会服务、综合管理、环卫工作一体化，着力消除城乡分割的社会管理体制障碍，缓解城乡矛盾冲突，加速城乡社会融合，构建城乡社会管理一体化新格局。

（一）城乡综合服务一体化

加大财政投入力度，采取新建、改建、扩建及租用等方式，全面解决村（居）办公活动场所问题，办公面积合格率达 100%。全面推进城乡社区综合服务中心（站）标准化建设，仅 2012 年就投入 1 亿元用于建设 11 个农村社区综合服务中心。扎实推进城乡社区网格化建设，达到城乡社区全覆盖，全区村（居）共划分为 299 个网格，将农村社区"六大员"整合为网格管理员，对城乡社区网格管理员进行理论业务知识培训，组织进行业务及平台操作考试，确保城乡社区网格管理员适应社区"四化"（责任网格化、平台信息化、管理精细化、服务人性化）建设要求。推进城乡社区信息服务平台规范化建设，每年投入 108 万元用于平台建设维护，提高城乡社区事务处理能力和管理效能。

（二）城乡综合管理一体化

构建城乡三级管理网络，依托网格化模式强化社会管理巡查。全面掌握整治情况。合理调配执法力量，强化联合执法，落实属地管理职责，逐步完善多元管理模式，加强对"城中村""城乡结合部"等薄弱环节的管理。加强城乡违法建设整治。从源头入手，通过"扣机械、控建材、断水电、堵资金"等手段，加强对非法占地违法建设的管理，严控村庄外围翻改建层数，疏堵结合管理村庄内翻改建。强化市（村）容市（村）貌管理。采取突击检查与常态管理相结合的办法，不断加大城乡市容秩序监管力度，对重点路段、集市开展综合整治，利用短信平台开展有效的宣传告知，引导"城中村"及"城乡结合部"的占道摊贩集中经营，减少对周边居民的影响，努力营造良好的生产生活环境。

在推进城乡一体化工作中，海沧做了一些有益的尝试，取得了一定的成效，总结出几点体会。

一是推进城乡一体化工作，需要各级领导的高度重视和部门的齐心协力。海沧区委、区政府始终高度重视城乡一体化工作，历任区委、区政府主要领导均亲

自过问、亲自部署该项工作,强调指出"发展是第一要务,民生是第一保障"。区委常委会、区政府常务会多次研究有关城乡规划、农村环卫、基础设施建设、公共管理服务等方面的事项,比如海沧行政区设立以来第一次区政府常务会即研究了多项关系到农村公共服务体系建设的议题。与此同时,全区各级各部门都从各自职能出发,积极参与了城乡一体化工作,如:建设局在城乡环卫、旧村改造新村建设、征地拆迁与安置房建设等方面做了大量具体的工作;发改局及时将城乡一体化项目纳入财政性投资基础计划,财政局切实落实项目建设资金保障;人社局、教育局、卫生局等相关单位在出台相关政策、实施相关项目时,也充分考虑了城乡平衡、向农村倾斜的问题,从而使政策的效果更加突出、项目的效益更加明显。

二是推进城乡一体化工作,需要广大干部群众转变观念、达成共识。在城市发展建设特别是像海沧这样的新区建设过程中,在城市与农村的关系上容易产生一些不正确的观念,如:重视城市、忽略农村,城市发展最重要、农村发展可放一放,等等。对此,海沧充分认识到,没有农村的发展,就没有城市的发展,占全区户籍人口一半的农民没有富裕起来,全面小康就不可能实现,农村的环境没有改观,健康美丽新海沧也只能是一句空话。因此,城乡一体化不是可有可无、可大可小、可早可迟的事情,而是必须时时刻刻紧抓不放的一项重点任务。为此,海沧在发展中切实做到转变观念、认识到位,既采取有力措施引领推动,又充分发挥群众的积极性、主动性,从而确保了城乡一体化工作不弱化、不跑偏。

三是推进城乡一体化工作,既要结合实际情况因地制宜、又要突破窠臼勇于创新。全国各地的城乡一体化工作情况各不相同,海沧39个村(居)资源禀赋、人口构成、传统产业、文化特质等情况也各不相同,不存在标准模式或既定路径来推动城乡一体化工作开展。在工作中,必须结合实际情况,具体问题具体分析,而不能强求城市与农村一模一样、农村之间一模一样,一个要求不走样、一把尺子量到底,否则将出现"替民做主""给钱找骂"的结局。海沧在城乡一体化进程中,既注意统筹共性问题,在包括农村征迁标准、村(居)网格化建设、教育卫生等公共服务方面,按照相应的规范或一定的标准严格落实,又紧紧贴近各个村(居)的具体情况,对不同问题采取了不同的处理方式,适时适度进行制度、措施的创新突破,如:根据新阳街道外来务工人员较多的实际情况,在积极引导村民投资入股建设外口公寓集体经济项目的同时,对现实已经存在的村民自建房用于出租采取评定星级出租屋的方式加强管理。又如:东屿村地理位置优越,整村拆迁工作难度极大,海沧创造性地提出"商品房"改"安置房"模式,将已经出让给国有企业的经营性用地收回用于建设东屿村整村拆迁安置房，并引导村民成立安置房建设监督小组，从而较好地推动了拆迁工作的开展。

总体而言，海沧城乡一体化工作取得新成效，迈出了新步伐。但与先进地区相比较，仍存在许多的差距和不足。海沧将牢牢把握科学发展、加快发展、协调发展的总要求，按照"六个一体化"的总体方向，继续落实资源均衡配置、政策适当倾斜、资金有力保障的思路，以"美丽厦门．健康生态新海沧"为总纲，大力推进"大港口、大产业、大社会"三大工程，促进城乡一体化建设在新的起点不断实现新的突破，努力繁荣发达、富裕文明、城乡统筹发展的现代化新城区。

城市升级引领转型发展
共建共享幸福顺德

——佛山市顺德区加快城市转型升级推进新型城镇化纪实

广东佛山市顺德区

顺德地处珠江三角洲中部，北邻广州，南近港澳，面积806平方公里，是广佛都市圈、粤港经济圈的重要组成部分。境内以江河冲积平原为主，河涌交错，土地肥沃，四季常春，自然条件得天独厚。顺德建县于明景泰三年（公元1452年），现为佛山市辖区，下辖10个镇街，200个村（社区），常住人口248万人，其中户籍人口124万人，在世界20多个国家和地区拥有50多万港澳台同胞和海外侨胞。

顺德拥有美的、格兰仕、联塑、碧桂园等一大批知名企业。享有"家电之都""家具王国""花卉世界""美食天堂""粤曲之乡"等美誉，是中国县域科学发展的排头兵。2012年，全年实现地区生产总值2338.78亿元，全社会工业总产值5350.66亿元，全社会固定资产投资449.88亿元，进出口总额220.2亿美元，地方公共财政预算收入136.5亿元，顺德名列全国百强区综合实力榜首。

一 坚持城市升级，推动产城融合发展

2011年，顺德提出"城市升级引领转型发展、共建共享幸福顺德"的战略目标，首次突破工业化时代产业带动城市发展的思维，从提高城市化质量、塑造城市特色、提高城市综合竞争力的目标入手，以城市升级、产业转型、改革创新为重点，系统推动顺德综合转型。

（一）营造环境，促进城市进入增值通道

经过两年的努力，顺德的城市功能不断完善，城市品质显著提升，具体表现在四方面，一是内畅外通的交通格局基本成型。近年来，顺德共投入资金365亿元，高起点、大规模推进路网建设。顺德公路密度已达223公里/百平方公里，

高于全省 109.6 公里/百平方公里；高速公路密度为 11.7 公里/百平方公里，高于全省的 3.1 公里/百平方公里。基本实现了"3015"交通路网建设目标（即区内各镇街 30 分钟互达，15 分钟上高速）。顺德在珠三角城市群中的区位优势进一步彰显。二是顺德新城建设日新月异。顺德新城作为城市升级的主战场，各大项目均高效推进。华侨城项目落户顺德，保利综合体、置业广场快速推进，广珠西线出入口美化、广珠西线生态景观林带建设、碧桂路城区出入口景观、德胜商务区中轴线绿化景观提升改造、主城区立交桥及人行天桥立体绿化等 10 个项目全面完成。随着下半年南国路东延线等 5 项工程的完工以及滨河路等项目的加快推进，顺德新城的建设步伐将会不断加快。三是魅力小城建设各具特色。在推进"强中心"的同时，同步推进魅力小城建设，取得了明显成效。比如容桂文塔商务区"三旧"改造、科技新城等项目有力地提升了容桂的城市形象。北滘新城总部经济区、潭州水道绿化提升、细海河和杨家涌改造提升等项目建设使得北滘新城片区实现了产业、环境和人居的协调发展。乐从钢铁世界、罗浮宫国际家居博览中心、星光广场、物联天下等项目建设使乐从承接广佛的辐射能力更强，产城联动的格局呼之欲出。杏坛的逢简村村貌改造、建设南路和河北路改造使杏坛岭南水乡韵味更加浓郁。四是城乡环境显著改善。通过开展"美城行动"，加大投入力度，提高部门、镇街对城市管理工作的重视程度，提升城市管理的水平，对水、大气、固废以及窝棚猪场等群众关注的热点环境问题开展专项整治，城乡综合环境持续改善，人民群众的满意度不断提升。

（二）以城促产，激发产业活力

2011 年，顺德发布"城市升级五年行动计划"，从规划、建设、管理等方面制订了城市升级目标。提出用 5 年时间，将城市升级为富有岭南水乡特色和独特人文风情、兼容大城市产业效率和小城镇生态环境的网络型城市。自"城市升级引领转型发展，共建共享幸福顺德"战略实施以来，尤其是 2013 年上半年，全区一些城市升级、产业转型重大项目都取得了突破性进展。这些项目的成功实施，既为产业发展提供了再次腾飞的平台，又为品质生活之城建设奠定了坚实基础，是探索产城互动、加快区域转型升级的有益尝试。可以说成绩有目共睹、成效十分显著，得到了省、市主要领导的高度肯定和广大市民的充分认同。

中国南方智谷是省区共建的顺德区"十二五"重大创新工程，由核心园区和特色园区组成。其中核心园区为三区一园，A 区建设产学研结合的公共技术创新平台片区；B 区打造高端人才集聚、高端研发和高端现代服务业的发展片区；C 区重点发展生物医药及医疗器械产业；创业孵化园用于承接南方智谷研发成果的中试及产业化。另有广东工业设计城等 9 个特色园区。目前，南方智谷推进十分顺利，已相继建设美的创业园、清华大学力合科技园等 5 个孵化器，进驻项目接近 100 个。其中力合科技园投资达 60 多亿元人民币，预计将撬动产值超过 200 亿元。高规格规划、高水平建设智谷大厦、人才公寓、智谷公园等高品质城市生活配套设施，成功吸引中大卡大国际联合研究院、广东西安交大研究院、中科院研发基地等机构和上百位高端人才进驻。预计到 2015 年，南方智谷将完成 A 区和 B 区启动区建设；将吸引创业投资资金总额超过 5 亿元，经认定的各类孵化器超过 10 家，认定国家级科技企业孵化器 1 家；引进和培育 500 家科技型企业入驻，产业超 100 亿元；培育和引进上市企业 12 家；集聚 2 万名左右中高端人才，引进 100 名领军型科学家或创新团队，初步形成全球高端创新创业人才驿站，成为珠三角智造中心以及顺德城市人居典范区。

顺德西部生态产业新区规划区涉及大良（7.98 平方公里）、容桂（18.80 平方公里）、勒流（23.44 平方公里）和杏坛（32.78 平方公里）四个街镇的土地，总面积约 83 平方公里。目前，西部生态产业新区已经升级为省级高新技术产业开发区。水、路、气、电等基础设施逐步完善，投入数百万元的绿化工程即将完工，一座产业新城正在逐步成型。德国梅塞尔集团、浦项钢铁、伟高 LED 平板背光源及媒体互动系统产业基地、康宝物联家居系统研发制造基地等先进制造业项目纷纷入驻，日益成为区域发展的新引擎。我们希望通过 3～5 年的努力，把西部生态产业新区打造成顺德特色产业集群创新拓展地、自主低碳产品标准研发与生产基地、珠三角地区最具竞争力的一体化产业园区和生态型城乡空间示范区，实现生产与生活的统一、人工与自然的统一、生态与人文的统一，使园区既有高效率的生产活动、又有高品质的生活环境；既有完善的硬件配套设施，又有优美的岭南水乡气质；既有良好的自然生态环境，又有和谐共融的社会生态氛围。

致力打造的"飞地经济"——广东顺德清远（英德）经济合作区，更是践行产城互动理念的典范。合作区面积达 36 平方公里，按照"园城同建创新园、山水融合生态园、绿道先行低碳园、景观示范样板园"原则建设，合作区突出产业发展与生态城市建设的互动，围绕先进装备制造业和现代服务业双轮驱动，着力打造以制造业为主导产业，生产服务、生活服务、旅游服务为配套产业，基础设施完备、配套服务完善的山水融合、环境优美的示范性现代园区。目前，合作区各项建设扎实推进，德国梅塞尔气体、万家乐厨房科技产业园等项目纷纷落地，总投资达 135 亿元的基础设施建设和招商引资全面提速。随着中国礼品产业基地、岭南文化创意产业园等一大批产城互动项目的陆续推进，合作区将成为顺德可持续发展的重要支撑点和全新增长极。

南方智谷总部园区、广东工业设计城、西部生态产业新区、广东顺德清远（英德）经济合作区、北滘新城总部经济集聚区等项目都很好地坚持了产城互动发展理念。这些优质项目既兼顾了产业内涵，又兼顾了城市内容和城市功能，提高了顺德城市品质，实现了"安居乐业"、高端发展的目标。2013年6月，华南美国商会会长到访时表示，该会之所以选择在北滘新设办事处，不仅是看重顺德的民营经济基础，更是看上了北滘新城良好的工作生活环境。

（三）"三旧"改造，拓展产业发展空间

近年来，虽然顺德在引导和鼓励企业创新技术、推进节能减排等方面取得了一定成效，但在产业结构中高耗能、高污染、高成本及附加值低"三高一低"的特点仍比较突出。以城市升级"倒逼"产业转型，是顺德对产业未来发展提出的新课题。

目前，顺德土地开发强度达49.49%，接近50%的警戒线，大规模新建产业载体已经不太可能，而新增的建设用地规模也不足以保障未来的用地需求。据统计，要实现2020年规划期末的经济发展目标，预计需要各类建设用地8万亩，而到2020年规划期末实际还剩下新增建设用地规模仅4.2万亩，用地供需差额高达3.8万亩。因此，顺德必须通过加大"三旧"改造力度等措施来挖掘用地空间，化解土地利用困境，保证城市升级用地需求，可以说，"三旧"改造将是顺德下一步发展的"华山一条道"。

为此，近期顺德将重点启动以下几个项目，通过以点带面，全面加快顺德"三旧"改造步伐。一是德胜河"一河两岸"改造项目。德胜河北岸改造项目位于顺德新城，总用地面积709.05亩，首期启动区面积212.67亩。德胜河南岸改造项目东起容桂大桥，西至容奇新涌水闸，以旧居民区为主，用地面积335.19亩。目前南岸初步拟定10个地块，合共160.08亩作为启动地块重点推进。"一河两岸"改造项目规划总建筑面积达150万平方米，拟将德胜河"一河两岸"打造成配套居住、商业、创意产业园、滨河绿化景观及公共配套设施的城市核心区。二是勒流滨水生态区启动区"三旧"改造项目。项目位于勒流街道北部，总用地面积2130亩，现状为旧厂房用地及码头用地。项目改造后，将建设会展中心、滨水休闲广场、商务办公写字楼、大型购物中心等项目，规划总建筑面积达30万平方米，拟建设宜居、宜业、宜游的滨水低碳社区、会展综合服务区及岭南休闲水乡，将规划区打造成为顺德"三旧"改造的示范区。三是乐从北入口改造项目。项目位于乐从镇北部，佛山新城范围内，总用地面积3000亩，现

状为粗放式经营的钢铁市场、旧村居住宅、旧厂房,规划建设商业、商住、居住、公建配套等设施。四是广东锻压机床厂及周边地块改造项目。项目位于大良石洛路南侧,总用地面积126500平方米,属于"二改三"项目,是典型的旧工业和旧城混合的改造项目。计划采取分期改造的方式,首期启动改造地块用地面积56074.09平方米。改造后规划建筑面积达28万平方米,包括大型商业、商务大楼、公共配套设施等,将打造成为大良中心城区标志性商业建筑。五是伦教华南机械城项目。项目位于伦教街道办事处荔村村委会一横路伦教工业区,用地面积约10.1万平方米,建成后建筑面积达27万平方米。改造后将成为华南地区机械配件的集散地,推动机械配件供应向集约化、功能化、标准化、信息化、智能化发展。

借力城市升级,顺德产业正在加快转型升级,逐步形成了家电、家具、机械设备等八大支柱产业,高端新型电子信息、现代医药、环保装置、新材料、新能源等五大新兴产业也正蓄势待发。

二　强化政府服务　推动民营经济转型跨越发展

顺德紧跟世界产业发展趋势,围绕促进民营企业"练好内功、创新转型"这条主线,不断加大政府引领力度,推动民营经济加快从规模速度型向质量效益型转变、从"制造"向"智造"转变。

(一)突破"成长天花板",以更加系统的政策体系培育民营企业梯队

采取综合扶持措施,加快构建"骨干企业顶天立地、中小企业铺天盖地"的企业生态。一是实施龙腾计划。选取300家优质成长型企业,从财税、融资、企业用地、科技创新、市场开拓等方面重点扶持。49个项目列入2012年省现代产业500强,龙腾企业成为顺德大中型企业发展的标杆。二是实施星光工程。率先在全国县域出台小微型企业扶持政策,每年新增财政资金1亿元,对1000家小微型企业进行全方位扶持,企业转型主动性明显增强。三是壮大骨干企业。出台骨干企业做大做强扶持办法、建立区4套班子领导"企业专员"制度、选派优秀干部到企业挂职锻炼制度等,增强对重点培育企业服务的针对性和有效性。安排25亿元专项资金,创新帮扶机制,力争到2020年底全区超50亿元企业达42家、超100亿元21家、超500亿元8家、超1000亿元2家、超2000亿元1家。四是实施总部经济战略。鼓励企业在区内壮大发展高端环节,有序外延扩

张，打造中国民营经济总部基地。现已认定总部企业 28 家，涵盖制造、金融、商贸、物流等领域，总部企业对全区税收贡献达 68%。美的将总部设在顺德，在全球设有 60 多个海外机构和生产基地。伊之密收购美国百年品牌 HPM 全部知识产权和商标，加速实现国际化跨越。

（二）突破"低端陷阱"，以更加清晰的产业导向推进民营经济向高端延伸

充分借助企业对产业方向的敏锐嗅觉和内生需求，以清晰的产业导向调整招商引资重心，引导社会投资方向，推动产业向"微笑曲线"上层和两端延伸。一是着力实施质量强区和品牌标准战略，力争将制造业优势做到极致。2 家龙腾企业获首届省政府质量奖。全区企业参与制定各类标准 290 项。电压力锅国际标准获得国家标准创新一等奖。二是着力发展生产性服务业，服务业比重提高到 42%。广东工业设计城、顺德创意产业园等成为全省最大的工业设计产业集群区域，吸引近万名设计人才，每年撬动工业产值超过 150 亿元。以电子商务带动制造业和专业市场转型升级。全区现有网商约 3000 家，打造出 10 多个电子商务交易平台，覆盖钢铁、塑料等生产资料及家电、家具等制成品领域。三是着力推动优势传统产业与战略性新兴产业融合发展，增强经济发展后劲和活力。中科院广东纳米材料工程中心、阿格蕾雅 OLED 新材料等一批重点项目进驻顺德。IBM、三星等近 30 家著名企业入驻物联网应用产业基地。四是着力以信息化带动工业化发展先进制造业。以全国唯一"国家级装备工业两化深度融合暨智能制造试点"为契机，推动装备制造业加快向精密数控、成套化、智能化方向发展，装备产业跃升为顺德第二个千亿级产业集群，先进制造业增加值占规模以上工业增加值比重约 32.6%。

（三）突破"发展瓶颈"，以更加开阔的视野打造民营经济发展载体

因应土地开发强度接近 50% 的现实，实施产城互动战略，积极发展多元化和集约化的产业平台，引导企业走内涵提升、外延扩张的道路。一是建设中国南方智谷。重点发展以科技研发为核心的生产性服务业，打造成为珠三角智造中心、科技综合体和顺德重要的现代服务业聚集区。已被认定为"国家现代服务业科技服务产业化基地"，首期建设项目列入"省现代产业 500 强"，首批引进 16 个重大创新团队和项目，认定 4 个科技企业孵化器，顺德中山大学—卡内基梅隆大学国际联合研究院将于年内正式启用。二是建设广

东顺德清远（英德）经济合作区。为解决土地资源匮乏和企业发展用地不足等问题，与清远探索内外联动、互利共赢的开放合作新模式。合作区管委会拥有省级项目审批权，并获省 30 条政策扶持，21 个项目计划在年内全面动工，总投资 135 亿元。三是建设西部生态产业新区。产业新区规划建设总面积为 83 平方公里，获批为省级高新技术产业开发区，打造体现生态文明、产业友好型的体制创新之区、科技发展高地。目前，世界 500 强企业浦项钢板高级镀锌板项目等一批重大项目相继落户和投产。四是大力推进"三旧"改造。设立法定机构城市更新发展中心，采取专业化、市场化手段推动"三旧"改造工作。开辟特色园区和标准厂房建设新路，建立土地等资源科学合理配置的透明机制，形成大、中、小、微企业梯度发展格局，让优质企业各得其所、安心发展。

（四）突破要素制约，以更加完善的支撑体系增强民营经济核心竞争力

构建以创新、人才、资本为核心的要素支撑体系。一是加快自主创新步伐。已初步构建起以企业为主体、公共创新平台为核心的自主创新体系，全社会研发经费支出占 GDP 比重达 2.9%。与 140 多所高校和科研院所建立长期合作关系，开展产学研合作项目 1000 多项，专利申请量和授权量连续 17 年位居全国县域前列。建成国家级重点实验室、国家级企业技术中心 14 个，国家级高新技术企业 214 家，是广东省工程中心最多的地区之一。10 个镇（街道）全部建成省技术创新专业镇，华南家电研究院等 17 个公共创新平台服务功能更加彰显，科技进步对经济增长贡献率超过 60%。二是加快实施人才强区战略。建立"1＋10"人才政策体系。扶持领军人才团队来顺德创新创业，在启动资金、创业投资、场地安居等方面给予扶持。符合条件的优秀团队，区财政一次性给予单位 1000 万元的工作经费，或个人工作经费 800 万元和成就奖励金 200 万元。充分发挥顺德职业教育发达的优势，深化校企合作，组织区域学产联盟，实施"蓝领工程师"培育计划，为民营企业转型升级提供高级技能人才。三是加快完善产业金融体系。加快培育和发展各类金融机构，现有证券机构 22 家、小额贷款公司 7 家、融资性担保公司 17 家。区、镇两级设立引导资金，吸引了 15 亿元民间资本参与创立 8 家股权投资基金。推动企业上市，全区上市企业达 13 家，区内企业控股上市公司 6 家，累计募集资金超过 610 亿元。近 30 家企业进入上市筹备阶段，力争 2015 年上市企业达到 55 家，打造证券市场"顺德板块"。

（五）突破"单打困局"，以更加贴心的服务助推民营企业抱团发展

构筑起制度化、常态化的企业服务体系，着力解决民营企业的实际困难。一是打造区域品牌。因应产业发展和市场需要，打造集体商标和集体品牌，推动顺德企业抱团向外扩张。现有家具、木工机械等集体商标 7 个、国家级区域品牌 22 个。二是抱团开拓市场。组织企业参加境内外各种展会和经贸洽谈活动，举办家电、家具、机械等专业性展会，为民营企业开拓市场搭建良好的贸易平台。2012 年发动企业参与"广货网上行"，累计认定商城 6 家、网店 63 家，总数居全省第三。三是促进分工协作。举办"龙腾企业"和"星光企业"对接会，搭建"大帮小、小促大"产业互助平台，促进企业间加强配套协作，推进产业集群向高端化发展。四是传承顺商精神。成立"顺商学院"，举办各类总裁培训班、经理人研修班，成功打造"顺商论道""顺商万里行"等 10 多个服务品牌，持续深入弘扬顺商精神。

三 坚持改革创新，打造体制机制核心竞争力

作为全国改革开放的前沿地和广东省综合改革试验区，顺德早在 1992 年，就以机构改革为切入点，在全国率先推进了以行政体制改革为先导、企业产权制度改革为核心的综合改革。当时，政府主动转变职能，退出经济竞争领域，向社会让渡发展空间，实现从计划经济向市场经济的成功转型。这轮改革"解放了企业，也解放了政府"，让顺德在体制上先行一步，经济社会快速发展，成为全国县域经济的排头兵。2011 年与 1992 年相比，GDP 和工业总产值分别增长 24 倍和 37 倍。

随着市场经济和民主法治的深入发展，市场主体意识、市民权利意识和社会服务需求日益多元，公共管理事务不断增多，但我们在政府职能和管理方式上却没有作出根本性转变。主要体现为：政府存在职能错位、越位和缺位的问题，对经济社会事务大包大揽，管了不少不该管、也管不好的事情，有些该管的事却没有管好，造成自己疲于奔命，吃力不讨好；权力过多介入市场自主和社会自治领域，制约了市场和社会的创造力。这种行政体制与市场经济发展的不适应、不匹配，成为产生诸多社会问题和矛盾的体制性根源，也难以支撑经济社会新一轮的转型升级。深入剖析现状后，我们认为，只有从行政体制改革入手，不断深化改革，才能进一步解放市场，释放社会活力，而大部门体制改革正是改革的切入点。

推动大部制改革。为此，2009年，我们在广东省委、省政府的支持下推进了大部门体制改革。一是同类项合并。把所有党、政、群部门以及部分双管单位共41个机构整合成16个大部门，形成大规划、大经济、大建设、大监管、大文化等宽职能的大部门架构，部门职能更清晰，问责更到位，行政效能和服务水平得到提升。二是党政联动。加强党的领导和政府政务管理的相互协作，职能相似、相近的党委、政府机构合署办公，增强了工作合力。三是扁平化管理。区委常委、副区长、政务委员直接兼任16个大部门的首长，缩短了决策链条、压缩了管理层级，实现领导分工专业化、决策执行扁平化。四是权力重构。根据决策权、执行权和监督权既相互制约又相互协调的原则，优化政府权力设置。改革后的大部门强化决策职能，重大事项由区联席会议讨论决定；经济社会管理的具体执行更多地下放或外移给镇街、事业单位、法定机构和社会组织；通过向政府部门派驻纪检监察组，独立行使监察权，确保行政权力依法、公开、规范运行。五是区镇同步。各镇（街道）根据大部门体制改革原理，重构内设机构和权力运行机制，形成区镇互动，上下呼应的统一行政格局，确保改革后工作能切实贯彻到基层一线。

大部门体制改革较好地解决了政府部门职能交叉、权责失衡、效率难控、监督弱化等管理问题，但要解决根本问题，在兼顾效率的同时促进社会公平正义，必须系统推进综合改革，将改革从体制内向体制外延伸，实现大部门体制改革从"物理变化"向"化学反应"升华，彰显它的价值和成效。为此，2011年下半年，我们进一步推出以行政审批制度改革为龙头、以社会体制改革为重点、以基层治理体制改革为基础的综合改革，朝着社会主义市场经济的改革方向和"大部制、小政府、大社会、好市场"的改革路径迈进，努力构建适应市场经济要求的行政体制和社会治理模式。

推进行政审批制度改革。对政府审批权全面彻底梳理，将社会能够做、比政府做得更好的事项转移出去，取消或优化1/3审批事项，明晰审批标准，优化审批流程，缩减审批时间50%，使政府从"重审轻管"向"科学规管"转变。在全省率先开展商事登记制度改革，降低准入门槛，同步推进投资领域审批改革和新型市场监管体系研究，构建起"宽进严管"的监管体系和国际化、法治化的营商环境。通过上述改革，明晰政府权力边界，促进职能瘦身，规范权力运行，初步解决了政府职能越位、错位、缺位的问题，继1992年企业产权制度改革后，再一次释放社会创业热情和市场经济活力，市民和企业切实感到改革带来的好处。改革实施半年来，月均登记有限公司的数量同比增长40%以上。

以推进社会体制改革。建立决策咨询体系，在重大政策、财政预算、社会服务等公共事务方面，广泛听取社会各界的意见和建议。组建法定机构，吸纳社会贤达和专业人士直接参与经济社会管理服务，用市场化手段，独立、专业、高效地执行政府公共政策，提升公共服务水平。推进事业单位分类改革，进一步放权赋能，增强自主权，并实行由服务对象评价和监督。培育和发展社会组织，为政府职能转移培养更多社会承接主体。通过改革，广泛而有序地调动社会参与，推动治理主体从单一向多元转变，使政府的公共决策水平得到提升，社会自我管理、自我服务和自我修复的能力进一步增强，逐步建立起协同善治的新格局。

推动基层治理体制改革。深入思考完善基层治理对改革发展的长远影响，以解决农村历史遗留问题为切入点，重建政府与群众的互信关系；推进党代表工作室建设，倾听民意、汇聚民智、解决民困，密切党和群众的血肉联系；实行"政社分离"，政府逐步统筹村居的行政事务，落实和规范村（居）民自治，发展社区组织和志愿服务，建立政府、社区和社会合作共建的机制；推进社会建设十项行动计划，建立覆盖村居的社会服务体系，以改善民生赢得群众信任，巩固党和政府的执政基础。

通过全面统筹、系统配套的综合改革，顺德在"小政府、强政府、大社会、好社会"建设上取得新的突破，政务环境、营商环境和社会治理环境得到全面提升，由改革塑造的体制竞争优势为经济社会发展注入了新的强劲动力。在2013年9月出台的全国百强区综合实力排名中，顺德名列第一。更可喜的是，从内生动力上，顺德改革以其生动实践，成功实现由体制内向体制外延伸，形成全体公务员和社会各界"想改革、会改革、支持改革"的共识与行动，这是顺德发展的根本希望所在。

⑥.11

统筹城乡 融合发展 努力建设新疆重要的现代化区域中心城市

——库尔勒市凝聚发展优势建设现代新城的实践探索

新疆库尔勒市

近年来，随着中央新疆工作座谈会、全国对口援疆工作会议的召开，新疆进入了大建设、大开放、大发展的新的重要历史战略机遇期。库尔勒市以党的十八大精神为指导，紧紧围绕实现跨越式发展和长治久安两大历史任务，结合市情民意，确立了实施中心城市发展带动战略的总体思路，即围绕实现"新疆重要的现代化区域中心城市"这一目标，以"健康、幸福、宜居、宜业、特色"为核心，以"环保优先、生态立市"为基础，以建设"百姓幸福感更高城市"为主线，以建成"现代生态花园城市"为抓手，全面实施"打牢四大支撑，形成两大格局，注重两个优先，做到两个维护，实现三个率先"的发展战略。按照自治区党委"三个走在前列"（新型城镇化走在南疆乃至全疆前列，新型工业化走在南疆前列，城乡人均收入水平走在全疆前列）的要求，库尔勒市确立了发展的总体目标：到 2015 年实现地方财政收入比 2010 年翻一番半以上，城乡居民人均收入翻一番左右；到 2020 年实现生产总值比 2010 年翻一番半以上，城乡居民人均收入翻一番半左右。

——充分利用"三大优势"。一是政治优势。2010 年 7 月，自治区党委张春贤书记提出巴州要围绕"三个走在前列"，做好"六个方面工作"。2012 年自治区公布的《新疆城镇体系规划（2012～2030)》中，库尔勒市被列入全疆"一主三副、多心多点"的第二个层面，与喀什、伊宁—霍尔果斯两个国家级经济特区一起列为自治区重点发展的副中心城市。自治区党委八届四次全委（扩大）会议上进一步明确要求"继续加快乌鲁木齐、喀什、伊宁、库尔勒等重点特色城市建设，培育一批区域中心城市"。二是区位优势。库尔勒历史上就是"丝绸之路"中道的咽喉，地处新疆腹心地带，是南北疆的交通枢纽，是巴州的首府。随着吐鲁番—库尔勒铁路二线、库尔勒—阿克苏铁路复线的建成，库尔勒—格尔木铁路的开工，库尔勒—伊宁铁路的立项，北海—南宁—昆明—成都—格尔木—

197

若羌—库尔勒—伊宁—霍尔果斯自东南向西北的第二条亚欧铁路大陆桥将加速贯通。同时，库尔勒—库车高速已经通车，绕城高速、库尔勒机场改扩建等一批国家、自治区重点项目正在立项，公路、铁路、航空、物流"四位一体"的立体格局已初步形成，这为库尔勒承北启南、扩大开放、连接区域内外提供了广阔空间。三是发展优势。库尔勒市行政区域面积7268平方公里，建成区面积110平方公里。市辖9乡、3镇、5个国有农牧园艺场、5个街道办事处，市域内驻有兵团第二师师部及所属3个农业团场、中石油塔里木油田分公司、3个州直农牧园艺场及十几个驻库部队，形成了军地、兵地、油地团结互助、合力共赢的良好发展优势。2012年，实现生产总值581.3亿元，是1979年建市之初12.41亿元的46.8倍；地方财政收入42.6亿元，是1979年0.07亿元的608倍；农牧民人均纯收入13356元，是1979年75元的178倍；城镇居民人均可支配收入18100元，是1979年180元的100倍；全社会固定资产投资完成299亿元，其中地方固定资产投资97.12亿元，连续多年保持两位数增长。库尔勒市在2010年"西部最具投资潜力百县市"中位列第12名，在2012年第十二届全国县域经济百强县中排名第54位。库尔勒市常住人口为55.25万人，流动人口近40万人，其中主城区实际居住人口已近70万人。从经济学角度分析，城市人口规模直接影响发展速度，城市人口规模超过50万人，城市发展进入新的高峰期阶段。

——实施中心城市"三步走"战略。第一步，全面提升巴州中心城市功能，尽快建成南疆首位度更高的中心城市，成为巴州跨越式发展的增长极；第二步，凸显全疆重要的中心城市地位，打造全疆跨越式发展和长治久安的重要支点，建成新疆重要的现代化区域中心城市；第三步，提高在全国县域经济中的综合竞争力，扩大在全国的知名度和影响力，打造成中国西部名副其实的"塞外明珠，山水梨城"。

一 围绕"一个核心"，推进新型城镇化走差异特色之路

经过充分调研、反复讨论、科学规划，总结经验，凝聚共识，坚持走差异化、特色化发展道路，确定了以"健康、幸福、宜居、宜业、特色"为核心，推进新型城镇化的发展思路。

健康，就是健康的人、健康的环境、健康的社会、健康的经济和健康的生活有机结合的可持续发展。

幸福，就是城乡发展均衡，城乡居民的幸福指数不断提高，各民族共同团结

奋斗、共同繁荣发展。

宜居，就是生活环境舒适，生态环境怡人，社会环境稳定，吸引人流聚集。

宜业，就是现代产业发展强劲，服务全域、辐射周边、承南启北的市场网络、政策体系完善，创业、就业环境进一步优化。

特色，就是经济社会各领域发展优势明显、赶超后劲较强，城市特质突出，充满生机活力，富有独特魅力。

围绕这一核心，库尔勒市坚持规划先行，遵循"结合实际，找准定位，创新思路，跨越发展，保障民生，维护稳定，促进和谐"的基本要求，统筹考虑国民经济和社会发展"十二五"规划及各专项规划。坚持"高起点、找名院、请名家"修编城乡总体规划、土地利用总体规划、城乡接合部控制性详规、综合交通枢纽规划。坚持"大库尔勒"发展方略，放宽视野，内强外聚，加快形成"两带七组团"和"城市群"发展"两大格局"，推动综合服务功能和辐射带动作用"两大提升"。

（一）组团布局，加快形成"两带七组团"格局

按照"全域规划、全面建设、全程控制"的原则，将组团布局与"三化"建设相结合，基础设施建设与宜居环境改善相结合，城乡统筹发展与居民生活质量提高相结合，坚持差异化发展，突出特色化优势，增强城区、中心城镇集聚功能和带动力，科学布局"两带七组团"。

（二）多圈联通，加快形成城市群新格局

加快推进区域经济一体化，突破条块分割和行政区划，联动发展，整体提升。充分利用区位优势，以自治区综合交通枢纽建设示范市为契机，加快建设集公路、铁路、航空、管道"四位一体"的国内综合交通枢纽，建立对外开放合作大通道，在融合发展中提高综合竞争力。

二　强化"两个优先"，推进新型城镇化走和谐生态之路

新型城镇化的核心是人的城镇化。库尔勒市在推进新型城镇化的过程中，注重满足居民的多样化需求，把提高人的幸福指数、促进人的全面发展作为新型城镇化建设的出发点和落脚点，努力建设"百姓幸福感更高城市"。注重改善群众的居住和生活环境，将新型城镇化与建设生态文明相结合，走建设"现代生态花园城市"的新路子。

（一）坚持民生优先，着力打造百姓幸福感更高城市

把"如何提升百姓幸福指数"作为课题，在通过社会调查建立幸福指数测评体系的同时，找准切入点，从"四个方面"着手，全力保障和改善民生，提升百姓幸福感。

一是提升安全感。在一项专门针对群众安全感的社会调查中发现，群众在经济环境、教育环境、生活环境等方面的安全感较高，但在社会环境方面的满意率还不是很高，这是由当前新疆反恐维稳的严峻形势造成的。稳定不仅是发展的前提和基础，更是决定发展的关键因素。没有稳定的大局，就没有投资发展的环境。因此，库尔勒市各级干部始终强化"抓稳定也是抓发展"的观念，把稳定和发展作为重中之重的任务，坚持"两手抓、两手都要硬"，切实做到"两个坚决、两个确保、三个坚决防止"。认真抓好社会管理创新工作，以自治区"用群众工作统揽信访工作试点市"为契机，结合机构改革，建立了以群众工作部为龙头、以群众工作站为纽带、以群众工作室为基础、以群众信息员为前哨的四级群众工作网络，形成用群众工作统揽信访工作的新格局。同时，强化城乡村、社区自治和服务功能，发挥群众参与社会管理的基础作用，最大限度地激发社会活力、增加和谐因素、减少不和谐因素，努力构建和谐有序的社会环境。

二是提升舒适感。高度重视社会事业的基础作用和民生效应，把群众关注的收入、就业、住房、看病、上学、出行、办事等方面存在不均衡的"七难"问题作为重点，注重城市承载力与人口规模的同步扩张，集惠民政策、本市财力、对口支援项目资金之力，保持民生领域投入不低于财政支出的80%，加大公共基础设施建设，逐步缩小城乡教育、医疗、文化、居住环境等生产生活方面的差距，促进社会公平。连续三年实施了20类50项、22类60项、25类112项重点民生工程，同时，将对口支援地河北石家庄市的援建项目资金全部用到民生工程上，着力解决涉及群众利益最直接、群众最关心的住房保障、公共基础设施建设、扶贫帮困、基层组织建设、"菜篮子"、生态建设、棚户区改造、社会保障、教育、医疗、交通等民生问题。长足发展的社会事业和良好的居住环境不仅得到了本市群众的认可，更吸引了市域外的人到梨城安家落户。据不完全统计，近几年在库尔勒市购房量基本保持三个1/3，即疆外、疆内和本市购房的各占总购房量的1/3。

三是提升自豪感。多年来，梨城人民自加压力、团结拼搏，先后创造了"龙山奇迹"，荣获国家卫生城市、国家园林城市、中国人居环境范例奖、中国优秀旅游城市、国家环境保护模范城市、全国双拥模范城五连冠、CCTV2006中

国十佳魅力城市等 30 多项国家级荣誉，尤其是成为西北地区唯一荣获并蝉联的
"全国文明城市"。这都是各族人民群众引以为豪的荣誉和无形资产。库尔勒市
紧紧抓住有利的政策优势、独特的区位优势和坚实的先发优势，不断提高城市的
知名度和美誉度。以"爱国爱疆、团结奉献、勤劳互助、开放进取"的新疆精
神为感召，深入开展"热爱伟大祖国、建设美好家园"主题教育活动。更加注
重人民群众的满意度，让各族群众成为建设百姓幸福感更高城市的推动者和受益
者，积累以热爱家乡为傲、以建设家园为责的宝贵精神财富，为建设现代化区域
中心城市注入了强劲动力。

四是提升认同感。切实增强各族人民对伟大祖国的认同、对中华民族的认
同、对中华文化的认同、对中国特色社会主义道路的认同，以牢不可破的"大
团结"促进改革发展稳定。按照自治区党委"以现代文化为引领"的战略选择，
坚持以社会主义核心价值体系为引领，把蕴涵在先进文化中的精神力量渗透、贯
穿到经济社会发展的各个方面，渗透、贯穿到人们的日常生活工作中，以"文"
兴业，以"文"聚人，用中华民族共有文化价值观，教育和引导各族人民群众
形成高度的认同感。牢牢把握各民族共同团结奋斗、共同繁荣发展的主题，切实
把民族团结进步事业融入政治、经济、文化和社会生活的各个领域，全面贯彻党
的民族政策，不断巩固和发展平等团结互助和谐的社会主义民族关系。

（二）坚持生态优先，努力建设现代生态花园城市

坚持环保优先、生态立市，大力开展以"绿化、净化、亮化、美化"为主
要内容的城乡环境综合整治活动，力争用 3～5 年时间构建大生态体系，促进经
济发展方式的转变。

——绿化为基。1996 年，库尔勒市提出了"让库尔勒绿起来"的口号，全
市各族人民一道，向戈壁宣战、向沙漠进军，以"见缝插绿、挖山增绿、背土
还绿"的决心，完成 8 万亩东山荒山绿化生态林建设，在城市外围基本形成了防
护林体系框架，彻底改变了梨城东大门整体形象，开辟了在极端困难条件下植树
造林、防沙治沙的典范，成功荣获国家园林城市、全国水土保持生态环境建设示
范市称号。近年来，库尔勒市又提出把森林引入城市，让公园进入社区，由
"园在城中"向"城在园中"转变的思路，规划了"三山三带三组团，六轴六廊
六绿心"生态布局，以老城区、南市区、开发区"三大组团"为龙头，以霍拉
山、库鲁克山、龙山"三山"为屏障，着力打造孔雀河、杜鹃河、白鹭河"三
条滨河休闲风光带"，充分彰显气势宏大、山水辉映的魅力。坚持水绿结合，以
绿为主，以水为辅，把生态建设成果由城市外围向居民生活空间延展。沿主干

道，在三纵三横"六条交通景观绿轴"两侧，建设了宽20米以上的带状公共绿地，在组团间隔处和城市外围拓宽"六条生态绿化走廊"，在城市三大组团合理布局500亩以上的"六个绿心"，完善"绿道系统"，使水系与绿带有机融合，步移景异，融山水林路城为一体，把城市建在花园、公园、森林中，彰显水在城中、城在园中、楼在绿中、人在景中的城市整体景观风貌，形成了疏密有致、方便市民、具有特色的"掌型"立体绿化网络，极大地改善了城市人居环境和生态环境，体现了"花园之城"的魅力。

——净化重治。以日常规范为主，集中整治为辅，不断巩固和扩大全国卫生城市创建成果。对城市主次干道、公共场所和城市出入口等重点部位，以及"城中村"、生活小区、背街里巷等，开展地毯式环境整治行动，清除卫生死角。一是加强乱摆乱放清理整治。二是加强城乡接合部环境整治。三是加强养犬管理。四是集中整治餐厨垃圾和建筑施工企业的粉尘、噪声污染。通过多措并举、综合施策，进一步净化、改善梨城的卫生环境和空气质量。

——亮化添彩。以城市主干道为试点，一方面加强对沿街建筑物外立面、游园绿地、公共设施及各种广告亮化设施管理，统一规划设计、统一控制、实时监控，体现街景、楼宇特色；另一方面加强对路灯的日常修护，利用路灯监控系统划分区域，落实路灯养护维修责任，确保路灯设施完好率、日常亮灯率不低于98%，节日及重大活动期间日亮灯率达100%，营造五彩缤纷的城市夜景，既方便了市民出行，也提升了城市品位。

——美化重管。以打造"天鹅故乡、幸福梨城、宜居家园"城市品牌为目标，不断提升城市的整体形象和文化品位，充分彰显梨城魅力。一是加强对市政道路、公共设施等定期养护维修。开展小街小巷环境容貌整治，及时更换破损设施。二是统一美化设计沿街广告牌匾，实行统一尺寸、统一材质、统一颜色，达到一店一匾、一街一品、一楼一式。三是不断提升小区物业管理水平，进一步规范城市物业服务和推进居民小区环境综合整治，提升物业服务意识，切实解决居民关心的热点、难点等民生问题，打造"路平、灯亮、畅通、安全、有序、和谐"的居住环境。

三 注重"三个转变"，推进新型城镇化走统筹城乡之路

加快转变经济发展方式，不再仅关注GDP增长，而是综合考虑规模、速度、质量、效益之间的关系，着力推进新型城镇化、新型工业化、农牧业现代化以及现代服务业互动协调发展。在发展方式上注重"三个转变"：城乡并重，实现以

城带乡、城乡统筹发展转变；经济效益和社会效益并重，实现以百姓幸福指数体现经济发展质量、效益转变；一、二、三产业并重，实现以工促农、壮大地方工业总量、培育三产优势转变，促进发展规模、速度、质量、效益同步提高。

（一）坚定不移地走统筹城乡发展之路

充分发挥自治区统筹城乡综合配套改革试点市示范带动作用，以统筹推进城乡规划、产业发展、基础设施、劳动就业和社会保障、公共服务、社会管理"六个一体化"为目标，在先行先试中探索"新疆特色、巴州特点、库尔勒模式"的统筹城乡发展新路子，着力推进土地管理和使用制度、户籍管理制度、公共财政管理体制、投融资体制、行政管理体制、社会管理创新"六项改革"。在近郊乡镇，加快实施"村改居、乡改办"，坚持"被征地农民收入不降低、农民安置小区建设标准不降低"，做到拆迁安置同步进行，最大限度地让被征地农民受益。在远郊乡，因地制宜，探索适合本地实际、符合民意的新型城镇化之路，进一步完善统筹城乡发展的体制机制，在全疆率先建立统筹城乡综合配套改革的政策体系，基本形成现代城市和现代农村和谐交融的新型城乡形态。

（二）坚持规划、建设、管理并重，丰富内涵，提升品质

在城乡规划中体现可持续理念。严格按照规划评审制度，做到先规划、后建设。坚持老城区改造与新区建设并举、"规建管"并重，加强对土地的管理利用，注重做好公建、绿地等用地的规划和控制。以维护广大人民群众的根本利益为出发点和落脚点，首先规划不可占用之地，也就是绿地、公建、配套设施等不能产生直接经济价值的用地（如全市中小学校点布局、社区办公场所、公厕布点等公共设施规划），留足空间，控制节点，而不是仅仅规划具有直接经济价值的用地，在细节之处体现以人为本，体现群众的需求。在城市建设中体现大气、大利、大美。始终树立"经济效益、社会效益、环境效益和群众利益有机统一"的理念，大手笔地整片集中建设，结合"城中村"改造、危房改造与城市功能布局，集中连片规划建设。特别是在"三条滨河休闲风光带"建设中，坚持"先造景、后开发"，吸引各方有识之士投资，实现"多赢"。在城市管理中体现以人为本。在对口支援项目建设中，把对口支援资金全部用于民生项目，在南市区中心区域一次性规划440亩土地，大力实施社会福利院、医院、学校和安置小区建设工程。在棚户区改造中，因地制宜地规划建设安置小区、就业安置市场，采取"楼房＋门面"、就地安置、就业创业技能培训和公益性岗位优先考虑等多

种举措，实现城市改革发展成果与各族群众共享。结合居民生活需要，高度重视建设和管理好小绿地、小游园、小广场、小健身场地等与居民生活息息相关的公共活动场地，让市民生活更加方便、惬意和舒适。

（三）加快推进新型工业化

库尔勒政府深刻认识到，工业化是现代化不可逾越的阶段，没有经历过工业化高度发达阶段，第一产业和第三产业的发展只能是初级阶段较低水平的增长，缺乏持续快速发展后劲。"十一五"末，库尔勒市生产总值中一、二、三产业比重为5.3∶79.7∶15.0。剔除石油部分，一、二、三次产业比重为15.5∶41.6∶42.9。就地方发展而言，第三产业超过第二产业的比重。为此，库尔勒政府结合市情，实事求是地坚持把推动地方工业发展作为经济发展主导，作为转变发展方式、贯彻落实科学发展观的重要目标和战略举措。

——依托优势，壮大地方工业。紧紧依托石油石化、农副产品、新能源等产业的市场竞争优势，把优势产业做大做强，着力建设"六大工业产业基地"：石油天然气化工产业、油田装备制造和技术服务产业、棉纺化纤加工产业、特色农副产品加工产业、现代能源产业、矿产品及建材产业，引入大企业大集团，努力以工业跨越带动全市跨越发展。

——依托园区，走集约化发展之路。2005年，库尔勒市与尉犁县打破行政区划，整合库尔勒市工业园、尉犁县西尼尔工业园，建立库尔勒经济技术开发区，完成了一期80平方公里基础设施配套工程，实施了二期60平方公里规划建设，吸引入驻企业455家，特别是美克集团、富丽达、西姆莱斯等一大批知名企业的落地促进了开发区的快速崛起。2011年4月10日，经国务院正式批准，库尔勒经济技术开发区升级为国家级经济技术开发区。库尔勒市以此为契机，按照"依市建区、以区强市，产城结合、业居统筹"的建设方针，抓牢自治区极力培育的巴州—阿克苏特色产业聚集区的机遇，把"产业功能"和"城市功能"有机结合起来，科学规划、统筹布局，沿218国道和314国道，推进塔什店循环经济产业园、上库综合产业园与库尔勒经济技术开发区互为补充、错位发展，提升园区承载能力。2012年实现工业总产值599亿元，工业增加值406亿元，"一主两翼"园区发展格局初步形成。

（四）大幅提高城乡居民人均收入水平

走共同富裕之路，是中国特色社会主义的本质特征。推动跨越式发展和长治久安的最终目的，是促进共同富裕。

　　——持续增加农牧民收入。坚持用工业化的思维发展农业，依靠科技促进传统优势农业增效增收，延伸产业链，推进农业特色化、产业化、标准化，持续实现农民收入的突破性增长。突出"安全保粮，绿色兴果，节水稳棉，规模促畜，丰富菜篮"的农业发展思路。把独有的享誉世界的品牌——库尔勒香梨做大做强，不断扩大以注册果园为重点的标准化种植基地，"十二五"末香梨面积将扩大到50万亩以上，其中注册果园面积10万亩以上，并依托香梨产业研究学会等交流平台，提升品质，拓展国内外市场，以独特、绿色、高值、精品的"库尔勒"品牌赢得产业竞争优势，使以香梨产业为支柱的特色林果业收入占农民收入的40%以上。坚持把发展节水生态农业放在重中之重的位置，全面普及高效节水技术，完善农业综合防控体系，引进新品种、新技术，形成"支柱产业上规模、特色产业增效益"的多样化发展模式，增强农牧业综合生产能力、抗风险能力和可持续发展能力。加快发展现代化设施农业，紧紧抓住育苗这一关键环节，大力推进"菜篮子"工程，利用现代技术建设规模化、标准化育苗基地，扩大无公害农产品、绿色食品、有机食品的生产规模，建成全疆重要的无公害设施农业生产基地。

　　——提高城镇居民收入。在扩大就业方面，实施积极的就业政策，对城乡待业大中专毕业生、升不了学的初高中毕业生、农村富余劳动力，有计划、有针对性地集中开展免费培训。多渠道、多层次开发公益性岗位，促进重点人群特别是少数民族大中专毕业生充分就业，切实帮扶城乡零就业家庭人员实现就业，做到动态清零。在鼓励创业方面，降低创业门槛，加大政策扶持，让有志于创业者方便创业、成功创业。在创建平台方面，重点规划建设了功能完善、平等竞争、城乡统一的人力资源服务体系。尤其是结合"城中村"、棚户区改造，把解决被征地农民的社会保障和就业问题作为难点、重点，通过建设市场、出租房、门面房用于出租或经营，以被征地农民各类资产入股等多种途径，使被征地农民获得租金、薪金、股金等稳定的收入。

（五）多极突破，强化城镇产业支撑力

　　坚持城镇化与工业化"双轮驱动"，以提升综合竞争力为核心，以总部型经济辐射带动为重点，突出产业兴城，完善地方与兵团、石油、铁路互惠互利机制，全方位、多领域地建立基础设施建设、资源开发、产业发展、物流、金融、旅游等方面的协作机制，实现资源共享、优势互补、融合发展，加快人流、物流、资金流、信息流的聚集，形成城内以第三产业为主、园区以第二产业为主的产业格局。在城内产业方面，重点是：

——加快建设区域金融中心。提高城市金融发展水平，有效聚集资本，是培育新的竞争优势、进一步提升库尔勒市在南疆经济圈战略地位的关键。库尔勒围绕金融商业发展、金融层次的提升和金融环境改善，着力完善规划、政策等支撑体系。加快配套设施建设，为金融机构入驻提供优质载体；大力支持各类金融机构开发更多的金融产品和项目，扩大对支柱产业、基础设施、中小企业的信贷支持；不断优化金融生态，引进和发展各类银行业机构，积极推进证券公司、保险公司设立区域性总部或分支机构，吸引大企业集团发展面向南疆的总部型基地。

——加快建设区域物流中心。沿交通走廊、核心功能区，规划建设了一批功能全、起点高的商贸流通设施，健全城乡商贸流通体系，增强商品集散能力，加快建成多层次、开放型、高效便捷的南疆物流中心和全疆重要的物流集散地。为优化经济结构、拓宽就业渠道、加速资源聚集，着力提高生活性服务业档次，拓宽生产性服务业领域，提高全社会信息化水平，积极构筑与工业化、城镇化相协调的现代服务业体系。

——加快建设新疆重要的旅游目的地和集散地。按照"把旅游业培育成为调结构、促就业、惠民生的战略性支柱产业和富民产业"的要求，以"大库尔勒"的思维，积极整合自然资源、人文资源、社会资源和区位优势资源，实施立体开发，打造特色旅游业。有机结合生态城市建设、园区建设、生态农业，开辟旅游通道，展示新型工业化新品牌，发展乡村特色旅游，带动交通运输、餐饮服务、商贸流通等相关产业的发展。积极争取纳入南疆环塔里木盆地特色旅游观光区，建设综合服务基地。

四 坚持"四大理念"，推进新型城镇化走产城融合之路

围绕自治区城镇体系规划"一主三副"发展战略布局，坚持谋大、谋深、谋远，立足市情，进中求变，总结、创新、实践城镇化建设"四大理念"，进一步提升城镇综合服务功能和辐射带动作用。力争到2015年中心城区面积达到120平方公里，市域人口达到100万人；到2030年中心城区面积达到150平方公里，中心城区人口达到100万人，真正实现"百万人口"城市的目标。

（一）坚持"一城多极、整体提升"的发展理念，在发展方式上求新求变

库尔勒发展初期，因财力有限、人力不足等，优先发展老城区，再由老城区

逐步外延，发展了南市区、开发区。这种单极扩散式的发展方式对早期城市功能快速提升起到了关键推动作用。但随着库尔勒向着百万人口城市目标的迈进，以单极为支撑简单地"摊大饼"式的发展模式暴露出城市功能单一、带动能力较弱、发展潜力不足等诸多弊端。为此，库尔勒市及时调整思路，变"单极"为"多极"，在城市布局多个"发展极"，作为积聚发展实力和活力的着眼点，以点连线、点线及面，撑起现代化中心城市的"多柱擎天"，从而推动全面发展、均衡发展。选择发展"点"时，根据区位特点、基础条件、发展需求等实际，结合财力基础，因地制宜，因时而动，分近期、中期、远期适时有序培育，迫切要发展的优先立项，有基础发展的尽快上马，集中财力办大事，用最小的付出获取最大的回报。进入"十二五"，充分利用区域内三条铁路、五个枢纽站建设契机，重点建设"九个城市发展增长极"，即华凌现代物流中心、农副产品集散中心、火车客运站综合枢纽、公路客运中心枢纽、南疆特色产品集散中心、民航机场综合枢纽、火车库东站货运综合枢纽、西尼尔新城服务中心、旅游休闲综合发展轴，集中市域内生产要素重点投入，把这些优势点变成"动力源"，并恰当地"穿针引线"，逐步把孤立的"点"连片，变不均衡为均衡，由点连线及面，实现整体联动，整体提升。

（二）坚持"大分区、小综合"的发展理念，在城市布局上求新求变

在科学论证、贴近实际的基础上，把发展空间合理划分成几个大的组团，每个组团进行不同的功能定位，实现差异化、区别化发展，加快形成两带七组团和城市群"两大格局"。同时，在各大分区、组团内部建设上，既尊重差异也强调基础功能，既要求特色也关注基本公共服务，科学规划和分期建设商业、办公、休闲、居住、医疗、文化教育等基础设施，完善组团的核心带动功能，避免分区大而空，留不住人，动不起来。注重增强中心城区内老城区、南市区、开发区三大组团龙头带动作用时，坚持"一城三区、一区两核"布局，遵循人的活动规律，以3公里左右为每个核心的服务半径，与"三河贯通"工程同步规划，在每一个组团（区）分别形成两个核心功能区。老城区重点建设州政府所在区域和9.2平方公里的"幸福城"，南市区重点建设3平方公里的"上水城"和13.1平方公里的"生态城"，开发区重点建设开发区管委会所在区域和西尼尔新区，把已经拉大的城市空间服务完善起来，激活各功能分区，有序引导人流、物流的相对合理流动，突出核心区域的辐射作用，让城市发展更健康、更幸福、更宜居、更宜业、更有特色。

（三）坚持"政府主导、市场主体"的发展理念，在城市经营上求新求变

坚持把政府和市场"两只手"协调起来，走以城养城、以城建城之路。一方面加快政府职能转变，充分发挥政府的引导和控制作用，使政府从具体经营行为中解脱出来，变主体为主导，把主要精力集中于政策制定、规划编制和行业监管等宏观领域，优化公共服务，提高管理水平，引导投资者、建设者积极参与，有序开发，促进产业、人口、城市良性互动；另一方面发挥市场在资源配置中的基础性作用，将经营理念贯穿于城市规划、建设、管理的全过程，放开市场的手脚，"四两拨千斤"，把政府的有限资金通过现代经营、商业化运作，聚拢市场资金，实现项目投资回报，产生 10 倍乃至 20 倍的经济效益。在规划建设"三河贯通"工程中，通过规划布局、河道改造、生态建设、基础设施完善等以政府为主导的先造景、后开发，让更多有意投资者看到发展前景、看到商机，财政投资与市场开发同步进行，预计财政投资 30 亿元，将带动吸引市场 500 亿元资金，3～5 年可实现预期目标。

（四）坚持"民生优先、群众第一"的发展理念，在社会管理上求新求变

坚持把提升百姓幸福感作为发展的根本目的，按照"守住底线、突出重点、完善制度、引导舆论"的思路，以实际行动体现"民生优先、群众第一、基层重要"，使各族群众共享改革发展成果。总结连续三年实施民生工程的经验和做法，推进保障和改善民生常态化，使重点民生工程投入资金、涉及类目、惠及人数年年有增加。建立财政补贴平抑物价的长效机制，到 2015 年布局建设 100 个蔬菜肉直销点。建立健全扶贫帮困的长效机制，开展"万名干部与群众心连心"活动，县、科级干部每人结对帮扶两户困难户，联系两户基层群众；一般干部每人联系两户基层群众，切实帮助群众解决实际困难和问题，提高城乡居民的收入水平和生活质量。坚持教育全面优先发展，着力打造南疆基础教育高地。做好劳动者自主就业、市场调节就业、政府促进就业和鼓励创业工作。积极稳妥地深化医药卫生体制改革，构建食品药品监管长效机制。着力提高百姓的幸福指数，真正调动人民群众积极主动的参与热情，营造人人热爱库尔勒、人人建设库尔勒、人人宣传库尔勒的浓厚氛围。

"塞外明珠，山水梨城"是库尔勒的自然禀赋，是发展积淀。在实施"四大理念"具体实践中，库尔勒市找准了一个既符合市情民意又能加快发展的有力

抓手，一个既能发挥条件禀赋又能长期受益的有形载体。2012 年启动实施了"三河贯通"工程，把孔雀河、杜鹃河、白鹭河横向联系起来，在水系经过的地方规划了城市新的发展片区，充分利用水脉把原本分散的组团串联起来，把缺少的功能丰富起来，解决现在纵向密集、横向不足的问题，为城市整体发展提供更加坚实的基础。把"三河贯通"工程定位于体现"健康、幸福、宜居、宜业、特色"中心城市发展核心的功能提升工程和民生改善工程，定位于发挥自然禀赋、建设可持续发展示范区的生态工程，定位于打造西北地区一流的发展环境、宜居环境、人文环境的转型工程，反复论证、统筹考虑、扎实推进。一是立足优势、放大亮点。深挖"水韵"优势，充分考虑城市综合功能定位，把景观改造同周边片区整体开发结合起来、同区域整体功能提升结合起来、同城市长远发展结合起来，做到造景与开发同步进行。景观改造工程分三期共 20 公里，两岸规划了商业区、工作生活区、服务区、休闲区和综合体，构建生态、生活、产业等多功能复合的发展水系廊道，借水文章办发展的事，把优势打造成亮点，全面贯通老城区、南市区、开发区，打破过去的孤立状态，将综合服务、商务文化、创业集聚等功能有机串联起来，丰富横向轴线内涵。同时，结合飞机场、火车站、客运站的建设，适时地因地制宜地实施水绿结合的生态水网工程，形成错落有致的山、林、水城市整体风貌。二是一举多得、多方共赢。坚持打基础、利长远，找专家、请名院，进行了大量的可行性研究，力求经济效益、社会效益、生态效益、群众利益有机统一，政府、市场、群众、城市多方共赢。从有利于推动城市整体功能提升出发，打破原有组团间的壁垒，强化各组团综合服务功能，通过"三河贯通"工程有机串联三大组团，缓解老城区压力，振兴新区，实现组团间功能互补，整体联动。从有利于推动社会管理盲点破解出发，通过一系列水脉拉大了城市框架，沿线规划的"六大有形载体"，将城市文明风尚逐步向外围延展，进一步把城乡接合部藏污纳垢和治安乱点、难点清除干净。三是以城带乡、产城融合。以"三河贯通"工程为产业轴线，沿轴规划行政办公、商贸金融、会议展览、文化娱乐、生活休闲等有形载体，链接创业中心、商务文化中心、综合服务中心、物流中心，以增强经济带动和吸纳就业为重点，大力发展现代制造业、现代农牧业、现代服务业等产业，有序兼顾新农村建设、特色小城镇建设，继续放大组团集聚效应，实现农村城镇化、城镇城市化、城市现代化，不断提升资源整合能力、辐射带动能力和创新发展能力。

在推进新型城镇化、加快区域中心城市建设的具体实践中，库尔勒市总结出了三点体会。一是要坚持继承、发展、创新。这也是贯彻落实科学发展观的具体体现。继承是发展的源泉、基础和前提，创新是发展的不竭动力。二是要强化

"思路决定出路，实干决定成败，实力决定一切"的意识。事业兴衰，关键在人。只要各级干部讲实话、干实事，敢作为、敢担当，言必行、行必果；只要出实招、做实功、求实效，以踏石留印、抓铁有痕的务实作风抓落实，各项事业就会不断取得新胜利。只有厘清新形势发展的思路，以科学的思路赢在起跑线上，以勤奋的努力提升实力，才能快人一拍，先人一步，实现美好愿景。三是要坚持"立足实际不等靠，埋头苦干不张扬，勇于开拓不守旧"。推进各项事业的进步与发展，不是等出来的，也不是靠出来的，是各族干部群众干出来的。各级干部就是要重实绩、轻名利，一心为民，以实际行动践行党的宗旨。只有实事求是地在发展中破解难题，激发各族群众的创造力，以超常规的新举措、新方法，开辟符合市情、民意的科学发展之路，才能实现建设现代化区域中心城市的目标。

Ⓖ.12

建设现代化综合新城
推进城乡一体化发展

——南昌县推进新型城镇化统筹城乡发展纪实

江西南昌县

南昌县位于江西中北部，地处鄱阳湖之滨，三面环抱省会南昌。全县土地面积约 1723 平方公里，下辖 16 个乡镇 263 个行政村，1 个国家级经济技术开发区和 1 个银三角新区，总人口 100 万，是一个有着悠久历史和文化内涵的古县，更是全国县域经济百强县、江西省首府首县。

近年来，南昌县认真贯彻落实江西省委、省政府关于建设鄱阳湖生态经济区、加快推进新型城镇化、统筹城乡一体化发展和南昌市委、市政府关于打造核心增长极的战略部署，按照"依托大南昌、对接大南昌、融入大南昌"的思路，以"昌南组团"开发作为推进新型城镇化建设的主要载体，以创新驱动作为统筹城乡发展的主要路径，始终坚持外延拓展与内涵提升并重、产业发展与人口集聚并举、城乡统筹与均衡发展互动，逐步走出了一条城镇化转型升级、城乡统筹发展的新路子。

通过几年来的探索和实践，南昌县城乡建设提质增速，现代城市和秀美乡村和谐相融，县域经济社会呈现跨越发展、和谐发展的良好势头。在第十二届全国县域经济基本竞争力排名中跃居第 75 位，连续四年实现进位赶超。2012 年，全县地区生产总值跨越 400 亿元台阶，达到 437.6 亿元，同比增长 13.7%；财政总收入和地方一般预算收入分别跨越 60 亿元和 35 亿元台阶，达到 60.5 亿元和 35.4 亿元，同比分别增长 33% 和 36.7%，两项指标总量连续三年稳居全省第一。社会消费品零售总额实现 63.7 亿元，城镇在岗职工年平均工资 31728 元，农民人均年纯收入首次突破万元大关，达到 10018 元，分别增长 17%、18% 和 16.2%。综合经济实力的强劲提升为南昌县推进新型城镇化、加快城乡统筹发展奠定了坚实的基础。

一 新型城镇化的目标和追求——建设现代化综合新城

在县第十二届党代会上，县委提出了"拼争全国五十强县市、建设现代化综合新城"的奋斗目标，其中"建设现代化综合新城"是推进新型城镇化的目标和追求，其主要内涵是：以县"昌南组团"开发建设上升为南昌市总体战略为契机，以"昌南组团"中的莲塘、小蓝经开区、昌南新城、向塘、银三角五大片区为重点，完善城市基础设施，提升城市管理水平，繁荣发展城市产业，着力经营城市综合业态，建设南昌大都市圈的重要组成部分，打造与南昌主城区"基础设施一体化、功能定位错位化"的现代化综合新城。在新型城镇化的探索实践中，南昌县始终坚持"主攻龙头，突出重点，破解难题"，着力将其打造成为大南昌都市圈空间拓展的新载体、产业集聚的新高地、功能集成的新平台。

（一）主攻一个龙头，精心规划

坚持以规划为龙头，以建设生态宜居城市为目标，高标准编制了各类规划，城市框架实现了从"大县小城"到"一城五片"的跨越。

一是规划理念求超前。在城市规划理念上，坚持放长眼光、放宽眼界。近几年，南昌县先后大气魄、高起点编制完成了南昌县城市总体规划、294平方公里的昌南组团战略规划、南昌县城市绿地系统、2010～2015年住房建设、城区基础设施完善"十二五"规划、城市排水工程、教育（中小学）布点规划、县城旧城（棚户区）布点规划和县城安居点（"城中村"改造）布点规划等专项规划以及昌南绿城商务区、昌南新城、南高公路沿线、小蓝银湖片区、县城旧城区等控制性详细规划，并对昌南新城进行了抢救性规划，实现了城市规划全覆盖，为城市的发展拉开了框架布局。

二是规划编制求特色。注重将"水、绿"等特色融入规划编制中，强调城市建设与地势、整体形象的协调，结合不同的地段形成风格各异的建筑特色。比如，对地处莲塘片区中心的澄碧湖，强化周边区域规划管理，严格要求建筑物高度、外观、色彩等，确保景致协调一致；在组团五大片区之间，科学规划城市"绿心"，在确保各片区分区明显、连接紧密的同时，构筑以亲水、绿地为片区主体的城市生态系统。

三是规划实施求严谨。不断强化规划意识，在澄碧湖大厦一楼东侧布置了城市规划展厅。在县政府网站设立了城市规划网上公示平台，并在政府信息栏设置公示栏。认真执行规划评审、重大项目专家论证、重点地段建设审批及公示、规划执法巡查等制度，坚持城市规划区内所有新上项目设计方案，须经规划部门预审同意，并报请县规划委员会或县规划委员会办公室批准后进行公示，无异议后再实施，突出规划的严肃性和权威性。为提升规划水平，主动引入专家"把脉"，聘请省市城规院3名专家型院级领导作为城市规划顾问，全程列席县规划委员会会议。建立了规划审批监管制度，相继出台了《南昌县昌南组团完善违法建设控制查处综合运行体制工作的实施意见（试行）的通知》《县城控规区违法房屋开发建设处罚办法（试行）》《关于进一步规范全县建设用地调整容积率指标管理的通知》等相关配套文件。不断强化规划统一管理，对辖区内的向塘开发区和小蓝经开区进行了规划建设管理工作自查与整顿，将规划建设管理职权予以收回，真正做到了"规划一张图，审批一支笔，执行一把尺"。

（二）突出两大重点，精致建设

以全面提升城市承载能力为目标，突出基础设施和城市产业两大重点，扎实推进了城镇化项目建设。

基础设施方面。一是突出市政道路，搭好骨架。按照"区内抓完善、区外抓对接"的要求，2012年投入资金11.4亿元全力推进21条市政道路建设，搭建了大昌南城市发展的骨架。通过强力攻坚，各大功能片区内部规划路网逐步对接，困扰多年的"断头路"难题得到初步缓解，昌南组团已形成"八纵四横"的骨干路网体系，主要干道基本实现黑化、亮化、绿化、美化。二是突出公建设施，完善功能。按照"将公建设施优先布局在新城区建设"的思路，2012年投入资金32亿元大力推进污水、供水、园林、教体、文化、卫生、供电、环保、安置房等47个公建配套项目建设。积极创建省级园林县城，启动了昌南组团6条城区绿化新造工程、3条城区绿化提升工程、5个社区绿化提升工程，目前县城建成区总绿地面积约248.55公顷。特别是以列为全国18个城乡一体化制度改革试点县为契机，结合本县开展的"百万平米房屋征收大会战"，筹集资金近20亿元，启动了14个城乡一体化发展改革农村新社区建设。以上工程的实施，使城市承载能力、服务功能进一步提升。

城市产业方面。围绕建设现代化综合新城目标，深入推进"产城融合"战略，坚持与南昌主城区错位竞争、互动发展，积极培育和壮大城市产业，2012年投入资金76.2亿元强力推进15个城市产业项目建设。近三年，全县每年保持1家世界500强企业投资建设的大卖场开张营业。2011年，世界500强企业润泰集团投资建设的大润发超市落户；2012年，世界500强企业华润集团投资建设的华润万家超市落户；2013年，世界500强企业排名第一的沃尔玛百货公司投资建设的沃尔玛超市落户。同时，商业综合体、总部经济、酒店等业态不断跟进，玺悦城商业综合体、恒大超五星级酒店、茵梦湖国际旅游度假区等项目正加快建设。特别是充分发挥南昌县建筑之乡、建筑大县的优势，从打造全省建筑产业增长极的高度，全面启动了江西省首个建筑科技产业园建设，并以此为依托，着力培育千亿建筑产业。目前已有近 100 家企业申请进驻，全省建筑企业总部基地呼之欲出。城市产业的不断壮大，为城市发展增强了后劲。

（三）破解三道难题，精细操作

坚持探索创新，将破解城市发展难题作为推进新型城镇化建设的重要着力点和突破口。

一是破解资金筹措难题。盘活土地筹资金。积极推进城市经营，建立健全土地收购、整理、储备、招拍挂等一整套制度。特别是对易开发、短期内升值预期较大的地块，先配套基础设施，再以招拍挂方式进行熟地出让，最大限度地促进土地增值。2012 年，南昌县土地出让收入 10 多亿元全部用于城市建设，有效破解了资金瓶颈。面向民间引资金。采取 BT、BOT、租赁、特许经营、出让广告发布权等多种形式，积极鼓励各类民间资金投资市政公用设施建设、运营和管理。2012 年，按照 BT 模式筹集 2 亿元资金，完成了金沙二路、澄湖北大道、振兴大道等 3 条主干道提升改造工程。今后三年南昌县将采用 BT 模式开工建设总投资 30 亿元的 23 个市政项目。搭建平台融资金。充分发挥县城投公司、小蓝投资公司等五大融资平台的作用，积极尝试各种融资和资本运作方法，筹集城市建设资金。2012 年已通过上述投资公司融资近 10 亿元用于城市建设。2013 年，南昌县在全省首发 12 亿元县级城投企业债券，将为推进新型城镇化提供坚强的资金保障。四是资本市场变资金。对绿滋肴、汇仁、国鸿等上市条件成熟的龙头企业，支持它们通过各种途径上市，实现裂变扩张。目前，煌上煌集团成为南昌县本土企业上市第一家、中国酱卤第一股，国鸿等 6 家企业的上市已进入实质性操作阶段。

二是破解征地拆迁难题。从 2012 年 5 月开始，经过系统谋划、反复论证，集中时间、集中精力、集中力量开展了一场声势浩大的"百万平米房屋征收大会战"。2013 年，县里审时度势，再次启动了近 130 万平方米的房屋征收和土地收储工作。在实践操作中，始终坚持以人为本、让利于民。推出了高标准建设安置房、增加村集体发展预留用地、探索实行安置房可转为商品房、按照城镇职工标准启动被征地农民养老保险和免费就业援助等六大"惠民举措"，推行了包征收、包搬家、包拆除、包安置和包稳定的"五包"工作法；始终坚持高位推动、高频调度。成立了以县委书记总负责、县长总指挥、县人大主任、政协主席总督导的总指挥部和六大责任区，45 名县级领导一线挂帅，并从全县抽调 1180 名干部参与其中。总指挥部坚持周一调度、周四交账，各分责任区每天一调度，确保了房屋征收的有序推进和强力突破。始终坚持公平公正、和谐征收。做到一个政策补偿，一把尺子丈量，一套标准分房，确保了征收工作公开、公平、公正推进。经过全县广大干部的艰辛努力，在全体征收对象的参与和支持下，2012年，全县共拆除房屋2300余户80万平方米，获得建设用地1万多亩，为新型城镇化发展留出了空间。

三是破解城市管理难题。抓难点，强力控违拆违。完善了县、乡两级查处违法建设联动工作机制，对违法建设实行日报制度，动态管理，做到了及时发现、及时制止、及时拆除。同时切实加大了卫片执法检查违法用地查处力度，2012年共拆除各类违章建筑近10万平方米。抓乱点，扎实推进整治。着力推进了城东停车场建设和占道经营、货车乱停乱放等整治工作，成功取缔恒达市场、沿河路综合市场等多个马路市场及流动集市，完成露水市场（跳蚤市场）等配套市场的建设，非法营运"五车"专项治理成效明显，拆除各类违章户外广告2000余处8000余平方米；在全省县级城市率先引进免费环保公共自行车和新能源公交车，"千辆自行车进昌南"二期工程如期完工。抓亮点，提升城市面貌。严格落实"门前三包"责任制，市容保洁做到随脏随扫、随扫随清，在可视范围内无暴露垃圾、无工程弃土、无灰沙带，垃圾无害化处理率达到100%。强化精细化、专业化管护手段，使县城绿化栽种成活率达95%，绿化覆盖率达36.2%。持续推进增亮工作，在2012年的基础上，投入130多万元推进了城区6条主干道和4个社区节能路灯改造工程。目前，正在对澄碧湖周边进行美化亮化。抓重点，创新管理方式。成功完成了莲塘大道、迎宾大道等主干道保洁市场化运作，继续推进城管重心下移，逐步建立起"两级政府、三级管理"的长效管理机制，持续加强余（渣）土市场准入制度管理和对违规清运作业车辆的整治力度，实行最严格的夜间清运作业管理制度，并逐步完成了城区各类施工工地高标准围挡建设或改造，城市面貌焕然一新。

二　城乡统筹之路——"三个均衡化"促进城乡共荣

南昌县在加快建设现代化综合新城的征程中，始终致力打破城乡二元结构，坚持走城乡统筹之路，加快推进城乡一体发展。在具体实践中致力"三个均衡化"，促进城乡共荣。

（一）致力于城乡基础设施建设均衡化

以改善农村生产生活条件为重点，统筹城乡基础设施建设，净化绿化美化乡村环境，促进城乡基础设施建设均衡化发展。

一是夯实现代农业发展基础。坚持"一带两园三区五走廊"的农业产业空间布局规划，2012年，累计投入涉农资金约9亿元，完成了小农水站、大型泵站改造、高标准农田等项目年度建设任务。改造标准鱼池4000亩、粪污达标养殖户192家，推进了农村土地整治、黄马生态农业示范园一期土地开发整理等项目，完成了气象灾害预警信息系统和信息发布平台建设，农业基础设施日益完善，发展后劲持续增强。

二是大力推进新农村建设。秀美乡村建设工程。按照省、市的部署和要求，扎实推进以主要通道沿线"房屋美化、管线优化、村庄绿化、卫生净化、产业强化"为主要内容的"五化"集中整治活动。目前，总投资5亿元、涉及1.9万栋房屋的整治工作已经全部完成。农村垃圾处理工程。在推行县城网格化管理的同时，县财政一次性购置158辆农村垃圾运输车和12台密封自卸式垃圾车配送至乡村，实行了农村垃圾"规划下管二级、处理下管一级"的管理方式和"户集、村收、乡（镇）压缩、县处理"的运作模式，制定出台了全县农村垃圾转运管理办法，县财政每年安排1000万元农村垃圾处理专项资金，用于农村垃圾长效管理奖补、垃圾中转站运行运转经费和保洁经费等补贴，全县农村垃圾处理覆盖率达70%。农村安全饮水工程。以实施国家农村安全饮水工程为契机，由市水投公司采取市场化运作模式，全县所有乡镇均建立了集中供水的自来水厂，目前农村集中供水管网覆盖率已超过70%，并继续向偏远农村延伸。昌南片区农村饮水全部由县自来水公司负责延伸管网。

（二）致力于城乡社会保障均衡化

2012年，南昌县启动了城镇居民社会养老保险试点工作，新型农村社会养老保险参保率达92%，参保人数、征缴金额、参保率均列全省第一；养老、失业、工伤、生育和医疗等社会保险覆盖面不断扩大；新增城镇就业人员和转移农村劳动力近2万人，"零就业家庭"安置率达100%；提高了城镇和农村居民最低保障标准。特别是坚持被征地农民养老保障水平与城镇居民同步的原则，配合开展的房屋征收工作，专门出台了《南昌县被征地农民基本养老保险试行办法》，先期投入12亿元（省配套2亿元），在全省率先按城镇职工标准启动了被征地农民养老保险试点工作。对于已"农转非"人员，按政府和个人共同承担的原则，将其纳入全省城镇职工基本养老保险范围；对于未"农转非"人员，可以自愿选择参加新农保，并适当给予参保缴费补贴或退休待遇补贴。

（三）致力于城乡公共服务均衡化

近两年，南昌县累计投入了 27 亿元用于民生事业，不断强化城乡公共服务，让人民群众共享改革发展的成果。在就业服务方面。采取了一系列有力措施，确保农民与城镇居民享有同等的就业机会。通过电视、网络等媒体及时对外发布相关信息，让偏远地区的农民也能够及时了解相关培训信息。同时，还积极进行就业市场调研，根据就业需求，灵活设置培训内容，参训人员可以根据自身特点，选择适合自己的培训项目。设立农民教育培训专项资金，积极开展农民转岗技能培训、失地农民免费就业培训、创业资金补助和就业岗位补贴，着力增强农民就业能力，促进农民向城镇集中、向市民转化。尤其值得一提的是，积极开展以全县未升学的初中、高中毕业生和困难户家庭成员为重点培训对象的职业技能培训工作，对培训对象的培训、食宿全部免费。在教育卫生服务方面，大力推进了农村寄宿制学校建设，县财政安排 1000 万元建设农村教师周转房工程，建立了城镇教师赴农村学校任教，农村教师到城镇学校跟班学教的城乡教师互教机制。2013 年，将"完成 18 所乡镇公办幼儿园建设和改造，8 所小学中心校标准化建设"列入十大民生工程，目前各项工作正在顺利推进。2012 年，共投资 4000 余万元，在全省率先推行村卫生室实施国家基本药物制度，18 所乡镇卫生院和 263 所村卫生室全部实行了基本药物制度，药品实行零差率销售。在公共交通服务方面。全县硬化农村公路 1147 公里，实现了 100% 行政村和 47.6% 自然村通水泥公路，公路密度进入全国先进行列；启动了"城乡公交一体化"工程，财政补贴 1000 多万元，收购了所有未通公交乡镇的农村客运班线，全县区域开通了 74 条公交班线，在全省率先实现了所有乡镇公交线路的全覆盖。在文化服务方面，乡镇综合文化站覆盖率达 100%，村级文化活动室普及率达 95%，基本完成了县、乡、村三级公共文化信息资源共享，建设了 263 家农家书屋，互联网和有线电视网络覆盖了 100% 行政村。

三　创新发展——先行先试下的探索实践

南昌县是全国首批 51 个国家现代农业示范区之一和全国 24 个农村改革试验区之一，也是全省统筹城乡发展改革试点县。如何用足用活用好中央、省市赋予的先行先试政策，以创新的精神推动城乡一体发展，是摆在南昌县面前的一个重要课题。在一步步的探索实践中，南昌县始终坚持以人为本，发展为先，统筹兼顾，特别是在推进城乡一体化发展改革先导区（农村新社区）建设方面，逐渐走出一条创新发展的新路径。

（一）在土地制度改革方面

把整治"空心村"、建设农村新社区试点项目纳入城乡建设用地增减挂钩，充分利用城乡建设用地增减挂钩试点政策，解决拟腾出的宅基地土地复垦及拟安置用地农转用指标问题。一方面将拟腾出的宅基地纳入增减挂钩项目拆旧区，通过实施拆旧复垦，其新增耕地经验收合格后并扣除建新区占用耕地面积结余部分，通过备案后，可作为补充耕地指标有偿使用，新增耕地承包使用权由乡镇根据相关政策确定归属权；另一方面将新社区建设用地纳入增减挂钩项目建新区，利用增减挂钩项目周转建新指标，解决农用地转用问题。安置用地未纳入增减挂钩建新区的，经村民代表大会同意，通过省、市及国土部门的大力支持，依法报批农用地转用，需征为国有的一并申报土地征收，土地征收在上级部门批复同意后，可办理划拨国有土地使用权证。

（二）在农村住房建设管理方面

农村新社区需办理商品房产权证的，农村新社区的住户可与县国土部门签订《国有土地使用权出让合同》，按基准地价的50%缴交国有土地使用权出让金后，到县房管部门办理商品房产权证；也可以在农村新社区转让时与县国土部门签订《国有土地使用权出让合同》，按基准地价的50%缴交国有土地使用权出让金后到县房管部门办理商品房产权证。同时在"昌南组团"范围内建设新市民公寓，享受城镇保障性住房政策，在全县范围内减免相关税费，购买对象为进入城镇的务工农民。不愿购买或买不起房的进城农民，享有租赁公租房和廉租房等保障性住房权利。

（三）在户籍制度改革方面

先导区（农村新社区）的耕地被征后，人均耕地在0.3亩以下的，农业户口可按比例转为非农业户口，耕地全部被征用的，农业户口可全部转化为非农业户口，纳入全县城镇居民保障体系，切实做到"同镇同待遇"。县里制定出台了加快推进农民向城镇集中的意见，促进农民集中居住。同时，通过加快城镇化进程，吸引先富起来、在城镇或园区就业的人群在城市购买商品房，鼓励农民有序向城市、城镇转移。

虽然南昌县在推进新型城镇化、促进城乡统筹发展中进行了一些探索，取得了一定的成绩，但是与发达县市相比，还存在一定的差距和不足。今后几年，南昌县将紧紧围绕"拼争全国五十强县市、建设现代化综合新城"的战略部署，进一步完善城市的服务和保障功能，进一步推进城乡互动、镇村联动，加快发展步伐，加速进位赶超，力争到 2015 年，实现"5336"的奋斗目标（跻身全国 50 强、中部前 3 强、小蓝经开区挺进全省开发区前 3 强、全县主要经济指标占全市比重由 1/7 上升到 1/6），为勇当发展升级排头兵、争创小康提速示范县而不懈奋斗。

G.13
抢抓机遇 创新突破 努力建设
"三化"协调发展示范区

——新郑市全面推进工业化城镇化农业现代化协调发展纪实

河南新郑市

新郑处于中原腹地，距河南省会郑州南部 30 多公里，是郑州的"南大门"、"前客厅"，全国八大枢纽机场之一的郑州新郑国际机场坐落境内，又被誉为"中州门户"。京广铁路、石武高铁、107 国道、京港澳高速和郑尧高速等纵贯全境，西气东输、兰郑长石油输油管线、南水北调等重点工程穿境而过，是全国重要的铁路、公路、机场综合交通枢纽地。新郑历史悠久，文化灿烂，拥有 8000 年的裴李岗文化、5000 年的黄帝文化、2700 年的郑韩文化和神秘的具茨山岩画文化；新郑名人辈出，有中华人文始祖轩辕黄帝、春秋名相子产、战国思想家韩非、唐代大诗人白居易、中国建筑学鼻祖李诫、明代政治家高拱等历史文化名人。总面积 873 平方公里，辖 15 个乡镇、街道，户籍人口 63 万，常住人口 80 万，境内有大中专院校十多所，常年在校师生达 15 万人。近年以来，在省委、省政府和郑州市委、市政府的正确领导下，抢抓中原经济区、郑州都市区、郑州航空港经济综合实验区建设的重大机遇，深入实施"融入大郑州、融入航空经济综合实验区，承接沿海地区产业转移、承接郑州产业辐射"的"双融入、双承接"发展战略，着眼于全面提升城镇化质量和水平，积极探索新型工业化、新型城镇化、农业现代化协调推进的科学发展之路，大力打造"三化"协调发展示范区，经济社会呈现出持续健康发展的好态势、好趋势、好气势。2012 年，全市地区生产总值达到 486.3 亿元，增长 11.8%；财政总收入及公共财政预算收入达到 72.48 亿元、26.96 亿元，分别增长 36.36% 和 25%。2013 年上半年，全市完成地区生产总值 256.7 亿元，增长 9.6%；规模以上工业增加值 152 亿元，增长 9.8%；公共财政预算收入 18.6 亿元，增长 43.59%，其中税收收入完成 14.8 亿元，占比 79.6%，增长 49.76%；社会消费品零售总额 78.9 亿元，增长 13.9%；固定资产投资完成 168.4 亿元，增长 24.2%。全国县域经济与县域基本竞争力百强县（市）排名上升至第 62 位，全省县域经济社会发展排名第 2 位。

一 突出 "两不三新"，构筑 "三化" 协调发展的规划布局

按照不以牺牲农业和粮食、生态和环境为代价的新型城镇化、新型工业化、新型农业现代化 "三化" 协调发展的要求，加强顶层设计，科学规划布局，着力打造 "北部城镇化、南部田园化" 的现代园林生态宜居城市。

一是科学编制 "三化" 协调发展规划。作为河南省加快城乡一体化进程试点市，新郑市高度重视城乡规划编制工作，集中精力整合了城乡空间布局规划、土地利用规划、产业发展规划、现代农业及生态体系空间布局规划，科学编制城镇体系空间布局、现代工业布局、新型城镇化交通路网覆盖、基础设施布局、中央商务区及十字景观街建设、现代服务业空间布局、文物保护单位布局和现代农业及生态体系空间布局等规划。

二是积极构建新型城乡体系。按照距新城区 8 公里、新市镇 5 公里及新型社区 3 公里的标准，对全市所有行政村进行有效整合，着力构筑 "两城、两市镇和 52 个新型社区" 的新型城乡体系。"两城" 即中心城区和龙湖新城，中心城区通过新区建设实现城市跨越式发展，努力打造国家级黄帝故里拜祖中心、新郑市政务生活服务中心和具有中原生态特色的现代化新城，规划人口 30 万~50 万人。龙湖新城作为郑州都市区重要组团之一，将着力打造一座文化之城、产业之城、宜居之城、旅游之城，规划人口 20 万~30 万人。"两市镇" 即薛店新市镇、辛店新市镇，人口规模 3 万~5 万人。同时在充分尊重群众意愿的基础上，按照 "地域相近、规模适度" 的原则，规划建设 52 个 5000~10000 人的新型农村社区。

三是积极构建城乡生态体系。以生态廊道、南水北调生态保护带、具茨山国家森林公园及双泊河、黄水河生态水系和小流域治理等为重点，统筹推进薛店、孟庄红枣种植保护区和龙湖林果业基地建设，构建 "一山一带两河两基地" 的复合型生态功能区，逐步形成人与自然和谐，山、水、田、林、城融为一体，立体交错、景观优美、绿量充足的城乡生态体系。

二 突出 "六个切入点"，综合推进新型城镇化建设

按照 "四个合理"（合理的城镇体系、合理的产业布局、合理的人口分布、合理的就业结构）的要求，以交通道路、生态廊道、四类社区、组团起步区、

中心城区功能提升和产业集聚区建设"六个切入点"为突破口，加快推进新型城镇化建设。

交通道路。按照郑州到新郑市区道路双向8车道、过境省道双向6车道、城区到所有的镇区双向4车道、镇区到新型社区双向2车道的"8642"建设标准，扎实推进交通道路建设，着力构建郑新快速通道、107国道等直通郑州和航空港的"六纵五横"干道网、连接城乡的"三纵三横"辅道网。按照农业区路网、水网、林网"三网合一"的要求，统筹建设现代农业路网。2013年上半年，开工建设了新老107连接线、华南城二路、华南城求实路、华南城大道、新村大道东延、神州路北延、中华路北延、鸿鹄路南延等8条市域道路，溱水路、庆安路、中兴路东延等3条城市道路，完成投资3.8亿元。

生态廊道。按照道路宽度在两侧分别建设50米、30米、20米、10米宽生态廊道的"5321"标准，扎实推进生态廊道建设。2012年，完成了郑新快速通道、解放北路、双湖大道、机场高速、神州路等13条道路生态廊道建设。2013年，计划完成107国道、中兴路、新村大道、人民东路、新港大道、庆安大道南段等17条道路生态廊道建设。2013年上半年，开工建设了G107、新港大道、新村大道东段等生态廊道6条，提升改造郑尧高速、郑州西南绕城高速、京珠高速新郑段等生态廊道3条，投入资金5.7亿元，完成绿化长度59.23公里，绿化面积537.87万平方米。廊道工程内均配备喷灌设施，人行步道、自行车道、公交港湾、游园设施等贯穿其中，"乔冠搭配、针阔混交、三季有花、四季常绿"的景观效果已经初步显现。同时，以乡镇为单位，以"4050"人员为主体，组建生态廊道管护队伍12支，建立了生态廊道管护长效机制，苗木成活率达98%以上。

四美社区。为深入推进国家智慧城市建设试点工作，按照"基础完善、生态环保、服务均等、智慧家园"的要求，以生态环保和信息化技术为支撑，着力打造一批"美好家园新型示范社区"，统筹推进新型社区建设。社区建设分三步走：第一步建设群众安置房和配套设施，第二步建设公租房，第三步建设商品房，实现群众、政府、开发商三方合作共赢。在基本建成龙湖镇中心社区小乔安置区、孟庄镇西部中心社区鸡王安置区、孟庄镇中心社区肖韩安置区、薛店镇第一社区南组团、城关乡居易新城、辛店镇兴业社区、桃源社区等11个项目的基础上，2013年新建的郭店镇铜佛赵社区、观音寺镇永康新城、新华路盛世龙城等5个新型社区已全部启动，续建的龙湖镇中心社区、辛店镇阳光花园、梨河镇绰刘社区等27个新型社区快速推进，重点打造的郭店镇中心社区、孟庄镇中心社区、薛店镇常刘社区、薛店镇解放北路社区等4个"美好家园新型示范社区"

进展顺利。截至目前，共建成安置房 93 万平方米，入住群众 3918 户 15672 人。

组团起步区。突出"宜居、教育"特色，围绕"两片森林一座城、三条河流在其中"的特点（两片森林：东部 5 万亩古枣园、西部 2 万亩杂果基地，三条河流：十七里河、十八里河、潮河），谋划了"一区三基地"四大板块：中部核心区为教育、商住及"三产"服务区，东部为商贸物流、纺织服装基地，西部为生态休闲基地，南部为先进制造业及产学研基地。着力打造集教育培训、休闲居住、商业服务和交通转换为一体的都市生活示范区。总投资 650 亿元、占地 10 平方公里的郑州华南城项目，从签约到动工仅用了 4 个月时间，刷新了新郑速度，创造了新郑效率。目前，华南城、华商汇等重点项目顺利推进，园区共有在建、续建、新建产业项目 86 个，2013 年计划投资 120 亿元，上半年完成投资 76.2 亿元。未来将成为郑州都市区商贸会展城，3～5 年内人口达到 25 万。

中心城区功能提升。按照"两年打基础、四年出形象、六年成规模、八到十年建新城"的要求，坚持基础设施、生态景观、群众安置、文化教育、公益事业、公共服务、大型商业"七个优先"理念，着力打造亲水、亲绿、亲人、低碳、环保的现代化宜居商务新城。目前，开工建设了核心商务区内翔云路、鸿福路等 7 条道路；炎黄大道、新港大道、移民大道等截污干管正在紧张施工，双泊河、黄水河、莲河等截污干管工程已完成招标，日处理污水 3.5 万吨的第二污水处理厂二期工程已完工；总长 27 公里的新区供水工程已完工，日供水能力 15 万吨的新村第二水厂项目正在筹备开工；轩辕湖生态景观项目已完成 1500 米驳岸工程和湖心岛土方调运平整工程，建成了总长 2.56 公里的黄水河湿地文化园项目；新区中心中小学和幼儿园、第一人民医院等公共服务项目主体已完工，公共事业服务中心、中兴广场等项目启动建设，3～5 年内中心城区人口达到 30 万。

产业集聚区建设。按照企业集中布局、产业集群发展、资源集约利用、功能集合构建，农民向城镇转移"四集一转"的要求，以干道两侧一公里拆迁为契机，引导同类企业向产业集聚区和专业园区搬迁，加快推进干道经济向园区经济转变、产业"小而全"向主导产业突出转变（"两个转变"）。将食品烟草、生物医药企业有序转移到新港产业集聚区、中原食品工业园，将商贸物流等现代服务业有序转移到郑州新郑教育园区，将化工、纺织等企业有序转移到煤炭循环经济产业园，将金融业、高端商贸业等有序转移到新郑新区，将建材、机械加工制造等企业有序转移到各乡镇的农民特色创业园。同时，大力发展"飞地经济"。按照"产城融合、产区互动"的要求，推进土地指标、基础设施、工作力量"三个集中"，加快产业集聚区、专业园区建设。鼓励支持关联度高、辐射力大、带动力强的"飞地经济"、总部经济项目落户产业集聚区，创新合作方式和利益共享机制，实现"飞入地"和"飞出地"互利共赢、持续发展。目前，新港产业集聚区被列入全省重点产业集聚区和对外开放重点产业集聚区，辛店煤炭循环经济产业园被列入省级循环经济试点，龙湖纺织服装产业园被确定为全省纺织服装产业基地，先后有投资 40 亿元的郑州宏业纺织、郑州一棉，投资 22 亿元的赵家寨煤矿、王行庄煤矿等一批亿元以上项目建成投产；投资 36 亿元的北京国瑞城、投资 28 亿元的华辕煤业等一批亿元以上项目开工建设。

三 算好"六本账"，加快新型社区建设

围绕让群众"搬得进、不欠账、能就业、有保障"的目标，算好土地指标、农民利益、资金运作、就业岗位、粮食生态、社会保障"六本账"，着力建设新型社区。

一是算好土地指标账。土地是发展之基。土地问题对新郑而言，主要表现为"四个迫切需要"，即城镇化加速推进与"空心村"并存，迫切需要解决"空心村"土地问题；产业转型升级与企业闲置土地并存，迫切需要解决"腾笼换鸟"的问题；招商引资势头迅猛与项目无处落地并存，迫切需要解决土地瓶颈问题；发展用地需求与土地指标有限并存，迫切需要解决土地集约高效利用问题。根据上级安排，全市新一轮土地利用总体规划的新增城镇工矿规划建设用地指标为 22 平方公里，近 3 年内已报批使用 10 平方公里，现仅剩余 12 平方公里。按照产业发展"三年倍增五年超越"行动计划，未来 5 年全市产业发展约需建设用地 30 平方公里，未来 10 年用地需求量将达 50 平方公里，"土地从哪里来"已经成为一个避不开、绕不过、等不起、拖不得的难题。新郑市按照占补平衡和增减挂钩政策的要求，以 52 个新型社区建设为突破口，以增减挂钩为着力点，在确保耕地红线不突破的基础上，整合土地 58 平方公里（8.7 万亩），可以满足未来 10 年的发展需要，从而有效解决"三化"协调发展中的用地难题。2013 年上半年，上报项目用地 3 批 1964 亩，已批回 13 个批次 6433 亩，盘活存量土地 1752 亩。

二是算好农民利益账。始终把群众利益放在新型社区建设的首位，千方百计增加群众收益，努力实现"四确保、两壮大"（确保农民资产大增、收入更高、生活质量更好、社会保障面更宽，壮大集体经济、壮大产业规模），具体表现为"一个主体、三个权益、四项收入、四种模式"。一个主体，即依靠群众建设新型社区，确保农民成为社区建设发展的主体，确保农民成为购房建房的主体。三个权益：农民的土地承包经营权益，坚持"不以农民放弃土地"这个核心，在土地的承包权归群众所有的前提下，农民承包土地的经营权可以尊重群众的意愿

进行流转；农民的宅基地集体所有权益，以村为单位，保持村民对村庄集体建设用地、宅基地所有权不变，通过招拍挂变为商业设施、商业用房、标准厂房、出租房等形式，把原来农民的"土地形态"变为"财产形态"；保障农民对新型社区房屋的选择使用权益，无偿给入住新型社区的老百姓办理集体土地上的房产证，使群众的房屋可以在社区内自由流转，社区居民可以利用房产证进行抵押贷款，享有永远可以继承的固定财产。四项收入：工资收入，利用与社区配套建设的产业项目和特色农民创业园，为农民提供就近就业机会，增加农民的工资性收入；财产收入，对新型社区建设腾出的建设用地，一部分归原村集体所有，以自建、入股等形式，用于标准化厂房、商业设施建设，作为农民永久可继承的财产性收益项目；集体收入，在建设过程中，预留 10% 的共建房作为商住出租房，收益用来支付农民入住社区的物业费用，对节约出来的建设用地，按照 30% 的比例转为国有用地，挂牌出让后收益全部返还村集体，用于社区道路、绿化、污水处理等基础设施建设；土地承包经营权收入，在保障群众土地承包权前提下，经过土地流转实现收益。四种模式，按照人均不低于 50 平方米的标准，推行四种模式：实现每户享受两套房产，让农民群众拥有长期稳定收益。"住宅＋出租房"模式，就是群众每户享有一套住房和一套出租房；"住宅＋商铺"模式，就是群众每户享受一套住房和一套商业用房；"住宅＋标准化厂房"模式，就是群众每户享受一套住宅和部分标准化厂房权属；"住宅＋以土地或房产入股"模式，就是把新型社区建设腾出的土地，一部分转化为国有，一部分以集体建设用地入股的形式发展产业。配套建设公租房小区，由政府负责牵线搭桥整体包租给企业，既增加了群众长期稳定的财产性收入，又降低了企业建设成本，方便了企业对职工的管理。

三是算好资金运作账。新型社区建设需要大量的资金投入，主要包括"四种成本"（建筑成本、拆迁成本、基础设施和公共设施投资成本、规划及各项手续成本）。面对庞大的资金需求，单靠群众筹措资金不能解决实质性问题；靠市、乡两级财政，也是杯水车薪。为解决这一难题，新郑市按照"政府主导拆迁安置、市场化运作建设"的模式，采取出台优惠政策、搭建融资平台、土地增减挂钩等多种方式，实现多方融资、滚动发展、有序推进。一是出台政策，整合资金。二是搭建平台，积极融资。2013 年上半年，累计融资 38.37 亿元，其中政府性贷款 8.1 亿元，平台公司资本市场融资 22.92 亿元，BT 项目融资 7.35亿元；兴业银行 10 亿元融资预计 8 月底到位；与中建七局签订 100 亿元、500 万平方米的新型社区安置房 BT 合作协议，从根本上缓解了资金压力，实现了群众利益最大化，政府收益最大化。三是增减挂钩，换取资金。通过建设新型社区和土地整理，实现集约节约土地。将节约的土地指标用于城乡建设用地增减挂钩，既满足了城镇建设和产业集聚区建设用地需求，又将产生的级差收益反哺社区建设。以 1000 户的新型社区为例，原来每户群众住房占地约一亩，共占地 1000 亩，现在整合土地后，建设新型社区只需要 300 亩，除用 350 亩建设产业集聚区发展工业，节约的 350 亩进行增减挂钩，土地收益可用于新型社区建设。如郭店镇把中心社区和海寨社区节约的 500 亩土地，利用增减挂方式，融资 7.5 亿元，解决了社区建设资金难题。

四是算好就业岗位账。就业是民生之本。建设新型社区必须把农民就业想到前头、放在前面，节约出来的土地至少拿出 50% 以上发展二、三产业，让农民实现就近就地充分就业。因此，算清楚可以安排多少农民就业、怎么安排农民就业、怎样让农民从土地上解放出来尤为重要。新郑市通过大力推行"1112"（一个社区一家企业，一个家庭两人就业）运作模式，破解了农民就业难题。一个社区一家企业。在社区布局上，不仅要求"四临"（临城、临镇、临干线道路、临产业集聚区），而且要求两公里范围内至少有一家规模企业做产业支撑，能够提供充足的就业岗位，实现社区劳动力进厂务工。如薛店镇第一社区南组团，处于中原食品工业园内，其中有白象、胖哥、小二黑等 80 多家食品加工企业，不仅安置本地劳动力 8000 余人，还吸引外来务工人员 1 万多人。在大型企业周边建设社区的同时，把新型社区节余的建设用地作为特色农民创业园，由村集体统一管理，用于发展二、三产业，净收益归村集体所有。一个家庭两人就业。由乡镇（街道、管委会）牵头，以社区为单位与企业签订就业协议，提供就业岗位，做到每个社区周边不仅有一个大型企业和农民创业园，而且为每个家庭提供两个就业岗位。如薛店镇第三社区将依托"好想你"红枣产业园，年轻人到"好想你"工厂上班，中老年人到枣园从事枣树种植和管理，每月领取工资，就地转化为农业产业工人。通过"一个社区一家企业、一个家庭两人就业"模式，带动全市农村富余劳动力就业，推动农村生产生活方式发生根本性的变化。过去农民群众一年十一个月进城务工、生活、送孩子上学，一个月忙于农田管理；现在十一个月都在城镇生活、孩子在社区上学，一个月到田间进行机械化管理。

五是算好粮食生态账。新郑市坚持"钱袋子"和"面袋子"一起抓，"既要金山银山，又要碧水蓝天"。一方面，保耕地，合理布网。通过新型社区建设整理出来的土地，一部用于二、三产业的发展，另一部分按照 1∶1.05 的比例进行复耕，保住耕地红线。同时，根据农业实际情况，将组团路网、市镇路网、新型社区路网和农业机耕道"四网合一"，3 年内建设城乡道路农田机耕路 500 公里，既方便大型机械通行，又为农民田间管理提供便利。另一方面，保粮食，提升产量。按照"不低于土地出让净收益10%、不低于财政一般预算收入5%"的原则，持续加大农业综合开发投入。目前，已完成综合配套升级改造机井6100眼，新增、恢复灌溉面积28.07万亩；积极打造高标准良田，2013年将完成5万亩良田开发，建立小麦高产万亩示范方2个、千亩示范方5个、高产攻关试验田3个。2013年全市夏粮种植面积43.4万亩，实现总产14.34万吨，平均亩产330.2公斤，夏粮单产实现十连增。

六是算好社会保障账。新型社区在"六通九有"（通公路、自来水、电、有线电视、宽带、天然气，有社区公共服务中心、标准化卫生室、连锁超市、文化活动室、科技文化中心、小学和幼儿园、养老院、特色农民创业园、污水处理厂）的基础上，统筹推进城乡教育、就业服务、医疗保障、住房保障、养老保障、服务组织建设"六个一体化"，相应的资金费用，全部从集体资产收益里边解决，从根本上实现城乡一体化。特别是对养老保险、就业保险、工伤保险等，按照城镇居民标准办理，使入住社区居民与城镇居民享受同等待遇，从而实现院改楼、村改居、集改股、村庄变社区、农民变市民、房产变资产，基层组织健全、网格管理健全、平安架构健全、公共服务健全、社保体系健全的"三改、三变、五健全"目标，积极探索出一条"产业为基、就业为先、民生为本、产区互动"的新型农村社区发展之路。

四　构建现代产业体系，强化"三化"协调发展的经济支撑

一是做大商贸物流业。目前，华南城一期1号、4号交易广场建成封顶，建成面积80万平方米，已签订意向书1.8万户，认购商户5000多户；河南六盛钢材交易中心一期已建成，入驻商户86家；郑州国际石材工业园一期建成35万平方米，入驻商户48家；总投资600亿元的郑州华商汇已开工建设；中原国际不锈钢物流园、郑州国际农机贸易中心已完成前期准备工作。

二是做强食品烟草业。以市区东部的新港产业集聚区、中原食品工业园为依托，在服务好新郑卷烟厂发展的同时，加快推进达利食品、中储粮、"好想你"、雏鹰农牧、白象等现有食品企业的改扩建，开工建设了河南中烟公司烟草物流、华润雪花啤酒、光明乳业、麦佳啤酒、金丝猴等重点项目，积极规划以中储粮大豆油脂加工为龙头的粮油食品加工产业园、以雏鹰农牧和"好想你"为龙头的农副产品加工产业园、以白象和达利食品为龙头的方便食品产业园，着力打造全省最大的食品烟草基地。目前，新郑的食品行业基本涵盖了肉制品、乳制品、饮

料、方便食品、休闲食品、速冻食品和保健食品等 30 多个种类，形成了较为完整的食品产业链条，占全国市场份额 10% 的方便食品、15% 的枣制品、14% 的酱油、30% 的小剂量水针剂均产于新郑，全国五大、内陆地区唯一的国家级食用油储备加工战略基地布局在新郑。同时，培育"好想你"枣业、雏鹰农牧 2 家企业成功上市，正龙食品等 2 家企业已进入上市辅导期，创"健康情"等河南省著名商标 11 个，"白象""好想你""枣博士""加加酱油"获中国驰名商标，形成了品牌集聚效应。2012 年，食品烟草业主要工业增加值完成 90.6 亿元，同比增长 15%。

三是做实生物医药业。依托现有规模以上医药企业、年产 70 亿支国内最大医用水针剂生产基地的优势，完成了郑州卓峰制药迁建项目和天津药业技改项目，开工建设河南润弘制药工业园、泰丰医药物流园等项目，积极招引深圳一体集团、海王生物、上海医药集团等项目，加强国家级企业技术中心、重点实验室等研发平台建设，加快规划以润弘制药和天津药业为龙头的集加工、仓储配送、商贸、电子商务为一体的全产业链生物医药产业园区，着力打造省级生物医药研发生产基地。2012 年，生物医药业主要工业增加值完成 44.4 亿元，同比增长 15.6%。

四是统筹推进辅助产业。引进富士康上下游链条企业，积极发展电子信息配套产业，加快推进中电科电动汽车、红宝玉精密磨具等项目建设，引领高端制造业发展壮大；引导和鼓励机制瓦、水泥、建材等传统制造业应用新工艺、研发新产品，增强企业核心竞争力。全市共有规模以上企业 295 家，上市企业 3 家；高新技术企业 29 家，其中国家级高新技术企业 2 家、省级高新技术企业 27 家。2012 年，全市共签订投资项目 78 个，合同总金额达 652.16 亿元；招商引资到位资金 81.83 亿元，同比增长 11.9%。2013 年上半年，招商引资共签订项目 60 个，合同总金额 482.65 亿元，其中亿元以上项目 51 个；招商引资预计到位资金 54.62 亿元，同比增长 21.1%。

五 突出网格化管理，建立"三化"
协调发展的长效机制

按照郑州市的统一安排，建立了以网格化管理为载体的"坚持依靠群众、推进工作落实"长效机制，推动工作标准向精细化管理转变、工作方式向条块有机融合转变、工作重心向深入基层转变、工作落实向集中式督察转变，着力创建"稳定、和谐、有序"的生产生活环境。

一是网格管理全域化。把工作任务、工作标准落实到具体人、具体事，形成高效、科学、有序的工作推进落实机制。

二是部门执法联动化。2013年上半年，共新排查出两大类20项工作突出问题10724起，调处10669起，调处率99%。

三是人员下沉常态化。从每一个基层组织、每一个网格、每一个共产党员做起，按照"三个三分之一"的要求，实现人员下沉常态化、解决问题经常化。

四是工作落实长效化。按照"逐级考核、分类考核、重在平时、重在结果、量化生成"的原则，从基础建设、平台运行、信息报送、节点工作落实及双向评议等方面，对各单位工作情况进行量化考核，初步形成了"党委决策、政府落实，上下联动、条块融合，协调推进、督察奖惩"的工作运行机制。

六　着力保障和改善民生，夯实"三化"协调发展的群众基础

作为全国社会管理创新综合试点市，我们按照"民生为本、产业为基、文化为根、服务为先、法制为纲、统筹为要"的思路，从民生实事入手，统筹推进城乡教育资源配置、住房保障、就业服务、医疗保障、养老服务保障、社会管理服务组织建设"六个一体化"。2012年，全市民生支出达15.4亿元，增长20.8%。

一是统筹教育资源配置一体化，让城乡居民学有所教。大力推行免费职业教育，落实中等职业学校助学金和免学费补助；从2011年开始，市财政每年增加投入3000多万元，免除了普通高中学生的学杂费、扩招费、住宿费，全市中小学生全部享受了从小学、初中到高中的十二年免费教育。大力推进城乡教育均衡发展，全市中小学基础教育设施统一改造、教师统一调配、生源统一均分、保安统一选派。投资1.95亿元、90班规模、可容纳4500名师生的新郑一中新校区已投入使用。

二是统筹就业服务一体化，让城乡居民业有所就。积极推进道路、农用机井改造等城乡基础设施建设项目，引进宏业纺织、达利园、加加酱业等劳动密集型企业，扶持"好想你"枣业、雏鹰农牧等农业产业化龙头企业成功上市，创造就业机会、提供就业岗位，带动农村富余劳动力转移就业。建立集就业服务、指导培训、劳动维权等于一体的市、乡、村三级就业服务网络，对城乡劳动者实行同等的免费技能培训、免费推荐就业的"双免政策"，2012年新增城镇就业再就业8307人，就业困难人员实现就业618人，城镇登记失业率控制在3%。坚持以创业促就业，完善创业扶持政策，将有创业愿望和具备创业条件的城乡创业人

员，全部纳入小额担保贷款政策扶持范围，2012 年共发放小额担保贷款 1.318 亿元，带动 1042 人实现创业就业。

三是统筹医疗保障一体化，让城乡居民病有所医。全面推行城镇居民医疗保险和新型农村合作医疗，实现城乡医保全覆盖。对"五保"、低保、重点优抚对象等部分困难群众，由市财政负责全额资助参加新农合或城镇居民医保，在开展新农合直补的基础上，将参合农民在乡镇卫生院住院报补比例提高到 90%、县级医院住院报补比例提高到 70%。2012 年，全市共有 496649 人参合，参合率 99.7%，共筹集新农合基金 14402.82 万元，城镇职工医疗保险基金、居民医疗保险基金、生育保险基金分别支出 7955 万元、1647 万元、105 万元。

四是统筹养老服务保障一体化，让城乡居民老有所养。从政策上关爱老人，从 2009 年开始，市财政每年投资 500 多万元，推行了城乡 60 岁以上老人免费乘坐城乡公交车；城乡居民社会养老保险制度全面推行，全市 34.63 万人参加了城乡居民社会养老保险制度，参保率达到 99% 以上，60 周岁及以上参保居民达到 7.8 万人，参保率继续保持 100%。从生活上补贴老人，市财政出资为 60 岁、70 岁、80 岁、90 岁、100 岁以上老人，每人每月分别发放 75 元、95 元、125 元、175 元、275 元的养老补贴，百岁老人每人每月还增加 500 元的敬老补助。

五是统筹居民住房保障一体化，让城乡居民住有所居。针对城市居民住房的刚性需求，大力发展房地产业，将房价稳控在合理范围内，2015 年使城市居民人均住房面积由目前的 30 平方米提高到 35 平方米。针对城市住房困难群众，积极开展经济适用房和廉租房建设，目前投资 4.6 亿元建设畅馨苑保障性安居工程，一期建成保障性住房 576 套，已入住 574 户，二期 636 套经适房交付使用，新建 500 套正在进行基础施工，小区配建的 360 套廉租房已全部完工。2015 年，廉租住房家庭人均住房面积由目前的 25 平方米提高到 30 平方米。针对外来务工人员和三产服务业从业人群的住房困难问题，坚持以用工企业和房地产企业为主，政府参与，大力开展职工公寓和公共租赁住房建设。加快推进新型农村社区建设，加大基础设施配套力度，改善居住环境，使新型农村社区居民人均住房面积达到 50 平方米以上。对无房或现居住危旧房屋的农村低保户、不宜集中供养的农村"五保户"以及优抚对象，给予住房修缮补贴或租房补贴。初步构建了由公共租赁房、廉租住房、安置房、限价商品房、经济适用住房、企业集资房等实物保障和租金补贴共同组成的城乡住房保障体系。

六是统筹社会管理服务组织建设一体化，让城乡居民困有所助。按照"寓管理于服务之中、在完善服务中加强社会管理"的要求，积极搭建服务平台，提升公共服务水平。在市一级，整合社会管理服务资源，建设市社会管理综合治理委员会办公室和"110"服务、矛盾纠纷调解、老年人服务、青少年及大学生服务、"两新"组织服务、残疾人服务、就业社保服务、信访接待服务、虚拟网络管理、特殊群体帮教服务等"一办十中心",建立高效便捷的服务平台。在乡镇(街道)一级,把"一办十中心"服务职能向基层延伸,整合信访、公安、司法、武装等部门职能,建立了乡镇综合治理中心,负责为群众提供政策宣传、来访接待、矛盾调解、治安巡防、受理查处刑事民事案件等服务;整合计生、民政、土地及社会保障等站(所)职能,建立为民服务中心和民调中心,为辖区居民提供养老保险、医疗保险、民事调解、民政救助、法律咨询、婚姻家庭咨询、信访求助等一站式办公、一条龙服务。目前,全市15个乡镇(街道)综治中心、为民服务中心和民调中心运转顺利。在村(社区)一级,构建"村村都有六护员、社区都有六管员"的公益事业服务管理格局。在农村,由市财政每年出资1000多万元招聘护村庄、护井渠、护道路、护林木、护电力和护土地的"六护员"队伍,建立了"综治办总协调、乡镇有管护站、村级有六护员"的综合管护体系。新郑连续八年被评为"全国平安建设先进县(市)",城乡居民公众安全感指数继续保持全省前列。

G.14
以"两城"建设推动城市发展提质增效

——高要市提升城市发展内涵加快推进新型城镇化纪实

广东高要市

高要市位于广东省中部,属珠江三角洲地区和肇庆经济发展中心区。全市总面积2196平方公里,辖16个镇、1个街道,有户籍人口78万,流动人口22万。高要地理位置独特,因境内羚羊峡有居高扼要之势而取名"高要"。史称"当西南之要冲,扼两广之咽喉",是岭南传播古代中原文化的重要通道。高要处于以广州为中心的"1小时经济圈"内,距广州90公里、香港138海里。公路、铁路等交通网络"四通八达"。西江黄金水道穿行高要市河岸线达96公里。高要是一代国画大师黎雄才先生的故乡,也是中国黄金之乡,其占广东黄金储量的80%,因此,高要有"雄才故里、黄金之乡"的美誉。

近年来,高要市按照广东省委、省政府加快转型升级、推动科学发展以及肇庆市委、市政府实施"两区引领两化"战略的要求,围绕"三产互动、三化并进"发展思路,以"两江"新城、紫云新城"两城"建设牵动,大力实施产业布局、城市建设、绿色发展、民生改善"四大行动计划",推动城市扩容提质;大力培育汽配、五金、化工、游艇航空"四大基地",通过产城互动,工业、城市、农业互促共融,加快新型城镇化进程。荣获"全国中小城市综合实力百强""中国最具区域带动力中小城市百强""中国中小城市科学发展百强"等称号。

一 突出规划先行,谋划"两城"建设

(一)完善城镇规划,拉大城市框架

高要坚持以规划引领经济社会发展,先后投入2000多万元,完成《高要市市域城镇体系规划》《高要市发展战略规划》《高要市城市总体规划(2012~2020年)》、城市控制性详细规划、镇级总体规划及控制性详细规划、主体功能区规划等一系列规划。通过加快"两城"建设,推动江滨新城、西江新城、阅

江新城、象山新城等组成的新城区为核心，依托区域性重大基础设施带来的优越区位优势，充分利用西江、新兴江优越的生态环境和资源景观，发展现代化城市体系，形成商业、居住、运动休闲、旅游观光、度假养生、行政办公相结合，城市与环境相融合，立体交通布局合理的新型城市。通过加快推进"两城"规划建设，促使市城区面积从原来的 21 平方公里拓展到 50 多平方公里。全市城镇化率从 2012 年的 30.21%提高到目前的 56.02%。

1. 推进"两江"新城，推动城区往南拓展

高要市依托西江、新兴江资源优势，打造宜居生态城，以广肇高速莲塘出入口和阅江大桥建设为契机，加快建设投资超百亿元的西江新城、江滨新城、大商阅江新城、象山新城等城市综合体项目，突出"综合开发、以产兴城、产城互动"综合运营城市理念，积极引进民资，拉动第三产业发展，加快对接肇庆城区，打造"两江"新城，推动城区往南拓展。

2. 建设紫云新城，推动城区往东扩展

以紫云大道两侧的高要生态城、中加黄金谷、肇庆高要汽配五金物流园、红星美凯龙高要项目、美吉特大型家居建材物流市场等项目为依托，建设以商贸流通产业为主的紫云新城，进一步提升城镇生产、消费、就业、服务、人文等功能，集聚和整合各种生产要素，推动城区往东扩展。

（二）抓好农村规划，拉大城市框架

随着新型城镇化的推进，城镇化水平明显提升，农村群众生活生产环境不断改善。但由于农村地区缺乏规划和管理，一定程度上存在"散乱差"和"有新屋无新村"现象。为此，高要市启动"规划进村"，按照打好基础、量力而行、适度超前、分步实施的要求，加快村庄规划编制步伐，力争把全市农村规划建设成布局合理、配套完善、村容整洁、环境优美的现代化社会主义新农村。一是提升规划意识。乡村建设，规划先行。高要市通过广泛宣传发动，让群众知道真正的新农村建设不仅仅是新房子建设、基础设施建设，而是整体规划建设的规范以及文化建设、教育培养、风气转变、人员素质的提升。通过规划进村工作，提升农村规划建设和配套管理水平，发动群众共建共享，建设美丽家园。二是整合资源。高要"规划进村"工作与该市的"城镇建设大行动"、名镇名村、省卫生村、生态文明示范村创建以及扶贫开发等工作结合起来，统筹兼顾，整体推进。该市制定具体工作方案，建立健全市、镇、村三级规划联动机制，按照规划一步到位、建设量力而行、分步实施的原则，集中力量抓好规划建设。同时，因地制宜，实事求是，不搞"一刀切"，不大拆大建，立足于整治环境，抓好村庄规划，配套建设农村公共服务设施，整治农村人居环境。三是落实保障。为抓好规划进村工作，高要市落实规划专项资金，每年安排专项资金用于村庄规划编制，并通过安排农村规划建设协管员，积极发动群众参与等，建立市镇领导干部、专业技术人员、人民群众共同参与的一体化规划编制和管理工作新模式。同时，把村庄规划编制纳入年度工作考核的重要内容，严格奖惩，并结合肇庆市开展的清查打击"三违"（违法建设、违法用地、违法采矿）专项行动，依法打击村庄违法用地、违法建设等问题，营造良好的农村发展环境。

二 突出产城互动，打造"两城"产业群

对高要而言，相对于近年高速发展的工业经济，城市化水平较低，规划、建设、管理水平与珠三角城市还不相适应，成为制约新一轮发展的短板。肇庆提出加快推进新型城市化，全力建设成为融入珠三角、连接大西南的枢纽型门户城市和"一江两岸，打造超百万人口区域中心大城市"的发展战略，为高要城市化发展带来了千载难逢的机遇，也对高要提出更高的要求。

高要市利用毗邻广佛和肇庆城区、区位优势明显、生态环境优美等有利条件，突破发展瓶颈，进一步解放思想，立足打基础，谋长远，突出"以产兴城、以城促产、产城互动"的城市发展理念，以加快"两城"（"两江"新城、紫云新城）建设为依托，大力发展城市综合体项目，综合运营城市，加快新型城市化发展。在城市化进程中，高要不小打小闹，而是集中精力招商选资，引进大财团、大项目对新城进行整体规划建设，数个投资超百亿元的大型城市综合体项目，形成了城市堆头发展的格局，拓展了城市发展空间。

扩容的同时更需要提质，高要提出了"产城互动"的发展新理念。城市建设不能单纯搞房地产，一定要有城市综合配套、人口集聚和产业支撑，才能实现真正的城市化。按照这个思路，高要市谋划汽配、五金、黄金、健康"四大产业"，大力培育汽配、五金、化工、游艇航空"四大基地"，使城市有特色、有产业。

（一）发展"四大产业"

高要是"中国压铸产业基地""中国黄金之乡""中国五金之乡"，具有一定的工业基础。结合自身实际，高要重点打造汽配、黄金、五金、健康"四大产业"。几年来围绕发展"四大产业"，重点加快推进省级汽车零部件产业园的规划建设，规划建设黄金产业园和中加金谷项目，推动五金国际商贸城和物流

专业市场规划建设，以北大未名健康产业园为带动，规划建设健康产业生态城。

（二）培育"四大基地"

重点规划建设"汽配、五金、化工、游艇航空"四大基地。一是培育汽配基地。依托汽配产业发展基础，以广东肇庆（高要）汽车零部件产业园为载体，以一汽四环汽配项目为带动，整合鸿图科技、鸿泰科技等汽配企业的现有优势，加快建设近期 4 平方公里、中期 35.8 平方公里、远期 60 平方公里的省级汽配产业基地，规划建设年产值超 1000 亿元的汽配产业集群。创新园区开发模式，与广东省恒健投资股份有限公司、广东水电集团等大财团合作，结合整个金利镇的城镇规划建设，打造汽配产业、生态旅游、文化产业等相结合的中国城镇化建设示范工程。二是培育五金基地。以推动五金产业集群转型升级为着力点，充分发挥金利镇作为省五金专业镇、省五金产业集群升级示范区、中国建筑五金精品生产（采购）名镇品牌效应，加大产学研合作和鼓励企业自主创新力度，推进总投资 10 亿元的五金国际商贸城和投资 50 亿元的肇庆高要汽配五金物流园项目的市场拉动效应，带动基地内 1300 多家五金企业向汽配产业转型，扩大产能提质增效，培育新的经济增长点。三是培育化工基地。加快建设金利瀚和环保产业集聚基地，首期 22 家化工企业争取年内动工建设，建成投产后可实现年产值 50 亿元，创税 5 亿多元，打造华南最大的新型环保化工产业基地。加快活道精细化工产业基地建设，打造首期可容纳企业超 40 家、总投资 30 多亿元、年产值超 30 亿元、创税超 3 亿元的化工基地。四是培育游艇航空基地。以总投资 30 亿元的肇庆西江金帆游艇度假区项目为推动，按照"以新兴江为中轴线，倾力打造大气亮丽的高要新城区，使之成为肇庆'一江两岸'城市格局的新地标、新亮点"的城市发展定位，依托西江和新兴江丰富而独特的自然资源优势，加快发展"两江"经济。抢抓航空新兴产业发展有利时机，加快推进总投资 9.7 亿元的高要通用航空产业园建设，建成集培训、托管、维护、组装于一体的航空服务中心。以"四大基地"形成"海陆空"立体交叉的特色现代产业集聚，打基础、谋长远，优化工业结构，做大工业总量，促进新型工业化发展。

（三）做大"两江"经济

高要因水而生，依江而兴，境内有 60 多公里西江黄金水道以及新兴江水域。高要提出"以新兴江为中轴线，倾力打造大气亮丽的高要新城区，使之成为肇庆'一江两岸'城市格局的新地标、新亮点"的城市发展定位，依托西江和新兴江资源优势，发展"两江"经济。在规划建设江滨新城、江景新区、西江新城的基础上，进一步依托新兴江"一河两岸"规划建设高要新城，打造独具高要特色，集防洪、休闲、观光于一体的城市生态景观工程。

三 突出城乡统筹，完善"两城"配套

（一）完善城乡交通体系

以高速公路和快速铁路为纽带，充分发挥货运交通的生产性服务功能，引导生产资源的合理配置和整合。以城乡客运交通为纽带，建立城乡公交体系，以高速公路、铁路、国道、省道为纽带，串联主要城镇、工业集聚基地、休闲旅游地区，构筑生产、生活与休闲旅游发展轴线，形成生产和生活高度一体化的经济圈。以南岸、金利为枢纽，加强与广佛地区的交通联系。改造提升莲金线、高铜线等一批省道的建设水平，完善与高明区对接的公路网络。加快推进江肇高速公路刘村连接线和广佛肇高速公路高要段、广肇高速公路莲塘互通立交建设。积极配合珠外环高速、南广铁路等重大项目建设，完善高要港口建设，积极构建便捷、高效、安全、顺畅的现代综合交通运输体系，全面融入广佛肇经济圈。全力配合阅江大桥建设，加快推进高要大道、市雕立交等重点工程。依托桥梁道路，通过紧密的交通联系带动两岸人流、物流的快速互通，完善高要城区与肇庆主城区全覆盖一体化的交通网络，强化"一江两岸"的发展格局。

（二）强化城乡水电通信等基础建设

结合"为民办事问民意"活动，坚持每年办好一批民生实事。完成了西区一批电网项目建设，加大农村电网和配电网投资建设力度。推进"大水务"供水工程建设，受惠人口19.3万人的18宗农村饮水安全工程提前完成。加强农村水利基础设施建设，保障农村饮水安全、农业灌溉用水安全和农村水环境生态安全。抓好灌区改造、病险水库和病险水闸除险加固。扩大广播、电视、通信、互联网的覆盖率，构建"随时随地随需"的信息网络。

（三）繁荣城镇服务业

加快"三旧"改造，引进战略投资者，大力发展现代物流、信息服务、生态旅游、文化创意等城市现代服务业，加快构建与新型工业相配套、与城市发展

相协调、与民生需求相适应的现代服务业体系，不断优化城市人居环境，提高市民居住舒适度、环境优美度、生活便利度、服务满意度。不断完善服务业基础设施和功能配套建设，切实增强城镇集聚能力和辐射能力。支持、鼓励大型房地产项目进驻乡镇实施开发建设，参与市镇运营管理，吸引农民入城进镇，增强城镇的凝聚力。

（四）实施城镇建设大行动

针对当前乡镇一级出现的规划起点不高、管理不到位、基础设施建设不完善等问题，2013 年初，高要市启动"城镇建设大行动"计划，探索"政府主导、镇为主体、部门联动、社会参与"的城镇规划、建设、管理的新模式，加快小城镇发展。重点抓好禄步镇、白土镇、金渡镇、金利镇等城镇建设示范点，着力推进"三旧"改造、公共设施、教育医疗卫生设施、商业设施、景观环境设施、群众休闲娱乐设施等工程建设，优化城镇环境，提升城镇综合承载能力。加大城镇环境综合整治力度，重点抓好镇容镇貌整治。加快建立城镇综合管理长效机制，支持有条件的重点镇推行社区化管理。高要实施的"城镇建设大行动"，以"三旧"改造为切入点，通过科学规划，加快推进各项城镇规划的编制和修编；突出重点，加快推进教育、医疗、卫生设施、商业设施、景观环境设施、群众休闲娱乐设施等重点工程建设；加快完善城镇环境卫生、镇容镇貌、道路交通、绿化亮化、市场管理、违章搭建、污染物管理等"七项综合管理"，做到镇镇有"三旧"改造项目，以此推动城镇居民生产生活环境不断改善，使城镇宜居水平和群众幸福感明显提升。为加快推进城镇建设大行动，出台了《"城镇建设大行动"实施方案》，明确城镇建设规划和目标，采取市政府奖励、镇级投入、部门支持、鼓励全社会各方参与等方式，多渠道筹措城镇规划建设和管理资金。尤其是鼓励引入战略投资者，开发城镇综合体项目，由企业实施项目总体规划、基础设施建设、土地开发管理、项目引进建设等，实现镇镇有项目，掀起城镇"项目大会战"。2013 年以来，全市 17 个镇（街道）共有 62 个项目纳入"城镇建设大行动"，实现了"镇镇有项目"。其中，富士花园、凯高庭院、新时代广场等20 多个城镇建设大项目陆续动工，带动了新型城镇化加快发展。

（五）推进城乡文化建设

加快"雄才故里"文化产业园、文化市场一条街等文化项目建设，培育文化旅游、文化创意等文化主导产业。深化乡村文明行动，进一步完善市、镇、村三级公共文化服务设施网络，抓好文化基础设施建设和管理，开展文化馆、图书馆、博物馆及数字影院、数字化档案馆达标工作，抓好综合文化站、农家书屋和农村档案室建设工作。目前，"雄才故里"白土镇坑尾村和回龙镇大井村完成省名村创建任务，回龙镇省名镇建设以及南岸街道上清湾村、金渡镇榄塘村等 8 个省名村建设全面启动。回龙镇黎槎村、白土镇坑尾村分别被评为"广东十大最美村落""广东十大特色古村落"。利用活跃于基层的 1000 多名文艺骨干，在全市城乡开展各类群众性文化活动，丰富了人民群众的精神文化生活，提升了广大市民的文化素养，促进了文化自觉。听取群众意见，将农村基础文化设施建设纳入重点民生工程，进一步增加文化娱乐设施。目前，该市 17 个镇（街道）全部建有文化站和文化广场，324 个行政村均建有农家书屋，成为农村群众文化休闲娱乐的好去处。

（六）开展"乡村文明行动"

高要在最基层的农村开展乡村文明行动，积极探索"乡村文明行动的新机制"，推动公共资源和城市文明加速向农村延伸，使广大农民群众共享改革发展的成果，积极推进社会主义核心价值体系建设。在提高农村群众的思想道德文化素质、提高农村的文明程度方面取得明显成效。一是制定规划。将乡村文明行动纳入市委、市政府的重要决策部署，结合"为民办事问民意"活动，了解农村基础设施建设和群众的生产生活环境情况。与高校合作，深入农村基层开展为期半年的大型社会调查活动。专门制定《高要市乡村文明行动规划（2012~2016年)》，组织开展覆盖高要各阶层的"乡村文明行动"。二是夯实基础。通过开展乡村文明行动，农村基层干部深入基层问民意、办实事，党员干部率先垂范，帮助群众转变观念，得到了广大群众的信赖和拥护，增强了基层党组织的凝聚力、号召力和战斗力。同时，把乡村文明创建与充实农村基层组织建设和发展农村经济紧密结合，实施大学生村官计划，在高要选派优秀年轻干部，并面向社会公开招聘大学生村官到农村挂任村支书（主任）助理，增强基层活力，完善农村管理。用知识和科技大力改善农村生产条件，优化农村发展环境，促进了农民致富奔小康。三是形式多样。把乡村文明行动与群众文化活动结合起来，扎实推进文化惠民工程，推动乡村文化繁荣和发展。投入 5000 多万元，建设文化演艺中心、文化馆，改造黎雄才艺术馆、博物馆、图书馆。整理"乡村艺人库"，搭建舞台、创造条件，让活跃在城乡的 1000 多名文艺骨干进驻自然村，策划开展文化活动和乡村文明宣传，促进了群众文化"三小向三大"（从小团队向大舞台、从小投入向大效益、从小演艺向大繁荣）的转变。四是改善环境。全市各级累计投入建设资金 3000 多万元，建成了一批省名村示范村、省岭南文化名村。大力开展以岭南新民居为特点的新村建设，完成了 2006 户泥砖房改造。全市共创建省卫生村 289 个、生态文明村 822 个、省卫生镇 6 个。投入 2000 万元开展城乡环境卫生整治大行动，建起全省首个县级城乡垃圾处理网络，把城市环卫管理方式向镇城区、乡村延伸。仅 2012 年，全市累计 3.6 万人次参与卫生整治，清理卫生死角 2.8 万处，清运垃圾 7.7 万吨，疏通沟渠 27.8 万公里，乡村文明行动取得实实在在的效果。

（七）推进"村改居"

把"村改居"作为统筹城乡发展的一项重点工作。仅 2013 年就有 45 个村完成了"村改居"。"村改居"后，对高要城区扩容提质、加快城镇发展提供了良好的空间，更加有利于加快城区发展，促进高要工业化、城镇化进程。新设立的 45 个社区居委会，地处市城区、镇城区的发展规划范围，交通便利，工业化程度相对较好，有明显的区位优势和资源优势。通过"村改居"，也进一步促进农村二、三产业的发展，安置了更多的劳动力就业，增加了农民的收入，使农民享受城镇发展带来的实惠。

（八）提高服务效能

以"实干兴市、提高执行力、加快发展"活动为抓手，转变政府职能，切实提高行政效率。推进以简政强镇为重点的农村综合改革。深化行政审批制度改革和企业登记制度改革，依法依规清减行政审批事项，完善市、镇、村三级综合政务服务体系，打造便捷、优质、高效的政务环境。加强流动人口服务管理，促进流动人口基本公共服务均等化。随着经济社会蓬勃发展和新型城镇化发展，流动人口快速增长，高要市强化对流动人口的服务，加快推进管理工作。高要坚持以科学发展观为指导，以建设幸福平安高要为统揽，以转变经济发展方式为主线，创新管理方式，以市、镇、村三级综治信访维稳工作平台为依托，全力推动"党委领导、政府负责、社会协同、公众参与"的社会管理体制机制创新，有力地维护了全市社会大局稳定，群众安全感和幸福感显著增强。金利镇是远近闻名的"五金专业镇"，该镇现有人口 15 万，其中外来人口就有 8 万多人，这些外来工和当地群众一起，为金利的经济发展作出了贡献。高要市以金利镇为试点，创新管理方式，建立镇流动人口和出租屋管理服务中心、村（居）委会建立流动人口和出租屋管理服务站，突出强化"以证管人"，落实规范"以业管人"，重点解决"以屋管人"。金一村村委会毗邻金利镇城区，近年来随着小五金企业的不断发展，全村有外来人口 2600 多人。为做好外来人口的服务和管理，金一村村委会投入 100 多万元，建设了一个占地 1 万多平方米、有 300 多间住房的"乐万家外来工居住村"，村内供水、供电、有线电视、医疗室、商店、小型综合市场等生活配套设施完善，还设立了治安执勤点，安装了闭路电视监控系统，既解决了外来人口的居住问题，又规范了服务和管理。由于金利镇坚持"共建共享"理念，着力创新外来人口服务管理方式，外来人口的归属感不断增强，感受到像"家"一样的温暖。金利镇还充分发挥外来人口服务管理中心、村服务站、外来工居住村三位一体作用，探索加强外来人口服务管理的机制建设。落实企业党建与工青妇组织一体化建设，为外来人口在学习、娱乐、培训、维权等方面提供贴心服务。严格实行外来务工人员子女就近入读公办学校政策，高标准规划建设了可容纳 1000 名学生的朝阳民办实验学校，确保外来人口适龄子女入学率达到 100%。对企业内外来人口实行统一登记、统一办证、定期核查等"一条龙"服务，切实为外来人口提供安全保障。把"以证管人""以业管人""以村管人"与"以同乡会管人"相结合，做到政府与企业、村（居）委会、各同乡会信息互通，资源共享，保障了外来人口的安居乐业和社会秩序的和谐稳定。

科技地产是新型城镇化的重要途径

——北科集团以科技地产促进新型城镇化的实践探索

郭莹辉*

美国经济学家、诺贝尔经济学奖获得者斯蒂格利茨曾说过，21世纪人类社会进程两件影响最深刻的事情：第一是以美国为首的新技术革命，第二是中国的城市化。2012年12月的中央经济工作会议把"积极稳妥推进城镇化，着力提高城镇化质量"确定为经济工作的主要任务，城镇化进一步背负起扩大内需、拉动经济增长的重任。党的十八大更是把新型城镇化作为推动中国经济发展的最大潜力，确定了新型城镇化建设的战略地位。2013年以来，关于新型城镇化的讨论持续升温，受到政府、学术界、产业界、地产行业界的高度关注。作为产业园区开发领域的龙头企业，北科建集团积极探索、创新发展，创造性地提出了科技地产开发新模式，将土地利用、城市功能、产业要素、政策环境高度耦合，实现人口转移和产业聚集，在促进新型城镇化市场化建设方面进行了有益的实践，期望对新型城镇化建设有所借鉴和启示。

一 产业园区开发是新型城镇化的重要途径

根据联合国《世界城市化展望2011年修正版》预计，2011~2050年，世界城镇人口将从36.3亿增加到62.5亿，城市化率从52.08%提高到67.13%，其中较发达地区城市化率将提高到86.26%，而欠发达地区也将提高到64.08%。城镇人口的增长将主要集中在欠发达地区，特别是亚洲和非洲。城镇化是中国经济社会发展到一定阶段的必然结果，也是社会发展的历史性趋势。

关于新型城镇化的内涵与本质，目前无论是政府还是学术界、实业界，都有相当翔实而深入的讨论。我们认为，新型城镇化的本质是人的城镇化，是通过产业集聚和人口集聚，实现工业化与城镇化良性互动，达到城乡统筹发展的统一，

---

* 郭莹辉，北京科技园建设（集团）股份有限公司总经理。

生态保护和经济发展的统一，工业化与城镇化的统一，精神文明和物质文明的统一。换而言之，即信息化、工业化、农业现代化都集中在城镇化这一概念下协同发展。从产业园区发展的角度来看，产业园区作为城市扩张的先导区，由政府完善对基础设施和社会事业等公共资源的投入，企业运用房地产的规划与运营能力，科学规划丰富的商务商业和居住休闲功能，实现产业聚集、人口聚集、资本聚集与城市功能的融合。在新型城镇化过程中，产业园区依然将会是实现城镇化的重要途径和支撑。

（一）产业园区是经济发展与科技创新的重要推动力量

产业发展是城镇化的根本动力。城市的扩容与经济发展需要产业园区提供经济动力。产业园区作为城市的先导区，是产业要素集聚和产业能级提升的重要载体，也是实现人口聚集的重要平台，其为城市扩容与经济发展提供经济动力支持，又是城市不可分割的一部分。产业园区作为产业发展和人口聚集的平台，与新型城镇化的内涵要求高度一致，因此，产业园区作为新型城镇化的重要途径之一，其重要作用毋庸置疑，但是既不能过度夸大产业园区的作用，也不能神秘城镇化。从产业园区的形成与发展历史和城市发展的轨迹来看，两者是高度一致的。

综观全球科技园区发展历史不难看出，建设高新科技园区，是把企业有效聚集、发挥产业集群效应、推动企业自主创新的有效手段。美国硅谷在面积上仅占美国的万分之五，申请的知识产权比例却超过 1/10，更聚集了 HP、Intel、Google 等众多知名高科技公司和 1000 余家世界知名企业总部，成为全球顶尖技术的发源地与聚集地；中国台湾新竹高科技园区以半导体产业和光电产业闻名全世界；印度班加罗尔是全球知名的软件外包基地，每年的产值都高达数百亿美元。这些园区的出现有力地推动了当地科技产业的发展，其产业政策与发展模式对我国高科技产业的发展有着极其重要的借鉴意义。

从国内产业园区发展历史来看，1992 年，我国首次批复经开区与高新区的时候，当时全国高新区的总收入 392 亿元，但是到了 2011 年末，这个数据是 14 万亿元。目前，全国共有 1200 个省级以上各类开发区和高新区，承担了中国 20 年来科技创新、区域经济和城市发展的重任，助推我国成为世界第二大经济体。目前，我国以北京中关村、上海张江高科为代表的 1200 多家省部级以上园区的发展，给城市扩容带来了经济上的支撑，实现了人口结构的改变和税收的增加。2012 年土地利用调查情况表明，341 个国家级开发区作为现代制造业和生产性服务业的集聚区，产业主导特征明显，单位工业用地固定资产投资达到 5407.31 万元/公顷，工业用地产出强度达到 12984.94 万元/公顷，高新技术产业用地产出强度为 26668.11 万元/公顷。我国开发区作为区域经济增长极的作用不断凸显，在引导和带动区域经济社会发展、推进产业结构调整升级、促进土地高效利用和转变发展方式，以及人口结构优化和就业能力提升等方面发挥了重要作用，与新型城镇化的内涵要求相吻合。

（二）产业园区是实现人的城镇化的重要平台

新型城镇化最重要的本质问题，是解决人如何在城市中幸福生活的问题。过去 20 多年产业园区的建设实践，由于过分注重城市的大修大建，注重钢筋水泥都市化构建，只看到城市的硬件，而忽视了城市中最重要的人的因素，许多地区城市化率虽然达到一定程度，然而交通、社会管理问题层出不穷，人在其中生活没有幸福感，这是新型城镇化必须着手解决的问题。但是人的幸福感问题不能是一个空洞的指标，也可以通过一些实际的数据来得到测量和反映。研究表明，2012 年中国人口 13.5 亿，2032 年我国的人口将增长到 14.92 亿。目前我国城镇化率是 52.7%，而发达国家是 70%～80%，未来要追上这个进度，就意味着我国将有 11 亿人口在城市工作生活。然而，城市的产业结构如何？能否消化这 11 亿人口的就业？这些人的收入，未来要有多大幅度的增长才能满足其在城市生存的需求？这些问题的答案，就是评价城镇化的指标。我们认为，政府与业界需要更加关注全国城乡居民总收入占 GDP 的比例，因为这个指标能够客观反映居民的收入是否能够保障他们的生活。目前，我国的这一数值是 42.3%，发达国家是 72%～75%，我国的提升空间还比较大。这一个指标当然不能与城市居民幸福感的测度完全一致，但是能够较好地定量反映出我国经济增长过程中，居民收入能占到的比重，也就是在经济发展和城市化过程中，居民享受到的红利份额，因此有一定的代表性。

产业园区在推动区域经济增长的同时，由于其产业园内部的产业结构远高于城市其他区域，因此能够支付较高的工资，许多劳动人口通过在产业园区中工作，使得自己的收入实现了大幅的跃增。以苏州工业园区为例，2011 年，园区内劳动人口的年平均工资达到 52504 元，远高于园区外劳动人口的平均收入。大量高新技术园的开发与建设，为大量高素质人口提供了附加值极高的岗位，同时，由于产业溢出效应，即使是相对低端的劳动人口，在园区内也能获得待遇较高的工作岗位，这无疑为推动居民收入增长贡献了极大力量。因此，可以说，在实践新型城镇化以人为本理念方面，产业园区还将发挥更大的作用。

243

（三）产业园区是新型城镇化的重要推动力

综观世界城市发展历史，无论是早期的以美国五大湖工业区为代表的产业孤岛园区发展模式，园区成长阶段以英国利物浦航运产业园区为代表的位势梯度发展模式，还是园区成熟阶段以法国安蒂波利斯科技城为代表的多核发展模式，以美国的波士顿—华盛顿城市群及我国长三角城市群为代表的连片放射状发展模式和以日本筑波科学城为代表的产业新兴城市发展模式，都在推动产业聚集方面发挥了重要作用。尤其是中后期的产业园区，在规划之初，就按照新兴城市进行设计，实现了产业功能与城市功能和社会管理的高度完善，成为推动城市发展的重要力量。从我国这几年的产业园区发展来看，产业园区在产业聚集、功能定位、建设风格和管理服务方面也更加呈现出城市化特征，融入新型城镇化进程。

一是园区产业都市化。传统意义上的工业园区，以制造业、信息技术产业为主，而当前，各类科技园、创意园、商务园异军突起，研发、创意、管理服务等清洁生产、环境友好型都市型产业成为园区的主体。都市型产业的发展，能够有效克服传统工业与城市功能之间的冲突，更加利于园区由产业孤岛向产业新城的转变，实现产业功能与城市功能的对接。如韩国首尔数字产业园为代表的文化产业园区，成功打造了新一代都市型时尚型开放性产业园区。

二是园区功能多样化。园区功能由单一的产业集聚功能区向商务、商业、休闲、居住等丰富的城市功能过渡，园区服务也由简单的物业服务向融资、产业链整合等更多产业发展增值服务升级。我国很多园区也正在进行"二次创业"或"再升级"，由传统的以工业制造业为主，向新兴产业转型升级，兼容服务业发展。园区不再仅仅是工作的场所，更通过其完善的配套与良好的规划，成为享受生活、升华生命的所在。

三是园区风格城区化。园区规划形态由早期的"九宫格""兵营式"，向生态型、城区模式转变；传统的园区以制造业为主，对生活环境影响较大，其规划往往将住宅与产业带完全隔离，呈块状布局；而当前的园区产业，正渐渐向以环境友好、生态低碳为特征的都市型产业过渡，园区规划将产业功能与城市功能高度融合，将产业发展与商务商业、生态居住有机统一，满足职、住、娱等多元诉求，打造园区成为新城典范。如日本筑波科学城在开发过程中，保留了大量的自然和乡村环境原始生态，打造了一个现代的生态都市。

四是园区管理行政化。产业园区在设立之初，往往就有政府派出的管委会，按照城市管理和服务职责，履行社会管理职能。随着园区不断加速发展，行政管理的职能越来越完善，成为推动园区实现由园到城转变的重要力量。

产业园区作为我国科技创新的平台、产业聚集的平台以及人口聚集的平台，能够推动区域经济结构升级和发展方式转变，能够实现园区入驻人群的收入水平提升，能够通过科学的规划和建设营造人们工作生活的良好生态环境，与新型城镇化要求高度吻合。因此，发展产业园区，既是新型城镇化的重要途径，也是建设美丽中国、实现中国梦的重要推动力。

二 北科建集团科技地产模式的内涵

北京科技园建设（集团）股份有限公司（以下简称"北科建集团"）是1999 年北京市政府为贯彻落实国务院关于加快中关村科技园建设批复精神而成立的大型国有企业集团，是北京国有资产经营管理有限公司在城市开发领域的重要平台。集团成立十多年来，始终坚持"服务区域经济、助推产业升级、加速科技转化、提升社会贡献"的企业使命，成功开发了中关村核心商务区、中关村软件园、中关村生命科学园等知名园区与领秀系列高品质住宅，在理念、品牌、资源、团队方面形成了核心优势，成为我国科技园区开发领域的典范。

（一）北科建集团科技地产提出的背景

2009 年，随着中关村开发建设任务的基本完成，经历两次重组（2007 年北京国有资产经营管理有限公司成为控股股东，2010 年，中关村发展集团成立，北科建以中关村软件园、中关村生命科学园参股中关村发展集团）的北科建集团，已经没有在建或运营的科技园区项目，未来如何发展成为摆在北科建集团面前的首要问题。北科建集团必须审慎把握内外部环境变化，充分发挥自身资源禀赋，抢抓机遇，传承创新，自我超越，走出一条独特的发展道路，推动集团实现科学发展、快速发展。

北科建集团通过冷静分析宏观环境、行业环境和自身优势，充分认识到国家自主创新战略和新兴产业发展战略的大力实施，目的是通过科技创新要素的聚集和创新平台打造，提升国家创新能力，为国家经济结构调整和经济发展方式转变提供支撑。同时国家以产业发展为主导，大力推进新型城镇化建设，使产业园区开发成为实现新型城镇化战略的重要途径。

从行业环境来看，房地产行业近年来房价急剧上涨，受到了政府持续的严厉调控。在房地产调控背景下，形成了强者愈强、弱者淘汰的基本格局。北科建要在激烈的房地产行业中取得较大发展，必须充分发挥自身科技园区开发优势，在科技园区开发这一房地产行业细分领域取得领先位置，才能有效避开激烈的住宅地产和商业地产市场竞争环境，走出一条独特的发展道路。

从自身资源禀赋来看，北科建集团作为我国最早从事科技园区开发的大型国有企业，在中关村科技园区的开发建设中积累了丰富的开发经验，成为了国内园区开发的领先企业，积累形成了自己的核心竞争力。一是形成了强大的品牌影响力，北科建开发了中关村，中关村也成就了北科建；社会对中关村的高度认可也延伸到了对北科建的高度认同。二是形成了持续的创新精神和先进的开发理念，北科建集团在中关村开发中借鉴世界先进园区做法，不断探索创新，在园区的生态环境建设、土地集约利用、能源管理、产业服务等方面都积累了丰富的经验。三是形成了强大的资源整合能力，北科建集团在开发中关村过程中与政府、科技企业、金融机构等建立了相互信任、相互支持的良好的合作关系，为科技园区的开发提供了丰富的资源支撑。四是形成了全产业链的开发能力，既包含了土地一级开发，也包括了项目的二级开发，同时还有供冷、供热、物业管理服务以及企业孵化、产业服务等内容，使北科建集团积累了一支全产业链条开发队伍，打造了全产业链条开发能力。五是控股股东北京国资公司在资金、人才、项目等各方面给予了大力支持。

基于对宏观环境、行业环境和自身优势科学判断，北科建集团创造性地提出了科技地产开发理念，按照科技地产理念制定了集团"十二五"发展战略，并在京外四个科技地产项目上进行了实践。

（二）北科建集团科技地产模式内涵

北科建集团科技地产强调城市与产业协同发展，实行的是以房地产开发为基础，以产业聚集为目标，以战略性新兴产业为主导产业，以科技载体和产业服务构建为任务，整合企业发展的要素和资源，通过开发、运营、服务助推产业创新和价值提升的一种市场化科技园区开发模式。无论从功能还是从效益来讲，科技地产开发已经超出了传统房地产开发的范畴，成为服务技术创新、推动国家自主创新战略和战略性新兴产业发展的重要平台。可以说，科技地产是以地产为平台、产业为主体、服务为支撑，实现土地利用、产业聚集、金融服务和城市功能的高效融合，助推科技成果转化，驱动区域经济转型发展的一种创新商业模式。

科技地产的实质就是打造一个大的综合性平台，即构建创新创业平台、商业价值整合平台、城市综合发展平台，积极构建政府、入驻企业、合作伙伴和开发商合作共赢的发展模式。

所谓创新创业平台，就是通过明确的产业定位，科学合理的功能规划、建筑设计和业态准入，以及全方位的产业服务，来营造企业创新与成长的硬件环境和软件环境，使入驻企业既能享受到清新优美的生活工作环境，又能降低创新成本，激发创新活力，实现产业集群发展。

所谓的商业价值整合平台，就是通过土地资源的集约利用，提升土地价值，同时围绕产业发展的资本、技术、人才、市场等要素，有效地把政策环境、金融资源、商业资源、企业资源、中介机构资源等整合到一个产业园区内，实现资源的聚集整合与效益提升，使各种资源的商业价值尽可能最大化。

所谓的城市综合发展平台，就是通过建设高标准产业园区，提升城市的生态文明建设水平和城市形象；通过产业聚集和创新，升级传统产业，并提升高新技术产业在城市产业结构中的比重，同时，为政府赢得持续的税收、良好的就业等，帮助区域经济结构升级和经济发展方式转变，提升城市核心竞争力。

科技地产通过打造高质量的科技园区，来实现"服务区域经济、助推产业升级、加速科技转化、提升社会贡献"的功能和使命。服务区域经济是指根据当地政府区域经济社会发展的诉求，围绕当地经济特色，促进当地经济结构调整、发展方式转变和产业升级，提升城市竞争力，推动区域经济发展；助推产业升级是通过科技园区的打造，引入一大批高科技型企业和创新创业型企业，帮助政府实现用高新技术产业、行业来升级和优化传统产业，实现当地产业结构升级调整；加速科技转化，力求通过孵化器等全方位服务支撑平台的建设，致力于营造有利于创新创业型企业成长的硬件环境和软件环境，推动科技成果尽快实现产业化；提升社会贡献，是指通过打造科技园区，推动区域产业聚集、科技转化，为建设宜居宜业的城市功能区奠定基础，推动区域就业、税收和社会和谐，同时实现好企业健康可持续发展，更好地履行社会责任，更好地回报股东利益诉求，并随着企业发展，为员工提供更广阔的发展平台和更有激励性的物质利益。

总的来说，北科建集团科技地产模式就是通过打造高质量的科技园区，实现产业聚集与城市功能协同发展，把政策资源、金融资源、商业资源、企业资源、中介资源进行有效地聚集与整合，使政府在获得税收、就业等直接效益的同时，实现区域产业结构升级和经济发展方式转变；使入驻企业在享受良好的工作环境的同时，获得全方位的专业化产业服务，降低创新成本，加速企业成长；使入驻的金融机构、中介机构等社会合作伙伴以较低的成本拓展业务的同时，获得了高质量的业务来源和赢利；使开发商获取土地开发收益的同时，也通过物业运营和产业增值服务来拓展赢利渠道，从而实现各方利益诉求均衡和合作共赢发展。

（三）科技地产的运营与赢利模式

北科建集团科技地产的产品和服务体系包括科技新城、专业科技园区与产业增值服务组合；同时还有支持科技地产的配套业务，包括房地产金融、供冷、供热和物业管理服务。其中，科技新城是综合类产品，是科技园区、住宅区和商务功能区的组合，是产业主导的微型城市，满足入驻人群职、住、娱等全方位诉求。专业科技园区则以产业为主导，辅以少量的人才公寓、餐饮、商业等。产业服务体系由开发商积极整合政府以及社会商业合作伙伴资源，按照全方位、专业化、高附加值的标准，围绕产业发展的资本、技术、人才、市场四个要素，共同致力于产业发展要素的整合，提供一系列技术关联性强、附加值高、智力密集度高的创新增值服务，打造完善的产业服务体系，主要包括资本、技术、人才、市场、政策、中介等方面。

一个成熟的高品质产业园区，从开始开发到培育成熟，一般需要 6~8 年，多的长达 8~10 年，而且科技园区开发面积一般为 1000 亩左右，需要的资金量很大，而且开发前期的培育阶段，几乎没有利润。简言之，科技园区开发投资大、周期长、风险高。因此，北科建集团科技地产在运营过程中坚持"产业为本、商住协同、长短互补、风险对冲"的法则。产业为本，就是始终坚持以产业促进为主线进行综合开发，坚持以产业为主导，通过多业态产品的综合开发，实现"业"与"城"的有机融合，促进产业功能与城市功能的融合。商住协同，就是要有适当规模住宅地产和商业地产等策略性业务相配合，构建房地产领域同业多元化业务体系，形成主营业务之间的协同效应和互动发展。长短互补，就是科技地产的长周期业务能够得到住宅和商业地产等短周期性业务的必要支持，以保证科技地产项目长周期运作的资金需求，保证科技地产项目品质。风险对冲，就是要通过科技地产、住宅地产、商业地产三大主营业务的协同发展，形成同领域多元化业务格局和竞争策略，规避单一业务带来的经营风险。科技地产的运营法则集中体现了集团以科技地产为龙头、住宅地产和商业地产协同发展的商业模式，是规避科技地产周期长、投资大等经营风险的必然要求。

科技地产的实质是地产、产业、金融资源的跨界整合，投资大、周期长，单纯依靠企业自身资金支持不可能实现，必须要充分利用金融资源来支撑和服务产业发展。北科建集团的科技地产构建了重要的产融结合模式，主要包括五个方面：资本市场 IPO、子公司私募、资产证券化、针对入驻企业的 PE/VC 孵化服务和科技地产基金业务。通过产融结合，满足开发商和入住企业发展的资金需求。

作为全新的商业模式，科技地产业务的收入与赢利来源主要有三大方面：开发型物业的销售收入和利润、持有型物业及配套服务经营收入和利润以及投资增值收益，具体来说，就是通过土地增值、物业经营、产业服务、资产增值等多个环节来丰富赢利模式。

北科建集团构建了完善的科技地产事业理论体系和完备的科技地产商业模

式，并以此制定了集团的发展战略，并且在产品体系、管控体系、商业模式上实现了升级，完成了从政府平台企业向市场化企业的成功转型，成为市场化科技园区开发的典范，引领了房地产行业转型创新的方向。

三　北科建集团科技地产的实践与影响力

北科建集团作为国内最早从事科技园区开发的企业之一，经过长期的探索、创新和实践，创造了显著的业绩，形成了先进的开发理念与思路。

（一）中关村园区开发为科技地产积淀了宝贵经验

北科建集团成立以来，经过十年的磨砺，秉承"社会效益为首、经济效益为本"的经营理念，坚持"正德健行、立己达人"的核心价值观，成功打造了中关村科技商务核心区（中关村西区）、中关村软件园、中关村生命园、北京大兴生物医药产业基地等世界一流的城市功能区和高端科技园区，项目建设实现了中央领导提出的"一年一个样，三年大变样，五年上台阶，十年创一流"的目标要求，展现了中关村科技商务核心区和高端产业园区的崭新形象，成为推动首都经济社会发展和高新技术发展的强大引擎。

中关村核心商务区

中关村生命科学园——生物医药研发、医疗服务产业基地

中关村软件园——国家软件产业基地、国家软件出口基地

中关村在开发建设中坚持"以人为本，倡导科技，师法自然，映射传统"的设计理念，打造了以中关村西区城市空中花园、中关村软件园生态"浮岛"为代表的优美环境。清新优美的环境不仅宜居，而且有利于研发，吸引了大批高端、专业机构和人才的入驻。世界一流的科技园区不仅要求水、电、气供应充足，道路通畅，通信方便，市政设施完备，而且要求居住教育条件完善，娱乐休闲设施配套，能够形成一条龙服务。同时还要配有专业的产业服务功能，从资金、技术、人才、市场等方面为企业提供专业化服务功能。完善的配套功能有利于园区企业心无旁骛，集中精力搞研发，提高了工作效率和专利产出。产业高度聚集是降低企业创新成本，提升企业创新活力，推进技术革新能力和市场国际化程度，从而实现 $1+1>2$ 的效能。比如在中关村生命科学园，美国健赞、瑞士先正达和生命科学研究所等 60 多家高新技术企业进驻，形成了协同效应和完整的产业链条。创新是营造经济增长的重要支柱。中关村软件园短短十年就获得自主知识产权 2000 多项，国家科技进步一等奖 4 项。中关村生命科学园近年来在国际生物医药领域发表的论文占国内总数的 62%，获得国内外专利 400 多项，自主知识产权技术 67 项。

（二）北科建科技地产项目受到各界的高度认可

北科建集团目前按照科技地产开发模式和"立足北京，兼顾外埠"战略布局，全力布局和打造嘉兴长三角创新园、无锡中关村软件园太湖分园、青岛蓝色生物医药产业园、长春北湖科技园四个科技地产项目。

嘉兴长三角创新园项目位于嘉兴市秀洲新区东部，项目整体占地1100多亩，总建筑面积150万平方米，总投资100亿元。项目完成后，将引进国内外知名大型企业5～10家，国内领先的中型企业10～20家。高成长性高新技术企业50多家，年均实现产值250亿元，为5万多人提供就业机会。

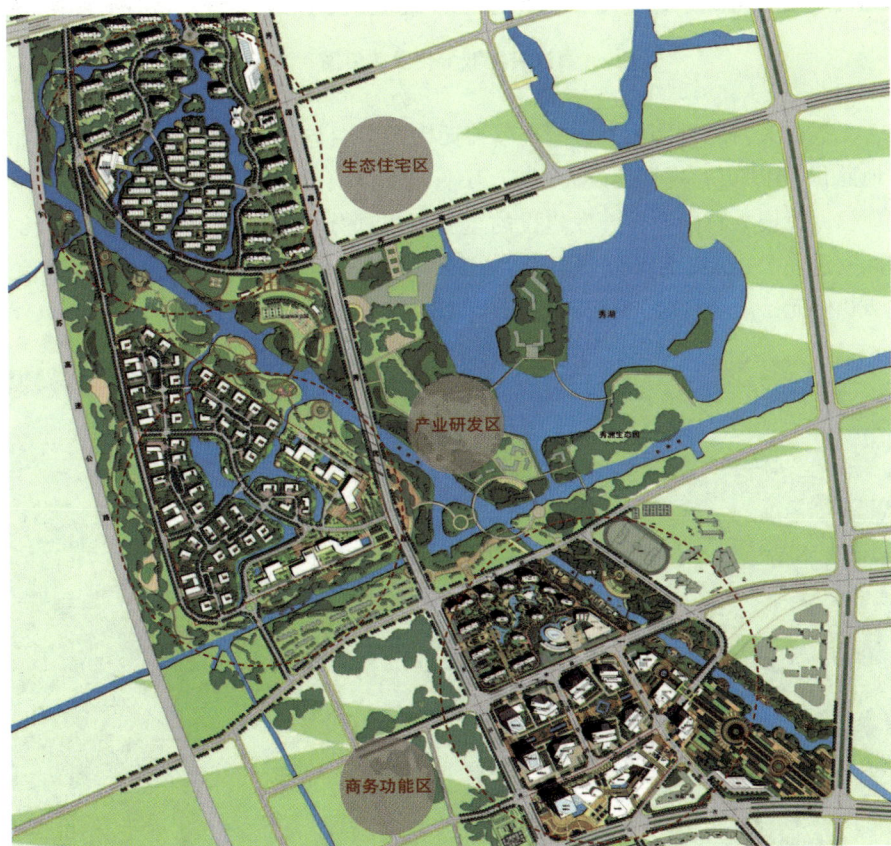

嘉兴智富城总体规划图

嘉兴智富城孵化器实景图

无锡中关村软件园太湖分园坐落在无锡市南端与苏州交界的望虞河畔，项目占地面积 1040 亩，规划建设面积 77 万平方米，项目投资 45 亿元，是江苏省重点项目，无锡太科园总体开发建设的重要组成部分。园区建成后将吸引 10 多家国际一流龙头企业、5 家大型企业总部和 500 多家创新型企业。年均实现产值超过 200 亿元，上缴税收 18 亿元，吸引 4 万多名创新型人才创业就业。

无锡中关村软件园太湖分园总体规划

无锡中关村软件园太湖分园孵化器大楼

青岛蓝色生物科技产业园位于青岛第三代新城的核心区、青岛国家高新技术产业开发区内中心部位，主园区占地约 153 公顷，孵化器建筑面积 12 万平方米，北科建集团计划总投资约 43 亿元。园区建成后，技工贸总收入将达到 200 亿元，吸纳就业 2 万人，居住 1.5 万人。

青岛蓝色生物医药产业园 12 万平方米的孵化中心鸟瞰效果图

青岛蓝色生物医药产业园孵化中心 1#楼

　　长春北湖科技园位于长春国家高新区长东北科技创新中心核心区，靠近中国科学院长春光机所、应化所、地理所及长春工业大学等知名科研单位和高校，周边奥体中心、医院、商业等规划配套设施齐全。园区总占地面积 66 公顷，规划总建筑面积 101 万平方米，预计总投资 50 亿元，正式投入运营后，将吸引孵化、创新和加速企业 500 家，年产值达 150 亿元、税收 15 亿元，直接创造 2 万个以上中高端人才就业机会。

　　四大科技地产项目目前经过建设，都已经初具规模和形象。嘉兴智富城孵化器开始投入使用，出租率已经高达 80%，国家纳米中心、中国电子集团公司第三十六研究所、北京国电通网络技术有限公司、嘉兴光伏产业基地入驻；保利影院、洲际酒店集团华邑品牌等纷纷入驻项目的商业功能区。嘉兴智富城作为浙江（嘉兴）科技孵化城的核心，已经带动该区域成为了省级国家高新区，目前正在争取国家级高新区。无锡中关村软件园太湖分园已经与多家物联网和 IT 企业达成合作意向，成为无锡高新区 40 多个各类园区中最具特色的专业化园区；青岛蓝色生物医药产业园孵化器成为青岛市重点打造的生物医药产业孵化平台，成为青岛高新区对外推介和吸引人才的重要平台，极大地带动了青岛蓝色经济的发展。长春北湖科技园作为长春长东北高新区的核心，虽然项目刚刚开建一年，国家动力电池工程实验室就落户北湖科技园，在工程建设和产业招商方面取得了显著成绩，正在成为带动长东北高新区跨越发展的示范园区。

长春北湖科技园厂办一体楼

长春北湖科技园总体规划

（三）北科建科技地产的创新价值与社会影响力

科技地产作为现代科技园区开发模式，其创新价值在于：第一，科技地产将园区的产业发展与基本建设和配套功能按社会分工进行专业化的投资、开发、运营、管理，使土地利用更加集约、园区功能科学合理，社会效益与经济效益有效兼顾；第二，通过园区开发商的整合作用，使分散化的投资、政策和客户资源，能够有序地导入目标园区，保障园区的建设和运营品质；第三，将单一功能的科技园区提升为科技新城，实现产业和人口快速聚集、城市经济结构转型和城市形象及竞争力提升，为我国新型城镇化建设也提供了借鉴。

北科建集团科技地产实施以来，取得了巨大的经济效益和社会效益。集团由"十一五"期间年均营业收入20亿元，年均净利润1.45亿元，提升至2011年和2012年的年均营业收入56亿元，年均净利润5.51亿元，经济效益实现了跨越式发展。科技地产也得到了政府、科技企业、金融机构的高度认同，已经成为一种房地产转型创新的模式在业内推广，发挥了国有资本的引领和示范作用。

首先，科技地产正在成为打造战略性新兴产业发展的综合服务平台。

科技地产是以战略性新兴产业为主导产业的产业园区市场化开发的创新模式。我国省级及以上各类产业园区目前有1300多个，其产业定位中80%以上包含了中央大力提倡的战略性新兴产业。与政府管委会主导的园区开发不同，科技地产作为市场化产业园区开发模式，资源配置更加市场化。开发商为了自身招商运营需求，也更加注重园区的质量和服务，更加有利于战略性新兴产业的集群发展，真正做到了"服务区域经济、助推产业升级、加速科技转化，提升社会贡献"。北科建集团的四个科技地产项目都是以新能源、新材料、现代信息技术、生物医药等为主导产业，四个科技地产项目总投资约250亿元，总建筑面积达到410万平方米，其中孵化器、加速器面积多达150万平方米，这在国内科技园区开发企业中是罕见的，已经成为助推战略性新兴产业发展的新引擎。

其次，科技地产正在成为推动区域经济结构转型升级的重要力量。

北科建集团之所以提出科技地产，而且在全国布局，其主要功能有两个：一是实现产业结构升级和城市功能提升，就是通过科技地产开发，吸引高新技术企业入驻，帮助地方政府调整产业结构，转变经济发展方式。比如北科建集团开发的中关村核心商务区、中关村软件园和生命科学园，2012年创造产值3500多亿元，上缴税收220多亿元，不仅实现了项目总体规划和功能布局的高品质，提升了土地价值和城市形象，而且成为带动北京市经济社会发展的强大引擎。二是进行产业转移和技术转移，就是帮助大城市的产业和技术向二、三线城市转移。比如2011年，中关村流向北京之外地区的技术合同成交额约1900亿元，同比增长约35%。北科建集团作为根植于中关村园区的大型责任国企，就是要帮助外地二、三线城市来承接中关村的技术转移、产业转移，把中关村创新文化的精髓、创新的体制机制以及先行先试所形成的政策优势复制到当地，在当地形成创新的文化氛围和良好的创新体制机制，成为当地实现区域经济结构调整和发展方式转变的重要推动力。

再次，科技地产正在成为房地产行业转型的方向和借鉴。

科技地产是产业地产的一个细分市场，能够克服住宅地产开发中产业、人口与城市脱节现象，能够充分发挥房地产整合资源的平台功能、服务运营功能和金融支持功能，提升房地产全产业链条的价值，回归房地产本质；将成为经济社会持续健康发展的重要推动力量，也是房地产行业持续健康发展的重要转型创新方向。小到几十万平方米的科学园，大到几十平方公里的高新区，其开发模式和赢利模式已经超出了传统房地产开发的范畴。在科技地产领域，开发商通过产业资源、服务资源、金融资源、政策资源的整合，以物业销售、物业运营、产业经营、股权投资等多元收益替代简单的土地加工收益。同时，为政府创造了持续税收、就业，实现了政府、入驻企业、开发商、金融资本等各种资源和力量的利益均衡和价值提升。在住宅地产持续严厉调控的背景下，众多的房地产企业拜访北科建集团，进行科技地产开发的探讨，希望能够转型为科技地产或产业地产开发。

最后，科技地产成为了新型城镇化的重要推动力量。

新型城镇化的本质是人的城镇化，经过近30年发展的各类开发区和高新区，是城市经济与城市扩容综合发展的推动力，能够带来产业，带来土地的集约利用，带来生态环境良好的城市形象，更有效实现了产业聚集与人口聚集，加速了中国经济的高速发展。从世界范围内的产业园区发展来看，成功的产业园区基本做到了坚持以市场为导向，通过政府、开发商密切配合，科学开发园区土地，积极构建配套功能服务，将土地利用、产业要素、商业资源、政策环境有效跨界整合，实现要素与资源的优化配置。科技地产是市场化开发产业园区的全新方式，提倡走产城融合、产融结合的路子，更加注重产业园区的产业聚集与城市功能的融合，在园区的开发运营中更加注重与金融的结合，创新金融手段和方法，充分发挥社会资本的力量，必然会在未来成为推动新型城镇化的重要力量。

四　从北科建科技地产看未来产业园区发展趋势

科技地产需要持续的创新精神，不断创新产品类型，这既是集团战略实施、保持行业竞争力的需要，也是集团践行国企责任的必然要求。因此，从新型城镇化的内涵来说，科技地产的第三代产品就是一个新型城市的微缩模型。

新型城镇化趋势下，随着产业园区市场化开发模式的不断深入，结合北科建集团的长期开发、运营、服务实践，我们认为，产业园区运营在未来也将呈现六大特征，即产城融合、手段金融化、开发专业化、管理智慧化、运营市场化、服务精细化。

产城融合：十八大报告明确提出，坚持走新型工业化、信息化、城镇化、农业现代化协同发展之路。传统的园区发展模式，将产业植入功能配套简单的园区内，园区缺少相应的生活与商业配套，仅仅成为工作的场所，城镇化与工业化严重脱节。未来产业园区若要在新型城镇化进程中扮演重要角色，必须把产业功能与城市功能有机融合。北科建嘉兴智富城是北科建集团科技新城的典范，基本实现了产城融合。该项目囊括了产业研发区、商务功能区及生态住宅区三个功能区，包括了孵化器、研发楼、厂办楼、写字楼、购物中心、星级酒店、餐饮街、住宅等多种产品，能够满足人的工作、商务、生活、娱乐等基本生活需求。

手段金融化：产业园区开发投资大、周期长，必须有强大的资本作为支撑，因此，要不断创新和丰富金融手段。要通过金融创新，把上百亿元投资的园区的资金需求预先安排好，使不同投资人形成组合，能够进入比较低的一级开发收益中，也能够进入较低的园区物业持有环节，同时能够享受到相对较高的园区物业销售环节，通过总体资本形成一个基金，在不同的园区发展阶段和不同的运营模式中取得一个加权平均收益。

开发专业化：产业园区开发需要多种专业能力的整合，比如在项目的策划与规划设计上如何体现城市的形象，需要专业的策划与规划团队；在高品质的绿色、生态建筑建设上，需要高质量的专业开发队伍；在园区的物业运营上，也需要专业的运营团队来提升园区的服务质量，如此长的复杂的开发、运营、服务链条，由单个公司或者机构来承担已经不太现实。随着园区开发的专业化程度不断加深，未来在园区开发中，不同的职能将由不同的机构担任，实力强大的产业园区开发企业将转型成为资源整合者，整合产业链各个节点的资源，完成园区的开发。

管理智慧化：产业园区是新型城镇化的重要途径。新型城镇化对城市的智能化管理业提出了新的要求，住建部2013年公布了90个智慧城市试点，用以推动智慧城市建设。因此，产业园区作为高科技企业和高素质人群的集聚地，也需要在智能化管理方面走在前头。因此，通过云计算和物联网技术的运用，实现园区的智慧化管理；通过引入最新的建筑和节能材料，建设绿色低碳的园区，是未来产业园区发展的必然方向。

运营的市场化：通过专业的开发公司进行园区开发已经是国际主流，未来中国的园区开发也将主要以市场化的企业为主开发。北科建集团在园区开发中通过市场化手段与政府建立契约关系，并坚持"政府主导、统一规划、市场化运作"的模式，实现政府力量与市场力量的有机融合。比如，北卡罗来纳三角研究园的"官、学、产"共同管理的模式，既利用政府力量弥补了企业发展后劲不足的缺陷，提供良性科研智力环境；又避免了政府行政权力的过多干预，激发了大学和企业的活力。

服务精细化：对于产业园区来说，服务精细化不仅包括物业服务的细致周到，更包括要对入驻企业提供全方位的高附加值产业服务。北科建集团的所有园区都致力于打造产业服务联盟，整合政策环境、金融资本、中介结构和合作伙伴，为园区入驻企业提供资本支持、创业辅导、技术平台等专业服务以及政策咨询、优惠政策申报、工商代理、财务代理、人才服务、市场推广等综合服务。

北科建集团作为我国最早从事科技园区开发的企业，通过科技地产模式创新，致力于把产业园区打造成为创新创业平台、商业价值整合平台和城市发展提升平台，有效地推动了科技创新，实现了产业聚集和人口聚集，以及城市的生态文明，符合新型城镇化的内涵要求，我们也希望通过国有资本的创新引领，让更多的社会资本投入产业园区的开发、运营、服务中来，为中国科技创新、战略性新兴产业发展以及新型城镇化建设作出新的更大的贡献。

G.16

科学定位　产业驱动　政企合作
市场主导的新型城镇化

——利海城镇化运营模式经验

汪传虎 *

　　新型城镇化是当前及未来我国全面建成小康社会的重要工作，是我国实现现代化的战略选择和历史任务，也是未来几十年中国经济发展的最大潜力所在。党的十八大及中国新一届政府开启了城镇化的新篇章，新型城镇化作为中国经济社会发展转型期的重中之重，可以说迎来了快速发展的"黄金期"。

　　当前，加快新型城镇化进程的时机和条件已经成熟，如何积极稳妥地推进城镇化、解决城镇发展模式粗放型扩张的问题、充分发挥城镇化综合效应？如何处理好城镇化和产业集群发展的关系，特别是发挥中小城镇对中国经济下一轮增长以及稳定拓展的作用？如何针对中国城镇化进程中面临的问题与挑战，广泛借鉴国际经验，探索通过制度变革走出一条以人为本、集约、节能、生态、可持续发展的新型城镇化道路？如何抓住机遇，把握时机，充分挖掘新型城镇化蕴涵的投资与消费需求潜力？如何解决限制小城镇发展的资金短缺问题，做好规划、加强管理、提高资金利用效率？这一系列的问题已成为当前城镇化的重要课题。

　　利海（中国）控股有限公司作为国内新型城镇化运营的实践者和先行者，数年来经历了几个项目实践，在此愿将其中的得失与认识与业界同人进行讨论，以期在思想的碰撞中，为中国"新型城镇化"的破题探索路径和方法。

一　对新型城镇化的理解

　　"新型城镇化"并非一个完全生造的词汇或概念，它凝聚着我国 30 多年改革开放的大量经验和教训。在这个历史时期高调提出"新型城镇化"，对于先行参与其中的利海公司来说，我们有以下认识。

---

　　* 汪传虎，广东利海城市运营集团有限公司总裁。

第一，新型城镇化不是对"城市化"的一种否定，而是对"城市化"进程的修正与补充。

30余年的改革开放，是中国社会经济发展最快的时期，也是城市化进程最快的时期。这个阶段，城镇常住人口快速增加，城市市场的需求快速扩张，为城镇制造业和服务业提供了劳动力，也因此带动了城市社会事业和公共服务水平的持续提高。与此同时，城镇化与工业化关系更加密切，城镇居民住行水平也得到不断改善。尽管如此，我们也需要看到，过度的城市化，也带来了有城市无产业、有速度无质量、大城市病、半城镇化、房地产化等各方面的负面效应。尤其是现阶段，解决后50%人口的小康问题已经迫在眉睫。目前国家高调提出"新型城镇化"，其关键就是去修正和补充过去的不足与偏差，在解决城市化进程中后50%民众的小康问题的基础上，逐步、尽快地解决城乡一体化协调发展、城镇规模和布局协调发展以及新型城镇的可持续和谐发展等问题。所以，今天我们谈新型城镇化，不是否定城市化，而是在快速发展城市化的进程中，针对中国国情，因地制宜，修正、补充、创新、实干，走一条大中小城市、小城镇以及城乡共同提升的新型的和谐美丽发展之路。

第二，新型城镇化是又一次释放红利的机会。

世界著名经济学家斯蒂格利茨说过，"未来推动世界进步的两大动因：美国的高科技与中国的城镇化"。改革开放以来国家经济主要依靠出口、投资、消费"三驾马车"，而近年来由于全球经济发展缓慢，国内赖以驱动经济的"三驾马车"也不同程度地表现出疲软和后劲不足的现象。在此背景下国家提出"新四化"（城镇化、新型工业化、信息化、农业现代化）的战略方针，以期待其有效释放红利，创造新一轮拉动经济发展的大量机会。从新型城镇化战略来看，可释放出的红利机会包括以下几个方面。

基础设施建设：特别是二、三线地产和建筑建材产业链、城市轨道交通、医疗设施、排水系统等方面。

消费升级：公共服务、消费和第三产业是新型城镇化的受益最大、最具想象力的部分。

新兴产业：绿色能源、污水处理、节能建筑建材等环保产业，还包括智能交通、电子政务、电子商务、医疗信息化以及安防等产业都将获得快速发展。

新型城镇化将为国家新一轮的经济发展注入强大的内驱动力。按人均50万元的基础配套要求，新型城镇化将直接拉动投资40万亿元以上，同时带动相关产业发展和城市居民的消费方式改变带来的间接投资和收入更加可观。

第三，新型城镇化既非房地产化，亦非简单工业化。

　　一方面，新型城镇化绝不是简单的房地产化。房地产虽然是城镇化的重要支撑产业之一，但其推动城镇经济整体发展的效果单一，作用不足。有产业支撑的城镇化才能持久发展。因此，先产业后房地产的结构，对于新型城镇化才是有价值的。新型城镇化之所以要区别于以房地产为主的城市化，就是要落实进城人员的各方面需求，而不仅仅是住的问题。同时，财政转移支付的方向、投资结构也将进一步优化，如加强教育、文化、基础设施等方面的投入。

　　另一方面，城镇化也绝不是简单的工业化。中国的城市化率并不高，在对比工业化的发展来说，已大大低于工业化率。在推进新型城镇化和新型工业化过程中，要强调工业化对城市化的带动，但更要强调城市化通过推动创新集群形成、促进服务业发展、扩大内需等方面对工业化的推动作用。由以下数据可知：2010年全球平均城市化率为 50.9%，工业占 GDP 的比重为 26%，全球城市化率/工业化率为 1.95，我国仅为 1.09，远低于美国（4.1）等发达国家，也低于巴西（3.22）、俄罗斯（1.97）等新兴经济体。

　　第四，新型城镇化是在政府的引导下推进的。

　　在新型城镇化的推进过程中，如果单纯依靠政府主导，则很容易形成政府主观性较强的发展局面，引发城镇资源浪费、运作效率较低、地方债务风险等问题。但如果单纯依靠企业和民众的自发意愿与行为，则又容易形成过程失控、造成无序混乱的发展局面。因此，在这一过程中，首先，需要打破地方政府在一级土地市场的排他性地位，将政府的行为由"主导"转为"引导"，使其决策更加客观和因地制宜；其次，在政府引导下，合理配置市场资源、遵循市场规律，将新型城镇化的主导权交给市场；最后，在市场主导下，通过政府大力扶持，将企业作为新型城镇化的主要运营者。只有充分理解中国的"边缘革命"现象，发挥"边缘力量"的作用，才能真正完成由"政府主导"转为"多方参与、政府引导"这一迈向城镇化新路径的核心之举。

　　第五，新型城镇化的核心是人的城镇化。

　　推进新型城镇化的重要特点是强调人的城镇化。而人的城镇化，其关键在于解决农业转移人口的"半城镇化"问题，也就是农民的市民化问题。利海发现，这一难题的解决，首先是建立在改变城市居民在新型城镇化的消费需求上的，它包括了新城镇营造的旅游休闲、养生养老、乡村度假、绿色人居等绿色生活和工作环境的改变，让进入新城镇的城市居民能提高生活品质，实现他们的生态梦、田园梦。在此基础上，带动新城镇的消费需求扩大、市场活力与产业吸引力增强，才能让进入新城镇的农民能够享受到宅基地升值、流转土地产出提高、就业机会和收入双增长，以及配套完善、城乡一体的基础服务设施，才能让他们真正安居乐业，真正实现安居梦、创业梦和市民梦"三大梦想"。

第六，解决人的城镇化的核心是产镇一体。

基于对新型城镇化绝不是简单的房地产化的理解，利海认为，产业提升和导入先行，城镇化建设跟进，产镇一体化推进，是符合市场经济规律的，也是有效推进人的城镇化双向机制（农民进城、市民进镇）的动力核心与可持续保障。因此，利海集团认为，解决人的城镇化这一难题的核心方法，是"先产后镇、产镇一体"。同时利海发现，以文化和旅游产业为引领和亮点，以现代农业产业提升为依托和基础，以完善的公共配套服务以及绿色小城镇建设为支撑的新型城镇化产业发展模式，是围绕这一核心来解决"人的城镇化"的重要路径。而基于不同的小城镇资源禀赋特性，可因地制宜建设不同产镇结合模式的新型小城镇。

第七，关于新型城镇化的前景。

利海集团认为，首先是在小城镇给先富起来的城市居民创造一个绿色的消费与生活空间，然后在城镇居民的消费力拉动下，通过土地集约利用的方式，引入绿色高效的现代产业，完善基础设施和公共服务配套，为农民创造一个生活生产达到城市水平的安居乐业空间。在此过程中，强化生态环境的保护与改善、充分挖掘与发挥地域特色。最终构建一个既没有"城市病"，又没有传统农村的"落后"现象的和谐发展空间。这样的目标，既包括人与自然、人与土地、人与社会三个和谐发展的美丽城镇，也包括现代化的美丽新农村。

二　利海对新型城镇化路径的探索——"美丽中国·国际假日公园"

"新型城镇化"这一全新课题，在未来的实施过程中，将会产生多样化的实施路径和方法。通过实践，利海摸索出一条以人的城镇化为核心的产业驱动型路径，并将该路径总结成为可以推出市场的核心产品品牌。

1. "美丽中国·国际假日公园"——利海新型城镇化路径探索

通过数年的实践，利海认为，要解决人的城镇化问题，单纯依靠工业化的发展模式，容易造成资源保护不力、环境恶化、缺乏可持续发展能力等问题，是不可行的。而着眼于中心城市周边的卫星镇，通过科学的策划规划，通过旅游、文化、现代农业、绿色地产等产业的导入，先行带动小城镇经济结构升级，既能在提升生态环境的同时，有效吸引和留住城市居民在小城镇的消费，又能为农民提供强有力的就业保障和生活配套支撑。这种绿色产业的驱动模式，可有效通过人

263

口的双向流动，解决人的城镇化问题。

利海产业驱动模式中的四大核心产业（文化、旅游、现代农业、绿色地产），其形态包括了美丽乡村、农业主题公园、特色酒店集群、LeaPark乐园、主题地产、休闲商业公园、文创主题公园等多种形态。这些产业形态的集合，则恰好是以"美丽中国"为目标的、宜居宜业宜游的绿色城镇，也是具有国际化水准的公园式、景区化小城镇。

因此，在这样的思考和总结下，利海提出"美丽中国·国际假日公园"的新型城镇化核心产品形态，并将其作为利海新型城镇化运营的实践主路径。

2. 新型城镇化中的产业定位——产业生态圈构建

经过多年的新型城镇化探索及实践，利海发现，在新城镇的发展建设中，仅仅依靠单纯的房地产或服务型产业，即因人口的进入而产生的日常生活消费型商业是不能支撑新城镇长期可持续健康发展的。在此过程中，利海发现在每一个新型城镇化项目中都包含旅游发展因素，必须面对的是农业产业的发展以及一些可供发展的文化基础。在此基础上，利海提出通过发展生态旅游、现代农业、文化产业并辅以绿色地产共同促进新城镇的可持续发展，通过生态旅游拉动新城镇的人气和人流，产生持续的外来消费动力；通过现代农业解决现有农业人口的就业，并提高农业用地的土地生产力，根据每个项目的不同，设置不同的产业园区，发展相关产业或提升农产品的附加值；挖掘地方文化基础和底蕴，发展文化产业，发挥文化价值，通过文化产业提升新城镇的品牌形象和档次；通过绿色地产来实现日常居住、旅游度假、养生养老等各种生活需要的地产产品。并最终通过各产业的协调发展提供更多的就业机会，促进新城镇持续不断地增强发展活力。

同时利海还提出，新型城镇化建设不能忽视对基础设施和园区经济的建设营造。基础设施建设是保证新城镇发展的基础，完善及完整的基础设施是引入产业、带动发展的关键，基础设施包括道路、水、电、通信等新城镇发展的各项基本设施，而园区经济则是根据项目自身的条件及必要性进行设置的。

通过以上对产业定位的探索，利海逐渐形成了具有利海特色的产业生态圈，即四大驱动产业和两大辅助产业。四大驱动产业主要包括上述的生态旅游、现代农业、文化创意、绿色地产；两大辅助产业主要指基础设施配套服务及园区经济。

3. 对"产业形态"的探索

在项目的实际执行以及对各产业类型进行深入思考的过程中，利海总结出不同的驱动产业中应该包含的多种产业形态，从而构成每种产业类型的完整产业链条，并相互影响、共同发展、和谐共生。

第一，旅游业典型形态。旅游业是"美丽中国·国际假日公园"中的先导产业，也是新城镇产业生态圈的主要产业之一，是快速拉动人气商气，带动区域其他产业进驻，扩大新城镇消费需求的重要产业。其典型形态，是以非建设用地为基础，围绕旅游用地，以"居停"为核心概念打造的综合性、生态旅游度假集群。现阶段，利海旅游产业重点建设六大产业项目，包括移动精品酒店、婚纱摄影基地、国际露营地、温泉养生公园、直升机旅游基地、青少年职业体验基地等。

第二，农业典型形态。利海"美丽中国·国际假日公园"中的农业假日公园是利海新型城镇化农业产业的典型形态，是在农业产业链完善和提升的基础之上，以引入农业科技化、集约化和信息化为农业增值手段，以旅游为主的第三产业整合创新增值手段，实现"绿色高效、一三产共进"，农田价值提升带动周边土地价值提升的大型现代化农业体验园项目。利海农业假日公园也称为农业迪士尼，主要包括观光农业、体验农业、农业商业、旅游配套、乡村度假、休闲农业六大系统。其中：

观光农业：农业观光依赖于现有的农业项目如油菜花、荷花等，或者新建的观光型农业产业，开展农业旅游观光，同时兼备农耕文化展示、农业科技知识普及等。主要以农耕文化展示、农田观光、农业科技观光等为主。

体验农业：依赖于传统的农耕方式和文化，以发展体验式农业为主，主要包括农产品采摘捕捞、农耕体验、农业机械游乐、农田运动、民俗体验、乡村大舞台等项目。

休闲农业：主要是指为体验乡村闲适生活氛围的各种休闲度假项目，包括特色农家乐、民宿群、乡村移动精品酒店、都市农家庄园、农田度假酒店等。

农业商业：农业商业主要是致力服务于旅游者也能兼备部分乡村商业的以农村地方产品为特色的商业业态形式，主要包括乡村民俗集市、乡村美食排档、乡村 DIY 工坊等。

乡村度假：农业度假时围绕农业农村氛围开展的度假类项目，包括国际乡村露营地、农耕年华等项目。

旅游配套：包括乡村特色交通、乡村旅游集散中心、农业生产服务中心等。

第三，文化产业典型形态。"美丽中国·国际假日公园"中的典型文化产业形态，是以实景演艺为核心，具有人文观光、娱乐、购物、美食、居住等功能，在充分体验中华传统文明的同时兼顾文化地产的国际文化体验综合体。该综合体主要由人文景区、文化商街、人文主题酒店、诗意家园等文化项目组成。

第四，泛地产典型形态。"美丽中国·国际假日公园"中的泛地产典型形态，一方面是在与农业产业提升同步，利用非建设用地打造提升土地价值。另一方面在文化旅游农产业驱动土地升值的前提下，构建的多种形态的绿色低碳、智能智慧、可持续地产产品组合。主要包括旅游地产、农业地产、养老地产、商业地产等地产方向。

第五，完善的公共配套。基础设施、公共服务配套及智慧城镇管理系统等构成的完善的新型绿色小城镇配套，是新型城镇化进程中极其重要的提升性产业形态，它们是新城镇土地升值、价值提升和可持续绿色发展的重要基础和保障，包括绿色能源、道路交通、给水排水、垃圾处理、城镇信息化、园林绿化环境整治、智慧小城镇系统等方面。

第六，中心广场等公共设施。公共设施主要是指服务于新城镇未来居民的各项公共配套服务设施，是新型城镇功能组成不可缺少的一部分，为将来居住于此的居民提供各项生活、教育、医疗等各项服务，主要包括图书馆、学校、医院、体育场馆、中心广场等项目，以及在此基础上提供的各项公共服务。

三　理念与模式

在近10年的发展实践中，利海集团总结积累了具有利海特色的新型城镇化运营发展的理念和模式，并受到政府和市场两方面的欢迎和接受。利海倡导在城镇化过程中以多方共赢为目的，实现政府、企业、地方居民、生态环境共同发展的理念。并坚持以提升区域综合价值为宗旨，注重发展产业，通过产业驱动带动地方综合价值提升，而不是简单的房地产发展。利海的模式强调各产业协同发展，区域综合价值提升，以实现新型城镇化项目的可持续健康和谐发展为宗旨，以推动中国城市（镇）可持续发展为己任。

1. 新型城镇化运作模式——"政府引导、市场主导、企业管理、一体开发"

利海倡导在新型城镇化的过程中，政府和企业共同参与新城镇的发展建设。多年的实践经验让利海深刻体会到，城镇化建设仅靠政府或仅靠企业都是不能完成的，政府需要企业对市场的敏锐和触角，使新城镇化项目的发展更能与市场紧密结合，满足市场的需要。企业需要政府在政策方面进行支持、指引，同时需要政府在项目的实际开发过程中给予大量的支持和帮助。因此，利海总结出"政府引导、市场主导、企业管理、一体开发"的发展模式。

在此模式中，进行城镇化开发的企业与政府共同成立城投公司，并共同寻求相应的金融机构以获取金融支持。政企合作成立的城投公司负责新城镇化项目的一级开发建设，包括基础设施建设、公共配套设施建设等；政府在开发过程中主要负责相应的政策支持、行政协调，开发企业负责资源整合、专业开发并承担开发过程及开发建设后的相应经营责任；城投公司以未来的收益作为抵押，寻找金融合作机构，由金融机构提供资金支持或融资渠道，在此过程中，金融机构以获取资金回报为主，开发企业在专业开发过程中获取相应的开发利润及品牌效益；城投公司以获取土地一级开发带来的增值溢价为主，并以此部分资金滚动项目整体开发。项目开发建设乃至实现运营后，政府将获取各个方面的效益，包括产业导入带来税收、产业引入提供的就业机会带动地方就业率的提高，新城镇建设带来的形象变化以及其他各方面的社会经济综合效益（见图 1）。

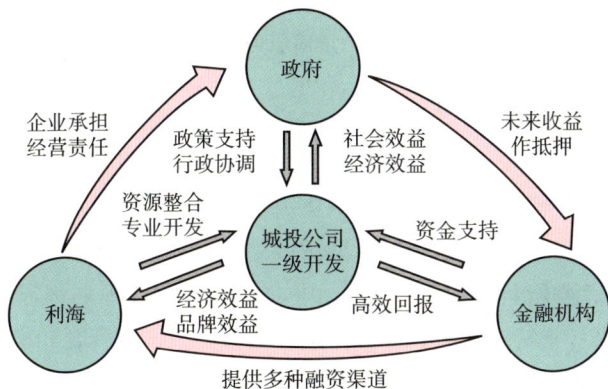

图 1　新型城镇化运作模式

2. 通过提升区域综合价值，实现增值服务

利海始终认为，在新型城镇化的运营乃至发展建设过程中，开发企业提供的最大价值在于提供增值服务，实现待发展区域的综合价值的提升。要实现企业的增值服务，并最终达到区域综合价值的提升，需要在五个方面有充足的准备和资源，包括科学的规划定位、强大的资源整合能力、有效的产业投资、坚实的投资联盟以及强大的综合运营能力。这五大方面缺一不可，相辅相成（见图 2）。

科学规划为先导：科学规划是指以先进的理念确保城市运营持续发展。每一个新型城镇化项目都涉及了从最初的策划定位、概念规划、总体规划、控制规划、专项规划，乃至各个子项目的策划规划等多个方面。科学的规划不但可以为

267

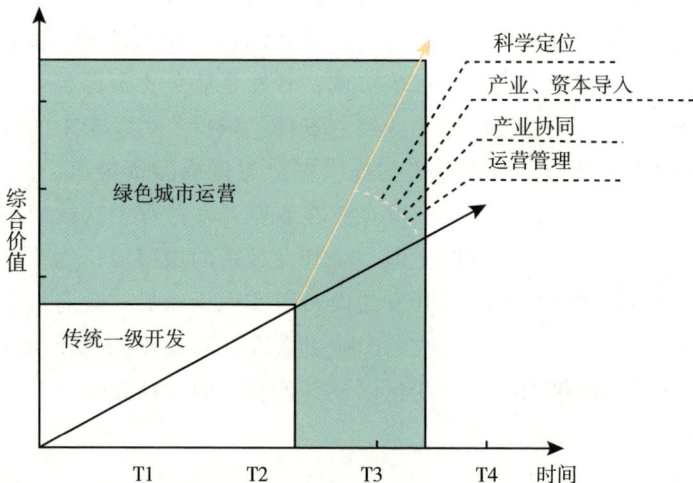

图2 企业增值服务示意图

区域发展制定最合适的发展方向、产业内容、开发计划等，更能够在前期规避大量因思考不清而可能导致的投资及时间上的浪费。使项目在初期能走上良性的发展轨道，并为制订合理的后续开发计划奠定了基础。

资源整合为核心：资源整合是新型城镇化项目集聚资源，增强城市运营综合能力的核心。新型城镇化项目发展过程中，上述的各种规划都需要不同智力机构、产业资源进行支持，在项目开发实施中更需要大量的资金和产业投资者的投资支持，因此，新型城镇化项目的资源整合包括投资机构的整合、产业单位的整合、智力资源的整合三大方面。

产业投资为基础：产业投资是新型城镇化项目持续发展的基础。利海坚持以产业集群支撑城市运营可持续发展。产业投资在新型城镇化项目发展过程中必须先行，包括基础设施、公共配套、其他各种产业项目等都需要先行。基础设施及公共配套设施建设是吸引和增强其他产业投资信心的基础；其他产业项目包括旅游、农业、文化等的投资落实，是提供大量就业机会、吸引大量人流、产生持续不断消费的基础，是保证新型城镇化项目持续活力的基础。

投资联盟为保障：任何一个新型城镇化项目都面临大量的资金需要，建立一个有效的投资联盟是破解新型城镇化项目资金难题、加速助力城市运营的重中之重。投资联盟建立主要以各种金融机构为主，在多年的发展积累中，利海已积累起一批愿在新城镇化事业中共同发展的金融伙伴。

综合运营为依托：新城镇化项目的发展除了发展建设之外，强力的运营、有效的管理都是实现城市运营增值效应必不可少的关键因素。新型城镇化项目的综合运营包括多个方面，如最初对项目的运营、项目实施过程中对产业项目的运营、各项设施建成后对各项目后期的管理运营等，这些都是实现城镇化项目后期持续发展、综合价值提升的关键。

3. 战略目标——推动中国城市（镇）可持续发展

中国的城镇化发展，是依托于国家、政府以及和城镇息息相关的社会居民而发展的，新型城镇化项目的发展需要保证城镇化中所涉及的各个单位及个体都能在其中持续发展，企业能长期赢利，居民能安居乐业。因此，作为国内一流的城市运营商，利海以高度的社会责任感和创新的商业模式，推动中国城市（镇）可持续发展，最终实现社会效益、生态效益和经济效益和谐统一的发展目标。

利海始终坚持以寻找区域经济成长的空间作为价值选择的基础，通过科学的定位导入合理的产业和资本，通过提升区域综合价值来创造更大的价值空间，通过合理有效的运营管理促进和实现区域价值的延伸发展，最终实现旗下新型城镇化项目的社会、经济及生态三者之间的和谐持续发展。

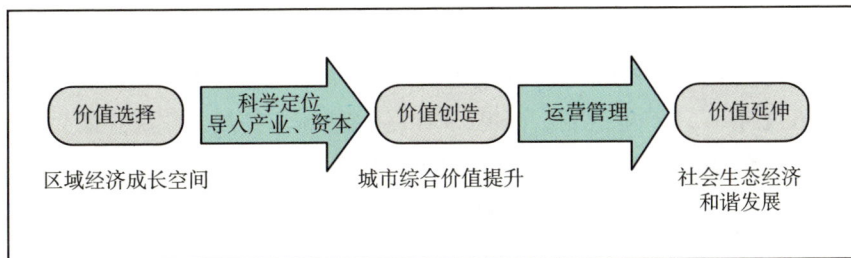

图3　提升区域综合价值路径

4. 可解决的问题——化解城市发展三大矛盾，实现四大跨越和三个和谐

在和谐共生、绿色发展的理念指导下，利海绿色城镇化运营致力于化解和规避目前国内城市化进程中所遇到的各种矛盾，实现利海城镇运营在模式上的跨越。利海在多年的研究中，认为中国城市发展目前面临三大矛盾，即城市发展与耕地保护之间的矛盾。城市开发与征地拆迁之间的矛盾以及城市开发与产业发展之间的矛盾。这些矛盾也是新型城镇化项目发展过程中可能遇到的问题。利海模式将致力于实现由"圈地造城"到城市运营的跨越，由单纯追求经济效益到区域综合价值提升的跨越，产业发展由虚到实的跨越，并构建可持续发展动力，由单一企业获利到多方共赢的跨越等四个方面的跨越，并最终实现人与自然、人与土地以及人与社会的和谐共生。

中国城市发展三大矛盾

1. 城市发展与耕地保护
2. 城市开发与征地拆迁
3. 城市开发与产业发展

中国城市发展四大跨越

1. 实现由"圈地造城"到城市运营的跨越
2. 实现由单纯追求经济效益到区域综合价值提升的跨越
3. 实现产业发展由虚到实的跨越，构建可持续发展动力
4. 实现由单一企业获利到多方共赢的跨越。

三个和谐

1. 人与自然的和谐
2. 人与土地的和谐
3. 人与社会的和谐

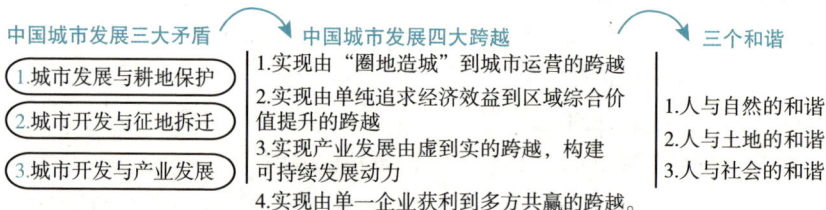

图 4　利海绿色城镇化经营

四　核心能力

利海认为，做一个新型城镇化项目发展运营商，需要具备四大能力，包括对新型城镇化项目有高瞻远瞩的规划定位能力、强大的资金投入能力、强大的产业整合能力以及强大的产业运营能力。

1. 策划规划能力

策划规划能力是项目成功的战略支撑。策划规划包括对项目的前期策划、中期各项规划以及对各产业的发展规划等，目前利海已形成以产业研究与规划为核心的"五规合一"（产业规划、概规、城市总规、城市控规、修规）能力，这也是利海核心能力的特点。利海所倡导的"五规合一"规划，能以比较精准的定位、科学的规划、完善的开发模式设计，为项目朝正确的战略方向和实施方案提供保证。

2. 资本整合能力

资本整合能力是保障项目开发的基础支撑。新城镇项目开发时限长、资金回收慢，其金融资源的整合是非常必要的。而只有以"产融结合"的理念，才能迅速实现新城镇项目平台与资本市场的对接，保证项目的资金平衡与资金需求。

3. 产业整合能力

产业整合能力是项目发展的动力支撑。新城镇的产业整合，并非单纯的产业招商叠加，而是在产业规划的基础上，以多产业协同为原则，通过资源联盟作为支撑，实现产业落地。最终形成利海新城镇的产业经济生态圈。

4. 产业运营能力

产业运营能力是项目发展的可持续支撑。完善的产业运营能力，其核心是在产业规划的基础上，充分发挥产业协同的价值，构建智慧型的新城镇运营管理体系，以实现更强的产业价值。同时通过可持续的运营，来实现产业的更新与持续升值。

　　目前，为强化上述四大能力，保障新城镇项目的顺利建设运营，利海积极搭建三大联盟平台，投资联盟、产业联盟以及智库联盟。利海投资联盟旨在整合一流的金融机构，为利海绿色城镇化运营提供充足的资金保障，同时希望能为业界提供更好的金融交流平台；利海产业联盟以汇聚产业链上的优秀企业为宗旨，以共同搭建城市运营产业运作平台为目标。利海智库联盟，意在汇聚行业内的优秀智力机构、专家人士，搭建国内顶级的城镇运营智慧平台，为利海绿色城镇化运营提供全面专业的指导。

　　同时明确利海在绿色城镇化运营项目的四大支撑产业关系，即以现代农业为吸引、以生态旅游为驱动、以文化产业为引领、以泛地产为支撑，共同促进利海绿色新城镇运营项目的发展，利海的产业平台主要集中在对上述方面产业单位的集聚，为大家提供共同发展，共进共赢的平台。

五　利海实践案例——"利海·雁鸣湖国际假日公园"

　　"利海·雁鸣湖国际假日公园"位于郑州市东部，地处中原城市群核心位置，是国家中原崛起战略部署的重点区域。项目区域内的雁鸣湖，是郑州市东部面积最大的水域和湿地。6.8万亩森林、5000亩湖面、5200亩湿地，10多个生态景点、80多种草本植物、70余种野生水鸟。项目总体定位为"中原休闲水城"。未来将打造成为一个"以产业带动，集聚休闲旅游、文化娱乐、生态居住功能的新型卫星城"。

　　通过多层次的策划和规划，雁鸣湖国际假日公园共规划出包括现代农业区、湿地公园区、文化家园区、生态休闲区等在内的八大功能分区，涵盖了现代农业、旅游、文化等多种产业。

数年间，在园区的道路管网、湖面生态景观整治等方面，利海累计投入超过20亿元，用于基础设施和配套建设。各项新城镇设施基本完善，对土地价值的提升、产业项目的进驻打下了坚实的基础。

与此同步，利海逐步引入了以"农耕年华"为代表的观光和体验农业项目，带动了当地农业产业的升级；引入了以直升机俱乐部、帆船俱乐部、移动精品酒店、篷房酒店等为代表的旅游产业项目，形成了对城市旅游休闲人群的吸引力结构；引入了以"印象中国"为代表的文化综合体项目，提升了区域形象、展示了区域文化；引入了以"雁鸣湖一号"、渔人码头商业街等为代表的绿色地产项目，一个国际化小镇的居住和商业服务配套已经具备；因此，实现了四大产业的协作驱动，带动了雁鸣湖区域的产业结构的完善与提升。

通过基础设施建设和产业导入，雁鸣湖国际假日公园有效改善了项目区域的生态环境和区域形象，土地价值的提升效应非常明显。同时，不仅通过提供劳动力需求空间和多种产业就业空间，有效解决了当地农民的就业保障问题，还同步实施了村庄集中整治工程，改善了农民的生活条件，为进一步打造雁鸣湖示范新农村奠定了基础。

在政府的大力支持下，雁鸣湖国际假日公园将继续加大产业生态圈的构建力度，下一步利海还将继续引入郊野购物公园等区域带动能力更强的先进产业项目，进一步加大都市农业、观光农业和休闲农业的提升力度和空间，最终建设成一座复合型生态新城镇。项目将使得中原地区25万人受益，对提升雁鸣湖生态价值、推动区域经济可持续发展乃至辐射中原城市群，都具有重要的战略意义。

毕竟，利海集团作为一家民营企业，参与到新型城镇化的进程中，必然会面临很多难题。而这些难题，如果能够在政府引导下，得到相应的政策扶持，同时得到学术界、科研单位的理论研究和创新思想的支持，一定能够找到很好的解决方案。这些扶持与支持，也必然能鼓励更多的企业参与到新型城镇化的大潮中来。

六　对新型城镇化的政策期待

1. 关于新型城镇化项目中的收入分配政策支持

企业参与新城镇建设到一定程度时，土地的升值成为必然，但在现有政策及制度的环境下，土地收益的返还难度大、时间长；企业利益难保障，积极性也难以调动和保障。因此，我们期待未来的政府政策，可在合规合理的前提下，出台更加方便快捷灵活的收入分配（特别是土地收益）政策，使企业发展得到相应的保障和扶持。

2. 关于新型城镇化项目发展中的金融支持政策

任何一个新型城镇化项目的发展，都需要大量的资金投入。而现有的金融政策，大多是以短期的资金回流，或既有抵押物为基础，难以满足新型城镇化所需的大规模资金运用需求。我们期待，政府充分重视，并鼓励企业发挥好未来土地收益的价值，试行用土地预期收益作为贷款抵押物，用政策支持和保障以未来土地收益作为抵押的模式。

3. 关于宏观调控政策

现在的宏观调控，大多是"一刀切"，这对于参与新型城镇化这一全新课题的企业，特别是创新型、探索型企业是不利的。如果能够根据新型城镇化的特殊要求和难度，根据不同新型城镇化的区域特点和模式创新，实事求是、区别对待，制定针对新型城镇化参与企业的鼓励型调控措施。这样的调控政策，一定能很好发挥企业的能动性和积极性，更能有效鼓励企业大胆创新，大胆实践，摸索出更多"接地气"的新型城镇化模式。

4. 关于土地政策的支持

土地流转，是新型城镇化必然的过程，这个创新的过程，自然需要更灵活和创新的土地利用办法和政策扶持。从规划层面开始，来保证用地需求。因此，我们期待，在合法的前提下，尤其从规划阶段，以政策来保证土地利用的灵活性。比如，点供土地的规划方案在政策上的突破。关于基础设施的支持政策：新型城镇化，需要大量的公共配套与公共服务设施增加和提升，这些工作如果全部让企业来做，企业的压力过大，客观存在着一定的不合理性。未来如果在基础设施，特别是交通、环境及医疗教育等公共配套方面，出台明确的资金与政策扶持办法，则会大大降低企业压力，进一步增强企业积极参与新型城镇化的积极性。

5. 关于户籍制度政策支持

现有的户籍制度，不仅成为新型城镇化的主要难点，也是建立农民就业保障与促进土地流转升值的重要阻碍。未来，我们期待实施因地制宜、逐步打破城乡户籍樊篱的户籍制度改革，与此同时，出台一些大力扶持企业解决农民就业保障与公共服务提供的扶持政策，增加更多市场化的手段来解决户籍难题。

6. 关于地方政府观念转变

由于长期存在的"土地财政""片面追求规模化"等地方政府观念的转型较慢，已经难以适应企业参与到新城镇建设中的效率和节奏。这大大影响了新型城镇化的进程。因此，企业需要地方政府观念转变方面的政策变化，特别是在"土地财政"的观念转变和产业导入的创新和鼓励两个方面，需要更多的政策扶持。

七 结语

"新型城镇化"概念的提出与推进，是摆在城市运营者面前的重要机会。同时，迫使城市运营者和相关的产业企业对旧有的经营理念和发展模式进行创新和变革。这个光荣而艰巨的任务和历程，需要社会各界的共同努力和探索实践。我们期待中国的城镇化能在新一轮政策的指引下，加快转变旧有的发展方式，大力提升城镇的发展质量，让城镇和谐、可持续发展，让城镇和乡村更加美丽、居民生活更加幸福美好。利海集团作为新型城镇化的参与者和推动者，愿意在中国新型城镇化的道路上继续积极探索、大胆实践，为中国新型城镇化的科学发展作出不懈努力！

Ｇ.17
加速地球的智慧进程　让世界更美好
——IBM 大中华区方案软件集团智慧城市运营的实践探索

夏　然[*]

IBM 从 2009 年提出在全球范围内打造智慧城市的构想，至今已经在全世界范围内实施超过 2400 个项目。在中国城市中，智慧城市的发展也不例外。在 IBM 未来的计划内，智慧城市解决方案将成为 IBM 的核心业务之一。IBM 希望在未来与所有的行业、企业和各级政府一起，在中国打造出全世界第一流的智慧城市。

建设"智慧城市"是一个渐进式的过程，不是一蹴而就的转变，城市管理者需要通过新一代城市管理系统和技术，实施全新运作方式。所以，"让世界更美好"不是一件轻松的事，"更美好"是全球共同努力追求的目标。但是，不论前方的挑战有多少，我们都可以遵循着这条"让世界更美好"的道路，借助技术来加快这个进程。因为，我们相信基于百年的沉淀，IBM 不仅可以在 20 世纪迸发出巨大影响力，还将通过"智慧的地球"和"智慧城市"等前沿的理念和领先的技术，在接下来的 21 世纪中为世界带来更多创新的思维方式，并塑造令人称赞的城市美好未来！

一　更智慧更有竞争力的城市

在这个拥有 70 亿人口的世界中，全球城市人口数量有史以来首次超过了农村人口。现在大约一半的人口生活在城市。据预测，35 年后城市人口数量将占到世界人口总数的 2/3。这种城市化进程无疑会给城市基础设施带来巨大的压力，因为这些基础设施在构建时并没有考虑到城市人口正飞速增长。此外，市民对城市的期望值也在不断增长。他们希望城市管理者能够给他们提供高质量的生活、最佳的创业条件和职业发展条件。他们希望通过高效的城市管理体系来推动

---

* 夏然，IBM 大中华区方案软件集团总经理。

经济发展并且创建健康的就业市场。他们还希望城市的管理者鼓励他们参与城市的建设，并以生活在这个城市为荣。城市的吸引力将直接影响到他们为城市提供基本服务来把握增长机会、构建经济价值及创造竞争优势的能力。城市的潜在居民，无论是企业还是个人，都具备极高的辨别力，会给自己选择能够高效运营且可以持续发展的城市。他们所寻找的是智慧的城市。

庆幸的是，今天的城市能够通过收集和分析数据来监控、测量和管理复杂的系统，从而改善市民生活。今天的城市能够了解运输、水力和能源系统的互动方式，并且能够集体或单个地优化它们的运营；能够预测公共安全系统的变更将对教育、卫生保健及社会服务等相关系统产生怎样的影响。因此，城市管理者可以充满信心地作出明智决策，以便降低成本并且提高整个城市的居住条件。

特别需要指出的是，我们看到最先进的城市都会专注于以下三个专业领域：

- 利用信息做出更加明智的决策；
- 主动预测和解决问题；
- 通过合理分配资源来提高运营效率。

具有前瞻性的城市关心的是如何保持竞争力、最大限度地利用现有资源以及为实现转型奠定坚实基础。这样的城市正在重新定义智慧城市的概念。

IBM 2006 年提出"智慧地球"的概念。2009 年，该概念进一步落实为智慧城市。2009 年，IBM 正式展开智慧城市业务。IBM 努力帮助各个城市充分发掘现有的大量信息，为市民提供更好的服务。2011 年，IBM 推出智能运营中心解决方案，集成了先进的分析软件，能够收集、分析来自市内众多来源的数据，并根据 IBM 的深入专业知识和最佳实践进行建模，从而使领导者能够做出更明智的决策，主动预测和解决问题，并在自己的职权范围内，进行更有效的协调。2012 年，IBM 通过敏锐洞察，指出大数据分析、云、社交、移动四大技术发展趋势，以技术支持城市建设和行业转型。

利用信息做出更加明智的决策

我们的城市被数据淹没。汽车、火车、输水管道和输气管道、医院和建筑物，无一不在产生和提供数据。我们需要有能力实时收集和分析这些信息。使用高级分析解决方案，结构化和非结构化数据都能给我们提供洞察力，以便从市场办公室到地铁管理局，各级城市管理机构都能更加轻松地了解城市情况并且采取行动。如果城市能够在适当时间为适当人员提供适当的信息，他们将能够做出更加明智的决策并且能够评估这些决策的长期影响。

主动预测和解决问题

高级分析解决方案能够帮助城市管理者从结构化或非结构化数据中经济高效

地发现模式和趋势。分析工具能够帮助政府机构和部门统一数据孤岛并且普遍接入一致的信息。通过对这个值得信赖的数据仓库开展性能分析和预测性分析，从合理分配资金到合理部署巡逻车的位置，城市管理者将能够做出更加明智的决策，甚至能够预测结果。

通过合理分配资源来提高运营效率

城市系统的复杂性和连通关系经常会蒙蔽原本可以轻松解决的低效问题。有时候，缺乏协作会带来严重的经济损失和不便，如废水系统泛滥会造成断电，致使交通信号灯关闭，需要公共安全部门介入。分析工具可帮助城市管理者为处理这些情况做好准备、协作管理应急事务并且提高整个城市运营的长期效率。通过支持各机构之间共享指标、事件和流程等信息，并且开展实时协作，城市将能够更好地预测和响应意外情况，同时优化利用城市资源。

城市的智慧和竞争力

IBM 的智慧城市运营基于我们从 2000 多位全球客户合作中获得的洞察力。通过与思维型领导人一起攻克难题，IBM 开发出了适用于所有城市的、可重复使用的最佳实践。通过与非传统合作伙伴建立合作关系，包括城市中的顾问、房屋设计师及能源公司，IBM 可以为他们提供有用的洞察力，以便真正转型城市运营流程并且提高运营效率。成为智慧的城市是一次漫长的旅行，并非一朝一夕之事。城市的管理者需要从全盘的角度评估他们的城市，发现能够吸引技术人才、知识人才和创造性人才的与众不同的优势。并且围绕这些优势来制定战略。通过一系列的评估，城市管理者就会发现"热点"或迫切需要解决的问题，以便快速开始智慧城市之旅。

成为智慧城市的每一步工作都能提高效率，而效率稍许提升便能缓解城市预算压力，释放时间和资源，以便城市集中精力推动经济发展与繁荣。技术的发展已从根本上提高了城市为市民乃至整个地球所创造的价值。让我们共同努力，通过构建一个个智慧的城市来构建智慧的地球。

二　智慧城市的城市规划

智慧城市的城市规划

我国城市化率已越过 50% 的门槛，城市化进程已步入快速发展阶段。未来 20 年中国发展最大的机会是城市化，面临最大的挑战也是城市化过程中带来的各种矛盾与困难。

过去十余年随着中国加入 WTO，中国在全球化大潮下迅速崛起，但 2008 年金融危机后全球出现逆全球化动向。由于发达经济体经济恢复缓慢，就业形势严峻，中国依赖出口创汇模式受到极大挑战。同样中国由于受到资源环境制约，如人均水资源占有量不及世界平均的2/3，原油消耗的近六成依赖进口，依靠大量消耗资源的低端制造业发展经济是不可持续的，并且人口结构的变化使低端劳动力成本也不断提升。综合上述制约，中国产业的转型升级迫在眉睫。

城市化带来经济发展机会的同时，也给城市管理带来极大挑战。如由于城市的过度膨胀带来交通与安全问题；食品生产的工业化带来食品生产链条加长，如何进行监管以确保食品安全的问题；等等。如何向市民、企业提供更好的服务，如何利用信息化在有限的资源、资金条件下优化管理与服务，是各地政府面临的重要课题。

IBM公司自2009年在中国推出"智慧城市"解决方案，智慧城市理念已广泛被业界和政府接受。IBM作为全球化领导企业，将它在全球的最佳实践归纳总结，以全球化视野给客户提供成长过程中最有价值的知识资产，以地域及时间跨度与客户分享经验与教训，帮助中国客户实现跨越式发展。

"城市建设，规划先行"，规划已被各级政府高度重视。IBM强调"Integration by design"（"依赖顶层设计进行系统集成"）与此不谋而合。好的规划不是流于形式，对方向只是泛泛而谈，而无法落地，不是好的规划。好的规划要基于科学的方法论，对现状目标进行详细分析，制定出具体路线图，并对项目实施进行监控评估，适时进行调整优化，并为下一步规划打下基础，做到结果可控。

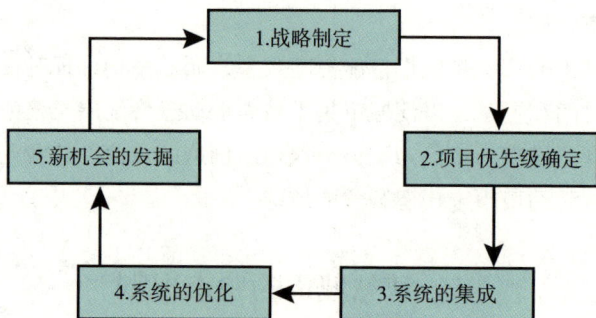

图1　城市规划路线图

智慧城市规划针对不同城市发展状况有不同做法，有老城区智慧功能改造升级，有新区建设，更有以产业园为代表的特殊城市区域规划。规划可以以一个城市、一个区域进行，也可以以某一功能部门进行规划，如智慧水管理规划。

智慧城市展示中心

我国城市建设比较注重硬件基础设施投入，如高楼大厦、宽广的道路等，相应软件建设比较落后，智慧城市建设弥补了这一"短板"。但软件建设周期长，是一个渐进发展过程，同时可视化比较差。任何新事物的推出成功与否取决于各参与者接受度与支持度，特别是对于非专业人员，"体验"可以快速增加深入地认知。

IBM智慧城市展示中心可以有效推进智慧城市建设，帮助获得领导支持、市民参与、同行认可。智慧城市展示中心建设同时可以提高城市品牌，促进招商引资，辅助经济发展。

展示中心建设重在策划，第一是表达什么：表达城市品牌，城市建设理念，城市内涵；其次是向谁表达：向媒体、普通游客、本地居民、上级领导单位、其他城市管理者还是招商引资对象；最后是如何表达：要考虑参观主线是什么，参观时长与参观者心理曲线变化，展项创新等。展示中心的展示技术也在设计中同步考虑，如投影沙盘、360度全息投影、3D影院、多媒体互动等，即设计理念与展示技术同步耦合。我们关注体验，将理念、艺术、科技、体验进行完美结合，注入各个领域，使城市获得独有的竞争优势。

智慧城市展示中心是城市展示、沟通、转型、创新与发展的服务平台。

智慧城市绿色数据中心

智慧城市关键技术支撑就是数据中心，它既可以对城市的智慧功能提供支持，也可以对城市产业提供支持。IBM将其称为"智慧的运算"，它是实现"智慧的地球"战略的重要技术手段。

不同的数据中心处于不同发展阶段，你可能需要建设一个全新的数据中心，或者需要发掘现有数据中心潜力，优化IT成本结构，支持业务高速成长；或者需要引入云计算等新的技术和模式；或者正在努力使数据中心更加节能环保；或者致力于数据中心管理的创新和转型。未来的数据中心将是一组高度自动化、标准化、虚拟化、绿色动态的智慧基础架构。

智慧数据中心应具备云计算能力，拥有灵活性、成本效益以及主动监控和管理并不断改进的特性。这些因素将使数据中心投资更加有效，并为企业带来新价值。

IBM创造了数据中心建设规划遵循业务与IT高度融合的模式，即IBM在帮助客户规划数据中心的战略架构时充分考虑用户行业特征，充分理解客户业务需求的基础上制定战略架构、建设需求和设计方案，为企业数据中心乃至IT商业价值的倍增提供有效的战略途径。

三　智慧城市的解决方案

IBM 智能运营中心（Intelligent Operations Center，IOC）
协调城市机构和资源，为市民提供卓越的服务。

城市发展面临的挑战

随着资源的减少与城市人口的增加，城市发展受到资源限制，城市运营问题也日益突出，这已成为城市发展的首要研究课题。全球各地的城市每天都面临着不断增加的运营问题，从而影响为市民提供的服务质量。为了确保公共安全并提供供水、电、运输及其他服务，城市需要获得大量的有效信息，促进城市与机构之间的实时沟通和协作，并在问题发生之前就解决潜在的苗头。

通常，关键信息往往被埋藏在各个城市机构的独立部门的不同系统中，城市管理者无法获得管理所需的清晰视图，很难整体协调各机构的工作。如果没有对事件、事故或潜在危机的整合性单一视图，就无法快速分享信息，无法持续提供城市服务、保护市民，更不能顺利推动未来经济增长。所以，我们需要智能城市运营中心来帮助城市有效且高效地运营。

IBM 智能运营中心

IBM 智能运营中心整合了 IBM 软件的多个最佳实践，提供整合的数据虚拟化，通过实时的协作和深入的分析，帮助城市机构为解决潜在问题做好准备，协调和管理危机响应及处理工作，并持续提高城市的运营效率。仪表盘（dashboard）功能让决策人员可以对所需及可用人员和资源进行实时、统一的查看和操作。城市的各机构之间实现信息共享，加速问题响应并改善项目协作。

该解决方案使关键绩效指标（KPI）及其趋势变得可视化、可衡量化，帮助调整当前的资源使用情况，并支持前瞻性的规划活动。

IBM 智能运营中心是 IBM 政府行业解决方案框架的一部分，可提供用以实施 IBM 智慧城市解决方案的软件平台和路线图。这个框架让 IBM 客户可以获得预整合软件、硬件以及针对行业的扩展方案。IBM 及合作伙伴通过全球 2000 多个智慧城市的最佳实践，通过世界级的服务为城市提供这些解决方案，积累了丰富经验，获得了方法论，帮助城市快速实现投资回报，降低风险，通过扩展解决方案满足城市发展未来的需求。

关键能力

- 提供城市中跨机构的统一视图；
- 允许监管员监控和管理服务数据；

- 使城市机构具备快速响应事件的能力；
- 交付事件处理结论和报告；
- 促进城市各机构间的实时协作；
- 简化资源和关键资产的管理；
- 提供友好的用户界面及多种类型的用户账户（从日常操作人员到高级管理人员）；
- 与现有系统和将来系统的开放标准连接点整合。

促进实时协作

城市是个复杂的组织，具有复杂的各种必需功能（从水管理到公共安全）的众多部分。跨部门协作对解决危机、成功实施项目并提高城市日常运营效率而言至关重要。

IBM 智慧城市智能运营中心提供了一个集中的实时协作环境，跨部门和机构规划、组织、监控和分享信息。该中心处理单一部门的数据源和事件信息，然后在整个城市视图中呈现这些信息。一旦发生大规模的紧急事件，灾难中心的官员可以评估状况，并通过基于 Web 的门户发送报告给操作室，同时派遣更多的营救人员及资源赶去抢险。同时，各机构负责人可一起审阅报告详情，适时沟通，制订恢复计划。实时协作功能可加快解决问题，降低危机的影响，并使完成工作所需的资源最少化。

IBM 智能运营中心可持续帮助提高流程管理的效率，让管理人员可以连接事件规划和预定义业务流程。管理人员可选择自动设定动态流程或在规划或未规划事件发生时手动设定流程。与协作环境进行整合，可帮助城市管理者确保团队成员能够根据项目和事件有效地进行合作。

衡量绩效

IBM 智能运营中心提供实时的 KPI，帮助管理员监控和优化城市服务、人员、项目和其他资源的绩效。该解决方案可帮助将原始数据（从定位在整个城市中的传感器、历史数据、现有应用程序和其他资源中收集获得）转换为可以执行的洞察力。管理人员可根据结果及未来走势图调整资源分配或修改计划。

管理人员可根据城市自身的历史基准或其他城市的基准来衡量指标，对绩效进行比较。城市政府也可选择公开指标，向城市居民演示特定目标的进度。

管理资产并追踪服务请求

为了维护城市基础设施，促进资源规划，并确保资源为紧急情况做好准备，城市管理者需要监控各种城市资产（从人行道和下水道到公交车及红绿灯）。IBM 智能运营中心整合了资源和资产管理功能，帮助管理者确保资产已经运用，得到良好维护且随时准备运用。

　　IBM 智能运营中心门户让管理者可以快速评估资产状况以及资产对特定城市服务的影响。地图映射功能提供了一种快速定位资产的方式。通过有效的资产管理方式，城市就可以避免意料之外的问题，降低总体的维护和维修成本，确保服务和资源在关键情况下的可用性。

　　收到服务请求时，机构管理员必须能够优化项目顺序，确保分配合适的资源到项目完成。有了 IBM 智能运营中心，管理人员就可以使用较高等级的热点图，轻松识别最迫切的问题；为感知实际状况，将信息呈现在地理背景中。然后，管理人员可以使用数据挖掘功能，获得详细的服务请求、指派给请求的团队成员，并对资产及项目状况一目了然。

通过单一视图捕捉关键信息

　　无论城市管理者需要快速了解紧急情况，还是需要深入了解各项指标，都可以从该解决方案的集中仪表盘中快速获得所需信息。有了历史报告，人们可以根据紧急性、严重性和确定性来获得事件报告的图形展现。这种界面便于使用，为各级用户（从高级管理人员到日常操作人员）而设计。人们可通过移动设备获取关键信息，因此无论在办公室还是在现场都可及时了解情况。

用创造性领导力改善城市运营

　　城市对个人、事、地、物、组织等组成的复杂有机体需要运营管理，也需要对城市的发展制定策略、规划组织、推动实施和过程控制。然而，城市的管理者不同于企业的管理者，他面对的是海量的信息、多部门的协作和专业的洞察力。通过 IBM 智能运营中心，我们能够充分利用信息做出更明智的决策，协调资源更有效的运作，分析预测前瞻性的问题，把城市的管理提升到运营管理的高度，使城市形成一个有机的整体，使运营管理体系具备自我学习、自我更新的能力，使城市具有运营的"大脑"，城市管理者拥有自己的"驾驶舱"。

案例分析一：巴西里约热内卢城市运营管理

案例背景：

　　2009 年巴西里约热内卢成为 2014 年世界杯和 2016 年奥运会的举办城市。2010 年 4 月里约热内卢发生了特大洪水与泥石流等自然灾害，造成 785 人死亡，13830 人被迫逃离家园。洪水导致大量的生命、财产损失。2010 年 5 月，在 IBM 建议下，具有远见的里约热内卢市市长决定建立跨部门的运营体系，而不仅仅是去解决洪水的危机管理问题。2010 年 8 月，市长决定开始建立全新的"城市运营中心"，构建整合的运营环境。

2010 年 11 月，市长任命 COO 进行跨部门运营的管理。2010 年 11 月 30 日，城市运营中心正式落成使用。

客户痛点：

- 里约热内卢应急管理部门一直使用老式的手动报警系统；

- 系统老化、孤立，无线电缺少跨部门互操作能力；

- 基于天气和雷达信息的气候信息缺少预测能力；

- 没有共同的跨灾难和危机管理统一指挥视图，资源的可见型和资源全局视图缺失；

- 缺少全面的灾害管理计划，对灾害管理难以组织和分发执行任务。

解决方案：

第一阶段，基于智慧的城市运营管理中心构建基础系统和能力。

- 集成已有的警报系统到运营指挥中心，集成现有视频系统数据源，整合天气预测系统到整个洪水预测流程中；

- 通过数据聚合和 GIS 在城市运营管理中心面板上实现通用的运营视图；

- 用城市运营管理中心的预案管理组件进行灾难管理计划定义和实施；

- 运营中心模块依据灾难计划自动匹配预案，为市长提供决策依据；

- 接入各政府部门进行跨部门的协同，用运营中心对资源进行统一调度；

- 动态的计划工具、事件管理工具和恢复管理工具。

第二阶段，基于智慧的城市运营管理中心进行全面的集成，并加载先进的智能应用。

- 接入洪水及水位探测传感器数据，接入无线电连接系统进行无线电互操作；

- 构建基于 GIS 的全面的自动警报处理系统，动态构建团队，第一时间找到合适资源；

- 流程自动化及再造；

- 加载智能视频分析应用，加载智能交通应用。

案例分析二：智慧南京中心

案例背景：

南京市市长在指导智慧南京中心项目中，期望通过该项目实现：

- 整合来自 14 个市级部门的运营数据，并揭示这些数据对智慧城市运作的价值；

- 使用一些典型的城市管理方案，展示智慧南京市中心第一期的能力；

- 展示信息化发展的成就。

客户痛点：

● 传统的运营中心难以满足日常管理的需要，并缺乏与 14 个市有关部门的沟通渠道；

● 运营中心需要应急响应能力；

● 运营中心需要帮助解决交通管理和城市内涝。

解决方案：

智慧南京中心建设在依托南京现有信息化建设基础上，创新管理实践，优化城市的服务和运作，以高标准建设打造未来智慧南京的窗口。智慧南京中心当前主要建设需求如下：

● 展示：提供一个信息化成果的展示、沟通、交流的平台。

● 城市监测、运行及服务：充分挖掘数据的价值，提供决策支持、协同和智慧服务。

● 智慧平台：开发全国一流、高度集成的软件平台，使之成为智慧南京中心运行的基础架构。以跨部门、跨地区的数据资源共享为基础，构建智慧南京中心展示、运行、服务的雏形，实现城市运行情况的可视化综合互动展示，同时以改善和提高交通运行效率、提高市民的出行体验、满足突发事件处置和应急管理对信息快速集成的需求为突破点，探索城市运行智慧型应用建设思路。

逐步实现：

● 城市运行监控：构建城市运行管理的雏形。

● 城市资源监控：将一期涉及各部门和地理位置相关的数据叠加到统一城市地理信息平台（GIS），做到基于城市资源信息的汇聚展示，同时为构建未来应用和服务打下基础。

● 智能报表：选取部分和城市运营相关的各部门数据做智能报表展现，为下一步城市运行指标的构建建立基础。

● 城市运行服务：构建智慧南京中心服务的示例应用，进行价值呈现分析及决策支持类应用：构建一个分析及决策支持类应用，体现智慧南京中心对数据利用的能力。事件协同应用：构建一个城市事件的协同应用，体现智慧南京中心为城市部门间的协同的支持能力。

● 智慧服务类应用：一期选取交通为抓手，构建交通领域智慧型应用，体现智慧南京中心为各部门服务的能力。

● 平台构建：搭建智慧南京中心运行管理平台，提供数据汇聚和处理能力，同时简化未来新应用构建。

● 标准建立：根据平台建设和后续运行维护的需要，制定相关的各类业务、技术和管理规范及制度。

案例分析三：智慧绵阳

案例背景：

2013 年 8 月 1 日，绵阳正式被确定为国家智慧城市试点城市：

● 结合绵阳城市发展实际和科技、产业基础，在未来 4 年里，绵阳将以建设"宜居城市、智慧管理与服务、智慧产业发展"为智慧城市创建的总体目标；

● 通过加强信息化等现代科学技术在城市规划、建设、管理和运行中的综合应用，将绵阳建设成为一个基础设施先进、信息网络通畅、科技应用普及、生产生活便捷、城市管理高效、公共服务完备、生态环境优美，惠及全体市民的智慧城市；

● 同时，促进产业发展，打造一批重点示范工程和规模化的智慧产业基地，逐步走出具有科技城特色的智慧城市发展之路。

客户痛点：

在实施智慧绵阳工程中，客户需要：

● 加快宽带光纤接入网络建设，推进第三代（3G）移动通信网络、中国地面广播（CTTB）、中国移动多媒体广播（CMMB）全面覆盖，开展第四代（4G）移动通信技术（TD－LTE）规模商用示范；

● 全面实施广电有线电视网络数字化、双向化升级改造，深度推进"三网融合"试点工作；

● 实施以平安家庭、健康家庭为代表的"智慧家庭"端到端系统关键技术研发和产业链建设；

● 组织新型网络设备、智能终端的研发及产业化，打造"三网融合"产业链核心产业单元；

● 培育云计算服务、电子商务服务等新兴服务业态，促进信息系统集成服务向产业链前后端延伸。

解决方案：

● IBM 在绵阳建设大数据分析竞争力中心，作为绵阳建设智慧城市的关键环节；

● 作为 IBM 在大中华区的首个大数据分析竞争力中心，项目建成后，将帮助绵阳进行智慧城市的顶层设计；

● 该数据分析中心可对智慧绵阳各个主题的数据进行梳理并加以深度分析和利用，让大数据分析为智慧的绵阳作出贡献，为绵阳当地企业的智能化发展作出贡献；

● 智慧绵阳同时可以利用大数据分析竞争力中心的平台，进行人才培养。

总　　结

与行业领导者合作

IBM 智能运营中心所使用的数据是今天各城市的组织机构中已有的数据。继而提供跨机构的数据、功能及服务。IBM 与这些数据和服务的提供商进行合作，建立强大的 IBM 合作伙伴生态系统，意在共同交付 IBM 智慧城市解决方案。这些 IBM 业务合作伙伴提供专业领域的经验，并交付最佳的硬件、软件和服务，帮助 IBM 在全球各地区开发智慧城市解决方案。

帮助构建智慧的城市和智慧的地球

目前，政府组织需要提供强大的城市服务来推动经济增长，预见问题，协调响应潜在的城市运行的危机事件，同时优化现有资源。IBM 智能运营中心旨在帮助政府及其他组织实现事半功倍的智慧运作，帮助政府及其他组织从不同的物联化系统中整合信息，并建立一个智能、互联的环境，用以促进协作、提高效率并发起有效决策。IBM 可帮助城市优化个别部门（包括建筑、能源、运营、公共安全、交通和水资源管理）信息整合与应用，同时实现真正无缝的跨部门整合。

智慧的水解决方案

随着科技的发展，我们的世界正变得越来越可感知化、互联化。IBM 在实践智慧城市战略中，从政府、产业、民生等不同维度，研究开发了一系列提高城市宜居性，促进城市创新发展的智慧化解决方案，推进"美丽中国，生态文明"，带动城市进入健康科技的生态时代。

水资源管理是城市生态系统的重要一环，就如何全方位地管理城市水资源及其公共基础服务，实现水资源的可持续发展，IBM 智慧水管理解决方案（IOW）能够提供切实可行的方法。

中国城市水资源管理现状的挑战

- 人均水资源仅为世界水平的 1/4，110 座城市严重缺水；
- 全国城市缺水总量达 60 亿立方米；
- 55% 的城市地下水水质较差或极差；

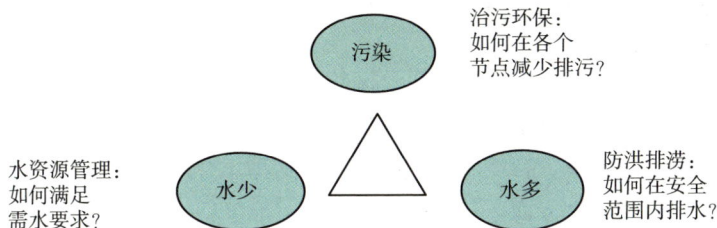

图2　中国城市水资源管理现状的挑战示意

- 20% 的可饮用水资源由于城市基础设施损坏而被浪费；
- 地下水水源地存在水质安全问题的高达 49.48% 。

如何节水与开源，进行排污源的控制，整合城市水资源，是城市水管理者迫在眉睫的问题。中国水利水电科学研究院的王浩院士说：城市水管理存在这些宏观问题的同时，人口和生产的不断发展又严重地加剧了以上问题，传统的方法在应对这些问题时越来越力不从心。

中国的城市面临的严重水资源环境与管理挑战，需要采用智慧的方法应对。

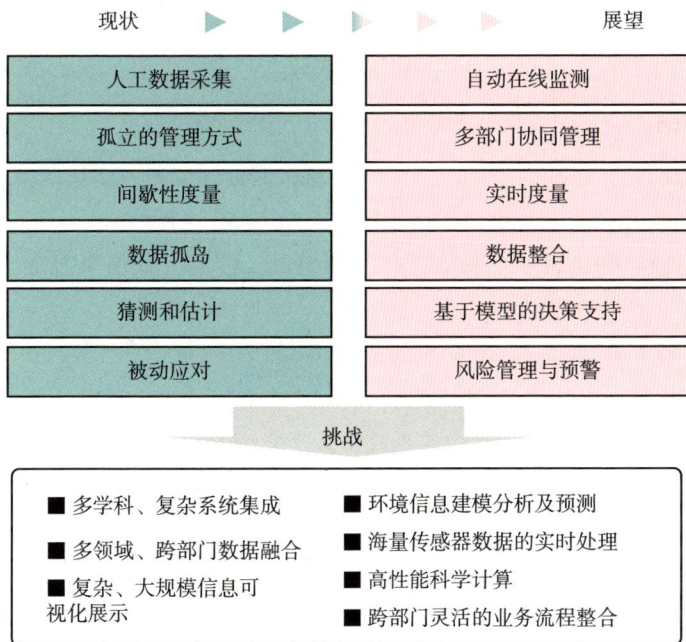

图3　智慧城市的现状、展望及挑战

287

IBM 智慧的水管理方案

IBM 及其业务合作伙伴拥有世界一流的技术和解决方案，借鉴全球智慧城市水管理建设的最佳实践，结合国内实际情况，来帮助中国政府改善城市水资源环境，成为全球智慧城市、智能水管理的典范。这项工作全面涵盖了水源管理、水厂管理、管网管理三个方面。

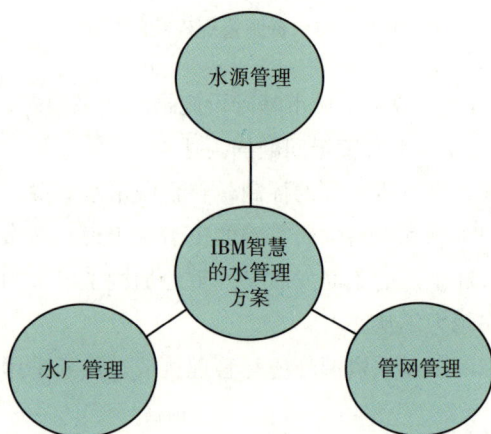

图 4　IBM 智慧水管理方案

水源管理

- 污染源分布排放情况、湖泊地理信息、流速、流量、水质等数据监测。
- 日常监管决策、污染事件应急决策、水环境长期规划。
- 政府监管和决策、企业信息产品和集成、社会公众信息服务、农村用水和污染监管等多层面的应用。

水厂管理

水厂包括自来水厂以及污水处理厂，二者在处理工艺和实施上差别很大，但在管理上有很多共同之处。其中包括以下几个方面。

- 智能监测：把自动控制理论与生产过程知识有机结合起来，通过选择一些容易测量的变量，应用计算机技术对难以测量或者暂时不能测量的重要变量作出推断或者估计。
- 智能诊断：一个集故障报警、故障分析和故障解决于一体的专家系统。
- 智能控制：包含曝气控制，提升泵控制技术，化学除磷药剂和污泥脱水药剂控制。

● 智能管理：一套包含数据集成、设备和仪表的可视化管理于一体的管理系统。

管网管理

城市管网系统不仅包括给水管网、排水管网，还包括燃气、供暖、电力、通信、工业管网等 20 余种管网，共同组成了城市的"地下生命线"。如何对这些生命线进行有序管理是智慧水管网的基础，包含：

● 数据管理：管道的地理空间、特理属性等静态信息；水量、水质、水压等动态信息监测。

● 运营维护：调度与运行管理、收费系统、事故处置、改扩建规划。

● 统计分析：行政管理部门需要上报的信息、用水量变化信息、缴费信息、泄漏水量信息。

● 预测优化：长期规划与短期调度预测、改扩建预测、泄漏预测、能耗预测、经济预测。

● 其他：应用情景模拟计算。

案例分析——改善美国首都华盛顿的水资源

客户痛点：华盛顿水务局面临着大量的水资源和下水道基础设施老化的问题，其中包括数百项资产，从配水管和阀门到公共消防和水表。

通过部署 IBM 智慧的水管理解决方案，华盛顿水务局机构现在能够在地图上查看每个资产的详细位置和状况，生成员工工作日程表，从而提高员工生产效率和缩短路途时间。预测性分析功能帮助其减少高成本的服务中断，使华盛顿水务局能够集中资源，基于服务需求构建新费率模型。并获得如下收益：

√ 通过预测性维护和自动化仪表读数，华盛顿水务局成功地将客户电话维修请求减少了 36%。

√ 加快人员处理紧急情况的速度。

√ 优化员工管理，帮助减少华盛顿水务局对合同工的需求，每年节省大约180 万美元。

√ 同时减少 20% 的燃油成本。

智慧社保解决方案

随着深入的市场洞察，IBM 提出了为市民提供"适当服务（Right Servicing）"的智慧社保服务理念。该理念是 IBM 在欧洲、北美、亚洲和大洋洲等地，接触多个社会项目管理机构，共同探讨研究推出的概念。《Right Servicing 报告》指出，社会项目管理机构应当从政策和服务交付两大层面着手，满足个人和群体不断变化和提升的需求，并保证社会效益与实际财政能力平衡。基于独特的"适当服务"社保交付模式，IBM 帮助政府建立新的业务和金融模式，实现政府、社会保障项目、医疗机构和人员、保险机构、企业雇主、生命科学公司和市民的联动，让市民享受社会保障所带来的智慧照护（Smarter Care）。此外，IBM 还推出由多位资深、顶级的社会保障领域专家组成的专注于社会保障理论与实践创新的IBM Cúram 研究院，及 IBM Cúram 社会保障行业解决方案。基于推动智慧城市发展的社保新举措、丰富的全球实践经验、专业技能和以人为中心的服务理念，IBM 将进一步拓展中国智慧城市发展新领域，帮助中国客户完成智慧的社保转型，扎实推进中国智慧社保再现代化。

面向未来的智慧社保平台

通过深入剖析市场需求与发展现状，IBM 认为社会保障管理部门提供的社会保障和社会救助包括两大层面内容：

- 社会政策，即国家政府对保障公民权益和生活的规划；
- 服务的交付，如何将政策变为现实，为市民提供所需的社会保障服务。

若想打造智慧社保体系，从政策层面来讲，需要将政策落实于高效的行动与服务交付质量中。从社会角度上来讲，需要让各个领域从事有关业务的机构、部委，包括整个生态系统的个体进行合作，实现互连互通的信息共享，通过以人为中心的社保服务理念，针对市民的不同需求，保障个人和社区能够实现其基本权益与保障。

依托深入的市场洞察，IBM 首次提出了"适当服务"智慧社保服务理念。社会项目管理机构应当从政策和服务交付两大层面着手，满足个人和群体不断优化和提升的需求，并保障社会效益与实际财政能力实现平衡。当各个部门实现了知识和数据共享，就能更好地了解人口总体风险和个体需求，社会福利和社区活力都得以蓬勃发展。

丰富的全球实践经验

为市民提供保健和公共事业服务是纽约市政府永远的目标，然而面临服务800 多万居民的压力，以及冗杂的机构设置和信息共享困难等问题，让纽约市政府难以满足社会服务接受者的需求。ACCESS NYC 赋予了市民前所未有的能力，使他们在申请获得健康和服务津贴方面采取更积极的行动，并更快地通过 Web界面随时与公共事业项目进行交互并获取所需服务。

除日常社会保障项目以外，灾民服务也是政府关注和改善的重要领域。

社会服务部门通过 Cúram 解决方案交付至关重要的灾民服务，从而快速地为受影响的居民注册申请食品券和其他援助，帮助居民快速重建他们的生活。即插即用的商用成品软件（COTS 解决方案）可为社会企业提供以人为中心的综合服务，并帮助相关部门更容易地为系统增加新功能，恢复机构正常的资金运转。

总结

随着中国经济的蓬勃发展，我们相信通过 IBM 丰富的在全球范围内的社保领域成功实践经验，通过实施 Cúram 解决方案，可以帮助中国相关部门进一步开展更有效率的社会保障工作，助力中国政府提升市民的社会保障服务水平与能力，加强对市民生活的基本质量保障，从而共创智慧社会保障体系并打造智慧城市典范。

智慧的城市交通

城市因为其强大的基础设施、活跃的经济活动、丰富的文化娱乐生活而吸引着越来越多的人。

过去几十年里，城市化进程在全球范围内快速扩展。据联合国的一份报告估计，到 2050 年，大约 70% 的世界人口将居住在城市中。在中国，根据国家统计局公布的数据，1979 年全国城镇人口占总人口比重还只有 17.9%，2009 年已经达到 46.6%，2012 年达到 52.6%。

尽管过去 30 多年间中国的公路建设取得了举世瞩目的成就，城市内道路建设也从未间断，但是在城市化和机动化的双重"夹击"下，越来越多的地区出现了严重拥堵。人们发现购买新车的喜悦在很短的时间里被堵车的烦恼所替代。而交通事故带来的生命、财产损失，以及交通对能源和环境污染的压力，随着城市里人和车的激增而不断加大。在大城市里尤其如此。

如何优化对现有交通资源的使用，使人和物能够有效地"流动"，是城市能否持续发展首先要解决的问题。我们不仅需要红绿灯来管控交叉路口的车辆通行，保证安全，还需要掌握道路上车流的密度、速度等数据，优化路段或区域的车流量，提升道路的通行能力。这是"智能交通"概念产生之初的核心目标之一。智能交通系统是对利用传感、通信和信息处理技术提高交通运输效率和安全性的各种应用系统的总称。

随着人们对整合的交通服务需求的增加和认识的深入，智能交通的范围也从单纯的道路交通监控扩展到其他交通运输领域。

一个完整的智能交通应用系统需要包含三个部分：

- 各种数据采集设备，可能是安装在路端的线圈或摄像头、微波探测器等，也可能是安装在车船上的卫星定位装置，还可能是移动终端如 IC 卡或手机，甚至收费系统数据；

- 将数据由采集点传输到管理控制中心的通信网络；
- 对数据进行整合分析，将其转化为交通业务智能的信息处理和服务系统。

其中前两部分属于智能交通的基础设施，第三部分信息处理分析，则是实现数据向智慧转化的核心，是实现智能交通"智慧"的关键所在。

交通运输是一个城市赖以生存和发展的基础设施系统，交通是否顺畅直接影响着城市生活的运转是否顺畅。另外，它又受到其他系统多方面因素的影响和制约。即使是在交通运输系统内部，一个问题也常牵涉多个子系统。越来越多的城市管理者已经认识到解决交通问题必须依靠部门之间紧密地沟通合作。解决城市拥堵问题，绝不能只靠交警对既有路网的监控和指挥，需要从规划、建设、运营、应急等多方面入手，整体把握，综合治理。这种沟通合作首先需要对交通运输相关的数据和信息进行整合。

智慧的食品安全

食品安全关系人民群众的健康和生命安全，关系经济发展和社会稳定，关系政府形象。加强食品安全监管，构建食品安全监管长效机制，保障人民群众的饮食安全，是落实科学发展观和建设社会主义和谐社会的重要内容。

IBM 认为，建设食品安全信息平台是做好食品安全网格化管理工作的最优途径，通过实施网格化管理数字化、信息化建设，搭建食品安全信息平台，能明确各级职责，实现分级负责、分级管理，快速、高效地为各级领导及管理部门提供安全、准确的决策分析信息，为提高全社会诚信意识、如期实现创建食品安全最放心城市既定目标奠定坚实的基础。

IBM 智慧的食品安全解决方案认为城市应该按照"因地制宜、统筹规划、合理划网、网内履职、层层落责"的工作方针，坚持"谁监管，谁负责"原则，将食品安全监管所涉及的农产品种植、畜禽产品和水产品生产、林果产品种植、食品生产加工、食品流通、餐饮服务、畜禽屠宰和酒类流通等环节划分为多个网格，依据"统一标准、统一平台、统一数据、统一网络"的要求，建立一个统一的、适用行政执法部门对食品安全监管工作进行网格化管理的平台，将各部门的监管信息、食品生产企业和经营者等信息进行共享，解决各部门信息交换难的现象，实现信息的互连互通、高效运作，起到食品安全信息跟踪和预警等作用，切实有效地将食品安全风险降到最低，保证食品安全监管有效、处理及时，能够确保对食品安全突发事件指挥有力、全程监控。

IBM 智慧的食品安全解决方案主要关注：

- 如何有效获取食品全产业链的数据；
- 如何规范业务流程管理，实现跨部门的流程整合；
- 如何实现全产业链的食品安全追溯；
- 如何实现风险评估与协调指挥。

IBM 智慧的食品安全解决方案主要包括以下内容：

- 食品安全信息交换与共享；
- 食品安全数据整合与追溯；
- 食品安全协调指挥；
- 食品安全风险分析与信用评估。

食品安全问题不但是影响人体健康的重要公共卫生问题，同时对世界范围内的食品贸易也存在着很大的影响，因此引起了各级政府的高度重视，从食品危害确认、风险评估、风险管理、风险信息交流等方面进行广泛的研究。鉴于食品安全的重要性及现阶段食品安全监管工作的不足，经过大量的食品安全相关信息的调研及分析，智慧的城市食品安全信息管理系统的推广势在必行。

智慧的公共安全

中国正处在城市化全面推进的阶段，经济的快速增长和城市人口的不断增多必然导致各种突发事件的增加。在社会转型期间往往会出现许多新的公共安全问题。

首先，公共安全管理机关需要采用先进的数据采集手段来收集各方面的信息，通过这些新技术提供准确的事态感知。

其次，公共安全管理机关需要利用先进的数学模型和计算机模拟来研究公共安全事件的规律和特点，洞察事件发生的可能性。

最后，在很多突发事件之间存在着内在的关联性，需要多部门协同处理。公共安全管理机关需要对这些突发事件快速响应和多部门之间进行有效协作。所有这些需求都需要智慧的城市公共安全解决方案。

IBM 公司提供以下四类城市公共安全解决方案：

- 智慧型公共安全云计算体系；
- 犯罪情报分析解决方案；
- 犯罪预测和预防解决方案；
- 智能化视频监控解决方案。

智慧的物流

物流是指为满足用户需求而进行的原材料、中间库存、最终产品及相关信息从起点到终点间的有效流动，以及为实现这一流动而进行的计划、管理和控制过程。

现代物流是以基于专业化分工与企业在供应链合作基础上的第三方物流出现为标志，其标志性特征是物流的系统管理和方案的设计能力，核心技术是信息网络技术。

现代物流的发展趋势：

- 物流技术高速发展、物流管理水平不断提高：信息化、自动化、智能化、集成化；
- 专业物流形成规模，共同配送成为主导；
- 物流企业向集约化、协同化和全球化方向发展；
- 电子物流需求强劲，快递业"冲锋陷阵"；
- 绿色物流将成为新增长点；
- 物流专业人才需求增长，教育培训体系日趋完善。

IBM 物流信息化解决方案

依照物流行业的特点，采用服务导向型整合业务模式。通过整合业务、整合信息、整合平台、整合资源，采用标准的服务架构、流程管理、云计算等手段进行业务优化，形成随需应变的行业框架和智慧资产。

IBM 中国研发中心 CDL 物流行业解决方案设计中心可以整合全球资源，针对中国物流行业的特点，进行物流解决方案的设计与开发，可以为客户进行物流解决方案的战略规划咨询及技术设计，同时可以与战略伙伴共同实现物流行业解决方案的创新。

四 智慧的中国，智慧的未来

中国经济正在从出口型转变为以内需为主导。中央政府认为，城市化将是取得刺激投资、鼓励消费及拉动内需战略的关键因素。据国家人口和计划生育委员会报告显示，到 2020 年中国内地的城市人口将超过 8 亿，在未来十年内将有 1 亿多人口从农村迁往城市。

与这种经济结构和人口分布变化相应的是，自 2011 年初实施"十二五"规划以来，中国公共和私营部门对智慧城市的需求快速增长。随着人口城市化大潮的不断推进，无数挑战也相伴而生，中国各级政府的决策者都在设法应对这些彼此之间相互关联的难题。中上层政府机关纷纷采用 IBM 智能运营中心解决方案来支持智慧城市项目，以解决人口增长对城市基础设施造成的影响，并为市民提供更好的服务和更优越的生活质量。IBM 智慧城市解决方案集成了先进的分析软件，能够收集和分析来自城市内庞大资源库中的数据，并据此提出相关建议，从而帮助领导者采取更明智的决策，并主动预测和解决问题，在自己的职权范围内进行更有效的协调应对。

在中国，城市化已经成为国家战略，人们已经越发深刻地认识到建设更好的城市与经济增长、社会和谐等国家核心目标之间的密切联系。城市是一个整体，其中的各个要素彼此互连互通，相互影响和促进。有了 IBM 智能运营中心带来的智慧城市解决方案，地方政府就能以先进的手段管理城市，推动城市发展。借助 IBM 智慧城市解决方案，我们一定能看到一个更智慧的中国，一个更智慧的中国的未来。

Ꮐ.18

探寻美丽中国建设之路

——东方园林公司对新型城镇化生态 环境景观建设的思考与探索

金健 周睿*

中国经济在取得改革开放以来30余年连续快速发展的同时，所带来的环境、生态和社会问题也不容忽视，如自然资源粗放式开发、环境污染严重、生态系统破坏、城乡二元化发展、基层百姓幸福指数下降等问题，已经鲜明地摆在每一个城市建设者和执政者面前。

面对这些问题，党的十八大报告中指出："必须树立尊重自然、顺应自然、保护自然的生态文明理念，把生态文明建设放在突出地位，融入经济建设、政治建设、文化建设、社会建设各方面和全过程，努力建设美丽中国，实现中华民族永续发展"。

而美丽中国的建设并非孤立的概念与行动，要产业发展与新型城镇化建设结合起来共同推进。党的十八大强调："要坚持走中国特色新型城镇化道路，推动工业化和城镇化良性互动、城镇化和农业现代化相互协调，促进工业化、信息化、城镇化、农业现代化同步发展"。新型城镇化是当前与未来中国经济社会发展的必由之路，也是各级政府和有关企业的历史任务。东方园林股份有限公司作为国内景观行业的领军者，在美丽中国和新型城镇化建设中自然承载着相应的责任，理当与政府和业内的伙伴携手共进，积极参与探索新型城镇化发展、建设美丽中国之路，为中国经济社会转型发展、可持续发展贡献一份力量。

一 美丽中国与新型城镇化的关系

1. 美丽中国的概念

党的十八大报告中提出"美丽中国"的概念。东方园林结合近年来中国景

---

* 金健，东方园林副总裁；周睿，东方园林投资总监。

观行业发展和参与建设经验，认为"美丽中国"并不是简简单单的绿化、美化的概念，而是一个综合、立体的概念。其一方面突出客观世界的生态与环境建设，同时将建设与经济、社会、文化发展相融合，关键是与中国亿万百姓的美好生活紧密联系在一起，最后一点才是"美丽中国"建设的终极目标。因此，"美丽中国"概念是以人为核心，在发展的同时解决当前环境污染、生态破坏、资源紧张的问题，并满足建设美好环境、美丽家园的需求。

可见，美丽中国的建设既蕴涵了科学的理念和专业的技术，也强调了发展的眼光与人文的情怀。在这个过程中，需要有高水平、负责任的政府引导，以及具备专业并勇于挑战的企业的参与，才能一步步实现"美丽中国"的目标。

2. 新型城镇化的概念

所谓新型城镇化，是在中国过去所经历的 20 年快速城镇化的基础之上，结合当前的历史环境与发展需求提出的新概念，这个概念随着时间的推移和社会的发展不断修正与更新，是个变化和完善的概念。

我们认为，新型城镇化同样以人为根本，城镇化的目的是造福人民，是让人民享受到发展的成果。在农村人变为城市人的过程中，能够享受到更加便捷、舒适的城市生活，能够获得良好的就业机会和稳定的劳动报酬，能够获得应有的尊重与理解。与以往所经历的城镇化最大的不同点是，新型城镇化在于城乡一体化、大中小城市与乡镇统筹在一起的共同式发展。

按照李克强总理在 2012 年 12 月召开的中央经济工作会议上的讲话要求，新型城镇化"要实现产业发展和城镇建设融合，让农民工逐步融入城镇。要为农业现代化创造条件、提供市场，实现新型城镇化和农业现代化相辅相成"。新型城镇化的内涵相当丰富，但离不开以人为本这一核心以及追求城镇化取得高质量的目标。新型城镇化具备以下几个特点。

（1）高标准要求、高起点规划、高质量建设。

要想实现城镇化的高质量，首先要用高标准来要求这个过程中的每一项工作，控制关键节点。城镇化是一个过程，要依据一定的指导和路线，城镇规划就是这条路线的基础。因此，结合国内外城镇化的经验与教训，选用专业的团队进行高水平的城镇规划是不可或缺的。规划要依据经济社会发展的客观规律，结合当地的自然禀赋、人文特色，将产业、城镇、生活各方面的内容综合分析后，寻求最佳的解决方案，形成最终的规划成果。切忌照搬其他国家或城市的发展模型，忽略当代国情市情的需要，不顾当地自身特色，随意编制无法落地的规划文件。

同时，仅有美好的蓝图是不够的，还需要高质量的建设才能实现新型城镇化的目标。这些建设既包括基础设施、公共配套设施、景观设施、居住小区，也包括新型产业、社会服务、文化教育等方方面面。无论是哪一个方面，都需要高水平、负责任的团队和企业来实施，才能实现高质量建设。

（2）差异化发展，走有特色的新型城镇化道路。

中国地域辽阔、情况复杂，当前发展不平衡，因此各地的发展实践也是不同的。新型城镇化要结合各地特色，针对不同的城市和城市群，探索不同的发展模式。对此，政府的管理思路和方法也会存在差异。同样，作为企业参与的方式也会多种多样。

（3）城乡一体、和谐互补。

新型城镇化不是简单的城市化，不能仅仅发展大城市，而要统筹城乡一体化发展，在城镇化过程实现城乡和谐互补、良好互动的发展局面。在建设城镇的同时，必须注重农业现代化建设。"现代化"是一个阶段性很强的概念，不同时期、不同国度对于现代化的理解是不尽不同的。同样，我国当前的农业现代化也有着自己的定义。我们认为，利用现有的先进农业装备、生产技术提高生产效率，利用现代的经济管理方法提升资源配置效率、提升农产品价值，并通过农业的发展提升农民的文化修养，改善农民生活环境与生活方式，就是当前我国农业现代化的概念。

农业现代化与新型城镇化密不可分，只有通过城镇化才能更好地实现农业现代化。因为，农业现代化的重要方面就是农村人口的城镇化，当然更包括农业经济效率提升、农民收入增加以及物质文化需求的不断提升。要做到这些，仅仅依靠农村现有的生活环境和配套设施，是无法实现农业生产方式转变和农民生活品质改善的。而通过现代先进科学技术的应用和先进经营理念的实践，可以有效提升农业生产的效率，并对生产进行市场化引导，从而提升农产品的价值。但因此产生的农民生活品质的提升则需要通过对具备经济基础和需求市场的农村进行城镇化建设来实现。

3. 美丽中国与新型城镇化

可以看出，美丽中国与新型城镇化虽然是两个概念，强调的方面有所不同，但他们都是当前中国发展所面临的需求与挑战，他们都要以人为核心，都需要高标准要求、高水平、负责任的团队主导和参与，因此两者之间既有差别又有紧密联系。

东方园林作为世界景观行业市值第一的公司，其业务包括景观、生态、苗木、地产、婚庆五个产业模块，是中国唯一的集规划设计、工程施工、主题公园及特效景观建设、景观农业、生态修复、景观地产及商业运营于一身的全产业链景观系统建设运营商。东方园林在美丽中国与新型城镇化的建设中不断前行，摸索出了一些路径和方法，在本文以下相关部分中介绍给广大中小城市和各位同人，敬请赐教。

二 城镇生态化建设

著名城市生态专家、中国科学院生态环境研究中心研究员王如松院士说："城镇化不是简单的城市人口比例增加和面积扩张，而是要在产业支撑、人居环境、社会保障、生活方式等方面实现由'乡'到'城'的转变。"

"统筹、集约、智能、生态"的理念应贯彻到城镇化的生态文明建设的行动上。首先要改变的是观念和体制，强化城镇生态与景观系统的规划；其次要落实到各项建设与修复当中，并且高标准、高质量的实施；再次要加强城市生态、建设、景观方面的管理，使城市良性可持续发展；最终实现转变经济发展方式，改善人居环境和生活方式，使人们获得美好生活的目标。

东方园林近年在与各地政府的多项合作当中，非常重视城市生态格局与城市景观系统的建设，从产业、经济、环境、生态、人文多个角度考虑城市未来发展的需要和可能遇到的问题，并为城镇生态化的建设提供了一些切实有效的建议。

1. 景观规划先行

现代人，缺什么？财富不是生活的全部，人们更需要幸福与健康。中国城镇，缺什么？GDP不能完全代表发展，"美丽中国""美好生活"才是根本。

以往的城市规划，一般先做总体规划，其中重点考虑产业布局、公共服务设施配置、交通问题以及各类用地的平衡问题，然后是区域的控制性详细规划，将各个地块和道路严格划分清楚，勾勒城市建设的控制性要求。最后是建设用地内的建设规划和城市公共部分的景观设计。而整个规划过程中，很少有人注意城市生态格局的建立以及城乡统筹发展的需要。

东方园林参考国内外很多先进的城镇化经验和案例，结合当前国内的资源、环境现状以及"美丽中国"战略，建议每个城市在进行总体规划之前或是同时，也要认真考虑城市的景观系统规划与生态格局规划。

在城镇化进程当中，环境污染问题已经十分突出，特别是地下水和空气的污染让每个人心中都背负了沉重的负担：人们还有没有健康生活的权利？因此，无论是已经相对发达的城市还是未来新兴的城镇，都要考虑自身的生态格局，使每一个城市居民首先能够放心地生活在这个城市当中。城市生态格局是由城市外围的自然山体、水系、林地以及城市边缘的生态林、生态水系及城市内的景观系统所共同构成的。这些内容在进行城市规划的当初就要进行综合的考虑，为生活在城市当中的人、动物、植物创造安全的生长环境，同时满足城市经济的发展需要，为城镇化进程服务。

而城市景观系统的规划则是保证城市稳健、快速发展的重要支撑。通过景观系统的规划、开发与建设，可有效提升城市形象、拉动城市区域经济的发展、增强区域配套功能，进而提升景观周边开发用地的土地价值，使得政府的每项投资都可以获得相应的回报。通过景观系统的规划，才能够建立城市景观与周边自然资源之间的联系与互补，明确景观与城市交通、建筑之间的空间关系与功能联系，建立景观与城市人文情怀的联系，并为城市各个景观节点进行定位与规划，明确每一个重要景观节点的建设原则与方法，使整个城市的投资科学化、合理化。

上述两个规划如果是在控制性详细规划完成之后再进行，则很难实现其应有的作用，而不科学的规划，也会给城市未来的发展埋下巨大的风险。

东方园林拥有全球独一无二的景观、生态与规划智库，大师云集。比如拥有全球著名艺术大师、生态专家以及城市规划、建筑设计团队，拥有丰富的专业经验及骄人的设计作品。东方园林为国内外近百个城市开展过景观系统规划、城市规划，为城市的发展提供了非常优质、专业的建议。在新型城镇化进程中，我们仍将继续推行景观、生态规划先行的策略，为合作城市的创新发展打下良好基础。

2. 城市景观系统建设

"城市景观系统"是由东方园林创造并且首次提出的，我们也是国内目前唯一一家建造城市景观系统的公司。东方园林携手国内一流的景观、建筑、雕塑、灯光、水秀、生态等领域的大师，在景观系统规划的基础上，运用多方面的综合理念与专业技能，打造城市六位一体的景观系统。该系统主要以景观工程和相关的生态修复工程构成，包括城市母亲河（含城市中重要湖体）的水污染治理及两岸景观带、城市景观轴（重要道路、广场等）、城市中央公园与山体公园及其他重要景观节点项目等。

东方园林已经为50多个城市编制了城市景观系统规划。未来五年，公司将投资4000亿元用来建设景观系统，而东方园林已经与其中30多个城市建立了整体合作关系，双方意向在未来三年建设的景观工程就有300亿元的规模。

东方园林与各地方政府合作，秉承"艺术造园、传世千年"的追求，打造了一个个城市地标景观，在保留城市原有历史记忆的基础上，彻底改变"千城一面"的城市面貌，为每一个城市打造自己的专属名片。

从北京、上海、苏州、万宁到沈阳、锦州、太原、大同、武汉、襄阳、长沙、株洲、成都、淮安、连云港、温州、南宁、柳州等，从 2008 年奥运、2010 年世博到 2013 年沈阳全运会、2013 年锦州世园会、2013 年南宁园博会，东方园林通过一个个重点景观项目的建设，为中国 50 余个城市构建自己的景观系统。

3. 构建生态格局，修复生态环境

我国在快速城市化进程中，不合理的人类活动极大地改变了生态系统的结构，导致资源、环境和生态系统遭到严重破坏，严重威胁可持续发展和居民生活质量，甚至威胁到人们的生命安全。因此，中国政府和学术界、相关行业的从业企业都在抓紧研究和探索解决中国生态问题的方法与路径。国内部分学者提出了"构建城市生态格局"的方式，从而在解决城市经济快速发展的同时，如何通过现有生态系统的保护与建设为城市提供安全、可靠的生态服务功能问题。另外，针对当前已经形成的环境生态破坏问题，通过实施先进的生态修复技术，改善已经极其脆弱的生态环境。

东方园林生态业务摒弃生硬的工程修复与简单景观绿化叠加，集"市政环保建设""生态系统修复"及"景观系统构建"于一体，以前瞻性的生态理念为指导、以先进的修复技术为基础、以综合性的水域与市政规划为前提，为城市生态系统修复项目提供策划、规划、研究、投融资、设计、施工及运营管理的全方位解决方案。

东方园林生态业务携手国内外顶级的专家学者、科研院所、生态规划设计大师，整合全球最优秀的生态行业资源，与全球独一无二的院士智库国际合作跨界携手，通过产学研结合方式，积极与国内外知名科研机构及行业领先的公司展开技术合作，致力于生态修复技术的研究和开发，为工程实践提供先进的工程理念、方法和技术，为公司开拓新领域作前期探索。东方园林对一个城镇开展如下几个方面的生态修复。

（1）城市水域生态：城市河流与湖泊，景观水系，水源保护地，小型河道。

水域生态系统修复工程是一个复杂的系统工程，包括截污工程、环保工程、市政工程、水利工程、生态工程、景观工程等，东方园林整合施工资源，可承接水域生态工程整包服务，缩短建设周期、降低政府沟通成本、提升艺术效果，提供全方位的综合服务。

近年来，各个城市都在推出水生态系统规划，预计投入 1 万亿元。东方园林正在进行济南、武汉、兰州、西安、成都、沈阳等城市水域生态系统的规划设计，准备合作的城市有大连、温州、西宁、黄石、无锡、天津等。"十二五"期间，淮河、海河、辽河、松花江、黄河中上游、三峡库区及其上游、巢湖、滇池 8 个重点流域水污染防治将投资 4800 亿元，东方园林也将积极参与。

（2）矿山生态：边坡绿化，沉陷地治理，矸石山治理，城市转型与城郊矿山生态修复。

（3）荒漠治理：沙漠和干旱地区的生态建设。

（4）盐碱地治理：盐碱地区土地开发与绿化。

（5）土壤修复：城市宗地修复，污染土壤修复，地下水治理。

除了以上的生态建设与修复工程，东方园林同时致力于城市生态系统的建设。这包括前文提到的城市景观系统建设（这是城市生态系统在城区部分的重要组成内容）、城郊绿道、湿地公园等郊野公园的建设，还包括城市森林的建设。

城市森林是城市生态安全格局中最重要的一环。具有以下八大作用：释放氧气及吸收二氧化碳的"绿肺"功能，降低城市热岛效应，防洪，除尘降噪，涵养水源，增加地下水储量，保护生物多样性，美化大地。

目前国家森林城市有40个，13个是东方园林的战略城市。有74个城市正在申报国家森林城市，16个是东方园林的战略城市。东方园林将苗木产业园和城市森林系统结合起来，用苗林一体化的方式投资建设城市森林系统。苗木产业集聚在城市周边，将大大减少运费，加强对城市的生态保护，满足城市化发展对苗木的需求。

4. 建设城市中央休闲中心

中央休闲区位于主城区或新城中心，是公共活动汇聚的中心场所，结合了城市中央公园、城市广场、商业街区等城市公共空间，兼具休闲、文化、商业、居住等功能，是以"丰富休闲功能""活力动感街区"等新一代传统或时尚风貌共同呈现的都市休闲目的地。是新型城镇的必要配套板块，也是实现城市生态文明建设和美丽中国、幸福人居的典型项目。

与传统城市中的商业中心不同，中央休闲区具有大街区、小尺度、开放性（城市广场、时尚街区、多功能城市活动场景）等特点。融文化性、多样性、全天候为一体，荟萃城市文化的"精神领地"，展现城市风貌的"城市客厅"，建设"美丽中国、宜居城市"，提升居民幸福指数。

中央休闲区由四大版块组成：商业板块——沿途布置音乐喷泉、休闲商业广场等重要节点，并设置文化创意街区、餐饮街区、时尚名品街等，形成融合商、旅、文化、休闲、娱乐等内容的商业街；健康板块——中央休闲区将健康生活植入其中，创造绿色时尚的休闲运动空间；文化板块——携手国内外文化行业顶尖团队，创办文化标杆性艺术载体，形成中央休闲区的亮丽风景，达到缔造城市形象、提升城市品牌的效果；住宅板块——依托市民文化、商业、休闲于一体的城市休闲区，融入开放式社区并融合多种功能，形成生活与风景的自然交融。

5. 点缀城市美丽风景

东方园林在建设城市景观系统、中央休闲区等大型城市节点的同时，推出了东方玫瑰婚庆堂，以点缀城市的生活，留住人们在城市人生中最美丽的瞬间。

东方玫瑰婚庆堂是浪漫景观与精美建筑的完美结合。未来十年，我们将在北京、上海、江苏、浙江、广东、福建、华中、东北、西南、西北十大区域50个城市建设运营100个婚礼堂，呈现婚礼文化之美，家族永恒之爱。为中国新人提供殿堂级的婚礼感受，留下珍爱时刻最为难忘的浪漫回忆。

东方玫瑰致力于成为中国最大最优秀的以经营"一站式"婚庆服务为核心业务的连锁婚庆运营商。公司产品涵盖家用和商用宴会庆典服务。其中家用宴会庆典服务包括订婚庆典、婚礼庆典、纪念日庆典、寿宴庆典等；商用宴会庆典服务包括时尚发布会、企业欢乐年会、顾客答谢会等。

6. 提升城镇人文环境

新型城镇化的"新"除了体现在科学的城镇经济发展方式与合理的城市功能配套设施建设上，还体现在城市历史文化的传承、当代城市精神的发扬以及城镇管理、城市人口的修养、文化、教育等人文环境的建设上。

一个地方的人文是一个地方的根，一个城镇的人文应该是这个城镇的魂。良好的人文环境能够提升区域城镇化速度与质量，反之则会成为新型城镇化的绊脚石。在推进新型城镇化建设进程中，东方园林已经把人文环境建设纳入城镇总体规划，渗透到景观系统规划及各项建设的细节当中，把传承城镇文化精粹、发扬城镇当代精神作为重要任务。

东方园林联手国际顶尖的特效演绎与文化专业机构（观印象、EDC、C2）开展战略合作，动感演绎每个城市的文化传奇，提升中央景观文化魅力。城市水秀、城市灯光、城市雕塑、公园建筑都将成为城市的地标，用景观艺术打造每个城市的故事，动态与静态相结合演绎、建设城市人文环境。我们的合作伙伴中，观印象曾经打造了惊世之作印象刘三姐等系列，开中国情境演绎先河，北京奥运开幕式再次印证世界顶尖艺术大师实力。EDC是世界特效演绎鼻祖，在全球有500余个成功项目，仙鹤芭蕾等情景演绎是其代表作。C2的室内特效演艺——澳门龙腾横空出世，引领全球多媒体发展潮流。

"城市故事"是东方园林综合上述城市人文与特效演绎而综合形成的动态景观产品，是一次城市文脉的探索之旅。它将生态文明建设与文化产业发展相结合，将更大程度的推动社会效益，不仅为人民创造生态的生活环境，更为人民创造精神食粮，而生态文明建设与文化产业结合也是对文化产业新型业态的一个有利补充。"城市故事"是对于每个城市精神的探索，是一个城市文化的集中体现，它既吸纳这座城市的人、情、风、物、史来展现城市的精神风貌，又展现城市的蓝图愿景及美好未来。东方园林"城市故事"紧密围绕当地城市文脉为贯穿主线，打造"都市会客厅"城市景观艺术综合体，通过娱乐式体验、多媒体视觉冲击传达城市理念，展示城市精神，激活城市活力。

2012年，东方园林先后在大连、石家庄、淄博、淮安、湖州、孝感、柳州、嘉兴、南通、滨州、开封、松原、长沙签订了框架协议，演绎着城市传奇。目前在施的项目有松原和长沙，将文化、生态、科技融于一体，将城市文化、城市故事完美再现，塑造城市新名片。

三　农业现代化建设

农业现代化是新型城镇化密不可分的伙伴，东方园林在建设城镇生态、景观系统的同时，利用自身产业链接优势，非常注重城乡一体化的发展探索，逐步形成了苗木基地与田园小镇两类产品。

1. 建设苗木基地

为了拉动农村新经济增长点，东方园林陆续选择一些优质基地，建立20个苗木基地为核心的东方园林苗木产业园。建设城市生态林、城郊防护林带，推进绿色城市发展。依托东方苗木产业园，实现六网合一，线上线下同时交易。

（1）苗圃网：一个以东方园林20个苗木基地为核心，涵盖全国苗圃组成的苗圃网络，能够时时掌握苗木生产及存圃变动情况，指导种植，解决当前盲目种植状况。以景观生态理论为指导，结合项目当地资源优势，促进苗木种植景观化，创造连续协调的苗圃景观，并使区域文化和历史文脉得以体现和延续。利用工厂式机械化的生产方式，改变传统苗木生产模式，打造现代化高科技苗木产业示范基地。

（2）苗木销售网：以东方园林每个苗木基地为核心，将2小时运距范围内的苗圃组成销售网络，解决现有以苗木经纪人为主的落后销售方式。

（3）苗木配送网：以信息技术的方式实现配送的高效率，解决目前配送效率低下的问题。

（4）苗木新品网：建立新品研发、新品扩繁、新品推广及销售体系，解决苗木科研成果转化、新品推出缓慢等问题。

（5）设计师苗木交流网：景观设计师网络交流平台，为设计师提供最新的设计咨询和设计思想。

（6）苗木金融网：通过引进银行，建立苗联网、银行、苗农三方关系，从而解决苗木生产因周期过长给苗农带来的资金压力。

东方园林苗木板块目前拥有全国最大规模的苗木基地，有苗圃19个，面积3.2万亩，计划在2014～2018年新建15万亩，成为全球最大的苗木基地。该板块拥有强大的新品研究应用能力，拥有新品研发苗圃4个，设有全球前沿的苗木新品应用研究中心、苗木生产技术研究中心、银杏牡丹新品研发中心等。该板块苗木品种繁多、规格齐全，拥有各类景观苗木180个品种，存圃乔灌木共计116万余株。目前苗圃有干径10厘米以上大乔木总量近10万株，彩叶树种美国红枫25万余株。苗木基地也可以建设在城市森林系统中。

东方苗木板块利用苗木产业的循环滚动投资模式，增加GDP40亿元以上，依托东方园林苗木需求优势和网上交易平台，形成苗木集散交易中心，预计年交易量20亿元以上，可实现税收2.6亿元以上。景观型苗圃的建设节约了政府对于当地景观的投入，每平方公里节省1.5亿元。帮助政府完成绿化指标，创造绿色GDP，对区域物业及区域土地价值起到绝对性的价值提升作用，增强区域整体辐射力和竞争力。

东方苗联网与农业现代化紧密结合，带动农业产业结构调整，实现土地增效，彻底改变农村环境，促进生态的新农村建设。万亩苗圃生产和旅游可解决农村剩余劳动力2000人以上，人均年收入可达到2.5万元以上，提升了农村产业，增加了农民收入，提供了崭新的发展模式，引导中国苗木产业的发展方向，示范和带动作用明显。

东方园林投资1万亩苗圃，可以带动周边农民5万～10万亩苗木投资规模，改变周边产业结构。苗木产业的兴起可以带动周边运输业、物流业、机械、加工等产业的大发展。通过举办苗木博览会等节会活动，聚集人气、拉动消费、催生商机。苗木产业成熟后，旅游和文化产业迅速崛起，主要以展示和再现当地农业生态系统、农业生产方式、农业景观，展现地方文化内涵和民俗风情，将地方戏曲、民歌、饮食、服装、民风民俗和农业休闲旅游等有机结合，传承和发扬地方文化。

2. 建设田园小镇

"东方田园综合体"是以农林产业为基础的乡村旅游目的地，是新型城镇化和城乡统筹的创新模式。

田园综合体建在大都市的郊区，交通便捷，拥有丰富的山水田园风光和农业资源，将规模化的工程自用苗圃、花卉育繁基地与传统的观光休闲、乡村度假、高尔夫度假结合，融入新型的绿色游乐、花园式居住、农场式庄园，为人们创造出宁静致远的"世外桃源"。田园综合体依托东方园林景观设计优势，在数千亩范围内改善乡村基础设施，塑造"被驯化"的、修饰后的田园风貌，比原生态的更精致、更安全、更舒适、更亲近。

田园综合体中的小镇中心由广场、商业街组成，分布着田园餐饮、乡村客栈、旅游零售、社区服务等机构，是居民居住区的公共活动与交流场所。田园居住区是城市居民、乡村居民居住的住宅小区，住宅依地形地势自然分布，以集中居住为主，分散居住为辅，具有典型的乡村聚落特征。

田园综合体带来了巨大的经济价值，塑造大地景观，促进农业现代化，推动产业创新；促进城乡统筹和生态文明建设；通过创新田园休闲文化，创造了文化价值，彰显了城市文化底蕴。

四　合作模式探讨

在"美丽中国"建设与新型城镇化建设的进程中，政府发挥着不可替代的引导性作用。他们是整个过程的规划者、引领者与推动者，是国有资源与社会资源的配置人，因此东方园林依据政府的管理结构与运作方式，结合市场化运营的理念及金融市场运行特点，创新了以下多种合作模式。

1. 城市景观系统垫资建设模式

东方园林发挥整体技术及资金优势，提供城市景观系统、生态系统整体设计，配合政府拟订景观投资计划，并按照政府最终建设计划，为项目提供设计、施工、养护一体化服务，并采用年度付款＋保障方式（土地或银行保函、国有企业担保等）实施投资。所有工程依法严格参与履行招投标程序。

为满足证券市场对东方园林规范经营、风险控制的监管要求，景观系统投资模式付款需请政府每年给予一定还款保障，如以土地预期收入或财政专项资金证明等，涉及土地均不需土地抵押、不参与溢价分红。

2. 基金合作模式

东方园林引进基金公司解决政府资金需求，降低融资成本。东方园林与政府、基金公司共同签订合作协议，由基金公司募集资金并向政府提供贷款，政府与东方园林共同承担资金成本，东方园林发挥自身技术优势，采用设计、施工、养护一体化的方式建设景观及生态治理项目。政府按照进度款或节点付款的方式支付工程款。

3. 平台公司模式

政府、东方园林、政策性银行（或其他金融机构）三方合作，共同作为基金发起人出资并设立平台公司，并负责城市一定区域的一级开发工作（包括征地拆迁、土地整理、基础设施建设、景观建设、协助政府合法出让土地等内容）。三方共同享有一级开发的综合收益。东方园林负责一级开发涉及的景观及生态工程设计施工。

4. 房地产综合开发模式

东方园林引进关联房地产企业，与政府共同签署三方合作协议，房地产企业承诺参与出让土地的竞买。政府出让土地后，土地出让收益按照节点支付方式，专项用于东方园林承建的景观工程款的支付。也可以采用地产企业受政府委托代建园林工程方式合作。

5. 苗联网及生态林建设模式

东方园林参与政府生态林项目投资，三七分苗，即政府承担70%投资，东方园林承担30%投资，共同投资生态林，东方园林负责建设。东方园林拥有所投资的30%苗木的所有权，并有权利在建成5年后，将该部分苗木出圃使用。

东方园林也可以在交通便捷城市近郊选址建设苗木产业园，构建苗联网终端和区域苗木交易中心，推动区域苗木产业发展，优化产业结构，带动乡村文化旅游，以种植、养护一体化经营方式打造城市生态海绵。

"美丽中国"、新型城镇化是当前中国经济与社会发展面临的最大课题，也是未来一段时期加快推进现代化进程的重要路径。在新的历史时期，必须加快美丽中国的建设，积极推进新型城镇化进程，统筹城乡发展，提升城镇综合竞争力。美丽中国、新型城市化是一个不断积累的过程，任重而道远。但是我们相信，在政府的正确领导下，在科学发展观的指导下，在行业伙伴的共同努力下，"美丽中国"、新型城镇化建设一定值得期待，东方园林愿意在这股建设大潮中扬帆起航，贡献自己应有的力量。

⒢.19
东方园林生态环境景观建设案例

金健 周睿*

1. 山西大同文瀛湖整体景观系统

（1）项目总平面图

大同市是山西省第二大城市，华北地区区域中心城市，国家重化工能源基地，国际较有影响力城市，素有"中国雕塑之都""凤凰城"和"中国煤都"之称。文瀛湖公园位于大同市重点发展区域御东新区。公园总占地面积 686 万平方米，是山西名胜古迹之一，总造价 12 亿元，建设工期为 2010 年 5 月至 2011 年 10 月，项目曾获 2012 优秀园林绿化工程金奖。

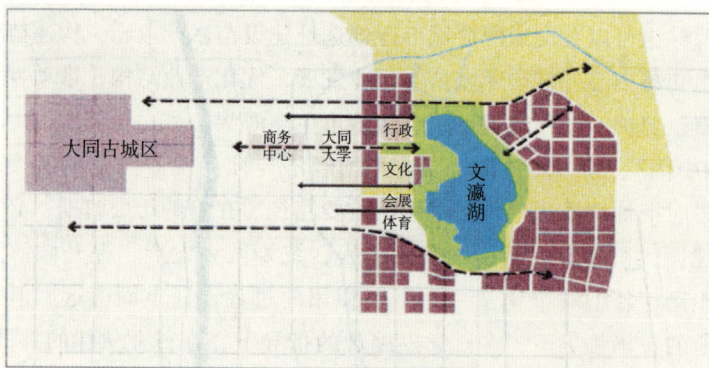

图 1　文瀛湖整体景观示意

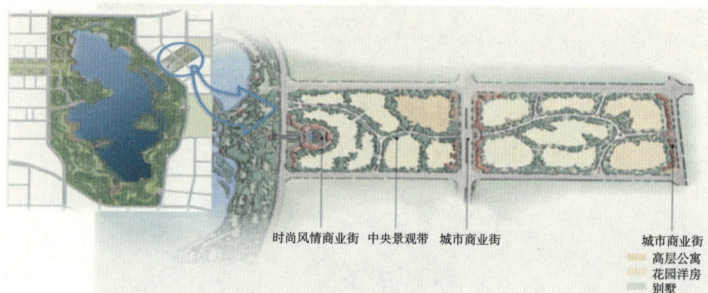

图 2　文瀛湖局部景观示意

---

* 金健，东方园林副总裁；周睿，东方园林投资总监。

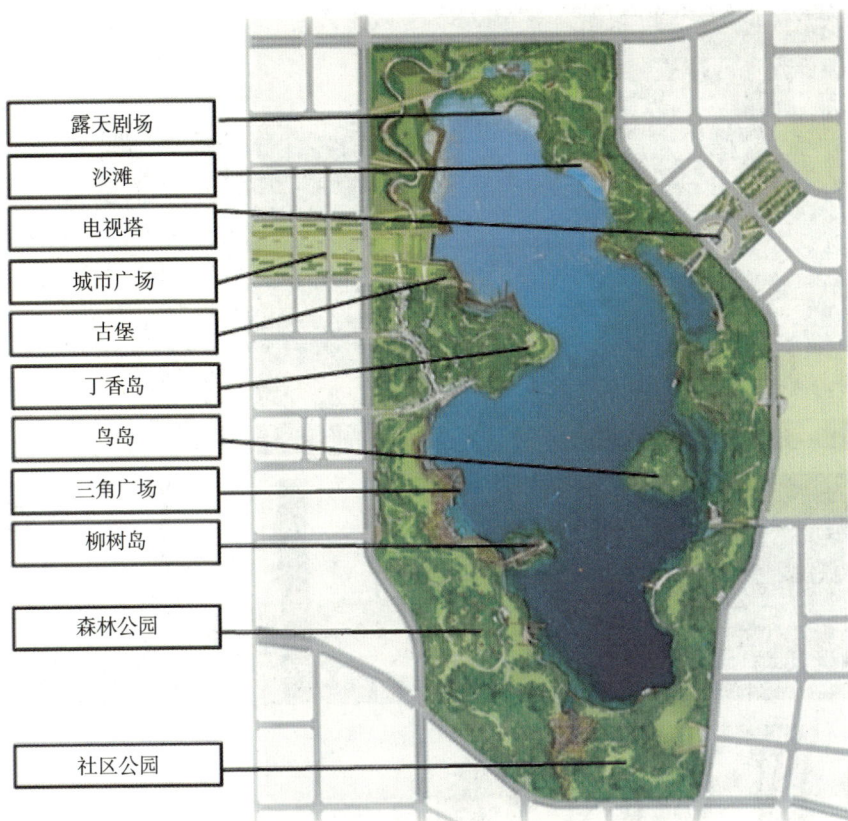

图 3　文瀛湖景区示意

（2）建成实景图

文瀛湖公园建成后，彻底改变了大同市污染严重、城市无亮点、发展无动力的局面，并吸引了龙湖、保利、恒大、绿地、富力等大型房地产企业进驻，地价也由 50 万元/亩持续上涨到 200 万元/亩，周边地段土地价值获得了巨大提升，政府财政收入也因此获益不少，保证了投资回报率和现金流的正常运转。

（3）项目特色

该项目在规划方案中，推崇自然、生态的设计理念，创造出一个自然、生态、优美的城市绿肺和水岸休闲空间。通过对文瀛湖公园规划设计的整体提升，政府在其东面设计建造了行政、文化、会展、体育中心，使文瀛湖公园更具有了"文、旅、商、休、娱、居"功能，成为充满城市活动的"都市之心"，提升了大同市的整体形象，改善了城市人居环境，全面增强了御东新区的吸引力，带动当地及周边的商业投资、房产开发、贸易流通等产业，形成了环文瀛湖公园高端生活片区。

2. 湖南株洲神农城

（1）总平面图

株洲是湖南省第二大城市，位于全国两型社会综合配套改革试验区，也是全国首批重点建设的八个工业城市之一。神农城位于株洲高新区，项目用地面积67.38平方公里，总造价4.2亿元，建设工期为2010～2013年。

图1 株洲神农城整体景观示意

艺术中心
亲水观景平台
巨石广场
休闲SPA馆
电视塔广场
艺术文化广场
祭台
神农大剧院

株洲神农城广场

图2 株洲神农城景区示意

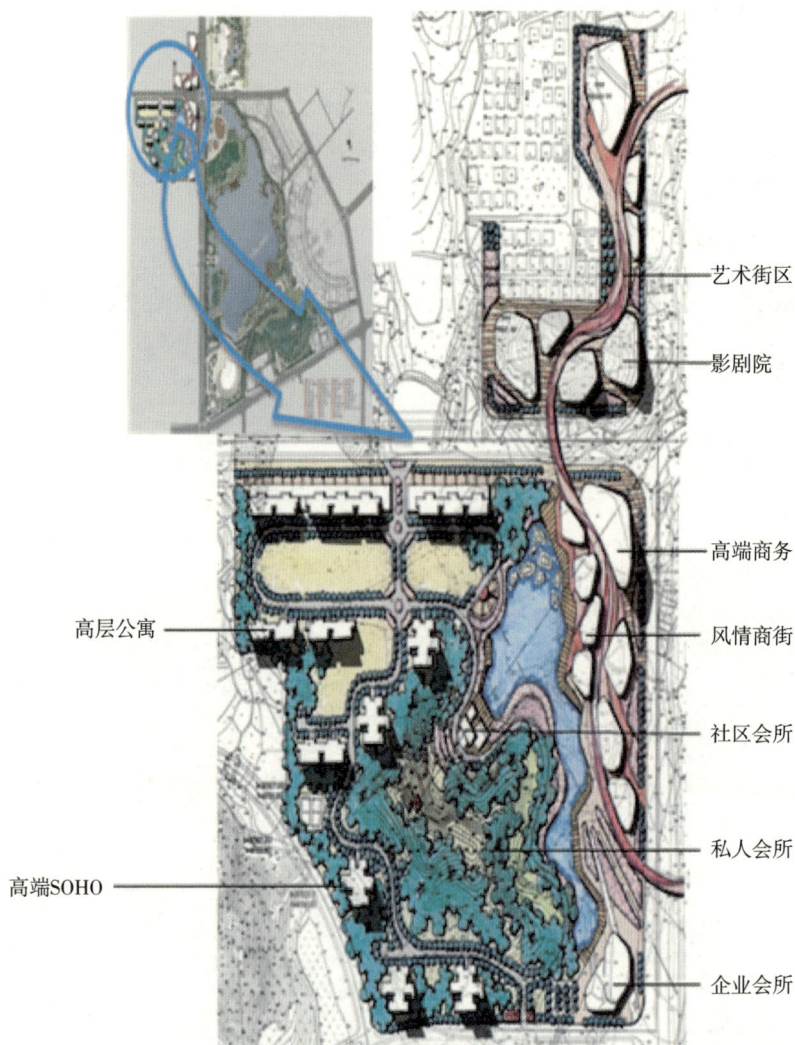

图 3　株洲神农城功能区示意

（2）建成实景

　　神农城建成后，统筹了城市生活配套与娱乐、休闲、旅游的多种功能，成就了城市的活力中心，提升了城市形象，从根本上改变了周边投资环境，极大地带动了周边地段升值。地价从最初的60万元/亩涨到500万元/亩，使投资者获得了稳定的丰厚回报，同时使神农城具有厚重的文化底蕴与丰富的商业价值。

（3）项目特色

该项目定位为"神农文化展示和传播基地，全球华人炎帝景观中心"。在设计上通过对生态问题、文化传承问题、场地利用问题的解决，合理利用景观资源，深度挖掘展示神农文化、创造丰富生动的景观空间，一条层次丰富、路径流畅的景观带撩动着整片场地，文化特色跃然于景观空间，增强游人的归属感和场地的特色。炎帝像周围的大型旱喷、祈福灯、中华之土和三山五岳之石相衬，外围数十米高大乔木构成的树阵广场、数十米长的中心水道及落水架、巨型 LED 显示屏等，烘托出现代文明中的炎帝始祖地位。这里已成为供市民、游客瞻仰游览、休闲娱乐的城市广场，带动了周边商业及地产的快速发展。

3. 黄冈苗木基地

2013 年 3 月 22 日，东方园林"苗联网"首个项目——湖北省黄冈市黄州区苗圃开工仪式在黄州区苗圃现场隆重举行，该仪式标志着东方园林 2012 年 12 月 5 日启动的苗联网战略正式落地。

该项目受到了黄州区各级领导的高度重视，中共黄州区委书记余友斌，区委副书记骆志勇、陈念思，区人民政府副区长高亚平、王波等领导应邀出席启动仪式，东方园林苗木业务总部第一事业部总裁助理赵斌，生产副总经理张秀春，黄州区项目多位员工一同参加此次开工仪式。在燃放开工礼炮后，东方园林黄州区项目苗圃项目负责人和黄州区各级领导一起种下了海棠树，并同区领导巡视工地，详细介绍了该项目的各项情况。

4. 长沙斑马湖湖水秀

（1）战略定位

本项目以建设"美丽长沙，生态斑马湖"为核心指导思想，以生态文明建设＋文化娱乐产业模式相结合，融合多媒介技术表现形式，立足于提供给人们独特的艺术生活体验，是以生态文明建设为核心、文化与科技为两翼、景观为载体的新型城市生态文明建设标志性文化娱乐景观。

（2）策划方案

大自然是一个循环往复的生态圈，人类对待自然的最好方式就是保护和善加利用这个生态圈。21 世纪宣告着新工业时代的到来，人类将重建自己的生存观，科技将更加人性，工业将更加生态，而设计也将更讲求 cradletocradle。我们希望通过生态、环保、互动的方式自然而然地将这种理念传播给来参观的游客。斑马湖作为长沙打造"美丽中国水城典范，生态宜居希望之城"的核心地带，更应该把生态、环保坚持到底。

"梦回湘江"由大小不规则的圆环组成，是真正的首个立体环绕喷泉。从造型看是一组浪花造型的祥云，簇拥着太阳。构筑物主体部分采用三层圆环递进式结构，每一圈圆环形的内外部圆环都是喷泉设备，可以喷出不同花式的造型。到了晚上，在常规喷泉的基础上，群组造型可以采用水幕投影的方式讲述精彩的文化与故事。再配合灯光秀、水幕动漫，更加可视化地呈现自然循环的道理，让人们感受到大自然的神奇和生态圈的相互依存和不可破坏性。使得人们更加珍惜眼前，懂得保护自然也就是保护自己的生存环境。

（3）方案简介

序幕：创世星

天空由四圣兽（28 星宿）守护，天垂异象，（朱雀）方尾星长沙星从天而降，落在南方成一片湖。湖面星斑璀璨被称作斑马湖，湖光山色、美丽如梦，引来百鸟之王——凤凰在此栖息、筑巢。

第一章：家园之殇

凤凰五百年后重回天空，贪婪的人类快速发展，城市逼近斑马湖，树木被砍伐，百兽逃离，水源被污染而渐渐枯竭，环境日益恶化，雾霾遮天蔽日，五彩的斑马湖失去了往日的光彩。

第二章：凤凰洗礼

浴火重生后的凤凰再次醒来，见到面目全非的斑马湖，非常悲伤。凤凰化雨洗礼着大地和城市，让大地重新有了一点点颜色，希望的种子萌芽。

第三章：四海同心

斑马湖被都市包围，都市中人行色匆匆。大雨冲刷城市的雾霾，阳光洒落，人们重新发现被我们忽略的色彩。人被大自然的纯粹所感动，纷纷停下脚步，重新走向湖边，相互鼓励，团结一心。

尾声：美好如初

在凤凰的指引下，人们重新建设美好家园，斑马湖恢复了往日的色彩，湖与城市连接紧密，变得更加美丽。人与自然和谐相处，再次感受最初的幸福。

G.20

探索中国县域新型城镇化
发展创新模式

——泛华集团对中国县域新型城镇化
创新模式的认识及实践探索

杨天举　丁伟　徐娜*

城市化的本质是人口不断由农村转向城市的社会经济过程，也是城市地域扩大、城市文明和生活方式普及的过程，我国新型城镇化则更是一个转变发展方式的过程，是一次全面深刻的社会变革。我国新型城镇化的基本内涵是以人为本、创新发展、绿色发展、统筹发展的城镇化，是以集约高效、绿色智能、四化同步、和谐发展、共同富裕为基本特征的城镇化。在2013年6月26日召开的第十二届全国人大常委会第三次会议上，《国务院关于城镇化建设工作情况的报告》提出：推动城镇化转型以人口城镇化为核心，以城市群为主体形态，即以大城市为依托、以中小城市为重点，逐步形成辐射作用大的城市群，促进大中小城市和小城镇协调发展的中国特色新型城镇化道路。

近十年来，我国的城镇化呈现大城市、中小城镇"两端集聚"态势，20万人以下的城镇集聚了51%的城镇人口，县城和中小城镇人口的集聚能力不断加强。中小城镇作为我国城市群网络体系的关键节点和基础构架，是我国城镇化的主力军，解决城镇问题的关键点，是促进城市群分工协作、提升集群效率、提高我国城镇化水平的动力源。在我国特大城市过度蔓延、"大城市病"问题日益突出、中小城市城镇化动力严重不足的现实条件下，探索中国县域新型城镇化发展创新的模式与路径，对转变经济发展方式、提升城镇化质量、把握我国城镇化发展的关键问题具有重要意义。

---

* 杨天举，泛华集团董事长；丁伟，泛华集团城市发展研究院战略技术总监；徐娜，泛华集团城市发展研究院咨询顾问。

一 我国县域新型城镇化建设面临的核心问题

县域经济是国民经济的基础层次，是地区经济发展的重要因素。截至 2010 年，我国共有 2856 个县级行政区划单位，县域内人口（常住人口）总数约 8.62 亿人，占全国总人口的 64.32%；县域人口（常住人口）平均 43.17 万人。全国县域地区生产总值达 20.11 万亿元，约占全国 GDP 的 50.54%，全国县域地方财政一般预算收入约有 10160 亿元，仅占全国地方财政一般预算收入的 25.02%。县域地区生产总值平均 100.78 亿元；地方财政一般预算收入平均 5.09 亿元。

县域城镇化是我国全面建成小康社会的重点，也是未来中国新型城镇化的主要阵地，对我国经济社会发展具有重要意义。统计资料显示，2012 年中国的城镇化率已经达到 52.57%，然而县域城镇化率普遍不高。在县域城镇化进程中还存在诸多问题和难点。

一是金融创新问题。新型城镇化建设无论是在基础设施建设、城市建设、产业扶持、社会福利等方面，均需要大量资金投入或财政补贴，县级可用财力直接关系到城镇开发建设的投入及相关配套资金的带动。在当前省、市（州）、县（市、区）的财税体制下，县级财力一般较弱，导致部分县域金融问题突出或过分依赖土地财政。数据显示，全国平均每个县赤字为 1 亿元，全国赤字县占全国县域的比重大约为 3/4，赤字总量占地方财政总量的 80%，县级财政基本上是"吃饭财政"，有的县完全依靠中央转移支付。现行县域金融体系对城镇化进程中的金融支持功能缺位，影响城镇化的进程，进而制约着县域经济的发展。目前县域城镇化存在的金融问题主要表现在两个方面：一方面，县域金融供给不足，融资模式单一，难以满足城镇化发展中的资金需求。另一方面，伴随县域城镇化，农村、农业及农民的金融需求旺盛，与目前县域金融服务现状存在一定矛盾。加强县域金融服务、创新金融产品成为推进新型城镇化建设的必然要求。

二是产业转型问题。生产力的提升决定生产关系的转变，区域经济的转型升级是推进新型城镇化的根本动力，转变农业生产方式、促进农民就业创业是推动县域新型城镇化的根本问题。中国的城镇化推进表现为梯度开发和分层推进两种方式，除了一些区位优势明显、资源优势明显的区域，我国中西部大部分地区的县域经济仍然处于低水平、低质量、低附加值的工业化初级阶段或中级阶段。没有县域产业的聚集发展，县域城镇化就没有引力，解决不了进城农民的就业问题。在当前世界经济下行、产能过剩、环保高压的环境下，工业化引领城镇化发展的路径受到制约，如何借助后发优势、跨越当前发展阶段，加速城市服务功能及现代服务业的功能建设，强化产业结构的区域协同演进，探索弱质工业化及产业非农化的绿色城镇化道路，成为这些地区推动新型城镇化的重要挑战。

三是机制改革问题。新型城镇化的本质是人的城镇化，是要让农村人口真正市民化，享有和城镇居民一样的社会保障体系和基本公共服务。城镇化进程中涉及土地流转、户籍管理、合作组织、社会保障、农村金融、行政管理等诸多体制机制的改革与创新。这些改革和创新涉及复杂的政策问题、制度问题、利益问题、社会问题、法律问题，成为推进新型城镇化的难点，需要时间探索，需要实践尝试，更需要针对各地自身条件和发展要求创造性地解决问题。

四是区域协同问题。以城市群为主体形态的新型城镇化需要在更高层面处理好职能分工及利益协调问题。经济学理论表明，经济增长起飞与产业结构演变具有内在联系，县域地区快速发展本质上是其自身产业结构加速演进或与发达地区协同演进的结果。中国各区域的发展竞争激烈，区域间利益协调机制弱，这导致更多的生态环保等具有经济外部性和公益性的功能被忽视，形成诸多地区以GDP为核心的同质化建设与发展，难以形成有效的分工与协同。县域新型城镇化建设不仅需要本地的城乡统筹，还需要大区域间有效的分工协作，而这种区域间的利益调整远远超越了县域政府的能力范围，需要更高层面的政府力量支持及国家政绩环境的配合，需要对原有的区域利益格局、部门利益格局进行突破。

二 我国县域城镇化发展的典型路径剖析

随着城镇化进程的不断加快，我国县域城镇化呈现快速发展态势，不少地区通过实践走出了富有特色的城镇化道路，如北京的郊区城镇化实践、长三角的城市群实践、寿光的农业现代化实践、成都的城乡一体化实践等，在城镇化的发展实践中均做出了有益尝试，我国县域城镇化发展的典型路径可以总结为以下几类。

路径一：城乡一体化统筹发展路径。城乡一体化统筹发展是加快建立改变城乡二元结构的体制机制的需要，是探索建立构建和谐社会体制的需要，也是探索中西部地区新型城镇化发展模式的需要。城乡一体化统筹发展路径是指立足于以人为本的科学发展观，坚持城乡统筹，促进要素的合理流动和优化配置，使城乡居民拥有平等的权利、义务和发展机会，实现城乡经济社会全面、协调、可持续发展。自2007年6月国务院同意正式批准重庆市和成都市成为全国统筹城乡综合配套改革试验区以来，这条路径就一直在摸索创新，主要围绕新农村建设、城镇化建设和基本公共服务建设进行农村土地制度、农村集体经济制度、农村社会发展制度等方面的改革创新，为全国新型城镇化道路的发展积累了大量的实践经验和成功做法。

路径二：都市边缘及城市群区域发展路径。城市群是城镇化健康发展的主体形态，是新型城镇化发展的战略依托。都市边缘及城市群区域走的是一条"外生型"城镇化道路，它以外部经济带动、外来人口推动和区域规模扩张为发展动力，通过制度创新、地缘优势和组织保障，使得城市群范围内的中小城市更好地实现新型城镇化。长三角、珠三角的中小城市和小城镇发展得好，就与这两个区域城市群壮大有非常密切的关系。在这些区域发展过程中，涌现出以新苏南模式、珠江模式、温州模式等为代表的具有区域特色的城镇化发展模式。

路径三：特殊资源地区发展路径。特殊资源包括矿产资源、旅游资源、边疆、口岸、贫困地区、交通优势资源、民族地区、革命老区等。通过特色资源，形成资源集聚、要素集聚、产业集聚，从而形成以特色资源为基础的优势产业，对县域经济的发展起到引领和带动作用，推动了县域城镇化发展进程。以广西阳朔县为例，阳朔县位于漓江西岸，风景秀丽。其山水、田园、洞穴、奇石、人文等资源为天下奇绝。阳朔是在"旅游扶贫"背景下发展起来的旅游城市，是全国最早发展旅游产业的区域之一。其发展路径是依托旅游产业带动，实现景观、人口、区域和生活方式的城镇化。通过打造环境建设、文化产业、老城区特色、产品体系、农业旅游、标准化建设等方面形成独具特色的阳朔模式。2012年阳朔荣获"中国（十大）最具特色魅力旅游县""十佳休闲旅游目的地（县）""2012中国十佳城市漫游地"等称号。

路径四：新型工业化发展路径。县域城镇化与新型工业化之间具有协调一致性和相互促进性。2012年11月，李克强对十八大报告的解读中重点突出了工业化、信息化、城镇化、农业现代化这"新四化"。通过新型工业化推进县域新型城镇化，重点包含发展县域工业园区建设与县域专业市场建设两方面，从而加强县域工业对于县域生产要素的凝聚力，为城镇化提供资金、人口等方面的支持，强化、完善城镇功能并扩展城镇空间范围及用地规模。以工业化推动城镇化快速发展是最为符合城市化发展规律的传统路径，河北迁安、辽宁海城等诸多大工业基地及工业基础好的地区均以这种路径为主导，推动县域城镇化快速发展。

路径五：现代农业化发展路径。农业是我国大部分县域最主要的经济部门。对于以农业为重点的县域而言，现代农业化是推进城镇化的重要引擎。在城镇化的过程中，农业现代化是至关重要的一环，但是农业一般都被地方政府作为弱质产业，其发展受不到足够的重视，从国内几个农业发展相对好一点的县域来看，农业的发展程度直接影响到城镇化的水平和质量。像寿光、安吉、杨凌这类现代农业发展较好的地区，都在政府的推动下，发展农业产业化，构建高效流通体系，培育龙头企业，进行标准化生产，塑造农业品牌。这为国内有特色农业资源的地区走新型城镇化道路提供了新的路径。

以上五种路径显示，城镇化发展较好的县域地区往往集中在政策高地、资源高地、大城市群周边，通过对地区特色政策资源、产业资源的深度挖掘和利用，借助外源和内生双重动力，寻找到自身独特的新型城镇化建设路径。特别是现代农业发展路径的总结和提炼，将对我国更广大地区的新型城镇化建设具有重要的借鉴意义。

三 中国县域新型城镇化发展的模式提炼与创新

我国各省区市县域经济发展极不平衡、差异性大，各自的城镇化动力、工业化程度和资源条件不同，新型城镇化面临的主要问题及解决路径也不尽相同。为此，中国县域新型城镇化发展模式探索的重点是在共性化路径上的总结与提炼，也是对新型城镇化建设、农业生产方式转变等关键问题破解路径的思考与实践探索。

1. 中国县域新型城镇化发展模式创新的基本理念

一是发展县域经济、解决"三农"问题是破解中国新型城镇化共性问题的根本。20年前，时任国家发改委副主任的马凯提出了朴素的城镇化论断"减少农民，才能富裕农民"；经济学家厉以宁提出城镇化发展要走出一条从新农村到新社区再到新城镇的道路，就是把农村的村民变成社区居民后，再城镇化改造。虽然新型城镇化的改革道路仍然面临着"自上而下"还是"自下而上"的争论，然而，毋庸置疑的是"自下而上"的路径最能调动广大农民积极性，而且"副作用"最小、解决问题最为彻底。为此，在中小城市创造就业机会和消费市场，推动特色农业、生态高值农业及特色经济的发展，不断提升中小城镇的产业集聚力及人口集聚力，真实促进农业人口身份的转化，才是中国新型城镇化发展的最基本的路径。

二是用系统论的思维和系统性的方法解决城镇化发展的系统性问题。世界上任何事物都可以看成是一个系统。通常认为系统是由若干个相互联系、相互作用的要素构成的有机整体。系统论的核心思想是系统的整体观念，任何系统都是一个有机的整体，它不是各个部分的机械组合或简单相加，系统的整体具备各要素在孤立状态下所没有的新性质，也就是"整体大于部分之和"。系统论的思维使城乡统筹成为新型城镇化发展不可分割的一部分，同时将县域新型城镇化的发展融入更大范围的共生发展体系。系统论的思维也主张城市发展规划与城镇体系构建更多地与产业经济空间相结合；统筹考虑生态保护、产业发展与文化传承的关系，促进人与土地的和谐、人与自然的和谐、人与社会的和谐。中国的城镇化是资源约束下的城镇化，系统创新的目的在于调整系统结构，协调各要素关系，使系统达到优化目标。新型城镇化过程中不可避免的涉及城市与农村、建设与保护、政府与市场等多元复杂的发展关系与矛盾，只有注重系统性的战略研究、强化区域发展的顶层设计，才能确保新型城镇化的健康与高效。

三是用开发性金融理念推动新型城镇化建设。资金问题是推动新型城镇化健康发展的首要问题，伴随中国金融体系的深化改革，完善城市投融资机制，推动产融结合，以金融创新提高城镇化建设发展效率；通过政策性金融消除外部效应和市场失灵现象，以政策性金融、商业性金融的创新有效整合发挥政府力量、市场力量，促进城镇化投融资体系与县域城镇资源、产业资源和金融资源的高效整合，打造城镇化投融资平台，建立和完善城市信用体系、创新金融工具，有效管理现代农业风险、防控新型城镇化运营风险。同时，我们主张城镇化建设融资以及城乡社会福利均等问题的解决，应视各地区自身经济实力量力而行，不宜在政策及策略上激进，以免对后期的建设发展形成负担或恶性循环。

四是在经济发展层面，强调激活乡村资源、推动特色资源产业化。必须以"资源"的视角和眼光看待农业和农村，在新的技术变革及消费市场中，挖掘乡村资源的产业价值和消费价值，通过对农业、农村"资源"的高值化、立体化开发，推动特色资源产业化、实现区域一、二、三产业的有机联动，进而促进农业转型、创业，逐步实现城乡统筹及新型城镇化。同时，避免发展没有有效农业关联的乡镇工业。

五是在城镇化建设层面，倡导生态城市建设、实现共同富裕下的可持续发展。新型城镇化应该是高素质、高品质、高生态的建设与发展过程，避免超越资源承载力的过度开发和超载区域发展阶段的过早建设。仇保兴曾指出，新型城镇化应侧重解决六个方面的突破：①从城市优先发展的城镇化转向城乡互补协调发展的城镇化；②从高能耗的城镇化转向低能耗的城镇化；③从数量增长型的城镇化转向质量提高型的城镇化；④从高环境冲击型的城镇化转向低环境冲击型的城镇化；⑤从放任式机动化的城镇化转向集约式机动化的城镇化；⑥从少数人先富起来的城镇化转向社会和谐的城镇化。

六是正确有效利用土地资源，推动机制体制创新，解决好土地问题。土地制度改革是新型城镇化制度创新的核心，土地问题的解决将直接关系新型城镇化发展的动力问题，直接影响农民安置、福利保障和制度的公平性。在实施新型城镇化的过程中，不应该以简单的补偿方式将土地的使用权从农民手中拿走，而应该尽可能让农民参与到区域的开发建设中，让他们分享发展成果，补偿农民失去的土地的开发权益，避免形成新一轮"圈地运动"。

2. 中国县域新型城镇化发展创新模式的总结提炼

提炼发展创新模式的根本目的是总结形成解决县域新型城镇化建设的方法论体系，构建中国县域新型城镇化发展创新模式的总体架构，使各地区更容易系统梳理发展思路、针对性设计发展路径，推动制度创新。

新型城镇化的根本动力来自城镇化进程的推动和基于县域特色资源的产业化带动，加快县域新型城镇化建设的核心内容在于"产业发展、城市建设、制度创新"三个方面，为此，县域新型城镇化建设的顶层设计仍然需要从发展战略着手，将城乡统筹和发展战略结合，以"城市价值提升、区域角色转换、城市功能建设"为总体战略的着眼点，进行区域的城乡统筹规划、特色经济发展规划和制度创新设计，构建形成"战略为势，产业为本，规划为纲，创新为魂，金融为器"的系统性破题路径。中国县域新型城镇化创新发展模式的总体架构为："以城乡统筹为基本出发点、推动两大结合、强化三大建设、构建四大体系"。

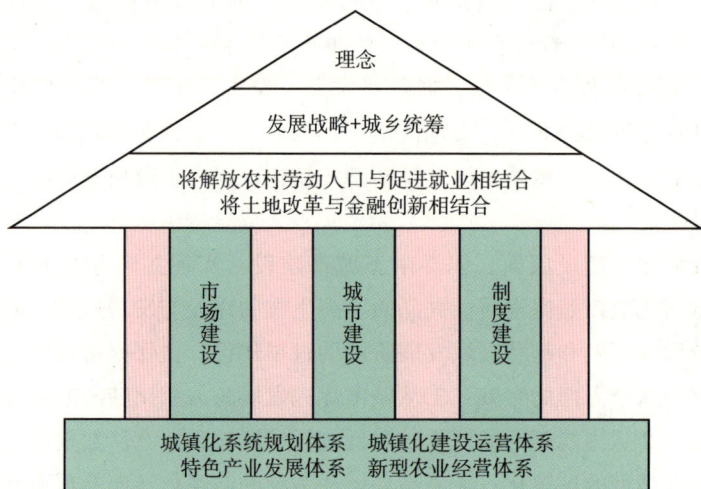

图1　县域新型城镇化发展创新模式总体架构示意图

"以城乡统筹为基本出发点"是指以"六个一体化"（城乡规划一体化、城乡产业一体化、城乡市场体制一体化、城乡基础设施一体化、城乡公共服务一体化、城乡管理体制一体化）为目标，构建新型城乡关系，强化县域中心城市的引领、服务、示范作用，促进小城镇特色化发展，强化内生发展动力和区域协同，有效平衡经济发展与生态环境、经济效益与社会公平之间的关系，把生态文明理念和原则全面融入城镇化全过程，走集约、智能、绿色、低碳的新型城镇化道路。城乡统筹体现了新型城镇化建设的区域共生理念和系统性思维。只有改进农业、改善农村、改变农民就业方式，才能从根本上提升城镇化的质量；只有统筹开发城乡资源、提升农业效率及发展方式，才能使县域经济拥有更大的创新发展空间。同时，也只有推动农村机制体制创新，借助城乡建设用地占补平衡，才能使城市获得更多的建设空间。

"推动两大结合"是新型城镇化模式创新、制度创新的关键。

——将解放农村劳动人口与促进就业相结合。一方面，以特色农业产业化、农村城镇化提升耕地效率、转变生产方式，推动农业现代化、集约化、高值化、生态化，解放劳动人口；另一方面以新型城镇化培育和链接内外部消费市场，推动县域产业结构升级，以"一、二、三"产有机联动、城乡互动的方式，有效推动特色农副产品精深加工以及农业生产经营链条的延伸，最大限度地使现代农业与现代物流、文化创意、智慧旅游、健康养老等新兴产业相结合，打造"文旅商智""康旅商智"等创新型产业链条，促进就业、促进农业转移人口市民化。

——将土地改革与金融创新相结合。土地问题是农民问题的核心，土地和金融是解决新型城镇化的两大关键要素，无论是深圳模式的集体土地入市、嘉兴模式"两分两换"，还是重庆的"地票"交易、成都的土地产权交易市场，国内新型城镇化的成功案例都离不开对土地制度和金融工具的创新。深化统筹城乡土地制度改革，建立耕地保护基金制度，创新集体建设用地使用、地票交易与土地流转模式，探索国家级土地联储机制及某种程度的土地指标市场化分配机制，推进土地使用权、经营权的市场化和金融化。

"强化三大建设"代表了新型城镇化需要重点建设完善的三个层面。一是城市建设层面。重点需要强化城乡基础设施建设、园区基地等产业发展载体建设、新农村建设、城市重点功能区建设。二是市场建设层面。重点培育基于县域资源及县域产业发展要求的要素市场、服务市场及产品市场，构建对外沟通联系渠道，强化县域经济的对外辐射力和影响力，使县域经济依托特色资源及周边城市群实现在全国乃至全球范围内配置资源。三是制度建设层面。结合本区域新型城镇化建设需要，重点推动区域土地制度改革、户籍制度改革、城乡统一的基本公共服务制度改革、城乡一体化的社会保障制度改革，探索新型农业合作机制、城乡基础设施多元化投入机制，农村金融及科技创新机制、城乡统一的劳动就业与培训机制、精简高效的行政管理体制及机制。

"构建四个体系"包括"城镇化系统规划体系、城镇化建设运营体系、特色产业发展体系、新型农业经营体系"。

城镇化系统规划体系是县域新型城镇化建设的基本行动纲领。重点包括县域新型城镇化的总体理念、战略路径、核心载体、重点产业、主要举措、关键政策等，突破传统城市空间规划的局限，实现城镇化的经济发展路径与城市建设路径相统一，实现城市发展与新农村建设相协调，实现区域资源的有效整合与区域价值的最大化提升。在规划编制中坚持以"人口城镇化"为核心，以提升综合承载力为支撑，以体制机制创新为动力，有序促进人口向城镇集聚，完善配套政策和公共服务，提高城镇化发展质量和水平；坚持产城互动发展，构建现代产业体系，增强就业支撑能力，实现产城融合发展，在科学分析预测就业岗位的基础上，合理确定人口城镇化率近期、远期目标和年度发展目标，建立指标体系和支撑体系；坚持优化城镇化布局，合理确定城镇和社区规模、建设标准，完善城镇化格局；坚持挖掘地方传统文化资源，充分彰显地方特色，按照低碳生态发展的要求，提出区域环境统筹规划管理的原则、目标、措施，实施城乡生态共保；突出政策机制综合配套改革，对城镇化发展密切相关的户籍、土地管理、住房保障、社会保障、公共服务、行政区划、社会管理等相关领域的改革，结合实际制定切实可行的政策措施，有序推进农业转移人口市民化。

城镇化建设运营体系是新型城镇化建设的实施主体。重点构建有效调动政府、市场及广泛社会积极性的开放环境，借助金融创新、引入多方力量参与新型城镇化建设中。重点搭建投融资平台、完善城市信用体系、创新金融工具、防控新型城镇化运营风险，重点开展新农村建设、城市新区建设、产业园区、交易市场及文化旅游等功能载体建设。

特色产业发展体系是县域新型城镇化建设的根本支撑。重点构建由特色产业资源、特色产业品牌、特色产业龙头企业、特色产业发展载体、特色产业集群关联体系、特色产业鼓励政策共同形成的特色产业发展创新及对外服务的功能链条。

新型农业经营体系是适应我国农村经济由传统农业向现代农业转型、推动农业生产方式由分散的小农经济向社会化生产转变的客观要求，根据十八大提出的"集约化、专业化、组织化、社会化"的"新四化"建设要求，重点围绕加强主体培育提升集约化水平、创新组织模式推进规模经营、加强社会化服务完善政策服务体系，为特色农业产业化提供制度保障和要素支撑。

以"两大结合、三大建设、四大体系"为核心的特色经济拉动下的新型城镇化创新发展模式，为我国县域地区推动新型城镇化建设搭建了基础性的发展架构。然而，我国县域新型城镇化的本质是一个发展过程、社会变革过程，其真正挑战在于具体问题的解决和针对性的路径探索。

四 泛华集团对中国县域新型城镇化发展创新模式的实践探索

泛华建设集团有限公司是国家住建部原直属企业，是为探索中国城市建设行业改革，并为探索科学发展观指导下城市投资建设而设立的现代化企业，是为城市科学发展提供系统解决方案的城市发展商。泛华集团倡导的中国城市发展创新模式得到住建部的认可，并经由人力资源与社会保障部批准将这个领域的博士后工作站设在泛华集团。泛华集团始终坚持城市规划的系统集成、开发性金融在城市建设中的创新应用及城市开发的产城融合的实践。目前已经在国内外的多个城市的开发建设方面积累了丰富的经验。

为探索和践行中国县域新型城镇化发展创新模式，泛华集团正在实施的"中国新型城镇化可持续发展计划"，关注城镇化与城乡统筹、文化遗产保护与文化产业振兴、食品安全与现代农业三大时代命题和历史机遇，贯彻中央"新四化"精神，以创新传承和开发中华文化遗产为使命，以创新发展特色产业为核心，以中心城市的"文化遗产博览园"与县域城市的"智慧农业谷"为核心载体，发展具有特色的高附加值的复合产业，实现三、一、二产业联动。泛华集团在为县域城市提供新型城镇化建设系统服务的同时，帮助县域城市打造新型城镇化的战略引擎和关键性产业载体，推动县域城乡统筹的健康发展。

"中国新型城镇化可持续发展计划"是泛华集团将中国县域新型城镇化发展创新模式与集团业务战略和商业模式相结合的探索实践，是泛华集团的社会价值创造和自身价值实现的完美统一。其核心内容是依托"四化协同"理念，在全国推动"文化遗产博览园"和"智慧农业谷"两个投资产品建设，协助县域政府打造新型城镇化与城乡统筹示范区。

"四化协同"是指"以特色农业产业化带动城乡统筹，以文化遗产产业化牵引文创旅游，以城镇化聚集要素市场，以信息化构建农业现代物流体系"的县域新型城镇化发展模式。深入挖掘文化价值、提升品牌价值、提高产业附加值是我国特色农业产业化发展的重要路径。以"四化协同"的理念对地方特色农业资源和文化遗产进行的挖掘、整理，能有效推动区域农业效率及附加值的多元化提升，构建"特色产业带动、龙头企业培育、城乡统筹发展、生态宜居城市建设、金融体系助力"的新型城镇化发展格局。

"智慧农业谷"和"文化遗产博览园"是推动四化协同的战略载体。

——"智慧农业谷"主要布局在县域的中心城区,对县域特色农业产业化起引领、服务、示范、整合的作用。针对项目条件可重点建设农业科技信息服务中心、农业精品展示及文化交流中心、特色农产品的现代商贸物流中心、总部办公及创业孵化中心等,同时在周边配套现代农业的综合开发示范区及新型城镇化发展示范区,打造科研试验、良种培育、创业孵化、多元开发模式示范等具有区域价值的多元服务功能。

——"文化遗产博览园"主要选址在文化旅游资源环境较好的大中型城市,以弘扬中华文化、打造城市名片、提升企业品牌为宗旨,打造文化遗产级农业精品的"营销展示、认证保护、品牌孵化、资源嫁接、产权交易"综合服务载体,形成项目区域的"文化创意、旅游休闲、商贸会展"相结合的复合型开发业态,推动文化遗产由资源变资产、由资产变产业。

目前泛华集团正在宁安响水、武汉经开区、合肥句容、湖北麻城等多个城市地区推动文化遗产博览园及智慧农业谷建设,打造区域新型城镇化的战略引擎。

中国的新型城镇化是一个漫长的发展过程、变革过程,不宜简单地以短期的经济效益、城市形象进行衡量,不宜以过度激进的手段和目标推进县域城镇化建设。奥巴马和朴槿惠来中国演讲不约而同地引用了同一句中国古语。"一年之计,莫如树谷;十年之计,莫如树木;百年之计,莫如树人。"新型城镇化应该从长期着眼,构建良好的政策导向和发展环境,从解决各地区新型城镇化的根本性问题入手,一点一滴循序渐进地走出地方特色的新型城镇化道路。

G.21
新型城镇化环境战略探索

——桑德集团对新型城镇化趋势下环境问题的思考与实践

文一波　王俊安　张传刚*

　　城镇化是传统农业社会向现代化城市社会发展的自然历史过程，它包含着农民经济活动由农业活动向非农产业活动的转变，生活方式由农村单一性向城市生活的复杂性和多样性的转变，以及文化生活方式、思维方式、各种价值观念的转变和再社会，等等。城市作为区域中心，其物质和精神各方面影响的扩散，直接影响到乡镇人居环境基础设施的建设、农村自然生态环境、社会文化传承和村民心理模式的改变。从根本上说，其影响将促进乡村人居环境质量的转变与提高。只有乡村人居环境的整体得到改善，才能建立新型现代化乡村体系，缩小城乡差距，实现区域范围内生产要素的合理流动和优化组合，促进城乡整体的协调发展。

　　党的十八大明确提出了以和谐发展为基础的"新型城镇化"概念。新型城镇化是以城乡统筹、城乡一体、产城互动、节约集约、生态宜居、和谐发展为基本特征的城镇化，是大中小城市、小城镇、新型农村社区协调发展、互促共进的城镇化。新型城镇化的核心在于不以牺牲农业和粮食、生态和环境为代价，着眼农民，涵盖农村，实现城乡基础设施一体化和公共服务均等化，促进经济社会发展，实现共同富裕。

　　近些年，我国城乡生态环境保护的差距急速扩大。自1998年以来，中国环境污染治理投资中近52%用于城市基础设施建设。城市和农村环境卫生投资差距平均为6~10倍，东部、中部和西部地区的城乡差距逐步扩大。城市与农村生活污水处理差距平均为35~59倍，生活垃圾处理差距为7~17倍，城乡环境保护基础设施差距基本符合东、中、西部逐渐扩大的趋势。此外，乡镇环保机构仅占环保机构总数的4%~15%。乡镇环境保护人员仅占1%~4%，其中东部、西部和中部乡镇环保机构与人员所占比例均依次减少。解决农村环境问题对改善中国整体环境意义重大，而面对中国城乡生态环境保护的巨大差距，亟须探索出一条适合我国国情的新型城镇化环境战略。

---

* 文一波，桑德集团总裁；王俊安，桑德集团小城镇事业部技术总监；张传刚，桑德集团总裁助理。

一　新型城镇化面临的环境问题

改革开放以来，我国环境保护事业经过环保等职能部门和全社会坚持不懈的努力，取得了世人瞩目的成就。经过多年的不断探索，我国已逐步形成"多品种大规模的静脉园"城市环境污染治理战略，有效地解决了城市环境污染的防治和治理问题。

但与城市生活相比较，乡村生活从居住密度、活动方式到生活资料与能源的获取，经济水平都不相同。在小城镇和乡村人们居住较为分散，人的活动较为分散，大部分生活资料可直接来源于土地，水主要取自自然水源，使用的能源多样，物种的类别和数量多样，区域经济水平相对落后。

对比农村环境污染与城市污染情况，从污染源上，农村水污染主要来自化肥、农药的过量施用，禽畜饲养等，固废多为生活垃圾、秸秆和禽畜粪便等，农村不仅因生产生活产生大量污染，还要面对大量城市污染向农村转移；在污染范围上，农村更多地受到面源污染的威胁；在处理成本上，由于小城镇和农村人口的分散性，小城镇和农村的污水和固废垃圾集中性差，收集困难，处理成本高；从治理模式上，由于农村经济水平较低，单一依靠政府投资和补贴难以维持。

因此，农村环境治理不可照搬城市模式，而须采用更有效的面源处理模式。

二　中国小城镇污水系统治理路径探索

中国小城镇的发展源于农村，是由传统农村经济发展过程中形成的集市逐步演变而来的。即从农村临时择地进行多余农产品的交易开始，逐步转变成固定的商店、市场，并聚集一定规模的人口和多种行业，最终形成一个永久性的社区。随着农村经济的发展，小城镇这种社区类型正在越来越背离其他乡村性的社会特征，而向城市过渡。由于小城镇首先是以农村经济交易中心的形式出现，它们对农村的经济活动有着重要的作用，是农村商业活动的发源地。同时，小城镇又逐步体现出其向城市过渡的趋势，与城市之间有着较密切的交通和经济联系。因此，小城镇起到了将大中小城市与农村联系起来的中介和纽带作用。小城镇是大中城市和农村的中间区域，在促进城乡一体化、转移农村剩余劳动力、吸纳农村人口、带动农村经济发展等方面具有重要的作用。

（一）我国小城镇污水的特点

（1）水量规模小，变化大。小城镇的人口规模、自来水的普及率和工农业发展的结构与水平，决定了小城镇的污水排放量大都在 10000 ~ 50000 立方米/日的规模范围内。事实上，相当大的一部分小城镇，其污水排放量小于 10000 立方米/日。污水排放变化系数大，受排水时间和季节影响较大，小城镇一年内不同时期及一日不同时间污水水量都不相同。

（2）水质波动大。季节性变化大，雨季水量大，水质较清淡，不同时段的水质不同。

（3）受雨水影响较大。据统计，我国的排水系统中约有 70% 采用了合流制的排水体制，小城镇的排水系统多采用的是合流制，这种排水体制造成污水水质水量受降雨的影响很大，在雨季时，污水量增大，雨水稀释原有污水，造成水质浓度降低，不论从水量上还是从水质上来看，都对污水处理设施造成了一定的冲击。

（4）污水类型复杂，排放强度和规律的区域性差异大，南北方差距大。小城镇污水主要由生活污水和工业废水组成，生活污水成分比较固定，但不同地方不同发展目标的小城镇工业废水的成分各不相同，其废水需要不同的处理方法。

（5）小城镇污水排放比较分散，排放不稳定，大部分没有污水排放管网，且主要以生活污水为主，水质浓度低，可生化性强。厕所排放的污水水质较差，但可进入化粪池用作肥料。

基于上述小城镇污水的特点，小城镇的污水治理必须要面对以下几个问题：

（1）小城镇人口规模小，单个城镇污水量少，处理率低，且水质水量波动大。

（2）配套基础设施薄弱，尤其是排水与污水处理设施不完善。小城镇一般原有排水系统陈旧简陋，易造成内涝，污染地下水源。需要特别强调的是，污水收集管网问题是小城镇污水治理的重中之重。

（3）小城镇政府财力不足，经济承受能力有限，没有充足的资金投入小城镇污水治理上。

（4）小城镇污水处理设施需要专业的技术人员来运营或维护管理，而目前小城镇普遍缺乏技术管理人员。

（二）我国小城镇污水治理现状

目前，我国小城镇的污水治理仍处于起步阶段，小城镇污水处理的发展相对滞后。主要表现在以下两个方面。

（1）处理率低，处理能力不足。

与城市污水处理率的快速提升相比，小城镇、农村污水处理的发展相对滞后（见图 1）。据统计，截至 2010 年底，我国城镇生活污水设施处理能力已达到

1.25 亿立方米/日，设市城市污水处理率已达 77.5%，但我国近 2 万个建制镇，整体污水处理率尚不足 20%，村庄污水处理率仅为 7%。"十二五"规划中明确提出，到 2015 年，我国建制镇的污水处理率要提高至 30%。可见，农村和小城镇的污水处理将是今后治理的重点。

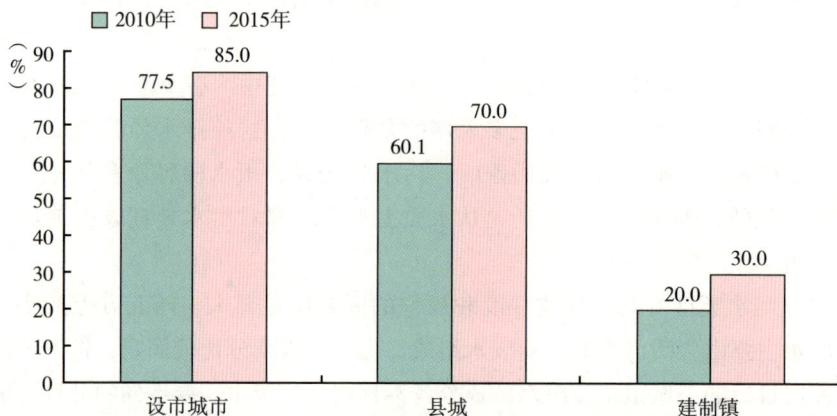

图 1 "十二五"规划时期污水处理率目标

（2）发展不均衡。

我国小城镇由于地区差异性明显，小城镇经济发展不平衡，导致其污水处理发展也极不平衡。像一些比较发达的地区，如江苏、山东、广东、浙江等区域的建制镇层面污水处理设施普及相对较快，但总体发展水平较低（见图 2）。

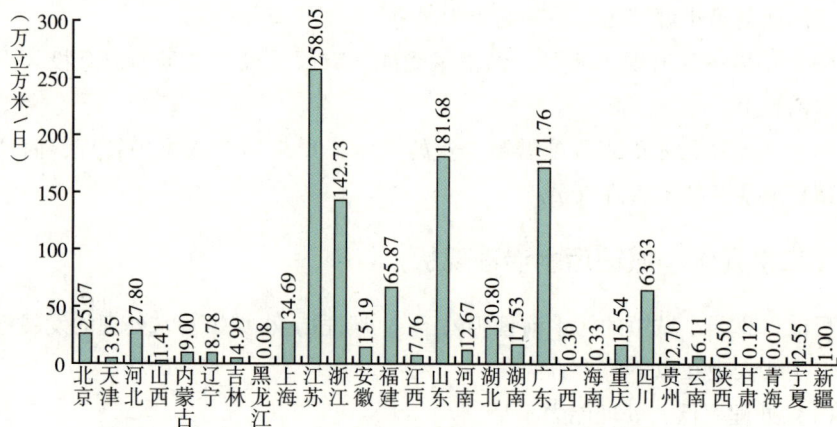

图 2 2011 年各省区市建制镇污水处理能力

（三）小城镇污水系统治理路径

我国现有的城镇污水处理厂以两级生化处理为主导工艺，约占城镇污水处理厂工艺的98%以上，生化处理工艺包括传统的活性污泥法、A^2/O工艺、SBR工艺和氧化沟工艺等。从目前来看，我国已建和在建的小城镇污水处理工艺绝大部分是照搬城市污水处理工艺，但与小城镇的经济发展状况不符，普遍存在建不起、运营不起、维护不了的难题。

小城镇排水系统的建设不能照搬大城市现有的排水系统的建设经验，需要一套符合我国国情，高效、节能、节地、技术先进、经济适用的小城镇排水系统建设的技术、商务和运营管理模式。

在小城镇的污水处理工艺技术选择方面，应针对小城镇的不同发展状况、不同地形条件和不同排水特征来选择较为合适的工艺。传统活性污泥法的基建与运行费用较高、能耗较大、管理也较复杂、易出现污泥膨胀和污泥上浮等问题，且对氮、磷等营养物质去除效果有限。生物膜法相对于传统的活性污泥法，具有运行稳定、脱氮效能强、抗冲击负荷能力强、经济节能、无污泥膨胀问题，并能在其中形成较长的食物链，污泥产量较活性污泥工艺少等优点，特别适合小城镇的污水处理。

在商务和运营管理方面，小城镇污水系统的建设应通过灵活的商务模式组合来缓解政府财政时点压力，通过节地和模块化设备降低项目总投资，通过创新科技和网络化管理降低运营成本，走"乡镇分散终端处理，县域集中运营管理"的建设运营模式。

国内许多大型环保公司针对我国小城镇污水排水系统建不起、运营不起、维护不了的难题进行了研究。其中，一种我国环保企业自主研发形成的专利产品"桑德小城镇污水系统"成功地解决了这一难题。该技术核心为"高效生物转盘+双效过滤"，技术成熟，简单可行，是一项小型、多功能、模块化、自动化和快速的工艺组合，满足了乡镇污水处理要求。

三　中国小城镇和农村垃圾系统治理路径探索

随着我国农村社会的发展、农民生活水平的提高，日益增多的农村垃圾已经成为农村环境恶化的重要污染源。据调查，我国农村一年的生活垃圾量已达2.8亿吨。但由于农村基础设施的落后和管理缺乏等原因，全国农村一年的生活垃圾量中，超过70%的垃圾被随意堆放。整个农村垃圾呈现出数量大、成分多、面积广、治理难等特点。原有的农村垃圾处理方式已经不能适应无害化处理要求，而城市生活垃圾处理处置方式因缺乏经济可行性也无法在农村中应用。总体上，我国的农村垃圾现在已经严重影响了农民的生产生活环境，包括土壤、水体、大气等环境，同时制约了新农村建设事业的发展和我国全面建成小康社会的进程。

（一）小城镇和农村垃圾现状

农村垃圾是农民在农村的日常生活、农业生产中和乡镇企业生产中所产生的丧失原有利用价值或者虽未丧失利用价值但被抛弃或者放弃的固态、半固态和置于容器中的气态或液态的物品，以及城市向农村所转移的固体废弃物。具体而言，农村垃圾就是农业固体废弃物、农村生活垃圾、乡镇企业所产生的工业固体废弃物和城市向农村转移的固体废弃物的总称。

1. 农村垃圾的种类

根据农村垃圾的来源，可以将农村垃圾分为内源型和外源型，其中内源型包括农业固体废弃物、农村生活垃圾和乡镇企业所产生的工业固体废弃物，而外源型就是城市向农村转移的固体废弃物。

（1）农业固体废弃物主要有：农作物秸秆、枯枝落叶、木屑、动物尸体、大量家禽家畜粪便，以及农业用资材废弃物（肥料袋、农用膜）等，主要来自农林牧副渔各项生产活动。

（2）农村生活垃圾主要有：食物、纸屑、编织品、庭院废物、塑料品、金属用品、废家电、建筑垃圾、人畜粪便、杂物等，主要来自农民在农村吃穿住行的方方面面。

（3）乡镇企业所产生的工业固体废弃物主要有：矿石、煤、炭、木料、金属、粉煤灰、炉渣和其他工业固废，其中很大一部分具有毒性、易燃性和易爆性，极易对环境造成巨大危害。我国农村乡镇企业数量众多、行业门类广、地域分布散、企业规模小、治污能力弱，导致其污染类型复杂、治理困难。

（4）城市向农村转移的固体废弃物：由于我国城市垃圾的特征以及经济和技术条件的限制，90%以上的城市垃圾是在农村填埋或堆放，这些城市垃圾不仅占用了宝贵的土地资源，而且污染了周边土壤、水体和大气环境。

在所有农村垃圾中，内源型垃圾尤其是秸秆、畜禽粪便和生活垃圾对农村环境的影响尤甚。

2. 农村垃圾的产生量

改革开放30多年来，农村的经济逐步发展，农村居民生活消费水平明显提高，使各种现代工业生产的日用消费品得到普及，从而产生种类繁多、数量庞大的生活垃圾。目前，我国农村每年产生生活垃圾约 2.8 亿吨，全国 16711 个建制镇和 14168 个乡，生活垃圾年清运量约 5700 万吨，年处理量仅为 3500 万吨。在 571611 个行政村中，有生活垃圾收集点的约占 26%，对生活垃圾进行处理的约占 10%。大量生活垃圾无序丢弃或露天堆放，给环境造成严重污染，不仅占用土地、破坏景观，而且还传播疾病，严重污染了水环境、土壤和空气以及人居环境。

3. 农村垃圾成分特点

（1）生活垃圾分布分散性大、难以收集处理。

农村人口密度要远低于城市。以北京市为例，行政村人口占全市常住人口的 25%，其中远郊县人口密度仅为城区人口的 0.5%。人口的分散性直接导致农村生活垃圾的分散较大，垃圾收集和转运较困难、费用较高。与此同时，因为多数农村没有专门的垃圾收集、运输、填埋及处理系统，致使农村生活垃圾几乎都是在田间村头、道路两旁等随意丢弃。

（2）生活垃圾数量庞大，成分日趋复杂。

随着农村经济的发展，农村的生产和生活方式发生了很大改变，随之而来的是农村生活垃圾的产生量呈爆发式增长。大量工业产品在农民的生活中日益增多，生活垃圾成分和含量也在趋向城市化。如大量带包装的消费品进入农村、塑料袋代替菜篮子、电子产品的报废、住房条件改善，从而使塑料、电子垃圾、建筑垃圾的量有所增加。但总体上，目前农村生活垃圾中主要成分依然是食品杂物。

（3）秸秆产量大，合理利用水平低。

据资料统计，我国农作物秸秆总产量达 7 亿 ~ 10 亿吨。其中稻草秸秆 2.3 亿吨，已占世界产量的 37% 左右；另外，玉米秸秆、小麦秸秆、豆类和秋杂粮作物秸秆、花生等作物秸秆分别有 2.2 亿吨、1.2 亿吨、1 亿吨、1 亿吨。目前秸秆资源总体利用效率低下，且不合理的利用方式（如大面积随意焚烧）给空气质量、交通安全带来严重影响。

4. 农村垃圾的处理现状

我国农村垃圾处置设施明显不足，处置水平相当落后。总体上，我国农村的固体废弃物存在着随意丢弃、随意焚烧的情况，基本上没有经过无害化处理。在我国大部分农村地区，仍然以传统的"垃圾堆"方式处理垃圾，以垃圾堆的方式收集和堆放垃圾，然后再通过焚烧等方式解决。在经济相对发达的地区，如深圳、上海、浙江及苏南的农村地区，很多地方设置了固定垃圾池，有些地方还实行了上门收垃圾。可以说，在一定程度上，经济发展水平决定了农村固体废弃物的处理方式。

目前，国内用于农村生活垃圾的处理方式主要有卫生填埋、焚烧、堆肥处理等，不同垃圾处理方式所占比例受到垃圾成分、收集方式、经济发展水平、地域和季节等因素的影响。

（1）卫生填埋。

垃圾填埋是世界上通用和处理量最大的垃圾处理方法。在 20 世纪 80 年代初之前，我国没有正规垃圾填埋场，垃圾主要以城郊裸露堆置为主，它是在自然条件下利用坑、塘、洼地将垃圾集中露天堆放，不加掩盖。由于没有进行污染防治，从而产生了严重的二次污染问题。80 年代中后期，鉴于垃圾污染的严重状况和民众对环保的诉求，国家开始提出对生活垃圾进行卫生填埋的要求。卫生填埋法就是采取防渗、铺平、压实、覆盖和导气，对生活垃圾进行填埋，以及对填埋气体、渗滤液等进行治理并达标排放的处理方法，它是所有垃圾处理工艺剩余物的最终处理方法。在填埋过程中垃圾发生生物、物理、化学变化，使有机物得到彻底分解，达到无害化目的。但是填埋法目前仍然存在着很多问题，如占用大量土地资源、难以重复利用、新的填埋场选址越来越难、渗滤液处理费用高等。同时将有机固体废弃物进行填埋，也造成了资源能源的浪费。因此，填埋技术没有实现废弃物资源化，与当今垃圾处理处置的工艺技术发展方向不一致。

（2）焚烧。

生活垃圾焚烧是一种高温热处理技术，即以一定量的过剩空气与被处理的有机废弃物在焚烧炉内进行氧化燃烧反应，废物中的有害物质在高温下氧化、热解而被破坏，是一种可同时实现废物无害化、减量化、资源化的处理技术。焚烧技术的最大优点在于大大减少了需最终处置的废物量，具有减容作用、去毒作用、能量回收作用。另外，还具有副产品、化学物质回收及资源回收等优点。一些经济较发达、投资力强、垃圾热值较高的国家，普遍致力于推进垃圾焚烧技术的应用研究。近年来，我国城市垃圾处理也朝着垃圾焚烧发电方向发展。

然而，焚烧技术存在对垃圾热值要求高、设备昂贵、工艺复杂、运行条件严苛、要求工作人员技术水平高、操作不当容易造成二次污染的问题。现行的焚烧技术要求有机固体废弃物的低位热值大于 4127 千焦/千克、含水率≤54%、可燃物含量≥22%，而我国农村生活垃圾中的无机物含量高，导致热值偏低，再加上分散收集困难，难以保证垃圾处理量，致使焚烧工艺难以在农村应用。

（3）堆肥或沤肥

农村生活垃圾中有机组分（厨余、瓜果皮、植物残体等）含量高，可采用堆肥或沤肥法进行处理。堆肥或沤肥技术是在一定的工艺条件下，利用自然界广泛分布的细菌、真菌等微生物对垃圾中的有机物进行发酵、降解，使之变成稳定的有机质，并利用发酵过程产生的热量杀死有害微生物，达到无害化处理的生物化学过程。按生物发酵方式，可分为厌氧沤肥和好氧堆肥。厌氧沤肥是利用厌氧微生物发酵的生物处理方法，自身能耗少，不需要外部供氧，但微生物生长繁殖慢，对有机物的分解速度慢，处理周期长，而且需要较大的场地，对周围环境影响较大。好氧堆肥是通过供氧，保持垃圾一定的水分、温度、C/N 比等，通过好氧微生物的作用，由群落结构演替非常迅速的多个微生物群体共同作用而实现的动态过程。按垃圾所处的状态划分，可分为静态堆肥和动态堆肥。按发酵设备形式，可分为封闭式堆肥和敞开式堆肥。

堆肥化处理是垃圾无害化较为有效的方法。相对于填埋及焚烧来说，有机固体废弃物好氧堆肥工艺简单、占地面积小、投资少。堆肥不仅能有效解决生活垃圾的污染问题，也为农业生产提供了适用的肥料，达到提高产量、影响作物品质的目的。但堆肥也存在一定的问题，主要是目前农村生活垃圾成分越来越复杂，由于缺乏有效分类，一些有害物质，如重金属和有机污染物也混入其中，对于堆肥的质量安全会产生一定影响。

（二）农村垃圾处理处置效率低的原因分析

1. 城乡二元结构

长期以来，我国城乡经济社会发展形成了严重的二元结构，实行的是城乡分治的建设机制，城乡差距不断扩大。政府在政策和财政支出方面，一直偏向于同工业紧密相关的城市，而对相对利益较低的农村、农民和农业的公共服务的投入偏少。"城市公共事业国家办，农村公共事业农民办"成为我国城乡二元公共产品供给结构的基本特征。这种非均衡的城乡公共服务供给制度的安排，导致农村公共服务供给严重短缺，极大地制约了农业的可持续发展，影响了农民的利益。

2. 政府责任不清

长期以来，供给农村公共服务的权限划分不明，责任不清，导致各级政府"踢皮球"，最终只能由基层政府负担。而基层政府常常因财源短缺，财力有限，难以向农村提供包括公共环境卫生等方面的足够公共产品，从而造成农村公共服务供给主体的缺位和错位。同时，我国财政转移支付制度不健全，致使中央、省、市财政中用于农村环境治理方面的额度有限，环境污染防治的投入大多数用在了工业和城市方面。乡镇政府承担着许多应由上级政府承担的支出。然而地方税务体系还不完善，地方政府财政实力有限。这一情况严重削弱了农村的基层政府提供公共服务的能力。

3. 科技研发缺位

长期以来，我国农村环保科技投入分散，缺乏国家层面城乡统筹环境保护的科技投入机制，对农村环境保护的发展贡献水平低，缺乏强有力的、系统化的农村环保科学技术支撑和管理体制机制保障体系，如现在的农村环境保护多是直接套用城市环境保护的技术体系和管理办法。然而，城市处理模式往往不符合农村实际，存在投资大、能耗高、运行管理复杂、工艺流程长等问题。农村生活垃圾处理与处置往往面临规模小、处理成本高、人员管理缺乏、收集运输体系尚待建立、小规模的焚烧处理和填埋处置一时难以达到现行标准的状况。因此，开发出适合我国农村垃圾综合处置的核心技术成为改善农村环境、解决农村垃圾出路的当务之急。

（三）农村垃圾处理的发展方向——干式厌氧发酵技术

目前，我国农村垃圾处理还缺乏行之有效的解决方法。虽然在东部沿海地区部分乡镇已建立成熟的垃圾处理体系，但因该区域经济水平远高于国内乡镇农村水平，其技术和收费机制都存在不可复制性，无法推广实现。因此，要依据"无害化、减量化、资源化"的原则，结合我国农村的实际情况，在充分考虑农村经济条件和现有农业结构，坚持以农民利益为本的前提下，寻找出合适的农村垃圾处理模式和工艺。

干式厌氧发酵技术的突破为农村垃圾处理提供了可行路径。干式厌氧发酵技术可以将农村垃圾（生活垃圾、秸秆、餐厨垃圾、污泥、畜禽粪便等）转化成沼气、沼渣和沼液等可资源化利用的产品。其中沼气可作为能源被广泛使用，如可用于发电上网、加工为液化天然气供汽车使用、经提纯后作为民用及工业用燃气；沼渣和沼液为优质的肥料，可用于果园、农场、经济林、农田施肥等。进行厌氧发酵处理之前的垃圾分拣筛选物，其中塑料、金属等有价值的部分被回收；破布、废纸等具有较高热值的部分被加工成 RDF（垃圾衍生燃料，Refuse Derived Fuel）作为燃料；渣土玻璃、砖石等可作为建筑原料或路基材料。同时，广大农村居民可以通过出售秸秆、畜禽粪便给垃圾厌氧处理厂换取燃气、沼渣肥料等而获益。因此，干式厌氧发酵技术的推广对于农民增收和农村环境改善具有重要的现实意义，是农村垃圾处理的方向。

四　成功案例

桑德集团有限公司是中国环保行业领军企业之一，下辖桑德环境（股票代码000826）、桑德国际（香港主板上市，公司股票代码00967. HK；Sound Global，新加坡主板上市，公司股票代码E6E. SI）等企业，是国家级高新技术企业、全国工商联环境服务业商会会长单位、国家环保部认定的重点骨干环保企业。该企业长期致力于中国环境事业的发展，集投资、研发、咨询、设计、建设、运营、环保设备制造于一体，拥有完善的产业链，在水务、固废处理、新能源和绿色健康产业等领域，可提供全面的"一站式"服务及城乡整体环境解决方案。

桑德是中国最早一批投入新型城镇化环境治理研究的环保企业，并在这一领域内取得了一定的成功。

（一）桑德小城镇污水系统

在农村污水治理方面，桑德引进国外先进技术，并进行自主研发，形成"桑德小城镇污水系统"，该技术核心为"高效生物转盘 + 双效过滤"，有较高的稳定性、可靠性和处理效果；工艺能耗低，污泥产量小，节约了运行成本；通过集约化、模块化及集群化，大大简化了操作管理；需要时设备还可以进行增容改造，是一套经济可行的小城镇污水系统解决方案，能够满足乡镇污水处理要求。

以建设规模为日处理污水2000吨为例，占地3～5亩，而且根据设计规模预留了空地，如果污水量增大，可在空地上增加模块化设备，扩大处理规模。采取联网联控的方式，即在多个打捆污水处理厂中的主污水处理厂设立控制平台，通过视频和数据监控，用一个平台控制多个项目。这样，每个厂区只需要配备一名日常维护人员，其他技术人员均集中到总控平台，监控中出现问题再到厂区检查维修。

湖南省长沙县区域化分散城镇污水处理项目，采用桑德小城镇污水处理系统解决方案建设，项目群包括长沙县16个乡镇污水处理厂（总规模为29400吨/日）的投资、建设、运营（BOT）和管网等配套建设工程的建设、移交（BT），以及原有两个污水处理厂（总规模为5000吨/日）的托管运营（O&M）。该项目系统解决了长沙县区域内分散的小城镇水污染治理工程及其附属设施的建设难题以及日常的管理运营困境，在整体改善区域环境的同时，实现了项目投资和建设效益双丰收。

（二）桑德农村固体废物一揽子解决方案

桑德提出了农村污水和固废一体化的解决方案。该方案创造性地提出将污水处理厂和垃圾处理厂"两厂"合一降低人工成本；农村固体废弃物采用干式厌氧发酵技术，从农户收取固废的同时为其提供沼气、有机肥料，减少化肥污染和

图3 桑德小城镇污水处理厂现场

水体污染，剩余沼气可提供给交通工具加气，为农村绿色交通绿色旅游服务。

该方案可在改善农村环境的同时增加农民增收，并通过降低成本，扩大销售渠道等方式提高了项目的经济效益，减轻政府压力，颇具推广价值。

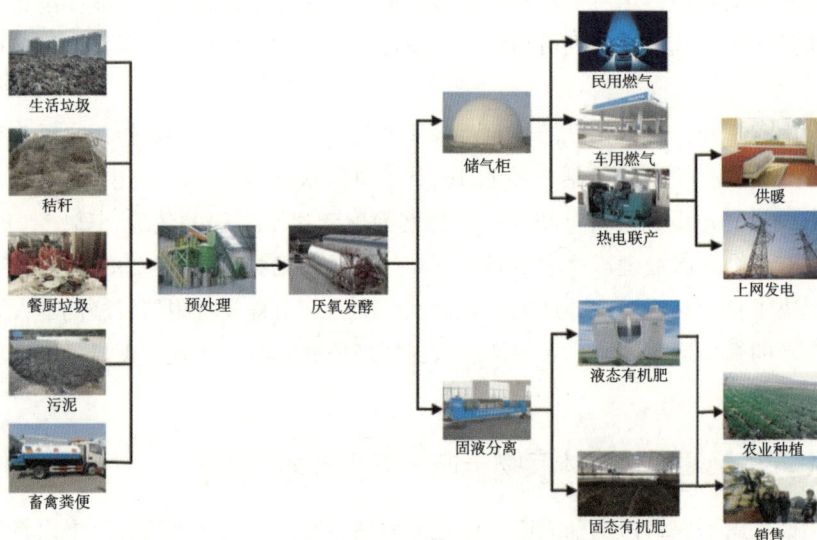

图4 桑德农村固体废弃物一揽子解决方案

卓达产业造城　助力新型城镇化

——卓达集团联合开发三次产业参与城镇化运营的实践探索

卓达集团

山东卓达香水海英伦湾英式风情社区

2013 年 7 月 9 日，中共中央政治局常委、国务院总理李克强在广西主持召开的部分省区经济形势座谈会上指出，要推进以人为核心的新型城镇化。

卓达集团从起步之初的单一房地产企业，到转型为大型市政建设、规模产业集聚等关系国计民生领域的中国城市运营商，在土地开发中以科学发展观为指导，坚持产业先行，文化造城，坚持土地集约高效利用，坚持可持续协调发展，已经探索出一条独具特色和极具示范意义的城市开发建设之路。从成熟社区开发到城市综合体打造，从产业园区建设到运营城市新区，从改变物质生活环境，到重塑人的灵魂和精神世界，卓达志在锻造百年基业常青之道。

卓达集团开发模式历经多年发展，日趋成熟，已形成一、二、三产业联动开发的大格局。卓达——中国城镇化运营商，致力于一、二、三产联动，助推产业工业化、农村城镇化、农业现代化大发展。国务院总理李克强提出，协调推进工业化、城镇化和农业现代化，实行"三化"并举，是中国现代化的必由路径。而卓达创造的一、二、三产联动的产业地产开发模式，助推中国的城镇化进程，必将成为未来房地产业发展趋势。

责任、自省、良知、崇高，是卓达人奉行的理念和无愧的骄傲，也是卓达生存和发展的根。在中国广袤的土地上，卓达人是不知疲倦、永不停歇的建设者。

●卓达集团各产业板块

1. 卓达文化创意产业

卓达天津"创意台湾"文化产业区——打造海峡两岸文化创意产业合作与交流的突破性样板，并创建台湾文化创意产业在大陆的重要展示窗口和市场平台。其首要功能是全方位展示、推广台湾文化创意产业的成就、技术与产品，使台湾的文创产业在大陆找到市场，大陆输入台湾文创产业的先进成果、技术和人才，从而促进海峡两岸文创产业的交流与合作。

2. 卓达养老产业

在石家庄，近200万平方米太阳城正全力打造民政部和中国老龄基金会的中国养老样板区，一期已建成，二期及新民居建设已全面启动。

在京东南，由卓达集团倾力打造的北京、天津、重庆、江苏、浙江五个全国性养老示范基地之一，卓达太阳城天津市养老护理中心，于8月1日在天津市武清区河西务镇启动试运营。卓达天津太阳城中国养老示范基地项目作为全国养老示范标杆，列入了天津市二十大现代服务业重点民生工程。卓达天津太阳城总投资200亿元，总建筑面积达600万平方米，距北京东五环35公里，距京津高速出口2公里，地理位置优越，交通便利。项目包括中华孝文化博物馆、天津卓达太阳城、国际老年健康会议中心、五星级度假疗养中心、老龄产业职业教育基地、绿色生态乐龄社区、中华国医馆、国际老年医院等多个板块。

3. 卓达新型材料

卓达新型材料攻克城市的建筑垃圾资源化利用技术，通过城市建筑垃圾的资源化再利用，生产具有绿色、节能、保健特性的新型材料。

卓达新型材料属世界领先科技，低碳经济、低碳生活、关爱生命、保护地球，引领绿色人居环境，引发人类社会重大变革，也必将引发建筑业、建材业、装修业，特别是房地产业的一场革命，助推中国城镇化进程。

4. 三产综合开发

卓达致力于三产综合开发，通过打造三产业态推进一、二、三产联动发展。三产综合开发涵盖文化产业、养老产业、酒店餐饮、健康产业、教育产业、旅游产业等，以此吸引高端人才、行业资源和外来就业人口进入，丰富区域经济业态，为城市带来大量的就业和税收，运用城市经营理念，助推城市产业协调发展，以产业新城推动当地经济快速增长。

5. 卓达现代农业

既要金山银山，也要绿水青山——这是百姓对"美丽中国"的最直观解读，也是卓达现代农业孜孜以求的目标。卓达现代农业通过整合项目所在地的农业资源和农村资源，打造景观农业、绿色农业、现代化高效农业，助力"美丽中国"建设。

卓达通过现代农业把农户组织起来，所有蔬菜都将使用绿色种植技术，拒绝一切可能带来食品安全隐患的生产流程，营造最让人放心的菜园，在人们享用绿色无公害食品的同时，感受健康宜居的生活品位。

卓达现代农业作为卓达集团三产联动发展的重要产业构成，肩负着打造田园都市、改良和保护生态环境的重任，承担着为人居生活提供安全、可靠的食品和健康人生的使命。卓达现代农业将以产业担当之心，聚集绿色力量，致力于农业生态可持续发展，为保护生态环境，创建和谐的人居田园都市，为建设"美丽中国"不懈努力。

● 卓达产业新城发展模式

卓达产业新城运营模式首先是植入新的生产力，即卓达新型材料业，带动其他产业升级，形成各产业之间的联动效应。卓达产业新城创造了一种新的循环经济模式，有效解决了一系列社会问题，即通过产业地产开发，实现区域综合改造和治理，建设绿色城镇。

卓达新型材料业堪称一场新材料革命，为卓达在新型城镇化国家战略中迎来了新的发展机遇。让卓达人欣慰的是，2013 年 7 月 30 日，卓达新型建材正式通过俄罗斯产品认证，取得了俄联邦政府主管机构颁发的官方认证证书，成为唯一一家参与俄联邦政府保障房项目建设的中国民营企业，将参与建设俄罗斯年均 6000 万平方米的政府保障房项目，在俄罗斯市场有着巨大的市场空间和经济价值。

在俄罗斯的建材市场上，产品认证一般分为三类：一是俄联邦技术管理和度量局管辖的 GOSTR 合格认证，二是俄罗斯消防安全部设立的俄罗斯联邦防火许可证，三是海关联盟委员会要求的卫生防疫认证。卓达新材凭借产品自身的科技优势及健康特色，一次性全部通过该三项认证，这不仅标志着卓达新材正式被允许在俄罗斯市场进行大规模的使用及销售，也表明卓达集团新型建材的国际化市场迎来更加广阔的空间。

同时，在俄罗斯之外的国际市场上，法国、秘鲁、阿拉伯联合酋长国、毛里求斯、南非等国家和地区也大量采购卓达绿色建材，委托卓达集团建设施工大型国家项目，卓达集团新型建材在国际化市场上正阔步向前。

卓达新材推动建筑工艺变革。卓达新材料已经真正开始了住宅产业化。造一栋30层的楼，如果是传统工艺、传统材料、传统技术，造楼需要3年，卓达可以做到两天一层，95%以上全部工程化，全部生产线完成。卓达新材有无限可塑性，且它带来建筑方式和建筑工艺的根本改变，这一改变又推动了建筑设计上很多技术革命。

卓达新材帮助农民再就业。衡量是否是新生产力，是否是新兴产业，一个标准就是中国农民向城里转移的时候，工资平均值能否保住4000元/月，除此之外能否有500~1000元的五险和各种福利。卓达如果每年的新型建材产量到了1亿平方米，就能安置11万~15万人就业。15万人得拆掉100~150个村子，假定一个村子有800亩地，这就是10万亩地，这10万亩地全部复耕，不仅解决了土地绝对没少、建设用地绝对增加，而且实现了农民人口成功变成产业工人。而且这种就业保障是代表着未来的，是可持续的。要通过安置农民，使农民成为产业工人，这才能真正实现农民的城镇化。

"卓达标准"助力城镇化建设。住建部系统的专家在卓达几个试验区域全程跟踪，给卓达提供服务，而且帮卓达编制"卓达标准"。卓达材料从根本上解决了源头的污染问题，生产全过程低碳，全过程节能，全过程高效，所以它是由国家制定标准并强制性进行推广的。

中国经济最重要的突破口是以新生产力为基础的新兴产业。卓达新型材料以巨大的经济效益安置大量农民就业，提供巨额税收，为区域经济奠定绿色产业基础。卓达新材绿色低碳的生产过程、施工模式以及自身无可比拟的优越科技特性，为建筑、建材、房地产业低碳转型带来契机。

● **威海卓达集团创"奇迹"，"南海"变"新城"**

1980年，深圳只是中国南海之滨一个不起眼的小渔村，30年后，深圳成为中国四大一线城市之一，经济发达指数与GDP总量与北京、上海、广州分庭抗礼。"深圳速度"的神话赢得了外界一次又一次的惊羡与叹服。

无独有偶，岁月转动的年轮将时间定格在 2007 年，卓达集团投资进驻了威海南海新区——一片位于黄海之滨的盐碱荒地，从此卓达人植根南海沃土、泼洒生命的激情鏖战荒滩，在这里填坑铺路，垒土筑城。六年来，卓达集团秉承"二产先行，三产联动"的发展思路，大手笔地投资建设 30 万吨级张家埠新港、蓝岛科技新型建材山东威海生产基地以及卓达香水海滨海新城，在南海新区这片沉睡了千年的盐碱地上续写了一个全新的"卓达神话"。凭借自身雄厚的发展实力，依托一、二、三产联动发展的先进模式，将产业造城与城镇化建设紧密地结合起来，在南海新区开辟出了一条新型城镇化的道路。

●卓达新港，打造面向国际的海洋经济产业区

2011 年，山东半岛蓝色经济区建设被第一个列入"十二五"国家发展战略规划，是全国海洋经济发展试点工作的重要组成部分，受到国务院、山东省政府的高度重视，拥有得天独厚的政策红利与绿色通道。南海新区着眼于打造高端海洋产业聚集区，以 30 万吨级张家埠新港为引擎，重点围绕临港产业园开展定向招商、专业招商，全力突破重大产业项目。2013 年以来，共有 34 个过亿元项目签约或达成意向，其中过 5 亿元的 20 个，新建改造厂房 50 多万平方米，全区固定资产投资同比增长 41.2%，实际到账外资增长 100%，开发建设全面提速。

作为山东半岛蓝色经济区的桥头堡，卓达张家埠新港的重要性毋庸置疑，新港自开工建设以来，卓达人栉风沐雨，披荆斩棘，如精卫填海般不舍昼夜，保证了工程进度的按时完成。

张家埠新港目前码头主体工程方块安装、胸墙浇筑等施工作业已经全部结束，并在 2013 年 8 月底验收使用。另外，港区附属用房主体工程大部分也进入收尾阶段，工程进度及完工时间安排得非常紧凑，办公大楼已经封顶，余下的工期紧锣密鼓：8 月 20 日砌体工程结束，8 月 31 日完成抹灰工程，9 月 20 日完成外墙保温及室内防水工程，9 月 30 日完成屋面工程，10 月 20 日门窗工程完成，10 月 30 日完成所有室内安装工程，11 月 10 日完成所有室内镶贴及吊顶工程，11 月 30 日办公楼所有工程基本完成。除此之外，港口机修车间的基础浇筑也已顺利结束，接下来的 9 月、10 月将相继完成主体钢结构、砌体以及除涂料外的所有工程，11 月 20 日机修车间所有工程基本完成。

总投资 6.25 亿元的港口一期，目前已完成近 5 亿元的投资，工程总体完成80% 的工程量，将于 2014 年春节前基本竣工，达到试运行的条件。在不久的将来，卓达张家埠新港全部投入运营之后，在港口这一新经济增长引擎的拉动下，将吸引众多国内外高精尖科技企业、跨国巨头公司投资入驻临港产业园，直接吸引大量国内外高端科研人才，提升我国海洋科技自主创新能力，从而调整优化产

业结构，为山东半岛蓝色经济区的经济发展模式转型提供良好的发展契机，同时新港充分利用自身30万吨的巨大吞吐能力，极大程度上促进中日韩自由贸易区的深入发展，提高海洋经济的国际合作水平，保证海洋经济对外开放格局不断完善，真正做到引进来与走出去的完美结合，构建一个人与自然的和谐蓝色经济区。

●二产先行，卓达新材料助力威海南海新区新型城镇化

没有新兴产业的集聚，没有新生产力的植入，产业新城只能是空城。在土地财政的推动下，全国各地政府大搞基础设施和公建配套，刻意将投资大跃进、房地产化等老模式装到"新型城镇化"这个筐里，导致很多新城新区成了空城，暴露出了城市发展缺乏产业支撑的巨大风险。

而卓达产业新城绝非如此，卓达集团将新型建材作为新兴生产力，在山东威海南海新区保障二产先行驱动产业转型，用新兴工业助力新型城镇化建设。

卓达集团以农业废弃物、建筑垃圾等原料制造新型生态环保材料，整个生产过程低消耗、零排放、高效率，不仅受到国家住建部的大力支持，在海外市场的前景同样非常可观。现在卓达每天都在加班加点生产，但仍满足不了源源不断的订单需要。

目前卓达蓝岛科技新型建材山东威海生产基地一期工厂正式投产，采用国际一流现代化生产设备，年产600万平方米的绿色建材，这些建材不含苯、甲醛等有害物质，并能恒久释放负氧离子，拥有低碳、保健、绝燃等特性。卓达整体环保房屋系列产品，采用标准化设计、预制化生产、装配式施工，实现了由建造房屋向制造房屋、高耗能高污染建筑向低碳环保建筑的转变，为住宅产业化带来一场全新的革命。

卓达新型材料威海工厂二、三期工厂全部建成后，可实现年产值 750 亿元，年创税收 100 亿元，成为亚洲最大的绿色建材生产基地，届时将为南海新区提供 10 万个就业岗位，就地解决当地农民转为产业工人的难题，保障农民生活的可持续发展，实现南海新区城镇化建设过程中的经济效益、环境效益与社会效益的同步增长。

●**三产联动，卓达香水海滨海新城保障实现"人的城镇化"**

"几年前，我曾随卓达集团的看房团来到香水海，深深地被这里的碧海蓝天吸引，然而最终驱使自己下决心购房的因素还主要是折服于卓达集团大手笔大气魄的设计蓝图。当时的英伦湾还只是刚刚开始动工，与眼前所看到的景象可谓今非昔比，短短六年光阴，沧海变桑田。对卓达香水海这几年来的变化，我只能用两个字来形容自己的感受——奇迹！我很高兴能在这里终老一生，因为连这里的空气都是甜的。"漫步于松林小径，呼吸着高负氧离子的空气，香水海业主谢平如实讲述着自己的亲身感受。

诚如斯言，如今的卓达香水海滨海新城已初具规模，英伦湾欧式风情小区已全面入住，规模庞大的二期苏格兰城、北欧小镇也已全部封顶，四通八达的道路洁净整齐，高尔夫练习场、马术俱乐部、金滩海洋公园等项目都已经完美地呈现在世人的面前。几年前人烟罕至遍布盐碱荒地的南海新区，如今已变成集旅游价值和居住价值于一体的滨海新城，卓达集团的一名讲解人员介绍说："在人文建筑上，香水海未来将陆续建成 10 万平方米美食大世界、74 万平方米五星级酒店群、占地 300 亩的中国最大温泉洗浴集群、高端盐泥康疗大世界、超大型滑雪道等高端娱乐、生活、体育配套设施；在自然环境上，依托松林、海滩等因素，坚持一路一景、一区一特色，根据不同的建筑风格和空间需求，有针对性地进行绿地空间创造，乔、灌、花、草立体搭配。"目前，香水海已栽植雪松、白蜡等绿化苗木 20 多个品种 5 万多株，绿化面积 30 多万平方米，形成了"车在景中行，人在画中游"的美丽画卷，卓达香水海正加快迈向国家 5A 级景区的步伐。

卓达香水海滨海新城的成功打造源于卓达集团"二产先行，三产联动"的发展模式，在城镇化的过程中，新兴产业造城之后必然会吸引大量的常住人口，大量人口进驻能否妥善安置才是新型城镇化成败的关键，因为人的城镇化才是新型城镇化最核心的部分。因此，卓达集团在加快张家埠新港与山东蓝岛新型建材工厂两大板块建设和香水海配套项目建设的同时，坚持把"人的城镇化"作为推动经济社会持续健康发展的强力引擎，以城乡发展一体化为着眼点，加快城市化进程，提高城市化质量，正确处理园区建设、城市建设与生态文明建设的关系，积极践行未来新型城市发展过程中人文环境、生态环境与社会环境和谐共存的理念。

　　卓达集团将与威海南海新区同舟共济、破浪前行，实现打造威海城市新经济增长极的使命与梦想，促进南海新区在威海重点区域开发建设中率先崛起，共创更加辉煌灿烂的明天。

　　●卓达天津京东南项目——打造武清北部新城

　　天津卓达项目群总体规划建设用地 17 平方公里，位于京津冀交界处，包括卓达三溪塘、国家文化产业创意城、创意台湾文化产业区、中国养老示范社区和现代农业观光生态示范园区等板块。

　　"中国艺术家"聚集区项目三溪塘选址于素有"津门首驿"之称的天津市武清区河西务镇，规划总占地面积1399亩，总建筑面积约40万平方米。该项目以发展文化创意产业为立足点，通过建设中华文化会馆区、艺术家工作室聚集区、私人收藏家博物馆聚集区、文化风情街、艺术公园和综合配套服务等六大模块，搭建融艺术创作、交流、交易、展示、收藏、特色体验商旅等功能为一体的文化创意产业公共发展服务平台。

　　"创意台湾"文化产业区得到中华文化促进会和台湾中华两岸文化创意产业发展协会鼎力支持，规划1500公顷，总投资800多亿元，主要由文化创意产业集聚区、数字科技产业集聚区、生态创意农业示范区三大版块组成。致力于将"创意台湾"文化产业区打造成目前国内规模最大、专业特色最鲜明的文化产业区。

卓达京东南项目群区位图

后期持续开发的卓达集团与国家民政部合作开发规划建筑面积 1000 万平方米的中国养老产业示范园区，将为卓达打造朝阳产业、推动企业上市，以及为锻造百年国际企业奠定坚实基础。

卓达天津武清高河片区四大产业链条启动开发三大产业项目，分别是高村生态养生温泉别墅区、三溪塘文化创意产业区和太阳城养老示范社区，每一个项目各有特色和价值点，都具有自身特殊的属性，分别诠释不同的生活主张，同时在卓达战略版图中分别承担不同的功能和使命。

高村生态养生温泉墅区：以生态休闲为主题，涵盖居住、休闲娱乐（结合温泉资源）、生态旅游等功能。打造区域内的差异化价值卖点，将有机、绿色、安全、健康的生活方式良好地展现，为中高端人士提供家庭休闲度假的场所。项目紧扣"欧式·庄园·小镇"的定位主题，成为引领京津都市圈的首席庄园城镇实践范本。

三溪塘文化创意产业区：三溪塘作为文化创意园的首期项目，作为京津两地的艺术家聚集区。以发展文化创意产业为立足点，通过建设艺术家工作室聚集区、艺术公园和综合配套服务区等六大模块，搭建融艺术创作、交流、交易、展示、收藏、特色体验商旅等功能为一体的文化创意产业公共发展服务平台，承接京津两地的艺术外溢。通过举办艺术展览、艺术沟通会和相关的论坛沙龙，来促进业主之间的交流，形成了一个具有浓厚文化气息的社区。

三溪塘文化创意产业区占地 1400 亩，总建筑面积约 40 万平方米，总投资额

349

20 亿元。共分两期开发建设，其中一期项目占地 610 亩，建筑面积 16 万平方米，绿化面积 42% 以上，容积率 0.40。

园区内主要以国际化当代艺术家为龙头的 10 余所 1000 平方米以上的私人展馆和艺术家工作室、300 余栋当代简约风格的流动创作工作室为主，同时配以部分配套齐全、体量较小的低密度花园洋房，辅以雕塑陶艺区、生活区、西画村、书法村、国画村、私人收藏馆、中华文化会馆区、会所俱乐部、商业区等九大组成部分。

三溪塘项目建筑风格为现代简约的独栋设计风格，注重简约而脱俗的外立面表现，通过线条和灰白的颜色对比，体现出自由和放松的生活方式。在建筑设计中，广泛采用下沉式庭院、大面积的落地窗、户外景观长廊、亲水平台，使人、建筑、景观、水系有机地融合，展现出多层次的"全景式"感受。

卓达努力把项目打造成为"立足京津、面向全国、辐射东北亚"的京津地区国际性的文化创意产业园区。以文化为主题，涵盖创意产业办公、居住、休闲度假等功能；以发展文化创意产业为立足点，以艺术家聚集为基础，以原创开发为核心，以作品和版权交易为纽带，以展示交流为平台的艺术家聚集群落，为艺术工作者及收藏家们设计了最科学、最艺术的创作模式和生活模式。

太阳城养老示范区：以健康为主题，打造全龄化养生模式的居住社区。是中国养老产业民心工程十大试点之一、国家民政部养老示范基地。项目总体规划占地约 11000 亩，规划总建筑面积 1000 万平方米；整体一期占地 412 亩，总建筑面积 20 万平方米，容积率 1.47，绿地率 30% 以上，共分六期开发。

养老社区在当前是一个很流行的名词，很多开发商在销售中都在打养老养生的概念。卓达建设的养老社区，是真实而纯粹的全龄化服务型养老社区，也是国内唯一的养老示范社区，从老年人的真实心理和需求出发点，打造体面、健康、休闲和价值感的老年精神家园，是一项公益和效益双赢的工程。"爱心护理工程"主要是针对老年人的生活照料、健康医疗和精神慰藉。该工程已被列入国家"十一五"规划。"卓达·太阳城"将成为中国老龄事业发展基金会的直属示范基地。

中国老龄事业发展基金会作为卓达集团的战略合作伙伴，为本项目提供强大的智力支持，双方密切合作、优势互补、资源共享，共同促进养老事业的健康发展。

当代中国与世界发展的高端智库平台

权威报告 热点资讯 海量资源

皮书数据库 www.pishu.com.cn

皮书数据库是专业的人文社会科学综合学术资源总库，以大型连续性图书——皮书系列为基础，整合国内外相关资讯构建而成。包含七大子库，涵盖两百多个主题，囊括了近十几年间中国与世界经济社会发展报告，覆盖经济、社会、政治、文化、教育、国际问题等多个领域。

皮书数据库以篇章为基本单位，方便用户对皮书内容的阅读需求。用户可进行全文检索，也可对文献题目、内容提要、作者名称、作者单位、关键字等基本信息进行检索，还可对检索到的篇章再作二次筛选，进行在线阅读或下载阅读。智能多维度导航，可使用户根据自己熟知的分类标准进行分类导航筛选，使查找和检索更高效、便捷。

权威的研究报告，独特的调研数据，前沿的热点资讯，皮书数据库已发展成为国内最具影响力的关于中国与世界现实问题研究的成果库和资讯库。

皮书俱乐部会员服务指南

1. 谁能成为皮书俱乐部会员？

- 皮书作者自动成为皮书俱乐部会员；
- 购买皮书产品（纸质图书、电子书、皮书数据库充值卡）的个人用户。

2. 会员可享受的增值服务：

- 免费获赠该纸质图书的电子书；
- 免费获赠皮书数据库100元充值卡；
- 免费定期获赠皮书电子期刊；
- 优先参与各类皮书学术活动；
- 优先享受皮书产品的最新优惠。

卡号：**7653233566367839**

密码：

（本卡为图书内容的一部分，不购书刮卡，视为盗书）

3. 如何享受皮书俱乐部会员服务？

（1）如何免费获得整本电子书？

购买纸质图书后，将购书信息特别是书后附赠的卡号和密码通过邮件形式发送到pishu@188.com，我们将验证您的信息，通过验证并成功注册后即可获得该本皮书的电子书。

（2）如何获赠皮书数据库100元充值卡？

第1步：刮开附赠卡的密码涂层（左下）；

第2步：登录皮书数据库网站（www.pishu.com.cn），注册成为皮书数据库用户，注册时请提供您的真实信息，以便您获得皮书俱乐部会员服务；

第3步：注册成功后登录，点击进入"会员中心"；

第4步：点击"在线充值"，输入正确的卡号和密码即可使用。

皮书俱乐部会员可享受社会科学文献出版社其他相关免费增值服务

您有任何疑问，均可拨打服务电话：010-59367227 QQ:1924151860

欢迎登录社会科学文献出版社官网(www.ssap.com.cn)和中国皮书网（www.pishu.cn）了解更多信息

法 律 声 明

"皮书系列"（含蓝皮书、绿皮书、黄皮书）由社会科学文献出版社最早使用并对外推广，现已成为中国图书市场上流行的品牌，是社会科学文献出版社的品牌图书。社会科学文献出版社拥有该系列图书的专有出版权和网络传播权，其 LOGO（ ）与"经济蓝皮书"、"社会蓝皮书"等皮书名称已在中华人民共和国工商行政管理总局商标局登记注册，社会科学文献出版社合法拥有其商标专用权。

未经社会科学文献出版社的授权和许可，任何复制、模仿或以其他方式侵害"皮书系列"和 LOGO（ ）、"经济蓝皮书"、"社会蓝皮书"等皮书名称商标专用权的行为均属于侵权行为，社会科学文献出版社将采取法律手段追究其法律责任，维护合法权益。

欢迎社会各界人士对侵犯社会科学文献出版社上述权利的违法行为进行举报。电话：010 - 59367121，电子邮箱：fawubu@ ssap. cn。

社会科学文献出版社

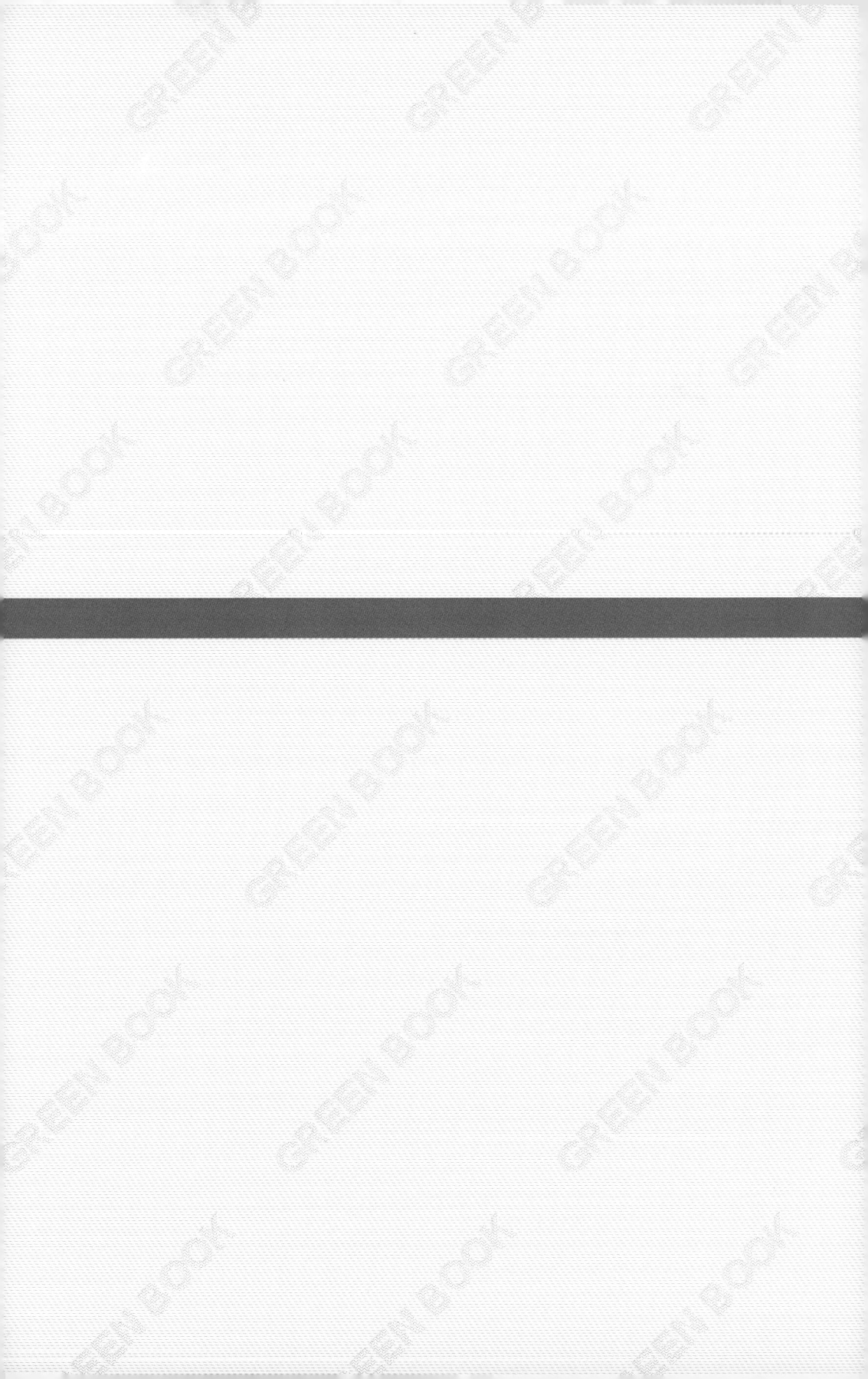